RENASCER
DA ÁGUA E DO ESPÍRITO

COLEÇÃO LITURGIA FUNDAMENTAL

- *A liturgia da Igreja: teologia, história, espiritualidade e pastoral* – Julián López Martín
- *Introdução a teologia litúrgica* – Juan Javier Flores
- *Liturgia e vida espiritual: teologia, celebração, experiência* – Jesús Castellano
- *Renascer da água e do Espírito: Batismo e Crisma, sacramentos da iniciação cristã* – Pierpaolo Caspani

Pierpaolo Caspani

Renascer
da água e do Espírito

Batismo e Crisma,
sacramentos da iniciação cristã

Paulinas

Dados Internacionais de Catalogação na Publicação (CIP)
(Câmara Brasileira do Livro, SP, Brasil)

Caspani, Pierpaolo
  Renascer da água e do espírito : batismo e crisma, sacramentos da iniciação cristã / Pierpaolo Caspani ; [tradução Geraldo Lopes]. – São Paulo : Paulinas, 2013. – (Coleção liturgia fundamental)

  Título original: Rinascere dall' acqua e dallo Spirito
  Bibliografia.
  ISBN 978-85-356-3533-1

  1. Batismo 2. Crisma 3. Eucaristia 4. Sacramentos I. Título. II. Série.

13-04979   CDD-264.025

Índice para catálogo sistemático:
1. Sacramentos : Igreja Católica : Cristianismo   264.025

1ª edição – 2013
1ª reimpressão – 2024

Título original da obra: *Rinascere dall' acqua e dallo Spirito*
© 2009 Centro Editoriale Dehoniano, Bologna.
Edição brasileira publicada através da mediação da Agência Literária Eulama.

Direção-geral: *Bernadete Boff*

Conselho Editorial: *Dr. Afonso M. L. Soares*
Dr. Antonio Francisco Lelo
Me. Luzia M. de Oliveira Sena
Ir. Maria Goretti de Oliveira
Dr. Matthias Grenzer
Dra. Vera Ivanise Bombonatto

Editores responsáveis: *Vera Ivanise Bombonatto e Antonio Francisco Lelo*
Tradução: *Geraldo Lopes*
Copidesque: *Cirano Dias Pelin*
Coordenação de revisão: *Marina Mendonça*
Revisão: *Ruth Mitzuie Kluska*
Gerente de produção: *Felício Calegaro Neto*
Projeto gráfico: *Manuel Rebelato Miramontes*

Nenhuma parte desta obra poderá ser reproduzida ou transmitida por qualquer forma e/ou quaisquer meios (eletrônico ou mecânico, incluindo fotocópia e gravação) ou arquivada em qualquer sistema ou banco de dados sem permissão escrita da Editora. Direitos reservados.

Cadastre-se e receba nossas informações
paulinas.com.br
Telemarketing e SAC: 0800-7010081

Paulinas
Rua Dona Inácia Uchoa, 62
04110-020 – São Paulo – SP (Brasil)
📞 (11) 2125-3500
✉ editora@paulinas.com.br

© Pia Sociedade Filhas de São Paulo – São Paulo, 2013

Sumário

SIGLAS 11
INTRODUÇÃO 13
   1. Os sacramentos entre perspectiva litúrgica
   e perspectiva sistemática... 13
   2. Batismo e Crisma no quadro da iniciação cristã 16
      2.1. Modelos de referência no uso da noção de
      "iniciação cristã" 17
      2.2. A linguagem "iniciática" nos textos da reforma
      litúrgica conciliar 25
      2.3. A iniciação cristã como figura sintética 27
   3. O percurso do tratado 31

CAPÍTULO I
O BATISMO NO NOVO TESTAMENTO 33
   1. Premissas terminológicas 34
   2. A praxe da Igreja do Novo Testamento 35
      2.1. A sequência pregação-fé-rito batismal 36
      2.2. A Igreja das origens e o Batismo das crianças 41
   3. As origens do Batismo cristão 45
      3.1. As formas "batismais" no Antigo Testamento
      e no Judaísmo 46
      3.2. O Batismo de João 49
      3.3. A origem do Batismo cristão "em preto e branco" 52
      3.4. Elementos constitutivos do Batismo cristão 56
   4. Interpretações do Batismo 59
      4.1. O Batismo nas cartas paulinas 60
      4.2. O Batismo nas cartas aos Colossenses e aos Efésios ... 77
      4.3. O Batismo nas cartas pastorais 80

4.4. O Batismo na Carta aos Hebreus 82
4.5. O Batismo no Evangelho de João 85
4.6. O Batismo na Primeira Carta de Pedro 88
5. Linhas conclusivas 92

CAPÍTULO II
A TRADIÇÃO PATRÍSTICA 95
1. Século II: a *Didaqué*
e a *Primeira Apologia* de Justino 96
2. O século III 100
   2.1. A praxe da Igreja de Roma segundo a Tradição
   apostólica 100
   2.2. O testemunho de Tertuliano 110
   2.3. Cipriano e a controvérsia batismal 119
   2.4. Linhas sintéticas conclusivas 123
3. Os séculos IV-V 132
   3.1. A situação socioeclesial a partir do século IV 132
   3.2. A estrutura da Quaresma
   e a celebração dos sacramentos 134
   3.3. Um exemplo de teologia batismal ocidental:
   Agostinho de Hipona 144
   3.4. Linhas sintéticas 154
4. Acenos sobre os desenvolvimentos rituais
nos séculos VI-VII 160

CAPÍTULO III
A ÉPOCA MEDIEVAL 165
1. Os sacramentos na praxe entre os séculos VII e XIII 165
   1.1. O desaparecimento do catecumenato 166
   1.2. Os desenvolvimentos relativos ao
   Batismo das crianças 167
   1.3. A Confirmação separada do Batismo 169
   1.4. A Eucaristia separada do Batismo 178
   1.5. Desenvolvimentos de caráter propriamente ritual ... 182
2. Um exemplo de tratado escolástico: Tomás de Aquino ... 182

2.1. Temas de teologia batismal 184
2.2. Teologia da Confirmação 194
2.3. Relação entre Batismo e Eucaristia 199
2.4. Linhas sintéticas 200

CAPÍTULO IV
O CONCÍLIO DE TRENTO 203
1. Lutero e o "Protestantismo não sacramental" 203
2. Batismo e Confirmação nos decretos
do Concílio de Trento 208
   2.1. O *Decretum de peccato originali*, sessão V
   (17 de junho de 1546) 209
   2.2. O *Decretum de iustificatione*, sessão VI
   (13 de janeiro de 1547) 213
   2.3. O *Decretum de sacramentis*, sessão VII
   (3 de março de 1547) 216
3. O Pontifical (1596) e o Ritual (1614) romanos
pós-tridentinos 219
   3.1. *Ordo baptismi parvulorum* 220
   3.2. *Ordo baptismi adultorum* 221
   3.3. *Ordo de confirmandis* 223
4. O *Catechismus romanus* (1566) 224

CAPÍTULO V
OS AVANÇOS NO SÉCULO XX 229
1. Os desenvolvimentos da praxe 229
   1.1. A redescoberta do catecumenato 229
   1.2. O decreto *Quam singulari* de Pio X (1910) 232
   1.3. A celebração da Crisma normalmente após
   a Primeira Eucaristia 234
2. Desenvolvimentos da reflexão teológica 236
   2.1. A abordagem manualística do Batismo
   e da Confirmação 236
   2.2. A introdução da noção de iniciação cristã 238
   2.3. O debate sobre a Confirmação até o Vaticano II 245
   2.4. O debate sobre o Batismo das crianças 252

CAPÍTULO VI
A PROPOSTA RITUAL HOJE 271

1. Os *Praenotanda generalia*
   (Observações preliminares gerais) 272
2. O *Ritual da Iniciação Cristã de Adultos* 275
   - 2.1. O pré-catecumenato 277
   - 2.2. O catecumenato 278
   - 2.3. A preparação quaresmal 278
   - 2.4. A mistagogia 280
3. O *Ritual do Batismo de Crianças* (1969) 280
   - 3.1. O *iter* redacional 281
   - 3.2. As *Observações* específicas 282
   - 3.3. A estrutura ritual 287
4. O *Ritual da Confirmação* (1971) 289
   - 4.1. O *iter* redacional 289
   - 4.2. A constituição apostólica
     Divinae Consortium Naturae 290
   - 4.3. Os *Praenotanda* ao ritual 293
   - 4.4. O projeto ritual 296

CAPÍTULO VII
LINHAS DE REFLEXÃO SISTEMÁTICA 299

1. O sentido global da iniciação 300
   - 1.1. A iniciação cristã, acolhida de um crente na Igreja ... 300
   - 1.2. Batismo e pertença à única Igreja de Cristo 302
   - 1.3. Necessidade do Batismo e necessidade da Igreja ... 304
2. Os elementos constitutivos da iniciação cristã 315
   - 2.1. O relevo determinante da ação sacramental 316
   - 2.2. A fisionomia própria do catecumenato 317
   - 2.3. O significado da mistagogia 320
3. Os sacramentos da iniciação cristã 321
   - 3.1. A Eucaristia como "termo" da iniciação 321
   - 3.2. O Batismo como "porta" da Eucaristia 323

3.3. O Batismo das crianças 338
3.4. A Confirmação, *perfectio baptismi*
em vista da Eucaristia 348
CAPÍTULO VIII
ANOTAÇÕES PASTORAIS 363
1. Dois projetos litúrgico-pastorais em confronto 364
2. O sentido da "tipicidade" do *Ritual da Iniciação Cristã de Adultos* 366
3. Os sacramentos da iniciação cristã no itinerário
para as crianças 368
3.1. O Batismo das crianças 370
3.2. Os sacramentos que completam a iniciação cristã 382
3.3. A colocação da Penitência 390

BIBLIOGRAFIA 395

SIGLAS

AG	CONCÍLIO ECUMÊNICO VATICANO II. Decreto sobre a atividade missionária da Igreja *Ad Gentes*
CIC	Catecismo da Igreja Católica
CCL	*Corpus christianorum. Series latina*
CCCM	*Corpus christianorum. Constitutio medievalis*
CDC	Código do direito canônico
CSEL	*Corpus scriptorum ecclesiasticorum latinorum*
CT	SOCIETAS GÖRRESIANA (ed.). *Concilium Tridentinum. Diariorum. actorum, epistolarium, tractatum, nova collectio.* Ed. Freiburg, 1901.
Denz	H. DENZINGER. *Enchiridion symbolorum, definitionum et declarationum de rebus fidei et morum.* A cura di P. HÜNERMANN. São Paulo: Paulinas/Loyola, 2007.
ECEI	*Enchiridion della Conferenza episcopale italiana.* Bologna: EDB, 1985ss.
EV	*Enchiridion Vaticanum.* Bologna: EDB, 1993ss.
GeV	L. C. MOHLBERG (ed.). *Liber sacramentorum romanae aecclesiae ordinis anni circuli (Sacramentorum gelasianum).* (Rerum ecclesiasticorum documenta – Series maior. Fontes 4). 3. ed. Roma: Herder, 1983 [= Gelasianum vetus).
GS	CONCÍLIO ECUMÊNICO VATICANO II. Constituição pastoral sobre a Igreja no mundo contemporâneo *Gaudium et Spes.*
GCS	*Die Griechischen Schriftsteller der ersten drei Jahrhunderte.*
LG	CONCÍLIO ECUMÊNICO VATICANO II. Constituição dogmática sobre a Igreja *Lumen Gentium.*
OICA	*Ordo initiationis christianae adultorum.* Editio typica. Romae: Typis Polyglottis Vaticanis, 1972.
OT	CONCÍLIO ECUMÊNICO VATICANO II. Decreto sobre a formação sacerdotal. *Optatam Totius.*
PA	SAGRADA CONGREGAÇÃO PARA A DOUTRINA DA FÉ. Instrução sobre o Batismo das crianças *Pastoralis Actio.*
PO	CONCÍLIO ECUMÊNICO VATICANO II. Decreto sobre o ministério e a vida dos presbíteros *Presbyterorum Ordinis.*
RC	*Ritual da Confirmação.*
RICA	*Ritual da Iniciação Cristã de Adultos.*
RBB	*Ritual do Batismo de Crianças.*
RM	JOÃO PAULO II. Carta encíclica *Redemptoris Missio.*
SC	CONCÍLIO ECUMÊNICO VATICANO II. Constituição sobre a Sagrada Liturgia *Sacrosanctum Concilium.*
STh	TOMÁS DE AQUINO. *Suma teológica, I-IX.* São Paulo: Loyola, 2006.
UR	CONCÍLIO ECUMÊNICO VATICANO II. Decreto sobre o ecumenismo *Unitatis Redintegratio.*
WA	*D. Martin Luther Werke. Kritische Gesamtausgabe.* Ed. Weimar, 1883ss.

INTRODUÇÃO

A abordagem que propomos tem como objeto os sacramentos do Batismo e da Crisma,[1] considerados do ponto de vista tanto litúrgico quanto litúrgico-sistemático e apresentados no quadro global que é chamado de "iniciação cristã". Como introdução, propomo-nos justificar, antes de tudo, esta escolha esclarecendo a articulação entre perspectiva litúrgica e perspectiva sistemática no estudo dos sacramentos (§ 1.) e precisando o sentido da colocação do Batismo e Crisma no âmbito da iniciação cristã (§ 2.), para delinear posteriormente, em síntese, o desenvolvimento do assunto (§ 3.).

1. Os sacramentos entre perspectiva litúrgica e perspectiva sistemática

A escolha dos manuais de teologia anteriores ao Vaticano II previa uma distinção clara entre visão sistemática e visão litúrgica dos sacramentos. A sistemática assumia o estudo da *substantia sacramenti* (o conteúdo essencial do sacramento), enquanto competia à liturgia a apresentação da *caerimonia* (o aspecto ritual), considerada como uma

---

[1] Referindo-nos a este sacramento, usamos indistintamente os termos "Crisma" e "Confirmação".

espécie de vestimenta exterior, sobreposta à essência do sacramento. Um dos frutos da renovação promovida pelo movimento litúrgico foi justamente a superação desse tipo de aproximação. Hoje temos consciência de que é impossível compreender os sacramentos sem partir do fato de que eles não existem senão enquanto são celebrados. O aspecto ritual não é um ornamento que se acrescenta a mais a uma realidade que já existe em si e por si, constituída prescindindo dela; o rito é a forma na qual o sacramento acontece; o sacramento existe "na forma de rito". Consequentemente, o sacramento, como acontece na praxe celebrativa da Igreja, constitui o objeto quer da reflexão litúrgica, quer da sistemática. Essa consideração orienta a superação da separação manualística entre liturgia e teologia sacramentária; e, contudo, a superação da separação não deve levar à confusão entre as diversas perspectivas ou à dissolução de uma na outra;[2] o mesmo objeto – o sacramento celebrado – pode ser considerado de pontos de vista diferentes e pode ser considerado de diversos pontos de vista. Limitando-nos a considerar o aspecto litúrgico e o sistemático, sem a pretensão de fechar o debate, parece-nos que o perfil específico de cada uma das duas disciplinas possa ser determinado como segue.

Em relação ao sacramento celebrado, à *scientia liturgica* compete a explicação da densidade concreta da celebração nas suas manifestações e mutações históricas: trata-se, isto é, de tomar em consideração o desenvolvimento ritual das celebrações sacramentais de tal forma como foram de fato estruturadas, analisando ao mesmo tempo os textos que as acompanharam; trata-se, pois, de fornecer a especificação da prática celebrativa atual, quer na vertente de como essa prática está estruturada segundo a codificação dos livros litúrgicos, quer na vertente das

---

[2] Entre os dois perfis do discurso pode-se falar justamente de "irredutível diferença e inseparável unidade". Cf. UBBIALI, S. Liturgia e sacramento. *Rivista Liturgica* 75 (1988) 297-320 – aqui, p. 313.

INTRODUÇÃO

efetivas condições da contínua celebração dos sacramentos na atual situação eclesial e sociocultural. Na condição de sacramento como gesto celebrativo, a *reflexão sistemática* constitui o momento teórico, que não pode substituir nem absorver o momento prático; ao contrário, partindo do fato celebrativo, propõe-se individuar a identidade e o significado do sacramento. Concretamente, a sistemática toma em consideração o desenvolvimento da reflexão teológica e das formulações dogmáticas relativas ao sacramento, compreendendo ainda as reflexões e formulações elaboradas que prescindem de uma pontual referência à praxe celebrativa; portanto, referindo-se ao dado celebrativo, embora recuperado como prioritário, não foi nem deve ser assumido como exclusivo.[3]

A legítima especificidade das duas perspectivas se une com a necessária interação entre elas; com efeito, onde o liturgista se ocupa dos sacramentos enquanto celebrados, sem evidentemente prescindir da consideração do seu sentido teológico (o qual se formula referindo-se a categorias que brotam do pensamento teológico), o sistemático não pode apresentar este último prescindindo totalmente do modo no qual os sacramentos "acontecem", isto é, da sua celebração. Justamente esse complexo jogo de especificidade e interação entre as duas competências sugeriu o aparecimento de um trabalho interdisciplinar entre professores de Sistemática e de Liturgia, feito na Escola teológica do Seminário de Venegono Inferiore, por volta da metade da década de 1990.[4] O texto

---

[3] Uma colocação análoga se encontra em A. Grillo, para quem a *"teologia litúrgica* prefere a contemporaneidade sacramental da mediação teológica [e] e se refere ao sinal sacramental do significado teológico no contexto da ação celebrativa", enquanto a *teologia sacramentária* tem por objeto a mediação teológica da contemporaneidade sacramental [e] diz respeito ao significado teológico do sinal sacramental"; ademais, Grillo introduz o papel da *teologia fundamental* como elemento de síntese e de coordenação entre as outras duas competências (GRILLO, A. Teologia sacramentaria, teologia liturgica e teologia fondamentale verso una convergenza. In: GRILLO, A.; PERRONI, M.; TRAGAN,P. R. [a cura di]. *Corso di teologia sacramentaria; I: Metodi i prospettive*. Brescia: Queriniana, 2000. p. 108-138 – aqui, p. 135-136).

[4] A sessão de caráter mais propriamente litúrgico, com particular referência à apresentação dos rituais, aproveita-se das contribuições dos professores de Liturgia, Padre Claudio Magnoli e Padre Giovanni Mariani.

que apresentamos representa o fruto concreto deste trabalho. Enquanto produto de um ensinamento teológico desenvolvido em nível de cursos institucionais, o volume partilha a finalidade de tal ensinamento: oferecer uma apresentação muito bem ordenada e orgânica dos elementos fundamentais para a compreensão crente do Batismo e da Confirmação. Queremos, pois, oferecer um instrumento que se faça reconhecer no gênero do "tratado"; isto é, o gênero que procura oferecer uma visão sintética e completa dos temas teológicos abordados, levando-se em consideração o que brota da Escritura e da tradição eclesial, no complexo de suas dimensões. Dizendo de outro modo, a tentativa é de oferecer um quadro de base bastante sólido; evidentemente, um quadro aberto, que deixe brotar as questões e estimular pistas para reflexões pessoais.

2. Batismo e Crisma no quadro da iniciação cristã

Escolhemos apresentar os sacramentos do Batismo e da Confirmação no quadro da iniciação cristã porque acreditamos que esta categoria possa oferecer um princípio de sistematização de abordagem, capaz de superar a superficialidade de tratados, nos quais os diversos argumentos implicados (o Batismo, a Confirmação, o catecumenato, o Batismo das crianças, a Primeira Eucaristia e a primeira confissão das crianças etc.) venham simplesmente justapostos, sem explicar a lógica que os une.[5] Uma vez que o uso da expressão "iniciação cristã" não é

---

[5] "A categoria 'iniciação cristã' pode assumir o valor e o significado de categoria sintética e, portanto, de relevância sistemática dos vários momentos e elementos que compõem o evento batismal na Igreja" (CAPRIOLI, A. Iniziazione cristiana: linee per una lettura teologica. In: *La nuova proposta de iniziazione alla vita cristiana. Rito dell'iniziazione cristiana degli adulti. Teologia liturgia-pastorale.* Leumann [TO]: LDC, 1985. p. 111-129 – aqui, p. 115. [Quaderni di Rivista Liturgica – Nuova serie 8.]). As linhas aqui indicadas são efetivamente desenvolvidas em: Id. *Vi laverò con acqua pura. Catechesi sui sacramenti di iniziazione cristiana.* Milano: Àncora, 1981. Id. L'iniziazione cristiana: aspetti generali, battesimo e confermazione. In: *Celebrare il mistero di Cristo. Manuale di liturgia*

unívoco, antes de qualquer outra coisa apresentamos alguma explicação sintética sobre algumas das principais formas nas quais ela é empregada (§ 2.1.); em um segundo momento precisamos como é empregada a linguagem "iniciática" nos textos da reforma litúrgica conciliar e qual figura de iniciação cristã emerge deles (§ 2.2.); fazemos, enfim, a especificação sobre o sentido com o qual assumimos a iniciação cristã como figura e princípio de sistematização da abordagem (§ 2.3.).

2.1. Modelos de referência no uso da noção de "iniciação cristã"

A expressão é uma daquelas que mais aparecem no vocabulário católico do nosso século, sobretudo a partir do Vaticano II. Trata-se de uma expressão nova com relação à tradição linguística do Cristianismo ocidental: estava ausente nos catecismos, bem como nos manuais de teologia e nas *Summae* teológicas da escolástica. A linguagem da iniciação – não propriamente o sintagma "iniciação cristã" – não era certamente conhecido do mundo patrístico. De modo muito esquemático podemos individuar três "modelos" aos quais se referem aqueles que falam de iniciação cristã: um modelo "pedagógico" (§ 2.1.1.), um modelo sacramental (§ 2.1.2.) e um que retoma abundantemente sugestões provenientes da antropologia cultural (§ 2.1.3.).[6]

2.1.1. Modelo pedagógico

A definição oferecida pelo *Dizionario di pastorale giovanile* parece-nos sintomática daquilo que a expressão "iniciação cristã" designa no âmbito pastoral e catequético. Após aclarar a polivalência

---

a cura dell'*Associazione professori di liturgia, 2: La celebrazione dei sacramenti*. Roma: CLV-Edizioni liturgiche, 1996. p. 53-124. (Biblioteca Ephemerides Liturgicae – Subsidia 88.)

[6] Para uma consideração analítica, cf. CASPANI, P. *La pertinenza teologica della nozione di iniziazione cristiana*. Milano: Glossa, 1999. (Dissertatio – Series Mediolanensis 7.)

semântica da noção ("preparação aos sacramentos", "desenvolvimento da catequese", "sinônimo de catecumenato" etc.), o *Dizionario* opta por um "significado amplo e global" – "tirocínio de aprendizagem cristã" – pelo qual são sumariamente indicados alguns componentes: "[...] a interiorização dos conteúdos da fé [...], a aprendizagem da oração, da vida litúrgica, da celebração dos sacramentos; a progressiva inserção na comunidade eclesial; o crescimento no empenho social, caritativo e apostólico".[7] Nessa perspectiva, portanto, a iniciação cristã é a sigla que indica todo o processo através do qual um sujeito se torna cristão ou, na lógica do aprendizado, aprende a ser cristão. O que conduz a identificar iniciação cristã e processo global de se tornar cristão é presumivelmente a intenção de superar uma praxe pastoral, univocamente apoiada na "administração" dos sacramentos. Nos dias de hoje, tal prática parece insustentável, pois a decisão de fé de quem pede os sacramentos para si ou para os próprios filhos não pode pacificamente ser dada por descontada. É preciso, portanto, que essa fé tenha sido sustentada e amadurecida pela evangelização e pela catequese. Nesse quadro, a ideia de iniciação cristã como itinerário-processo auxilia a não pensar os sacramentos como momentos fechados em si mesmos, mas a inseri-los em um itinerário de fé mais global.

Se a exigência subentendida pela ideia de iniciação cristã como itinerário deve ser compartilhada, é preciso reconhecer que esse modo de entender a iniciação apresenta o risco de ofuscar o sentido dos sacramentos dentro do processo global, no qual a função principal é oferecida pelo componente pedagógico, sobretudo pela catequese. Não por acaso, comumente, se fala de iniciação cristã, sobretudo para distinguir o itinerário formativo que conduz aos sacramentos, e se prolonga mesmo

---

[7] TONELLI, R. Iniziazione cristiana. In: *Dizionario di pastorale giovanile*. Leumann (TO): LDC, 1989. p. 460-467 – aqui, p. 460-461.

após a sua celebração. E aqui aparece o segundo risco inerente à ideia de iniciação como itinerário: ela se presta a fazer com que a noção de iniciação seja estendida de modo indevido. Com efeito, se a iniciação identifica-se substancialmente com a formação, acaba-se por dizer da iniciação o mesmo que se afirma da formação: que deve ser permanente, jamais concluída, jamais terminada. Mas o *slogan* que proclama o caráter jamais concluso da iniciação ("a iniciação jamais concluída") extrapola o mesmo sentido de iniciação, que deve ser aplicada ao momento inicial e fundante da existência cristã.

2.1.2. Modelo sacramental

Com certa insistência, sobretudo a partir da década de 1990, diversas contribuições ligadas ao âmbito litúrgico manifestaram fortes reservas sobre o uso de iniciação cristã com acepção prevalentemente pedagógica. A propósito, é radical a postura de R. Falsini, que, colocando-se a interrogação "iniciação aos sacramentos ou sacramentos de iniciação?", toma nitidamente posição a favor do segundo termo da alternativa:

> Os "sacramentos da iniciação" na perspectiva tradicional, conciliar e litúrgica são aqueles que operam, realizam a iniciação, isto é, juntamente com a fé introduzem na nova realidade cristã, transformam intimamente o candidato, tornando-o participante do mistério pascal de Cristo, agregam-no à comunidade cristã, conferem a identidade cristã e dão origem à Igreja que nasce e cresce com a sua celebração.

São, portanto, os sacramentos que realizam a iniciação "enquanto introduzem na páscoa de Cristo. Somos, pois, iniciados, transformados, pelos três sacramentos". Ao invés, "iniciação cristã" é estranha a essa perspectiva, pois alude a um "progressivo caminho ou gradual introdução de um sujeito em um determinado grupo social, ou à aquisição de uma doutrina, de uma profissão". Embora pertença à linguagem comum e seja largamente utilizada pelo seu valor antropológico e pedagógico, tal formulação, "além de provocar confusão e oposição com relação ao significado justamente indicado acima, contém graves defeitos de base e conduz a consequências perigosas".[8] Ela deve ser deixada de lado, para descobrir a linguagem da tradição patrística e litúrgica, que fala de "iniciação através dos sacramentos".

A posição de Falsini retoma, fundamentalmente (radicalizando-as em trechos), as conclusões de P.-M. Gy, dedicado ao uso da "noção cristã de iniciação" dos Padres até o Vaticano II.[9] O ilustre historiador da liturgia mostra que a ideia de iniciação como caminho de progressiva preparação aos sacramentos é estranha ao Cristianismo antigo: com efeito, a noção patrística de iniciação refere-se aos ritos sacramentais, mediante os quais o catecúmeno se torna "fiel". Deve-se precisar que a terminologia iniciática – introduzida através dos cursos mistéricos – diz respeito aos ritos sacramentais cristãos somente a partir do século IV. E nem se pode dizer que tal uso tenha sido generalizado e compartilhado universalmente. Com efeito, os autores considerados são, sobretudo, João Crisóstomo para o Oriente, Ambrósio e Agostinho para o Ocidente. No que concerne, em particular, à tradição latina, Gy observa que não se fala de "ser iniciados aos sacramentos", mas de "ser iniciados mediante, através dos sacramentos": a iniciação, portanto, não se identifica com a catequese preparatória aos sacramentos, mas com o mesmo rito sacramental. Em concreto, trata-se do rito batismal, na complexa articulação que ele possuía no momento patrístico. Além do gesto da

---

[8] FALSINI, R. "Iniziazione ai sacramenti o sacramenti dell'iniziazione?". *Rivista del Clero Italiano* 73 (1992) 266-282 – aqui, p. 270-271.

[9] GY, P.-M. La notion chrétienne d'initiation. *La Maison-Dieu* (1977) 132, 33-54; republicado com variações marginais em: Id. *La liturgie dans l'histoire*. Paris: Cerf-Saint-Paul, 1990. p. 17-39.

INTRODUÇÃO

água, ele compreendia ainda um momento que se identificava como "crismal" e culminava na Eucaristia.

Ao menos no caso de Crisóstomo e Ambrósio, a linguagem da iniciação exprime a certeza de que o evento batismal está unido à abertura dos olhos da fé. Nesse sentido, a ideia da iniciação está muito próxima daquela da iluminação. Por meio da celebração sacramental (batismal), a pessoa é iniciada, é iluminada, são-lhe abertos os olhos da fé. Em outros termos, na perspectiva de Crisóstomo e Ambrósio a noção de iniciação implica uma estreita relação entre ritos e a fé, no sentido que o sacramento instaura e institui a fé. Isso não significa que a época patrística não conheça um itinerário de preparação à celebração batismal, mas se liga antes de tudo ao momento sacramental. Segundo Falsini, esta ideia sacramental de iniciação é acolhida e "canonizada" pelo Vaticano II e pelos rituais pós-conciliares. Na realidade, conforme veremos, a linguagem destes textos é mais fluida e complexa.

2.1.3. A referência à antropologia cultural

A partir da década de 1950, a literatura missionária olha com crescente interesse as iniciações tribais, difundidas especialmente na África, para assinalar a passagem da infância à vida adulta.[10] Contudo, é sobretudo a partir da década de 1970, no âmbito mais geral do interesse da teologia pelas ciências humanas, que se registra uma considerável referência às categorias da antropologia cultural, visando precisar as dinâmicas da iniciação cristã.

---

[10] Neste sentido tornou-se "clássica" a tripartição proposta por M. Eliade, que distingue entre iniciação tribal, iniciação em cultos ou sociedades secretas e iniciação que introduz em uma particular categoria de pessoas (feiticeiro, curandeiro, sacerdote etc.) (ELIADE, M. *La nascita mistica. Riti e simboli di iniziazione*. 3. ed. Brescia: Morcelliana, 1988 [1. ed. 1974]); Cf. também: RIES, J. L'uomo, il rito e l'iniziazione secondo Mircea Eliade. In: RIES, J. (a cura di). *I riti di iniziazione*. Milano: Jaca Book, Milano 1989. p. 13-24.

Como exemplo sintomático dessa orientação, referimo-nos à proposta de A. Pasquier, que examina a iniciação, considerando-a um dos dispositivos através dos quais um grupo humano transmite as próprias aquisições, os próprios valores, as próprias leis, o próprio sentido da vida.[11] Os mecanismos da iniciação se ativam por ocasião de acontecimentos críticos da vida de um indivíduo ou de um grupo social: as grandes etapas de cada vida humana (a infância, a adolescência, a idade adulta, a velhice etc.), ou, então, fatos mais ligados à biografia pessoal (o matrimônio, um luto, uma doença, uma mudança de trabalho ou de residência etc.). A iniciação gerencia essas crises da existência, originando uma sequência ritual, que dá sentido aos acontecimentos, unindo-os a uma sequência simbólica que se encontra subjacente à trama de todos os rituais e narrações iniciáticas. Sejam quais forem as formas rituais, a "ossatura" de cada iniciação necessariamente compreende três fases simbólicas: o "luto", isto é, a separação do grupo familiar e social; a "reclusão" em um lugar separado (= liminar), no qual os noviços retornam a um estado larval para reemergirem progressivamente a uma vida normal; o "renascimento", isto é, a reintegração na vida social, pela qual o noviço é acolhido como membro da comunidade a pleno título.[12] O modelo tripartido subjacente às cerimônias iniciáticas estende o próprio influxo além dos ritos em sentido estrito: ele persiste em traços residuais, como a festa das matrículas, ou em formas substitutivas, como o serviço militar. Mais provavelmente, ele se encontra solidamente ancorado no mais profundo do imaginário dos indivíduos e dos povos, de tal forma que toda narração de passagem

---

[11] PASQUIER, A. L'expérience initiatique dans le monde contemporain. *Christus* 158 (1993), 136-147. Cf. também: Id. Initiation, initiation chrétienne. In: *L'initiation chrétienne. Démarche catéchuménale.* Paris: Desclée, 1991. p. 11-65. (Cahiers de l'ISPC 8.)

[12] Este esquema tripartido é retomado explicitamente por A. VAN GENNEP, *I riti di passaggio* (Torino: Boringhieri, 1981 [or. fr. 1909]. [Universale scientifica 220.]).

INTRODUÇÃO

onde se expõe um itinerário espiritual traz o sinal dos grandes símbolos iniciáticos. Por meio da passagem ritual da iniciação não estão em jogo simplesmente a aquisição de alguns conhecimentos intelectuais e a aprendizagem de algumas habilidades técnicas: mais concretamente, a iniciação responde a uma busca de identidade por parte do sujeito que deseja conhecer a si próprio e situar-se na sociedade com um estatuto reconhecido.

Pasquier se interroga, portanto, sobre o modo no qual o procedimento iniciático funciona para os crentes em Jesus Cristo. Retoma, nestes termos, a especificidade própria da "iniciação cristã": "a Primeira Passagem que uma pessoa crente reatualiza não é um mito atemporal, imaginário, mas Um Acontecimento. É a Páscoa do Senhor", à qual se referem mais ou menos explicitamente todos os testemunhos dos convertidos:

> Simbólica e realmente eles agonizam da mesma agonia e morrem da mesma morte; simbólica e realmente voltam à vida com a mesma força do Ressuscitado. Não somente vivem dessa Páscoa no seu quotidiano, mas a celebram no ciclo das etapas litúrgicas do catecumenato, que escalona a sua entrada progressiva nesse mistério, até o cumprimento pela recepção dos três sacramentos da iniciação cristã.[13]

O modo de agir utilizado por Pasquier encontra-se fundamentalmente reproposto também em outros autores. Às ciências humanas – *in primis* à antropologia cultural – é delegada a tarefa de individuar as dinâmicas da iniciação, como estrutura através da qual acontece a inserção de um indivíduo em um grupo social. Tais dinâmicas, portanto, são tidas em grau de favorecer uma mais adequada compreensão

---

[13] PASQUIER, Initiation, initiation chrétienne, p. 53.

também da iniciação à fé e à vida cristã. O apelo à antropologia cultural como indispensável para a compreensão da densidade concreta da iniciação, se não lhe falta uma pertinência, suscita, porém, alguma dificuldade. Aqui nos limitamos a recolher duas anotações sintéticas. Em primeiro lugar, já no que versa ao antropológico-cultural, alguns autores usam de cautela ao propor esquemas muito gerais para propor os dados retirados das análises empíricas. Tais generalizações, com efeito, podem induzir simplificações redutivas na leitura dos dados em questão.

Mais radicalmente, a sigla "antropologia cultural" cobre uma série de orientações e metodologias muito diversas entre elas, cada uma das quais pressupõe uma determinada visão do homem, a qual, porém, não é explicitada. Tal fato questiona a possibilidade de assumir no discurso teológico essa forma de saber. Em outros termos: não é qualquer metodologia antropológica que serve para a teologia; é preciso, ao invés, buscar uma metodologia que seja aceitável para a ciência teológica. Dificilmente poder-se-á realizar esse intento ultrapassando um discurso antropológico de tipo teorético-filosófico que não seja tematizado nas propostas litúrgico-pastorais, mais decididamente interessadas nas contribuições das ciências humanas. Tem-se a impressão que as questões teóricas sejam percebidas como muito remotas com relação aos problemas de urgência imediata com os quais tais propostas se confrontam. Dessa forma, porém, prescindindo de uma adequada consideração dos nós teóricos do discurso, corre-se o risco de elaborar propostas confusas e concordistas.

INTRODUÇÃO

2.2. A linguagem "iniciática" nos textos da reforma litúrgica conciliar

A fluidez com a qual é usada a linguagem da iniciação reflete-se também na forma como ela é utilizada, embora de modo muito sóbrio, nos textos do Vaticano II. *Sacrosanctum Concilium* faz referência àqueles "elementos de iniciação" em uso entre os povos dos países de missão, os quais, em determinadas condições, podem ser introduzidos no rito batismal.[14] Em *Ad Gentes*, a categoria de iniciação cristã termina por identificar-se com o caminho que se percorre durante o catecumenato.[15] Em algumas passagens da *Optatam Totius*, por fim, a linguagem da iniciação é utilizada de modo muito genérico.[16] Não obstante essa falta de univocidade, nos documentos conciliares é possível, de alguma forma, individuar uma linha prevalente que identifica a iniciação cristã com a introdução no mistério pascal, sacramentalmente realizada através do Batismo, da Confirmação e da Eucaristia, unitariamente considerados.[17]

---

[14] "Seja lícito admitir nas terras de Missão, ao lado dos elementos próprios da tradição cristã, os elementos de iniciação usados por cada um desses povos, na medida em que puderem integrar-se no rito cristão" (CONCÍLIO ECUMÊNICO VATICANO II. Constituição conciliar sobre a sagrada liturgia *Sacrosanctum Concilium* [sigla: *SC*], n. 65).

[15] "Esta iniciação cristã realizada no catecumenato deve ser obra não apenas dos catequistas ou sacerdotes, mas de toda a comunidade dos fiéis, especialmente dos padrinhos, de forma que desde o começo os catecúmenos sintam que pertencem ao Povo de Deus. Visto que a vida da Igreja é apostólica, os catecúmenos devem igualmente aprender a cooperar ativamente; pelo testemunho da sua vida e a profissão da sua fé, na evangelização e na construção da Igreja" (CONCÍLIO ECUMÊNICO VATICANO II. Decreto sobre a atividade missionária da Igreja *Ad Gentes* [sigla: *AG*], n. 14,4).

[16] Veja-se, por exemplo, o convite feito aos candidatos ao sacerdócio para que "vivam de tal maneira o seu mistério pascal, que nele saibam iniciar o povo que lhes há-de ser confiado" (CONCÍLIO ECUMÊNICO VATICANO II. Decreto sobre a formação sacerdotal *Optatam Totius* [sigla *OT*], n. 8).

[17] "Em seguida, libertos do poder das trevas [*deinde per initiationis christianae sacramenta liberati a potestate tenebrarum*] pelos sacramentos da iniciação cristã, mortos com Cristo e com ele sepultados e ressuscitados recebem o Espírito de adoção de filhos e celebram com todo o Povo de Deus o memorial da morte e ressurreição do Senhor" (*AG*, n. 14,2). O texto se inspira em *SC*, n. 8, segundo o qual a iniciação cristã – aqui sinteticamente evocada com o termo "Batismo" – configura-se como inserção da pessoa no mistério pascal. Nesse sentido, a exigência de evidenciar ritualmente a "íntima conexão" da Confirmação "com toda a iniciação cristã" encontra a própria justificação teológica no

Essa perspectiva é retomada nos dois primeiros parágrafos dos *Praenotanda generalia de initiatione christiana*,[18] que, tomando literalmente *AG*, n. 14,2, sancionam oficialmente a acolhida da categoria de iniciação cristã do início dos livros litúrgicos e a utilização para qualificar a unidade estrutural do Batismo, da Confirmação e da Eucaristia, dos quais são individuados, antes de tudo, os efeitos abrangentes: a libertação do poder das trevas, a participação no mistério pascal de Cristo, a efusão do dom do Espírito e a habilitação para celebrar o memorial eucarístico junto a todo o Povo de Deus. O relevo dado à perspectiva unitária, antecedentemente à análise de cada sacramento, indica que uma adequada compreensão de cada um deles não pode prescindir da consideração dos nexos que os unem um ao outro; com efeito, é na sua recíproca inter-relação que os três sacramentos são decisivos na ordem da constituição de uma identidade cristã completamente delineada.[19]

Também o *Ordo initiationis christianae adultorum** acolhe uma compreensão sacramental da iniciação cristã definida como "a primeira participação sacramental na morte e ressurreição de Cristo".[20] De

---

fato de que a Confirmação não se compreende fora dessa incorporação ao mistério pascal realizada pelos sacramentos de iniciação, unitariamente considerados. Cf. *SC*, n. 71.

[18] *Praenotanda generalia de initiatione christiana*. In: *Ordo baptismi parvulorum. Editio typica*. Romae: Typis Polyglottis Vaticana, 1969. p. 7-13. A eles conduz um asterisco que se encontra no início dos *Praenotanda de initiatione christianae adultorum* que introduz o *Ordo initiationis christiane adultorum* (*Ordo initiationis christianae adultorum. Editio typica*. Romae: Typis Polyglottis Vaticana, 1972 [sigla: *OICA*], n. 7).

[19] "De tal modo se completam os três sacramentos da iniciação cristã (*tria igitur initiationis christianae sacramenta ita inter se coalescunt*), que proporcionam aos fiéis atingirem a plenitude de sua estatura no exercício de sua missão de povo cristão no mundo e na Igreja" (*Praenotanda generalia*, n. 2).

* Traduzido como *Ritual da Iniciação Cristã de Adultos* (*RICA*) (N.T.).

[20] "[...] a iniciação cristã é a primeira participação sacramental na morte e ressurreição de Cristo, [...] toda a iniciação deve ter caráter pascal" (*RICA*, n. 8). Por esse motivo, ordinariamente o adulto receberá conjuntamente os três sacramentos da iniciação durante a vigília pascal: "Conforme antiquíssimo uso da Liturgia Romana, o adulto não é batizado sem receber a Confirmação imediatamente depois do Batismo [...] Essa conexão exprime a unidade do mistério pascal, a relação entre a missão do Filho e a efusão do Espírito Santo e o nexo entre os sacramentos, pelos quais ambas as Pessoas Divinas vêm com o Pai àquele que foi batizado" (*RICA*, n. 34).

INTRODUÇÃO

outro lado, porém, a locução *initiatio christiana*, assim como aparece no mesmo título do *Ordo*, designa todo o processo que começa com o pré-catecumenato e se conclui com o tempo da mistagogia. Assim compreendida, portanto, a noção de iniciação engloba também o catecumenato, antes ela vem a coincidir substancialmente com ele. A ideia de iniciação como caminho progressivo e aquela de catecumenato tendem a se sobrepor, até o ponto de se tornar substancialmente intercambiáveis. E o catecumenato termina substancialmente por se constituir a "ossatura" do Ritual, cuja iniciação sacramental não é senão uma etapa, embora decisiva. Todavia, a análise dos diversos esquemas preparativos do Ritual mostra que reconduzir a iniciação a um caminho de tipo catecumenal significa "sobrepor dois eixos essenciais", que no início dos trabalhos de revisão do *Ordo* eram bem distintos: o primeiro visava a dar vigor à noção de iniciação em sentido sacramental, enquanto o segundo propunha colocar em ato um instituto catecumenal, adequado ao novo contexto eclesial.[21] A fidelidade à inspiração originária do *Ordo* pede, portanto, que se coloque em claro o fato de o catecumenato estar em função da iniciação cristã, sacramentalmente entendida, a qual não recebe nem a própria razão de ser nem a própria definição do catecumenato.

2.3. A iniciação cristã como figura sintética

De nossa parte, seguindo boa parte da reflexão teológica pós--conciliar,[22] como referência para o nosso estudo, assumimos a figura

---

[21] LEBRUN, D. Initiation et catéchumenat: deux réalités à distinguer. *La Maison-Dieu* 185 (1991) 47-60 – aqui, p. 57.

[22] Cf. CASPANI, P. Lo sviluppo dei trattati dal *De sacramento baptismi* all'"iniziazione cristiana". In: ALIOTTA, M. (a cura di). *Il sacramento della fede. Riflessione teologica sul battesimo in Italia*. Cinisello Balsamo: San Paolo, 2003. p. 94-122 – aqui, p. 107-114. (ATI Library 6.). Id. Il battesimo e la cresima nella riflessione teologica attuale (1996-2006). *La Scuola Cattolica* 135 (2007) 29-58.

de iniciação cristã que emerge do *Ordo initiationis christianae adultorum*, cuja versão brasileira é constituída pelo *Ritual da Iniciação Cristã de Adultos*. Sobre a base desse ritual, a figura "normal" (e, ao limite, "normativa") da iniciação cristã pode ser encontrada na celebração unitária de Batismo, Confirmação e Eucaristia, da qual é sujeito um adulto responsável, que percorreu o itinerário catecumenal. No que versa o litúrgico, essa figura oferece um instrumento crítico para avaliar o estado atual do projeto que a Igreja cogitou para os primeiros sacramentos da fé. Pensamos que também a reflexão sistemática deva partir dessa figura, uma vez que nela brota de modo límpido a estrutura através da qual se torna cristão. Em particular, o estudo do Batismo e da Crisma, no âmbito da iniciação cristã, favorece a compreensão mais adequada destes sacramentos. Portanto, o ponto de partida da reflexão não é o Batismo das crianças, mas sim o dos adultos; nem se trata do Batismo considerado isoladamente, mas do Batismo precedido do itinerário catecumenal e seguido, na mesma celebração, da Confirmação e da Eucaristia.

A primeira aquisição – a referência ao Batismo dos adultos – representa um dado já pacificamente aceito. A partir da década de 1970, na reflexão teológica encontra-se com frequência a afirmação segundo a qual a forma típica do Batismo é a que envolve a pessoa adulta, que é batizada a partir de uma decisão pessoal de fé. Coerentemente, o Batismo das crianças é considerado figura "excepcional" sob o perfil da estrutura teológica do sacramento. Essa afirmação não significa um tirar a legitimidade do Batismo das crianças ou insinuar uma espécie de "heterogeneidade" com relação ao Batismo dos adultos. Seja no caso dos adultos, seja no das crianças, estamos diante de um só e único Batismo, ainda que inserido em circunstâncias diversas e, portanto,

INTRODUÇÃO

determinado por duas lógicas diversas, cada uma das quais merecendo ser adequadamente avaliada.[23]

A segunda aquisição – a assunção de uma figura de iniciação que compreende, no seu interior, o momento sacramental e o itinerário catecumenal – pede, ao contrário, que se delineie de maneira não extrínseca entre esses dois componentes. A tal propósito, assumindo justamente a categoria de iniciação cristã na sua acepção sacramental, é possível, ao invés, delinear de forma não extrínseca na correlação entre esses dois componentes. Portanto, assumindo a categoria de iniciação cristã na sua acepção sacramental, é possível considerar na sua justa luz o sentido de catecumenato e, mais em geral, de cada itinerário pedagógico conexo aos sacramentos de iniciação. Em outras palavras: se reconhecemos nos sacramentos o elemento determinante do processo que conduz a se tornar cristão e o assumimos como ponto de prospecção da abordagem, conseguimos recuperar o sentido do itinerário na sua totalidade. Se, ao invés, partimos do itinerário total, há o risco de se apresentar como um conjunto não orgânico de elementos justapostos, privados de um futuro ordenador. Portanto, ponto de partida é a convicção de que o sentido justo da noção de iniciação cristã refere-se ao complexo sacramental, que compreende Batismo, Confirmação e Eucaristia. São, pois, sacramentos que prioritariamente realizam a iniciação, isto é, introduzem um crente no mistério de Cristo e da Igreja e, portanto, na fé-existência cristã. Entendida nessa perspectiva, a categoria de iniciação cristã aclara um dado teológico de relevo indubitável; ela revela que a pessoa não pode aceder ao mistério da vida em Cristo e na Igreja se Cristo mesmo não o inicia-introduz nele mediante os gestos

---

[23] O Batismo de um adulto responde a uma lógica de "conversão", enquanto o das crianças diz respeito a uma lógica de "educação". Cf. De CLERCK, P. Un seul baptême? Le baptême des adultes et celui des petits enfants. *La Maison-Dieu* 185 (1991) 7-33.

sacramentais, que são, em última palavra, seus atos. Dizendo de outra forma: uma vez que os sacramentos são atos de Cristo na ação ritual da Igreja, reconhecer a função "iniciadora" desenvolvida pelos sacramentos significa confessar que, em última instância, é Cristo mesmo que nos inicia, nos torna cristãos, introduz-nos na relação consigo e com o próprio corpo eclesial. A relação com o mistério de Cristo e com o seu corpo eclesial nos é indispensável: não podemos nos introduzir nela, senão porque ele mesmo, através dos sacramentos, realiza tal iniciação. Podemos exprimir de outro modo esse conceito fazendo confrontar duas expressões. No uso corrente, a linguagem da iniciação diz respeito ao fato de que "não se nasce, mas se torna cristão"; isto acontece mediante um itinerário complexo, multiforme, prolongado no tempo, que é justamente a iniciação. Ao invés, na perspectiva sacramental, a linguagem da iniciação aclara o dado pelo qual "não se nasce, mas se é feito cristão": tornamo-nos cristãos pela ação que o mesmo Cristo realiza através dos ritos sacramentais. Nessa perspectiva, portanto, a categoria de iniciação cristã não tem a função de apontar para a dimensão processual do tornar-se cristãos, mas designa o momento sacramental fundante.

O reconhecimento da função determinante dos sacramentos no quadro da iniciação cristã não retira espaço do catecumenato; ao contrário, contribui para aclarar a sua fisionomia: ele não se configura como aquilo que por si mesmo realiza a iniciação, mas leva o crente a se dispor para ser iniciado – "feito cristão" – mediante o acontecimento sacramental e ser habilitado a viver a existência cristã que é aberta pelo ato sacramental. Justificam-se, assim, não somente os elementos litúrgicos, mas também catequéticos e experienciais que qualificam o catecumenato. Nem se deve esquecer de que o itinerário da pessoa que se orienta ao Batismo é suscitado pela ação do Espírito Santo, o qual, por sua parte, move para o cumprimento do ato sacramental.

INTRODUÇÃO

3. O percurso do tratado

Na base dos esclarecimentos oferecidos, os primeiros cinco capítulos da abordagem são dedicados a reconstruir a evolução da iniciação cristã durante a história, percorrendo o perfil litúrgico e sistemático, analisando o momento bíblico, a tradição patrística, a medieval, os eventos que giram em torno do Concílio de Trento, até o desenvolvimento ligado ao século XX. De fato, a reconstrução histórica torna-se bastante esquemática e, fundamentalmente, limita-se a algumas sondagens em âmbitos particularmente significativos. Concretamente, cada uma das partes indicadas apresenta antes de tudo a reconstrução da evolução da praxe celebrativa naquela fase específica, privilegiando os dados relativos à praxe litúrgica romana, sem, contudo, descuidar algumas alusões relativas a outras praxes. Pelo que diz respeito ao perfil mais propriamente sistemático no quadro da fase patrística, algumas linhas teológicas fundamentais são retiradas a partir da individuação dos traços característicos da praxe de tal período. Uma atenção específica é dada ao pensamento de Agostinho por causa do indiscutível relevo que as suas posições assumiram na reflexão ocidental. No quadro da tradição medieval, após algumas indicações relativas às mudanças na praxe com relação à fase patrística, concentramo-nos em um exemplo de abordagem escolástica analisando as *quaestiones* 66-72 da III parte da *Summa theologiae* de Tomás de Aquino. A consideração do Concílio de Trento tem como ponto de partida o exame das propostas da Reforma, dando particular relevo ao pensamento de Lutero e à radical contestação do assim chamado "Protestantismo não sacramental". Após o exame da doutrina batismal (e "crismal") "dispersa" em diversos documentos tridentinos, consideramos a proposta que emerge do Pontifical de 1596 e do Ritual de 1614, para concluir com alguns acenos ao *Catechismus romanus* de 1566. Quanto ao século XX, a análise diz respeito quer a alguns desenvolvimentos significativos no plano da praxe, quer ainda a algumas reflexões nas quais se registram contribuições relevantes para a compreensão dos sacramentos, objeto do nosso estudo.

O sexto capítulo da abordagem apresenta a atual proposta ritual: após a análise dos *Praenotanda generalia de initiatione christiana*, consideramos antes de tudo o *Ritual da Iniciação Cristã de Adultos*, a fim de considerar o seu caráter exemplar, para passar depois ao exame dos *ordines* destinados a infantes e crianças: o *Ritual do Batismo das Crianças* e o *Ritual da Confirmação*. O discurso sistemático, objeto da parte sucessiva, tendo como ponto de partida a figura de iniciação cristã que emerge do Ritual para os adultos, pergunta, antes de tudo, sobre o sentido global de tal figura. Em um segundo momento, tematiza-se a articulação entre os elementos constitutivos da iniciação cristã (sacramentos, catecumenato e mistagogia) para encontrar depois a específica identidade de Batismo e Confirmação, lidas à luz da relação que une estes dois sacramentos com a Eucaristia. Concluem o volume algumas anotações de linha pastoral, atentas, sobretudo, aos problemas ligados aos sacramentos do Batismo e da Confirmação.

CAPÍTULO I
O BATISMO NO NOVO TESTAMENTO

No Novo Testamento não faltam referências a alguns componentes daquela estrutura que chamamos "iniciação cristã". Com efeito, encontramos acenos à instrução, ao Batismo e à Eucaristia. Contudo, esses elementos – por outro lado evocados de modo mais ou menos sóbrio ou alusivo – "não aparecem ainda conexos estruturalmente. São, ao invés, nomeados singularmente, e o liame que os une, mais que ser acentuado, deve ser descoberto".[1] Parece-nos, pois, oportuno concentrar a nossa exposição sobre o Batismo, buscando, o quanto possível, encontrar os liames com outras realidades conexas com a primeira introdução de um crente na Igreja. Conforme o testemunho do Novo Testamento, a presença do Batismo no interior da comunidade cristã data dos primeiríssimos anos da Igreja nascente. Trata-se de uma prática

---

[1] MONTAGNINI, F. Nota su battesimo e *kérigma* nella Chiesa delle origini. In: *Iniziazione cristiana*. Brescia: Morcelliana, 2002. p. 13-27 – aqui, p. 13. (Quaderni teologici del Seminario di Brescia 12.) A afirmação é confirmada na seguinte observação, relativa à relação entre Batismo e Eucaristia: "A Eucaristia era compartilhada somente entre batizados, mas não há nenhuma documentação de que estivesse incluída nos rituais batismais da Igreja apostólica" (TURNER, P. *Ages of Initiation. The First Two Christian Millennia*. Collegeville [MN]: The Liturgical Press, 2000. p. 2) [tradução do autor].

comum a todos os cristãos, um dado indiscutível e essencial; é natural que aquele que se converte à fé cristã receba o Batismo enquanto a presença dos "discípulos" não batizados é advertida como algo de inaceitável, a ser corrigido o mais rápido possível (At 19,1-7). Após alguns esclarecimentos terminológicos (§ 1.), reconstruímos as linhas fundantes da praxe batismal da Igreja primitiva (§ 2.), buscando encontrar as origens (§ 3.). Analisamos posteriormente as principais interpretações que os escritos neotestamentários dão do Batismo (§ 4.) para concluir com alguma anotação sintética (§ 5.).

1. Premissas terminológicas

Na Antiguidade grega, o verbo *baptízo* – forma intensiva de *bápto* – possui o sentido geral de "imergir" e normalmente não se refere a banhos rituais. O Judaísmo introduz o verbo na língua do culto. A Bíblia grega dos LXX oferece alguns exemplos nos quais *baptízo* indica banhos rituais e traduz o hebraico *tabal*, que se refere a um banho completo. Contudo, não obstante as inegáveis raízes judaicas, o uso de *baptizo* se impõe somente com os primeiros escritos cristãos. No Novo Testamento, o verbo designa quer o Batismo de João, quer o cristão, e é geralmente usado no ativo e no passivo, o que exclui um Batismo que possa ser administrado a si mesmo pelo candidato, supondo a presença de um oficiante, de um ministro.[2]

---

[2] Contudo, em duas passagens encontramos o meio (At 22,16; 1Cor 10,2) e, nesses casos, a tradução mais corrente pareceria a reflexiva: "batizar-se"; de onde a hipótese da existência de um rito cristão primitivo no qual o candidato "*se* batizava", sem a intervenção de um oficiante; a evolução para um Batismo "passivo" derivaria do influxo exercitado sobre a praxe cristã das iniciações mistéricas. Na realidade, a questão pode ser resolvida simplesmente no plano da gramática grega: a voz média, com efeito, pode indicar também que o sujeito deixa realizar sobre si uma determinada ação – no nosso caso, "que se deixa batizar".

O BATISMO NO NOVO TESTAMENTO

O substantivo *báptisma*, através do qual os primeiros escritos cristãos designam quer o rito de ingresso na Igreja, quer o Batismo de João, é completamente ausente dos escritos judaicos e pagãos da Antiguidade. Junto dos judeus de fala grega encontramos o termo *baptismós* para indicar as abluções rituais, uso que também encontramos no Novo Testamento (Mt 7,4.8). Não obstante, *báptisma* se encontra somente nos escritos cristãos. Não se pode considerar uma espécie de "neologismo", criado pelos cristãos para exprimir a especificidade do próprio Batismo. O Novo Testamento, com efeito, o aplica ao Batismo e João usa-o no sentido metafórico, em frases nas quais não existe qualquer referência a um gesto ritual (Lc 12,50; Mc 10,38-39). Portanto, no uso dos primeiros cristãos o termo se reveste de certo caráter genérico.

Para exprimir o Batismo, encontra-se no Novo Testamento também o grupo terminológico constituído pelos verbos *lúo* e *apolúo* ("lavar", "banhar") e pelo substantivo *lutrón* ("banho"). Seja como for, não se trata de termos técnicos: a sua interpretação em sentido batismal, com efeito, nem sempre é óbvia e, mesmo nos casos nos quais certamente se referem ao Batismo, mantêm sempre a ideia de ablução física.

2. A praxe da Igreja do Novo Testamento

O Novo Testamento não revela preocupações específicas de caráter litúrgico-celebrativo. Nele não se encontra nem uma descrição ampla e satisfatória dos ritos das primeiras comunidades cristãs nem uma reflexão teológica própria para justificar a presença da estrutura ritual na vida da Igreja apostólica. Tal consideração, por si mesma válida para todos os capítulos do ritualismo cristão, é confirmada pelo caráter ocasional e fragmentário da documentação litúrgica neotestamentária relativa ao Batismo. Com efeito, no Novo Testamento não faltam referências à "praxe litúrgica" pela qual alguém se torna cristão. Contudo, ela é considerada um dado pacífico e pressuposto nas suas determinações rituais. Não se vê, pois, a exigência de descrevê-la de forma pontual e exaustiva. Existe antes a preocupação de mostrar a íntima relação pascal-pentecostal.[3] Não obstante isso, o conjunto dos dados neotestamentários relativos à iniciação cristã não é interessante do ponto de vista litúrgico. Ligando entre eles fragmentos unitários e confrontando-os com a sucessiva tradição da Igreja, é possível reconstruir, às vezes de modo seguro, outras vezes de forma hipotética, a praxe de iniciação da era apostólica. Após ter examinado os elementos que parecem caracterizar tal praxe (§ 2.1.), haveremos de nos interrogar sobre a possibilidade de a Igreja das origens batizar também as crianças (§ 2.2.).

2.1. A sequência pregação-fé-rito batismal

O contato com os textos neotestamentários revela a presença constante de três componentes que configuram uma estrutura que se confronta, de alguma forma, com aquela que vai se delineando no decorrer dos séculos II-III. Os elementos em jogo – que se encontram quer em alguns textos-sumários,[4] quer nos principais textos narrativos dos Atos[5] – são a pregação, a fé e a celebração sacramental. O conteúdo fundamental da *pregação* é o anúncio do *querigma*, acompanhando de

---

[3] Cf., por exemplo, Tt 3,4-5 e Hb 6,1-4. Nenhum desses textos é plenamente compreensível sem uma referência à praxe litúrgico-ritual da iniciação (preste-se atenção ao chamado "banho", à "imposição das mãos", à "iluminação", ao fato de "ter experimentado o dom celeste" etc.); de outro lado, nenhum deles procura descrevê-los em termos específicos.

[4] Cf. Mc 16,15-16; At 2,38-41; Ef 1,13.

[5] Cf. o Batismo do eunuco ministrado por Filipe (At 8,35-39), o Batismo conferido por Pedro a Cornélio (At 10,34-48); o Batismo que Paulo e Silas conferiram na prisão (At 16,25-34); o Batismo de Crispo e dos primeiros coríntios (At 18,5-8).

convite pontual e forte à conversão.[6] À pregação corresponde em modo especular a *fé*, que implica quer a acolhida do *querigma*, com a adesão a Cristo Senhor, quer a decisão sobre a vida (conversão), consequente a tal adesão. Com efeito, "a fé tem que ter, além da parte positiva de acolhida da mensagem, também o apelo, mais ou menos negativo, da metanoia, ou seja, da penitência (Mc 1,4; Lc 3,3; At 2,38). Além disso, essa disposição penitencial deve se manifestar de modo que seja possível ter certeza de sua presença".[7]

Na trilha dessa última afirmação, pode-se perguntar se tal manifestação visível das disposições do sujeito já seja concebida como um itinerário estendido no tempo, quiçá estruturado em etapas. Em outros termos, é sensato perguntar se, já no quadro das comunidades da época apostólica, antes do Batismo, era previsto um espaço de tempo para verificar as disposições do candidato e oferecer-lhe uma primeira instrução sobre os elementos fundamentais da fé cristã. A resposta deve permanecer indefinida e levar em conta duas séries de considerações. De um lado, em todas as narrações dos Atos, o gesto batismal segue imediatamente a conversão;[8] pode ser que tal forma de narração seja funcional para a finalidade de Lucas, preocupado em mostrar o sucesso da missão e, portanto, inclinado a ultrapassar eventuais fases intermediárias entre anúncio do Evangelho e sua acolhida através do Batismo. Contudo, não se pode excluir que o estilo narrativo de Lucas reflita um dado histórico. O tipo de auditório ao qual se dirigem os primeiros pregadores cristãos era em grande parte constituído por judeus e pro-

---

[6] Aqui seria o lugar para apresentar, de modo analítico, os exemplos neotestamentários de discurso/catequese que apresentam o rito batismal (At 2,14-36; At 10,34-43; At 13,16-41 etc.).

[7] STENZEL, A. *Il battesimo, genesi ed evoluzione della liturgia battesimale*. Alba: Ed. Paoline, 1962. p. 19-20 – citado por A. CAPRIOLI, "Ascolto della tradizione", in: *Iniziazione cristiana e immagine di Chiesa* (Leumann (TO): LDC, 1982. p. 85. [Collana di teologia pratica 2.]).

[8] Cf. o Batismo de Cornélio (At 10,48); o Batismo de Lídia (At 16,15), o Batismo do carcereiro de Paulo e Silas (At 16,33).

sélitos que tinham certa familiaridade com o Deus da aliança e com as exigências éticas fundamentais, inerentes à mesma aliança. Essa situação tornaria supérfluo um tempo prolongado de preparação ao Batismo.

De outro lado, embora nessa fase não se possa falar de catecumenato em sentido estrito, alguns indícios tornam plausível a hipótese de que a comunidade cristã buscasse de alguma forma verificar a seriedade da intenção daqueles que pediam o Batismo e ativassem tal forma de instrução. Um primeiro indício é constituído pela presença do verbo "impedir" em forma interrogativa (*tí kolyei?*), que retorna em vários contextos batismais dos Atos.[9] Segundo uma linha exegética bastante crível, estaremos diante de uma terminologia técnica para designar certa forma de exame prévio do candidato.[10] Disso se deduziria a existência de uma certa distância de tempo previsto estruturalmente entre o anúncio da Palavra e a conferência do Batismo, precedido de alguma forma de avaliação da fé do candidato. O segundo indício está ligado à possibilidade de encontrar a sucessiva estrutura de "apadrinhamento" em alguns episódios batismais dos Atos.[11] Também nesse caso teremos uma confirmação indireta de um tempo de preparação ao "sacramento", em cuja conclusão era pedida a presença de figuras de acompanhamento em grau de oferecer as garantias necessárias.[12] Por fim, há quem pense que o "ensinamento inicial sobre Cristo", de que fala Hb 6,1-2, indique uma "instrução de base" que precedia o Batismo: com efeito, os conteúdos propostos (a renúncia às obras da morte, a fé em Deus, a

---

[9] "O que me impede?" (At 8,36); "o que impede que eles recebam o Batismo?" (At 10,47); "quem era eu para pôr obstáculo a Deus?" (At 11,17).

[10] SCHNACKENBURG, R. *La vita cristiana. Esegesi in progresso e in mutamento.* Milano: Jaca Book, 1977. p. 365-385. MAERTENS, T. *Histoire et pastorale du rituel du catéchuménat et du baptême.* Bruges: Biblica ,1962. p. 35-36.

[11] Ananias em At 9; os três que guiam Pedro até Cornélio em At 10.

[12] A respeito de toda a questão, cf.: DUJARIER, M. *Le parrainage des adultes aux trois premiers siècles de l'Église.* Paris: Cerf, 1962. (Parole et Mission 4.)

doutrina do Batismo, a imposição das mãos, a ressurreição dos mortos e o julgamento eterno) poderiam sensatamente ser encontrados em uma catequese pré-batismal.

Quanto ao gesto ritual do *Batismo*, os dados retirados do Novo Testamento permitem descrevê-lo como uma imersão em água corrente (de um rio ou de uma piscina), precedida ou acompanhada por uma solene profissão de fé, talvez em forma de diálogo entre aquele que batiza e aquele que é batizado. Aquele que batiza desce com o batizando na água e realiza ativamente o gesto da imersão. Se o rito como tal não é novo no âmbito judaico,[13] nem em âmbito extrajudaico,[14] o seu significado profundo e decisivo é constantemente reivindicado como novo pela Igreja apostólica,[15] que se preocupa em confirmá-lo com a vontade do Senhor e com sua obra de salvação. Nessa linha se compreende a insistência com que os Atos e os escritos paulinos falam do Batismo "em nome de Jesus":[16] um sintagma que não deve ser entendido como "fórmula" utilizada na celebração batismal, mas como expressão do sentido do gesto ritual, do qual se tira a referência a Jesus e à sua atividade salvífica. Em relação mais ou menos estrita com o rito da imersão batismal, alguns textos apresentam a sequência ritual da imposição das mãos:

> At 8,14-17: o contexto é o da missão do diácono Filipe na Samaria. Muitos homens e mulheres escutam a pregação de Filipe, creem e se fazem batizar

---

[13] Cf. o capítulo sobre as formas "batismais" no Antigo Testamento e no Judaísmo.

[14] Cf. ELIADE, M. *Immagini e simboli. Saggi sul simbolismo magico e religioso*. Milano: Jaca Book, 1981. BOURGNON, E. La symbolique de l'eau. *Civitas* 53 (1998) 374-379.

[15] Veja-se, sobretudo, Jo 1,19-35, onde aparece a discussão sobre o significado do Batismo de João Batista confrontado com o Batismo cristão.

[16] Cf At 2,38; 8,16; 10,48; 19,5. Em 1Cor 6,11 se fala de ter sido "lavados, santificados, justificados no nome do Senhor Jesus Cristo". Em Rm 6,3 e Gl 3,27, a expressão "ser batizado em Cristo (Jesus)" poderia ser uma fórmula abreviada da fórmula "batizados no nome de Jesus". Em 1Cor 1,13-15 teríamos um testemunho indireto. Aos coríntios que declaravam "eu sou de Paulo", polemicamente o apóstolo pergunta se eles foram batizados "no seu nome"; a pergunta se compreende sobre o pressuposto que os coríntios tenham sido, ao invés, batizados "no nome de Jesus".

(v. 12). Pedro e João são enviados de Jerusalém a Samaria e, em um contexto de oração epiclética (v. 15), impõem as mãos "sobre aqueles que tinham sido somente batizados no nome do Senhor Jesus", os quais "receberam o Espírito Santo". A "imposição das mãos" por parte dos apóstolos, acompanhada pela invocação e pelo dom do Espírito Santo, se configura aqui como complemento de um Batismo que os apóstolos não tinham administrado em primeira pessoa. Tal gesto ritual, de um lado, manifesta a comunhão dos novos batizados com a Igreja mãe de Jerusalém e, do outro, reconhece também a eles aqueles carismas e dons particulares que o Espírito Santo infunde para a edificação de toda a Igreja.

At 19,6: em Éfeso, Paulo encontra alguns discípulos que haviam recebido somente o Batismo de João. Após a explicação de Paulo mostrando a diferença entre os dois ritos lustrais, eles "se fizeram batizar no nome do Senhor e logo que Paulo impôs-lhes as mãos, desceu sobre eles o Espírito Santo, falavam em línguas e profetizavam". O liame entre a imersão e a imposição das mãos aparece ainda mais estreito que em At 8,14-17, enquanto ainda mais claramente o efeito da descida do Espírito Santo é especificada na linha dos dons carismáticos (falar em línguas e profetizar).

Hb 6,1-2: o autor da carta pede aos seus interlocutores para deixar de lado os ensinamentos mais simples sobre Cristo para aceder a um ensinamento mais profundo. Entre os ensinamentos mais simples são elencadas a renúncia às obras mortas, a fé em Deus, a "doutrina dos Batismos" (*baptismôn didachês*), a imposição das mãos (*epithéseós te cheirôn*), a ressurreição dos mortos, o juízo eterno. A expressão "a doutrina dos Batismos", poderia indicar um ensino destinado a colocar em relevo as diferenças existentes entre o Batismo "no nome de Jesus" e outros usos batismais que os cristãos podiam conhecer na prática judaica ou pagã. A partir da estreita conexão gramatical e sintática com tal frase, a sucessiva referência à "imposição das mãos" deveria ser ligada à imposição das mãos pós-batismal, de que se fala em At 8,14-17 e 19,6.[17]

---

[17] Nessa linha: JEREMIAS, J.; STRATHMANN, H. *Le lettere a Timoteo e a Tito. La lettera agli Ebrei.* Brescia: Paideia, 1973. p. 190-191.

Portanto, parece possível levantar uma hipótese que, ao menos nas Igrejas às quais se referem esses textos, o banho batismal "no nome de Jesus" não fosse normalmente a única estrutura litúrgica da iniciação. Ela seria completada por um rito de "imposição das mãos", a que era unida a efusão do Espírito Santo, elemento decisivo e irrefutável da integração no povo messiânico. A esse propósito, deve-se relevar que nos dois episódios relembrados dos Atos dos Apóstolos a imposição das mãos implica a intervenção direta dos apóstolos: Pedro e João no caso dos samaritanos, Paulo no caso do "jovenzinho" de Éfeso. Qual seja a interpretação "teológica" a ser dada a essa dupla sequência ritual (isto é, se é que se deva falar de única ou dúplice distinta sacramentalidade), resta a questão que transcende unicamente o enfoque exegético do texto para coenvolver a inteira história da tradição viva da Igreja.

Resta perguntar como devam ser entendidos aqueles textos que fazem referência a uma unção (*chríolchrísma*, 2Cor 1,21; 1Jo 2,20.27) ou a um "selo" (*sphraghízolsphraghís*, 2Cor 1,22). Geralmente se entende que o Novo Testamento utilize esses termos como imagens metafóricas, inspiradas nos gestos de unção do Antigo Testamento[18] e empregadas para indicar o dom do Espírito concedido no Batismo. Ao invés, parece improvável que o rito batismal das primeiras comunidades compreenda gestos rituais de unção e/ou de *signatio*. Só sucessivamente tais metáforas ter-se-iam "materializado", originando os ritos da unção e da *signatio*, atuado no âmbito da celebração batismal.[19]

2.2. A Igreja das origens e o Batismo das crianças

Os dados oferecidos pelo Novo Testamento não permitem determinar com precisão se, no âmbito da Igreja das origens, havia a praxe

---

[18] Com efeito, o Antigo Testamento conhece gestos de unção dos reis e dos sacerdotes, enquanto a referência à unção dos profetas deve ser compreendida em sentido metafórico.

[19] Cf. BOTTE, B. Le vocabulaire ancien de la confirmation. *La Maison-Dieu* 54 (1958) 5-22 – aqui, p. 19. REVEL, J.-P. *Traité des sacrements. 2. La confirmation. Plénitude du don baptismal de l'Esprit*. Paris: Cerf, 2006. p. 404-436.

de se batizar também as crianças.[20] Contra a tese de K. Barth, segundo o qual a Igreja do Novo Testamento não conhecia o Batismo das crianças, a tentativa mais importante para demonstrar que a Igreja das origens batizava também as crianças é representada pela monografia que J. Jeremias dedicou a esse tema.[21] Como suporte de sua tese, o exegeta alemão apresenta fundamentalmente quatro argumentos. O principal é constituído pela chamada "fórmula da *óikos*", para dizer que era batizada toda uma "casa". Daí ser sensato pensar que dela fizessem parte também as crianças.[22] Diversos exegetas, contudo, pensam que o termo *óikos* seja muito geral e não permita afirmar com certeza a presença do Batismo das crianças na Igreja das origens. Como ulterior argumento, Jeremias apresenta as analogias existentes entre o Batismo cristão e o Batismo judaico dos prosélitos, aos quais eram admitidas também as crianças menores de idade. Todavia, também esse argumento é discutível: as diferenças entre as duas formas lustrais, com efeito, são mais numerosas que as semelhanças, e é, pois, improvável que o Batismo dos prosélitos tenha sido assumido como modelo do Batismo cristão. É pouco convincente o aceno a At 2,39: segundo Jeremias, as palavras conclusivas do discurso de Pedro ("as promessas são para vós e os vossos filhos [*téknois*]") são um convite para que os ouvintes batizem também os seus filhos. Na realidade, seja o contexto, seja o aceno ao capítulo 3 de Joel permitem pensar que o termo *téknoi* refira-se não aos filhos dos ouvintes, mas aos seus descendentes.

---

[20] Entendemos por crianças aqueles que não estão em condição de fazer um ato pessoal de fé; falamos também de "infantes" (derivado de *in-for*, isto é, "não falante").

[21] JEREMIAS, J. *Die Kindertaufe in den ersten vier Jahrhunderten*. Göttingen: Vandenhoeck & Ruprecht, 1958. Os seus argumentos são apresentados e discutidos em G. BARTH, *Il battesimo in epoca protocristiana* (Brescia: Paideia, 1987. p. 173-185. [Studi Biblici 79.])

[22] A "fórmula da *óikos*" aparece, por exemplo, em 1Cor 1,16; At 16,15.31; 18,8.

O BATISMO NO NOVO TESTAMENTO

Um argumento ulterior em favor da presença do Batismo das crianças no Novo Testamento seria confirmado pela perícope de Mc 10,13-16: Jesus corrige os discípulos que procuram afastar as crianças dizendo: "Deixai que as crianças venham a mim e não as impeçais (*mè kolyete autá*)" (v. 14). Na expressão *mè kolyein* Jeremias viu o termo técnico para indicar uma espécie de exame prévio ao Batismo; as palavras de Jesus em Mc 10,14 convidariam a admitir as crianças ao Batismo, sem submetê-las a nenhuma espécie de exame pré-batismal. Segundo outros exegetas, porém, é a frase interrogativa *tí kolyei?* a fazer uma referência ao Batismo,[23] que, ao invés, só o verbo *kolyein* não contém. Com efeito, a formulação negativa que encontramos em Mc 10,14 (*mè kolyete*) "nos vários casos nos quais aparece no Novo Testamento [...], não tem absolutamente nada a ver com o Batismo".[24] Para sustentar a referência batismal em Mc 10,13-16, Jeremias recorre também ao paralelo entre Mc 10,15 ("Quem não acolhe o Reino de Deus como uma criança, não entrará nele") e Jo 3,5 ("Quem não nascer da água e do Espírito, não poderá entrar no Reino de Deus"): o "tornar-se de novo como uma criança" de que fala Mc 10,15 seria equivalente ao "renascimento" batismal a que alude Jo 3,5. Aqui, porém, a violência gramatical é evidente: Mc 10,15 não fala, na verdade, "de se tornar criança" (que seria, com efeito, uma variação de renascimento) e sim de "acolher o Reino como uma criança", isto é, com a disponibilidade de quem sabe viver em virtude de um dom que vem do exterior. "Não se pode, pois, demonstrar que Marcos tenha referido esta perícope ao Batismo das crianças. Antes, isso parece ser de todo improvável."[25]

---

[23] Cf., por exemplo, At 8,36 e 10,47.
[24] BARTH, *Il battesimo in epoca protocristiana*, p. 181.
[25] Ibid.

Concluindo, o Novo Testamento não oferece provas certas e explícitas para demonstrar que o Batismo de crianças já era praticado na época apostólica; de outro lado, não existem testemunhos que conduzam a excluir tal praxe:

> Não de pode demonstrar, de forma convincente, que no tempo do Novo Testamento se batizassem só crianças, ou recém-nascidos, ou, então, junto com adultos. De outro lado, contudo, nem mesmo se pode provar a tese contrária. Pode-se somente reconhecer que as fontes bíblicas não dão nenhuma informação suficiente a tal respeito.[26]

Entre os testemunhos indiretos poder-se-ia dar certo crédito aos textos que falam do Batismo de uma *oíkos*: é provável pensar que, quando uma família de pagãos recebia o Batismo, as crianças que dela faziam parte não eram excluídas. Contudo, é impossível pronunciar-se sobre o que acontecia com os filhos que nasciam em famílias cristãs. Se faltam provas explícitas que atestem positivamente a presença do Batismo das crianças no Novo Testamento, de alguma forma é reconhecido que tal praxe é documentada na Igreja no período imediatamente sucessivo. Com efeito, a sua introdução não parece ter causado "traumas" particulares. Com relação ao Batismo de crianças, pode-se sensatamente presumir que tal Batismo tenha sido comprovado pela comunidade da época pós-testamentária como um elemento não contrário ao ensinamento neotestamentário do Batismo.[27]

---

[26] TRAGAN, P. R. Il battesimo dei cristiani nel Nuovo Testamento. Prassi e significato teológico. In: *Battesimo – Purificazione – Rinascita*. Roma: Borla, 1992. p. 111-161 – aqui, p. 158. (Dizionario di Spiritualità Biblico-Patristica 6.)

[27] Se, normalmente, as narrações dos Atos fazem seguir o Batismo para a fé, W. Kasper já relevou no Novo Testamento *três* modelos de relação entre Batismo e fé, dois dos quais (o segundo e o terceiro) são de todo conciliáveis com a praxe do Batismo das crianças: a fé como disposição ao Batismo, o Batismo como novo início de um começo na fé, o Batismo como iluminação (*photismós*) que dá a fé. Cf. KASPER, W. Glaube und Taufe. In: KASPER, W. (Hrsg.). *Christsein ohne Entscheidung, oder soll die Kirche Kinder taufen?* Mainz: Grünewald, 1970. S. 129-159 – aqui, S. 149-151.

3. As origens do Batismo cristão

Ao ser interrogado sobre a origem do Batismo, o cristão responde que foi instituído por Jesus Cristo, confirmando a sua afirmação com as passagens evangélicas de Mt 28,19 e Mc 16,16. Do ponto de vista exegético, prevalece, ao contrário, a opinião daqueles que julgam serem tardios esses dois textos: eles não reproduziriam as palavras do Ressuscitado, mas exprimiriam a consciência da comunidade pós-pascal sobre a conformidade da própria praxe batismal com a intenção de Jesus Cristo. Esses resultados da exegese não comprometem de modo nenhum o dado dogmático, relativo ao instituto do Batismo por parte de Cristo: com efeito, o reconhecimento da instituição não é a conclusão de uma busca histórica, mas uma afirmação teológica, com a qual a Igreja reconhece a coerência da própria praxe batismal com a vontade de Cristo. Portanto, a afirmação da instituição do Batismo por parte do Senhor "apoia-se" tanto nas *ipsissima verba* do Ressuscitado quanto, antes de tudo, nos testemunhos da Igreja apostólica que celebra o Batismo, na consciência de realizar um gesto de acordo com a vontade de Jesus.[28]

Por sua parte, a pesquisa histórica deve mostrar como a praxe batismal se introduziu e difundiu na comunidade cristã e como tal comunidade atingiu a consciência da conformidade dessa praxe à vontade do Senhor. A esse propósito, deve-se recordar que o Batismo praticado pelos cristãos não era uma novidade absoluta para os contemporâneos:

---

[28] "Aqui é necessário distinguir o valor dogmático-teológico do seu valor histórico-crítico. Um texto pode possuir um grande valor teológico, sem, contudo, constituir um dado histórico apto a fazer conhecer a origem de uma ação eclesial. Tal é o caso de Mt 28,19. O seu valor teológico consiste no fato de a Igreja primitiva fundar a sua atividade batismal sobre o ressuscitado. Essa atitude é de grande valor doutrinal; batizando, a Igreja tem consciência de obedecer ao Senhor Ressuscitado. Ao contrário, dificilmente a Igreja pode fundar historicamente o Batismo sobre esse texto" (CODINA, V.; IRARRAZAVAL, D. *Sacramenti dell'iniziazione. Acqua e Spirito di libertà*. Assisi: Cittadella, 1990. p. 57-58. (Teologia e Liberazione 6.). [Ed. bras.: *Sacramentos de iniciação. Água e Espírito de liberdade*. Vozes: Petrópolis, 1988. (Teologia e Libertação, s. IV, t. VI.)] As mesmas observações valem para Mc 16,16.

no judaísmo palestinense do século I, diversos grupos religiosos praticavam banhos rituais. O mesmo Antigo Testamento conhecia variadas formas de ablução.[29] Nesse quadro, merece uma atenção particular o Batismo de João, do qual o Batismo cristão seria, em certa forma, uma retomada e uma reinterpretação original. Baseados nessas premissas, analisamos, antes de tudo, as formas lustrais mais significativas presentes no Antigo Testamento e no Judaísmo do século I (§ 3.1.); posteriormente, consideramos o Batismo de João (§ 3.2.), apresentando depois alguma hipótese para explicar a passagem do rito do Batista ao Batismo cristão (§ 3.3.). Concluindo, iluminaremos os elementos característicos que distinguem o Batismo cristão daquele ministrado por João (§ 3.4.).

3.1. As formas "batismais" no Antigo Testamento e no Judaísmo[30]

3.1.1. Os ritos lustrais do Antigo Testamento

No contexto do Antigo Testamento, a legislação sobre a impureza ritual desenvolveu-se grandemente, sobretudo no Livro do Levítico, e se funda na distinção entre puro e impuro. O impuro "suja" a pessoa independentemente da sua vontade e a torna inapta para relacionar-se com Deus. Tal fato acontece após o contato com os mortos, as relações sexuais, a menstruação, o parto, a lepra, ou, então, após o contato com pessoas, animais e objetos impuros. Abluções e banhos permitem que o israelita recupere a pureza ritual que o habilita a participar do culto e da vida ordinária do povo santo. Às vezes, a purificação se realiza

---

[29] Cf. por exemplo: GRECH, P. La pratica del battesimo al tempo di Gesù. In: TRAGAN, P. R. (ed.). *Alle origini del battesimo cristiano. Radici del battesimo e suo significato nelle comunità apostoliche.* Atti dell'VIII Convegno di teologia sacramentaria, Roma, 9-11 marzo 1989. Roma: Benedictina-Ed. Abbazia S. Paolo, 1991. p. 59-73. (Studia Anselmiana 106 – Sacramentum 10.)

[30] Cf. COLOMER, G. *Iniziare a Cristo. Il cammino di fede nella Chiesa. Battesimo e confermazione.* Leumann (TO): LDC, 1987. p. 18-20. (I santi segni 2.)

O BATISMO NO NOVO TESTAMENTO

imergindo na água os objetos impuros (Lv 11,32) ou aspergindo-os (Lv 14,7); outras vezes se trata de lavar as próprias vestes (Lv 11,40) ou o próprio corpo (Lv 15). Neste último caso, Lv 15,16 precisa que o banho diz respeito ao corpo inteiro. Presume-se, então, que se deva fazer uma total imersão na água. Daí o nome de *tebila*, isto é, "banho por imersão". O israelita realiza esses banhos sozinho: trata-se, pois, de "autobatismos", e são repetidos com uma certa regularidade, uma vez que as ocasiões para contrair impuridade acontecem com uma certa frequência no arco da vida.

Enquanto destinados a recuperar um estado de pureza ritual não identificável com a pureza moral, os ritos lustrais do Antigo Testamento nada têm a ver com a remissão dos pecados. Todavia, em nível popular, existe o risco de confundir o plano da pureza ritual com o da pureza moral, identificando o pecado com uma impureza da qual se pode liberar com uma simples execução do gesto ritual. A corrente rabínica alimenta tal sensibilidade promovendo cada vez mais uma precisa ritualização das purificações, vistas como observâncias dotadas de valor por si mesmas. Os profetas, ao invés, movem-se em uma direção contrária. Eles retomam a imagem do banho em sentido metafórico, promovendo uma purificação existencial-vital (Is 1,16-17) para anunciar uma futura intervenção purificadora de Deus (Ez 36,25).

3.1.2. O Batismo dos prosélitos

A literatura rabínica apresenta um "banho de prosélitos" como rito para introduzir no Judaísmo os pagãos convertidos. A esse rito seguia-se a circuncisão para os homens. Para as mulheres, ao invés, ele constitui o único sinal visível da sua agregação ao povo de Israel. Alguns exegetas viram nesse rito o modelo direto do Batismo de João e o dos cristãos.[31] A hipótese levanta reservas, antes de tudo por problemas de datas; faltam documentos em grau de provar que o Batismo fosse já praticado antes do Batismo cristão. É bastante verossímil a hipótese de que esta praxe tenha começado a ser introduzida no curso do século I d.C. Contudo, é improvável que ela já fosse, então, uma instituição bem configurada e universalmente difundida em grau de exercitar um influxo consistente antes sobre o Batista e depois sobre a comunidade cristã.[32] Também as analogias de caráter ritual (a imersão, o uso preferencial da água corrente etc.) são muito frágeis para sustentar essa hipótese. Como se queira, as objeções fundamentais são relativas com relação às diferenças de conteúdo entre o Batismo de João e o Batismo dos prosélitos. Este último, com efeito, não tem referência com a remissão dos pecados, menos ainda com a purificação ritual: o pagão é impuro enquanto pratica a idolatria e vive na imoralidade, especialmente em matéria sexual; por tal razão ele tem necessidade da purificação para entrar no povo santo e poder celebrar o seu culto. Recorde-se ainda de que, diferentemente do Batismo de João, o dos prosélitos é um autobatismo: é o candidato que se imerge para ser purificado da sua vida precedente.

3.1.3. Os banhos de Qumran

Quase todos os historiadores identificam os membros da comunidade de Qumran com os essênios, dos quais falam Fílon e Flávio Josefo.[33] É este, justamente, que documenta diversos casos nos quais

---

[31] Cf., por exemplo: JEREMIAS, *Die Kindertaufe in den ersten vier Jahrhunderten*, p. 28ss. CULLMANN, O. *Die Tauflehre des Neuen Testaments*. 2. ed. Zürich, 1958.

[32] "Com muita probabilidade este influxo deve ter-se exercitado depois, na passagem da Igreja ao mundo pagão e na consequente procura de formas de iniciação de crentes provenientes do paganismo. O Batismo dos prosélitos poderia sugerir alguma coisa para tal finalidade [introdução sobre os mandamentos leves e graves, certo exame de conduta do candidato, a exigência de duas ou três testemunhas...]" (CAPRIOLI, Ascolto della tradizione, p. 90-91).

[33] GIBLET, J. L'iniziazione nelle comunità esseniche. In: *I riti d'iniziazione*. Milano: Jaca Book, 1989.

os membros da comunidade reconhecem a purificação com água para recuperar um estado de pureza ritual. Um relevo particular é dado ao banho quotidiano que precede a refeição comum, apresentada como um rito religioso. A prática dos banhos em Qumran é claramente atestada pelo *Documento de Damasco*: seu caráter ritual é comprovado pelas precisões sobre a qualidade e a quantidade da água a ser utilizada. A *Regra da comunidade* nos oferece indicações mais amplas. Ela introduz o discurso sobre conversão, sem a qual os banhos são ineficazes; eles pressupõem, portanto, a conversão e são reservados àqueles membros da comunidade que, pela sua pureza de vida, são considerados dignos de aceder à água. Nessa linha, a imagem da ablução com água lustral é utilizada também em sentido metafórico para exprimir a intervenção purificatória de Deus no final dos tempos.

3.2. O Batismo de João

A reconstrução histórica da figura de João Batista coloca dificuldades particulares. As únicas fontes literárias são, com efeito, os quatro Evangelhos e as obras de Flávio Josefo. São todos textos nos quais a apresentação de João não se configura como uma reconstrução objetiva dos fatos, mas é condicionada pela compreensão de fundo que caracteriza os diversos autores.[34] Pelo que diz respeito a João, como "batizador", Marcos e Lucas – considerados, junto com Flávio Josefo, fontes privilegiadas – falam de um "Batismo de conversão para a remissão dos pecados" (*báptisma metanóias eis áphesin hamartiôn*, Mc 1,4 e Lc

---

p. 193-204. (Di fronte e attraverso 238.) CIMOSA, M. I bagni rituali degli esseni e l'acqua purificatrice e vivificatrice negli scritti intertestamentarie. In: *Battesimo – Purificazione – Rinascita*, p. 46-62.

[34] Cf. LUPIERI, E. Giovanni Battista fra i testi e la storia. In: TRAGAN, *Alle origini del battesimo cristiano*, p. 75-107. Id. Il battesimo di Giovanni Battista e il movimento battistico. In: *Battesimo – Purificazione – Rinascita*, p. 63-75.

3,3). O conjunto da frase é, hoje, considerado original. Em particular, a referência à remissão dos pecados não pode ser considerada uma interpretação cristã do rito joanino: com efeito, a primeira comunidade cristã parece preocupada não tanto em valorizar o Batismo de João, dando-lhe uma "coloração" cristã quanto, antes, redimensionar o seu valor.[35] A interpretação da frase exige que se precise, de um lado, a relação entre Batismo e conversão e, do outro, aquela entre Batismo e remissão dos pecados. De um lado, o Batismo é o efeito da conversão: aos que pedem para receber o Batismo, João pede "frutos dignos de penitência" (Lc 3,7-8), mostrando, assim, que a decisão de se fazer batizar deve exprimir uma vontade de vida nova. Quanto à remissão dos pecados, a frase deve ser entendida em duas formas diversas: para alguns exegetas, o Batismo de João teria, exclusivamente, um valor penitencial: quem o recebe reconhece a própria condição de pecador e exprime com um gesto visível a própria necessidade de conversão. A frase *eis áphesin hamartiôn* seria somente um acréscimo acessório, que seria traduzida: "Esperando encontrar o perdão também junto do juiz que está por vir". Para outros estudiosos, ao contrário, a frase indicaria a remissão dos pecados como finalidade que o Batismo de João realiza eficazmente. A acolhida da segunda hipótese exige algumas precisões que transcendem a análise estritamente exegética: deve-se esclarecer que o rito de João não encontra em si mesmo as razões da própria eficácia. Ela deriva do fato de ser orientado ao evento cristológico, cuja "estrada" ele prepara. Em outras palavras, o evento cristológico já estaria operante,

---

[35] Nesta linha, Mateus fala somente de um Batismo "na água em vista da conversão" (Mt 3,11), eliminando a referência à remissão dos pecados, que é recuperada nas narrações da instituição ("sangue [...] derramado para a remissão dos pecados" –, Mt 26,28). Portanto, segundo Mateus, a remissão dos pecados não provém da água do Batismo de João, mas do sangue da cruz, "que se consegue" através da Eucaristia. Essa posição é coerente com o fato de Mateus apresentar o Batista como o último profeta do Antigo Testamento cuja figura é completamente colocada na sombra pelo Salvador. Explica-se, assim, a sua relutância em atribuir ao rito de João aquilo que, segundo ele, não pode provir senão do sangue de Jesus.

de alguma forma, no Batismo de João que o anuncia; esse Batismo está destinado a ser superado no momento em que o acontecimento cristológico seja efetivamente atuado, dando vida a uma nova e definitiva forma batismal.

A interpretação segundo a qual o Batismo de João perdoa definitivamente os pecados pareceria confirmada por outra característica original deste rito. Enquanto as abluções difundidas no mundo judaico e pagão são "autobatismos" (o candidato imerge por si próprio na água), aquele que acontece no Jordão é um gesto "ministerial"; o fiel não se batiza sozinho, mas é João que o batiza. Essa função caracteriza João de tal modo que mereceu-lhe o sobrenome de "Batista" (o batizador). Tal nome está ligado ao sentido que ele dá ao seu Batismo. Quem a ele acede deve ser batizado por outro, porque, no Batismo, a pessoa recebe aquele perdão dos pecados que não pode dar-se por si própria. Só a intervenção de uma "outra" pessoa com relação ao sujeito pode significar de modo eficaz o perdão como algo que provém de um "outro".[36] O perdão das culpas, por fim, é recebido em função do juízo iminente, para salvar-se da iminente cólera divina. "Assim compreendido, na urgência da última hora, o Batismo é necessariamente um ato único, não reiterável, como é único e definitivo o juízo, de cuja vinda se tem certeza".[37] Essas características (o liame com o convite à conversão, a eficácia visando à remissão dos pecados, o caráter ministerial, a unicidade) fazem do rito de João um gesto singular no panorama dos ritos

---

[36] "O fato de o penitente não se batizar a si mesmo, mas ser batizado por outro, leva a pensar que possa ser um meio para obter o perdão dos pecados [...]. Ou melhor, invertendo os termos, uma vez que se trata de obter o perdão dos pecados [...], não bastam autoabluções, mas o pecador que se converte é batizado pelo Batista" (BARTH, *Il battesimo in epoca protocristiana*, p. 43).

[37] LÉGASSI, S. *Alle origini del battesimo. Fondamenti biblici del rito cristiano*. Cinisello Balsamo: San Paolo, 1994. p. 31. (Universo Teologia 30.)

lustrais judaicos. Essa é uma singularidade que impede de fazer hipóteses sobre a derivação direta de outras práticas preexistentes.

3.3. A origem do Batismo cristão "em preto e branco"

Os traços distintivos do rito de João encontram-se no Batismo praticado pela comunidade cristã: também ele não é um autobatismo, mas pressupõe a presença daquele que realiza, de forma ativa, o gesto de batizar;[38] também o Batismo cristão é um evento único e inigualável e traz consigo um apelo à conversão;[39] ele também está em relação com a remissão dos pecados.[40] Esses traços comuns induziram muitos exegetas contemporâneos a considerar que a relação com o Batismo de João seja decisiva para explicar a origem do Batismo cristão. Contudo, o nosso conhecimento do modo como aconteceu a passagem de uma a outra forma batismal permanece muito lacunoso; consequentemente, toda reconstrução é, sempre, de algum modo, conjetural.

É sensato pensar que a retomada e a reinterpretação do rito do Batista tenham tido como ponto de partida a experiência da proximidade da salvação em Deus, vivida pelos discípulos no encontro com Jesus e que, na páscoa, revelou-se a eles no seu significado definitivo. Após os acontecimentos da páscoa, os discípulos sentiram-se investidos da tarefa de testemunhar a salvação dada por Deus na cruz e ressurreição do seu Filho. "E a melhor forma para dar este testemunho certamente apareceu no Batismo de João, que permitia ao convertido o perdão dos pecados e podia, por isso mesmo, ser percebido como um meio

---

[38] Como já se disse, isto é sugerido pelo fato de o verbo *baptízo* se encontrar quase que exclusivamente na forma passiva (At 1,5; 2,38;8,12; 9,18; 10,48 etc.).

[39] "Convertei-vos, e cada um de vós seja batizado" (At 2,38).

[40] At 2,38; Ef 5,26; 2Pd 1,9 etc.

para conferir a salvação."[41] Relido à luz do acontecimento cristológico, o gesto batismal concede o perdão ao pecador, não tanto para subtraí-lo do juízo iminente, mas para introduzi-lo na salvação já em ação, embora ainda aberta a realizar-se plenamente com o retorno do Filho do Homem. A hipótese parece plausível, dado que diversos discípulos de Jesus tinham sido batizados por João; além disso, a comunidade cristã primitiva, no seu conjunto, compreendia a si mesma como "herdeira" do movimento penitencial suscitado por João, cujo Batismo se referia à intervenção definitiva de Deus, esperada como iminente. A comunidade cristã, por seu lado, anuncia que em Cristo essa intervenção realizou-se de fato e batiza os crentes a fim de que sejam introduzidos na salvação. A retomada e a cristianização do rito de João, portanto, explicar-se-iam pelo fato de aquilo que o Batista esperava e anunciava tenha se realizado em Jesus, ainda que de maneira excedente com relação às suas expectativas.

Baseando-se no que se disse até aqui, não se pode propriamente dizer que o Batismo cristão teve "origem" no de João, pois este, com efeito, dependia totalmente da iminência do Reino e do juízo de Deus. A efetiva realização do Reino em Jesus introduzia uma novidade tal que suscitava estupor no mesmo João, transformando radicalmente as suas expectativas. Portanto, a novidade do Reino não pode ser deduzida de João e do seu Batismo; ao contrário, é o Batismo de João que encontra nela a sua verificação e a sua superação. Consequentemente, "o núcleo genético do Batismo cristão" é "a nova condição da pessoa com Deus", introduzida por Cristo e completamente realizada na sua páscoa: é tal novidade que determina, por parte da comunidade cristã, a retomada

---

[41] BARTH, *Il battesimo in epoca protocristiana*, p. 54.

do Batismo de João, assumido e relido como "mediação ritual" para aceder precisamente a tal novidade.[42]

A pesquisa das origens do Batismo cristão exige que se afrontem duas questões ulteriores. A primeira diz respeito à função que pode ter tido o Batismo de Jesus na introdução da sua praxe batismal no interior da comunidade cristã. Segundo alguns exegetas, o Novo Testamento não oferece um mínimo suporte para poder considerar o Batismo de Jesus como protótipo do Batismo cristão. Essa ideia encontra-se nos Padres, os quais, porém, baseiam-se em uma argumentação totalmente estranha ao Novo Testamento: segundo eles, o Batismo de Jesus funda o Batismo cristão, uma vez que, imergindo-se no Jordão, o Senhor santifica as águas e as torna aptas para santificar, por sua vez, a quantos nele imergiriam. A afirmação ocorre frequentemente nos textos patrísticos, mas não possui nenhuma fundamentação bíblica. Com efeito, em nível neotestamentário, o interesse das perícopes relativas ao Batismo de Jesus é de caráter cristológico: elas querem revelar a identidade de Jesus como Filho predileto do Pai, "ungido" do Espírito Santo em vista da missão.[43] Outros autores, porém, embora reconhecendo a intenção primariamente cristológica do texto, acham plausível que, já em nível neotestamentário, o Batismo de Jesus tenha constituído um modelo para a interpretação do sentido do Batismo cristão e um elemento significa-

---

[42] "O núcleo genérico do Batismo 'cristão' pode ser somente a nova condição da pessoa com Deus, que foi introduzida e realizada por Cristo, de forma culminante, nos acontecimentos pascais da sua vida [...]. A novidade e a especificidade do rito batismal cristão devem ser procuradas, então, na sua íntima ligação com o acontecimento da salvação (*realidade fundante*), relacionado ao qual o Batismo quer ser uma adequada modalidade de acesso (*mediação ritual*). Essa ligação, unida à intencionalidade do fundamento cristológico, teve uma codificação e uma compreensão normativa que lentamente se desenvolveu a partir da experiência batismal do Batista (*re*-compreendida à luz da páscoa), até à experiência de Cristo, da sua ressurreição e da efusão do Espírito, por parte dos discípulos, e que se sedimentou nos escritos neotestamentários". (GIRARDI, L. Battesimo e Confermazione. In: GRILLO, A.; PERRONE, M.; TRAGAN, P. R. (orgs.). *Corso di teologia sacramentaria, 2; I sacramenti della salvezza*. Brescia: Queriniana, 2000. p. 95-187 – aqui, p. 104).

[43] Cf. LÉGASSE, *Alle origini del battesimo*, p. 56-70.

O BATISMO NO NOVO TESTAMENTO

tivo para a legitimação desse rito; o argumento principal é constituído pela analogia de estrutura existente entre Batismo de Jesus e Batismo da comunidade cristã: com efeito, ambos compreendem o rito da água, à qual estão ligados os dons do Espírito e uma declaração de filiação divina.[44]

A questão ulterior refere-se ao fato de o mesmo Jesus, ao menos inicialmente, ter realizado Batismos: qual a medida deste fato sobre a introdução do Batismo na comunidade cristã? O fato de um Jesus "batista" é documentado somente por duas passagens do Evangelho de João,[45] às quais se atribui uma boa precisão histórica, embora o significado de tal Batismo tenha uma interpretação controvertida.[46] Em todo caso, o rito da comunidade cristã não pode ser considerado a continuação pós-pascal do que foi praticado por Jesus no decorrer de sua vida terrena: com efeito, a atividade de Jesus como batizador foi somente episódica e teve uma importância muito relativa no quadro da sua missão; não pode, portanto, ser considerada como um verdadeiro e próprio elo entre Batismo de João e Batismo cristão. Contudo, pode-se pensar que a Igreja dos primórdios, introduzindo uma praxe muito semelhante ao Batismo de João, tenha podido sentir-se autorizada a fazer isso.

---

[44] Cf. KVALBEIN, H. The Baptism of Jesus as a Model for Christian Baptism. Can the Idea Be Traced Back to New Testament Times? *Studia Theologica. Scandinaviam Journal of Theology* 50 (1996) 67-83. Cf. também: RICCA, P. Il battesimo di Giovanni nel Giordano. Storia e teologia. In: TRAGAN, *Alle origini del battesimo cristiano*, p. 109-127.

[45] Cf. Jo 3,22-26 e 4,1-3: este segundo texto precisa que não era Jesus quem batizava e sim os seus discípulos.

[46] Já entre os Padres da Igreja havia quem identificasse tal Batismo com o rito do Batista (Tertuliano e João Crisóstomo) e quem afirmava que já se tratava do Batismo cristão (Agostinho). As duas posições, com diversas variações e nuances, são encontradas também entre os exegetas contemporâneos. Uma solução intermediária é proposta por Schnackenburg: se é difícil pensar que o Batismo conferido por Jesus seja simplesmente idêntico ao de João, nem mesmo se pode pensar que já se trate do Batismo cristão, ao qual está ligado o dom daquele Espírito, que, nesta fase, "não existia ainda, uma vez que Jesus não tinha ainda sido glorificado" (Jo 7,39); consequentemente, "Jesus pode ter atribuído a este Batismo somente um caráter preparatório, o significado da adesão a ele e da disponibilidade para ouvir a sua chamada" (SCHNACKENBURG, R. *Il Vangelo di Giovanni*. Brescia: Paideia, 1973. I, 618. [Commentario teologico del Nuovo Testamento IV/1.]).

Também porque sabia que o mesmo Jesus o tinha administrado. Em conclusão, "se a ordem de batizar [...] é formulada à luz da experiência missionária [da Igreja], não se deve excluir que, atribuindo a palavra a Jesus, a Igreja tenha dado forma explícita a fatos e atitudes nas quais ele aparece aberto para adotar a praxe batismal".[47]

3.4. Elementos constitutivos do Batismo cristão

O conhecimento dos elementos que assemelham o Batismo de João e o Batismo da comunidade cristã não pode fazer perder de vista o fato de o Novo Testamento, em diversas passagens, evidenciar a diversidade e a superioridade do Batismo cristão.

> A afirmação é do mesmo João em Mc 1,8: "Eu vos batizei com água, mas ele vos batizará com o Espírito Santo"; os paralelos Mt 3,11 e Lc 3,16 ao Espírito Santo acrescentam o fogo [...]. No início dos Atos (1,5), no momento de separar-se dos discípulos, apropria-se das palavras do Batista: "João batizou com água; vós, porém, daqui a poucos dias, sereis batizados com o Espírito Santo".[48]

Parecem, pois, ser dois os elementos que qualificam o Batismo cristão e evidenciam a sua diversidade a respeito do rito do Batista: o fato de se tratar de um Batismo "no nome de Jesus" (§ 3.4.1.) e a sua ligação com o Espírito Santo (§ 3.4.2.).

3.4.1. *O Batismo "no nome de Jesus"*

Antes de tudo, o Batismo da comunidade cristã caracteriza-se pelo fato de ser um Batismo "no nome de Jesus". Com muita probabilidade, a expressão "no nome de Jesus" não estava incluída no rito,

---

[47] MONTAGNINI, Nota su battesimo e *kérigma*, p. 16.
[48] Ibid., p. 17-18.

como se fosse uma espécie de fórmula litúrgica a ser proferida no ato de conferir o Batismo; trata-se, ao invés, de uma "formulação teológica" que servia para exprimir o sentido do rito, distinguindo-o do Batismo de João. No grego, tal expressão encontra-se em três formas:

Eis tò ónoma tû Kyríu Iesû (At 8,16; 19,5)

Epì tô(i) onómati Iesû Christû (At 2,38)

En tô(i) onómati Iesû Christû (At 10,48)

Embora algum exegeta tenha visto além das diversas fórmulas intenções e significados teológicos diversos,[49] é provável que as três expressões tenham substancialmente o mesmo valor. A formulação mais antiga é a primeira, que foi interpretada de diversos modos. Sobretudo no início do nosso século, pensava-se que a frase *eis tò ónoma* estivesse ligada à linguagem comercial do mundo grego, indicando passagem de propriedade. Pagava-se ou "girava-se" certo bem e certa importância *eis tò ónoma* daquele que se tornava o proprietário. No contexto batismal, a expressão chamava a atenção ao fato de aqueles que foram batizados "no nome de Cristo" terem se tornado sua "propriedade", foram introduzidos numa condição de pertença a ele.

Hoje são numerosos aqueles que pensam dever colocar a frase no âmbito da linguagem rabínica: a expressão grega *eis tò ónoma* seria a tradução da expressão hebraica *leshém* (em aramaico: *leshûm*), cujo sentido varia conforme os casos e os contextos ("por causa de", "em

---

[49] Segundo Quesnel as fórmulas *epì tô(i) onómati* e *en tô(i) onómati* seriam traduções habituais do hebraico *beshem*, *leshem* e *al-shem*; diferentemente da expressão *eis tò ónoma*, elas não indicariam uma pertença a Cristo atuada graças ao Batismo, mas se reconduziriam ao fato de a origem de tal rito se encontrar na pessoa do Ressuscitado, Cristo e Senhor. Portanto, a essas diversas formulações corresponderiam diversos modos de interpretar o Batismo. Cf. QUESNEL, M. Les premiers témoignages du baptême au nom de Jésus. In: TRAGAN, *Alle origini del battesimo cristiano*, p. 129-144. Essa posição é mais amplamente desenvolvida em: Id. *Baptisés dans l'Esprit. Baptême et Esprit Saint dans les Actes des Apôtres*. Paris: Cerf, 1985. (Lectio divina 120.)

consideração de", "com referência a", ou, ainda, simplesmente, "para"). Utilizada em relação ao Batismo, a expressão – segundo alguns – limitar-se-ia a afirmar a fundamental referência a Jesus, distinguindo, assim, o rito batismal daquele de João e de outras formas lustrais; portanto, na expressão, o "nome" não teria nenhum relevo particular. Provavelmente essa era a força original da expressão "batizar no nome de Jesus". Pode-se, no entanto, pensar que a frase tenha se desenvolvido para um significado mais preciso, assumindo progressivamente aquela conotação que o "nome" de Jesus tem no Novo Testamento e que, inicialmente, *leshém* não possuía. Com efeito, o "nome" de Jesus evoca todo o evento da salvação que Deus realizou nele; o Batismo "no nome de Jesus" teria sido entendido, progressivamente, como um Batismo que tem relação com o nome de Cristo, no qual o batizado é introduzido. Tal realidade funda e explica a originalidade do Batismo cristão com relação às outras formas de ablução e mesmo com relação ao rito do Batista.

3.4.2. Batismo cristão e dom do Espírito

Uma ulterior especificidade do Batismo cristão é constituída pela sua ligação com o dom do Espírito Santo; é, contudo, quase que impossível precisar as modalidades dessa relação, uma vez que se assinala de diversos modos a presença do Espírito em relação ao Batismo. Paulo, por primeiro, não permite dar nenhuma resposta clara: em 1Cor 12,13, onde a referência ao rito batismal parece imprescindível, o Espírito Santo é dado com o Batismo. Em Gl 3,2, o dom do Espírito é ligado à acolhida crente do Evangelho. A mesma consideração vale para os Atos: na exortação de Pedro em Pentecostes, o dom do Espírito é apresentado como consequência do Batismo (At 2,38). Contudo, em outra passagem, o mesmo livro nos mostra os pagãos de Cesareia que recebem o Espírito enquanto ouvem a pregação de Pedro, antes do

O BATISMO NO NOVO TESTAMENTO

Batismo (At 10,44-48); nesse caso, "antecipando" o dom do Espírito, o mesmo Deus intervém para retirar qualquer impedimento do Batismo de Cornélio, justificando desta forma a difícil escolha de abrir também aos pagãos o acesso à Igreja. Por fim, na Samaria, Pedro e João comunicam o Espírito mediante a imposição das mãos em fiéis já batizados por Filipe (At 8,14-17), enquanto Paulo faz a mesma coisa com relação aos efésios que tinham recebido apenas o Batismo de João e que ele batiza "no nome do Senhor Jesus" (At 19,5-6). Em conclusão, o pensamento cristão primitivo permanece incerto quando se trata de definir as condições de acesso à salvação ou, melhor, quando se trata de determinar as suas relações; a fé no anúncio evangélico, o Batismo de água, o dom do Espírito são enunciados, às vezes colocados juntos, mas jamais correlacionados de maneira orgânica.

4. Interpretações do Batismo

Nos escritos neotestamentários, o sentido do Batismo não é jamais objeto de uma abordagem direta e estendida, mas brota sempre em relação com outros temas, muitas vezes em um contexto exortativo. Tal fato torna difícil a elaboração de uma síntese orgânica, que unifique as diversas perspectivas. Preferimos, portanto, considerar de modo analítico as diversas passagens nas quais aparecem referências ao Batismo; no final, serão recolhidas algumas linhas sintéticas.[50] Na apresentação, seguimos aquela ordem que é geralmente reconhecida como ordem cronológica dos escritos. Falamos, portanto, das cartas paulinas (Gálatas, 1 Coríntios, Romanos, § 4.1.), para passar para as cartas da escola paralela (Colossenses, Efésios e cartas pastorais (§§ 4.2. e 4.3.),

---

[50] Referimo-nos, em particular, a: HARTMAN, L. *"Into the Name of Lord Jesus". Baptism in the Early Church*. Edinburgh: T&T Clark, 1997. p. 51-54. Uma apresentação mais sintética encontra-se em TRAGAN, Il Battesimo dei cristiani nel Nuovo Testamento, p. 111-161.

à Carta aos Hebreus (§ 4.4.), ao Evangelho de João (§ 4.5.), concluindo com a Primeira Carta de Pedro (§ 4.6.).

4.1. O Batismo nas cartas paulinas

O que se acabou de dizer a respeito dos escritos do Novo Testamento vale antes de tudo para as cartas de Paulo: nelas a alusão ao Batismo ocorre com certa frequência; jamais, contudo, é oferecida uma síntese orgânica de teologia batismal. As referências ao Batismo são fragmentos introduzidos como argumentos em discussões relativas a outras temáticas. Além de textos que mencionam explicitamente o Batismo, existem outros nos quais as referências são implícitas e que é bom considerar. O material disponível não permite reconstruir um eventual desenvolvimento da perspectiva de Paulo no curso dos anos. Ao contrário, é possível encontrar material pré-paulino: opiniões sobre o Batismo que parecem ter sido sustentadas pelos destinatários das cartas de Paulo, prescindindo do influxo do apóstolo, bem como fórmulas e afirmações tradicionais que refletem expressões já estabilizadas na linguagem das comunidades cristãs. Às vezes, cláusulas ou frases não só são mais antigas que a carta paulina em questão, mas podem pertencer a um período que precede a obra missionária de Paulo. Em todo caso, exprimem sensibilidade e posições das quais Paulo decididamente mantém-se distante.

4.1.1. Gálatas 3,26-27[51]

Na Carta aos Gálatas, o interesse do apóstolo concentra-se, sobretudo, na relação entre Cristo e a Lei mosaica em vista da justificação:

---

[51] Para um enquadramente geral da carta e para o comentário dos textos analisados, cf. também: *Lettera ai Galati*. Nuova versione, introduzione e commentario di A. Vanhoye. Milano: Ed. Paoline, Milano, 2000. (I Libri biblici – Nuovo Testamento 8.)

é pela fé em Cristo e não pela observância da Lei que se obtém a justificação. Paulo contrapõe-se, destarte, aos judaizantes que desejavam impor aos pagãos convertidos a obrigação de viver da maneira dos judeus. Como se pode intuir de Gl 3,6-29, aqueles sustentam que a fé em Jesus Cristo não é suficiente para ter a justa relação com Deus: é preciso, ainda, tornar-se discípulo de Abraão por meio da circuncisão, sem a qual não é possível ter parte na herança de Abraão, isto é, aos bens que Deus lhe prometeu. Assim como é preciso aderir à aliança do Sinai, empenhando-se a cumprir todos os preceitos da Lei.

Ao invés, Paulo sustenta que os gálatas de origem pagã não têm necessidade de se circuncidar para pertencer ao Povo de Deus. A tal escopo, a partir do v. 3,6, ele procura mostrar que a descendência de Abraão se obtém através da fé e não por força da Lei. Esta, com efeito, tem somente uma função "pedagógica" com relação a Cristo, e tal função deixou de valer assim que "se chegou à fé". Portanto, Paulo sente obrigação de explicar por que os gálatas não estão obrigados a observar a Lei assim que chegaram à fé:

> De fato, vocês todos são filhos de Deus pela fé em Jesus Cristo, pois todos vocês, que foram batizados em Cristo, se revestiram de Cristo. Não há mais diferença entre judeu e grego, entre escravo e homem livre, entre homem e mulher, pois todos vocês são um só em Jesus Cristo. E se vocês pertencem a Cristo, então vocês são de fato a descendência de Abraão e herdeiros conforme a promessa (cf. Gl 3,26-29).

O motivo da liberdade nos confrontos da Lei é o fato de os gálatas serem "filhos de Deus pela fé em Jesus Cristo" (v. 26), isso porque todos quantos foram "batizados em Cristo" "se revestiram de Cristo" (v. 27). Aqui Paulo explica com uma referência ao Batismo o que afirma da fé, o que pressupõe uma estreita relação entre os dois conceitos: com efeito, "o Batismo não é outra realidade senão a atuação da adesão de fé a Cristo".[52] Deve-se notar que Paulo literalmente diz "batizados em Cristo". Cristo não é o elemento no qual o crente é imerso, mas a pessoa à qual o Batismo faz aderir. A relação que o Batismo instala entre quem o recebe e Cristo é expressa de forma um pouco incomum: "vós fostes revestidos de Cristo". Como em algumas passagens do Antigo Testamento (por exemplo: Is 61,10; Sl 132,16), a metáfora da veste utilizada para exprimir a ideia de uma mudança que, longe de ser superficial, completa uma transformação que atinge as determinações mais importantes da pessoa e as redimensiona radicalmente. Nessa linha Paulo proclama a inexistência das diferenças no plano religioso (judeus/gregos), social (escravo/livre) e até mesmo sexual (macho/fêmea). "Em Cristo Jesus" essas distinções não têm mais sentido,[53] uma vez que nele "sois um só". Para exprimir a unidade de todos os crentes em Cristo, Paulo aqui não utiliza o neutro,[54] mas o masculino, construindo uma expressão de difícil interpretação. Nesse propósito, o texto mais esclarecedor é o de Ef 2,15, no qual se afirma que Cristo anulou a Lei, motivo de separação entre judeus e gentios, "para criar em si mesmo, de dois, um só homem (*ánthropos*) novo [...] e para reconciliar todos os dois com Deus em um só corpo": portanto, todos os batizados em Cristo formam um só *ánthropos* que não existe independentemente de Cristo, embora não se confundindo com a pessoa de Cristo.[55]

---

[52] *Lettera ai Galati*, p. 23.

[53] Vanhoye precisa: "As negações paulinas devem ser situadas no nível mais profundo do ser cristão: Paulo fala aqui do nível fundamental, fala da justificação por meio da fé, trata da inserção em Cristo por meio do Batismo. Afirma a unidade absoluta de todos neste nível. Ele não afirma que as distinções devam desaparecer em outros níveis" (*Lettera ai Galati*, p. 302).

[54] Pense-se na expressão "uma coisa só" que aparece no Evangelho de João (cf., por exemplo, Jo 17,11.21.23).

[55] O termo *ánthropos* presta-se para exprimir o que Paulo quer dizer, porque, analogicamente, em alemão, *Mensch*, designa o ser humano em geral e vale para ambos os sexos.

Com o v. 28, por si, Paulo concluiu o argumento iniciado no v. 25 explicando por que, "vinda a fé", não estamos mais sob a Lei. No v. 29, porém, encontramos Cristo, agora somos descendência de Abraão, herdeiros segundo a promessa. A fé em Cristo e o Batismo dão ao crente uma ligação com Abraão, mais forte do que aquela que daria a circuncisão. Com efeito, graças à fé e ao Batismo, os crentes pertencem a Cristo e, uma vez que Cristo é a única descendência pela qual recebemos a promessa, graças a ele os crentes são "descendência de Abraão". Desse modo, Paulo leva a cabo a argumentação introduzida no v. 3,7 ("somente aqueles que têm fé são filhos de Abraão") e depois deixada em suspenso. Desse modo, demonstra que, contrariamente a quanto sustentavam os judaizantes, para assegurar a união com Abraão e participar da promessa e ele feita, os gálatas convertidos do paganismo não têm necessidade alguma de se submeter à circuncisão.

4.1.2. Primeira Carta aos Coríntios[56]

A primeira passagem a ser considerada – 1Cor 1,11-17 – coloca-se no interior da unidade literária e temática que inclui os quatro primeiros capítulos da carta (1,10 – 4,21), nos quais Paulo afronta a questão dos dissensos que existem entre os diversos grupos cristãos de Corinto:

> Irmãos, alguns da casa de Cloé me informaram que entre vocês existem brigas. Eu me explico. É que uns dizem: "Eu sou de Paulo!" E outros: "Eu sou de Apolo!" E outros mais: "Eu sou de Pedro!" Outros ainda: "Eu sou de Cristo!" Será que Cristo está dividido? Será que Paulo foi crucificado em favor de vocês? Ou será que vocês foram batizados em nome de Paulo? Agradeço a Deus o fato de eu não ter batizado ninguém de vocês, a

---

[56] Para um enquadramento geral da carta e para o comentário das passagens analisadas, cf. também: *Prima Lettera ai Corinzi*. Nuova versione, introduzione e commento di R. Fabris. Milano: Ed. Paoline, 1999. (I Libri biblici – Nuovo Testamento 7.)

não ser Crispo e Caio. Portanto, ninguém pode dizer que foi batizado em meu nome. Ah! Sim. Batizei também a família de Estéfanas. Além deles, não me lembro de ter batizado nenhum outro de vocês. De fato, Cristo não me enviou para batizar, mas para anunciar o Evangelho, sem recorrer à sabedoria da linguagem, a fim de que não se torne inútil a cruz de Cristo (cf. 1Cor 1,11-17).

A comunidade está dividida porque os diversos grupos atribuem autoridade a pessoas diversas. Alguns cristãos de Corinto são admiradores de Apolo, homem eloquente e versado nas Escrituras (At 18,24-28), que provavelmente tinha estado em Corinto após a missão de Paulo, recolhendo notável consenso, sobretudo, entre as pessoas mais exigentes em seu perfil cultural; outros se referiam a Paulo, o primeiro evangelizador de Corinto; outros, ainda, declaravam-se fiéis a Pedro, o chefe dos apóstolos. É mais difícil determinar a identidade do grupo que se refere a Cristo; trata-se, ao invés, de um grupo de carismáticos entusiasmados, que reivindicam uma relação direta com Cristo, ou, então, mais simplesmente, de pessoas que tinham se retirado dos debates entre as precedentes facções. Em todos caso, esses versículos deixam supor uma praxe deste tipo: Paulo era o "pioneiro" da missão; certamente não desprezava a celebração do Batismo, mas normalmente a deixava para outros, o que era natural quando o rito batismal não seguia imediatamente a aceitação da mensagem evangélica. Com efeito, é provável que, em Corinto, os pagãos convertidos à fé – diversamente dos convertidos de origem judaica – eram instruídos por um longo período antes de receber o Batismo. Presumivelmente, Apolo era um dos mestres que, após a partida de Paulo de Corinto, tinha continuado a instruir os candidatos ao Batismo, coroando essa instrução com a celebração do Batismo.[57]

---

[57] Dessa forma se compreenderia a cópia de imagens utilizadas em 1Cor 3,6.10.

O BATISMO NO NOVO TESTAMENTO

Voltando às argumentações de Paulo, as interrogações retóricas do v. 13 ("Será que Paulo foi crucificado em favor de vocês? Ou será que vocês foram batizados em nome de Paulo?") pressupõem que os coríntios compartilham a ideia que Cristo foi crucificado por eles e que foram batizados no nome de Cristo: estamos, pois, diante de perspectivas que não são as de Paulo. Por essa razão, também as pessoas que sustentam outras posições, podem compartilhá-las. Definir a crucifixão como evento realizado "por vós" significa indicá-la como fonte de salvação para aqueles aos quais é endereçada; o Batismo, por seu lado, representa o "meio" pelo qual tal salvação é conferida aos destinatários. Portanto, mediante o Batismo, a morte do Senhor se torna relevante para os batizados que, por força do Batismo recebido "no nome do Senhor", pertencem só e exclusivamente a ele. Dessa forma, compreende-se a absurdidade das divisões. A oposição recíproca dos cristãos de Corinto contradiz a pertença única e comum a Cristo.

Uma ulterior referência – embora implícita – ao Batismo se encontra em 1Cor 6,11, passagem na qual Paulo estigmatiza o comportamento daqueles cristãos que recorrem aos tribunais pagãos contra outros cristãos. Tal modo de agir representa, para Paulo, uma recaída no estilo de vida que pertencia ao passado dos coríntios e que é, portanto, incompatível com o seu atual estado cristão: "Alguns de vocês eram assim. Mas vocês se lavaram, foram santificados e reabilitados pelo nome do Senhor Jesus Cristo e pelo Espírito do nosso Deus" (cf. 1Cor 6,11).

O "mas" introdutório evidencia o contraste existente entre a nova situação do crente e a lista dos vícios nos quais os cristãos de Corinto tinham vivido precedentemente (v. 9-10): tais vícios não representam tanto singulares ações pecaminosas quanto descrevem, antes de tudo, uma condição de vida totalmente qualificável como injusta. Os cristãos de Corinto, graças à experiência batismal, abandonaram esse estado de vida. Três verbos no passivo demonstram a iniciativa de Deus: é ele quem lava, santifica e justifica. Dos três verbos, o primeiro (*apelúsasthe*, cf. também Ef 5,26, Tt 3,5) – claramente inspirado no fato de o Batismo ser um banho – lembra a purificação dos pecados do passado. Em segundo lugar, tornando-se cristãos, os coríntios foram santificados: eles, portanto, pertencem a Deus, estão a seu serviço e participam dos seus dons. Em terceiro lugar, a transição do antigo ao novo é caracterizada pela frase "fostes justificados", que contrasta com aquela injustiça que impede de herdar o Reino de Deus (v. 9). A passagem descrita pelos três verbos acontece "no nome do Senhor Jesus Cristo e no Espírito do nosso Deus". A primeira parte da frase pode ser considerada uma das variações da famosa fórmula "no nome de": o Senhor Jesus Cristo é referência fundamental do rito batismal e de toda transição da qual ele constitui o ponto focal. O Espírito, por sua parte, media e efetua a purificação, a santificação e a justificação que constituem o ingresso na nova condição de vida; ingresso do qual o Batismo representa o fato ritual objetivo.

Uma visão exageradamente "automática" do efeito objetivo do Batismo se encontra por detrás da admoestação de 1Cor 10,1-13.[58] Em 1Cor 8-10, Paulo discute sobre quão livremente os cristãos de Corinto possam comportar-se com relação ao culto dos pagãos e os banquetes que o acompanham, bem como em relação à carne apresentada em uma mesa ordinária, mas proveniente das sobras dos sacrifícios idolátricos. Alguns coríntios exageram na sua ideia de liberdade e Paulo parece pensar que esta atitude brota da ideia que o Batismo e a Eucaristia conferiram uma vida divina que comporta uma liberdade soberana e não

---

[58] Uma interpretação desta passagem, em parte diversa, encontra-se em: BARBAGLIO, G. E tutti in Mose sono stati battezzati nella nube e nel mare (1Cor 10,2). In: TRAGAN, *Alle origini del battesimo cristiano*, p. 167-191.

pode ser atingida pelas ações que os cristãos realizam com o seu coro.[59] Ao afrontar tais problemas, Paulo recorre à interpretação tipológica de alguns acontecimentos retirados da narração do Êxodo, que são relidos como prefigurações (*typoi*) proféticas do destino dos cristãos de Corinto (cf. v. 10,6.11):

> Não quero que vocês ignorem uma coisa: todos os nossos antepassados estiveram sob a nuvem; todos atravessaram o mar e, na nuvem e no mar, todos receberam um Batismo que os ligava a Moisés. Todos comeram o mesmo alimento espiritual, e todos beberam a mesma bebida espiritual, pois bebiam de uma rocha espiritual que os acompanhava; e essa rocha era Cristo. Apesar disso, a maioria deles não agradou a Deus, e caíram mortos no deserto (cf. 1Cor 10, 1-5).

A nuvem, na interpretação judaica, evoca a presença de Deus ou da sua glória; no nosso texto, ela é associada à passagem do mar que Paulo interpreta como *typos* do Batismo cristão;[60] como os crentes foram batizados no nome de Cristo, isto é, foram colocados em relação com ele mediante o sinal da imersão na água, assim os pais atravessaram o mar graças à mediação de Moisés, sob a guia e a proteção de Deus (nuvem). À experiência da passagem do mar segue a do caminho no deserto: Paulo recorda o dom do maná e da água, que ele chama respectivamente "alimento espiritual" e "bebida espiritual"; o adjetivo *pneumatikós* refere-se também à "rocha" da qual brota a água, rocha que é identificada com o mesmo Cristo. O maná e a água da rocha, portanto, são "espirituais" não somente porque provêm de Deus, mas porque mediam a salvação de Cristo, que realiza o seu valor prefigurativo.

---

[59] A liberdade é mal compreendida, a ponto de alguns cristãos de Corinto frequentarem prostitutas (1Cor 6,9-20).

[60] A expressão "batizados em Moisés" é certamente recalcada na fórmula "ser batizados em Cristo" (Rm 6,3; Gl 3,27).

A essas experiências positivas contrapõe-se, no v. 5, aquilo que "para a maior parte" dos Padres foi o exílio final da peregrinação no deserto: a reprovação divina e a consequente perdição; um exílio determinado pelo fato de os israelitas terem se deixado seduzir pela idolatria com as suas diversas facetas (v. 7-10).

Paulo conclui a sua releitura dos eventos do Êxodo relembrando o princípio hermenêutico já enunciado no v. 6 ("ora, tais coisas aconteceram a eles em forma prefigurativa", v. 11) e explicitando o escopo parenético de toda a reflexão: se os pais que participaram das prefigurações do Batismo e da cena morreram no deserto por causa do seu pecado, os cristãos de Corinto que receberam o Batismo e participaram da ceia do Senhor não são, por isso mesmo, livres do risco de concluir tragicamente a sua história. Por isso, "quem acredita estar de pé, tome cuidado para não cair" (v. 10,12).

> Uma confiança quase mágica no poder do Batismo poderia também estar subjacente à praxe pela qual alguns cristãos de Corinto se faziam batizar "no lugar" de parentes ou amigos mortos (*hupèr tôn nekrôn*, 1Cor 15,29), na convicção dos perigos que encontrariam no além. Trata-se de uma visão mágica dos efeitos do Batismo, que talvez proviesse do contexto helenístico e se difundirá em algumas seitas heréticas. Paulo menciona essa prática sem criticá-la, porque a utiliza como argumento para mostrar a incongruência daqueles que, enquanto negam a ressurreição dos mortos, fazem-se batizar no lugar dos mortos e em seu favor.[61]

A última passagem que consideramos é a de 1Cor 12,13. Diante daqueles que se consideram superiores aos demais, por força de seus particulares dons espirituais, Paulo acentua que tais dons (fé, sabedoria, glossolalia etc.) são efeitos do só e único Espírito. Nesse quadro o

---

[61] Cf. BARTH, *Il battesimo in epoca protocristiana*, p. 112-116.

apóstolo, após ter introduzido a metáfora do corpo e dos membros, faz referência ao Batismo recebido em "um só Espírito":

> De fato, o corpo é um só, mas tem muitos membros; e no entanto, apesar de serem muitos, todos os membros do corpo formam um só corpo. Assim acontece também com Cristo. Pois todos fomos batizados num só Espírito para sermos um só corpo, quer sejamos judeus ou gregos, quer escravos ou livres. E todos bebemos de um só Espírito (cf. 1Cor 12,12-13).

A metáfora do corpo e dos membros ilustra eficazmente o princípio paulino da unidade eclesial que deve ser atuada na pluralidade e diversidade dos dons espirituais. Paulo reformula esse princípio partindo de um dado retirado da experiência: o único corpo é composto por membros, e os vários membros formam um só corpo. O segundo termo da comparação é introduzido de forma muito rápida: Paulo não afirma "como o corpo é um e tem muitos membros, assim somos também nós com relação à Igreja" ou "com relação a Cristo"; afirma, ao invés, simplesmente, "assim também Cristo", evidenciando de forma assaz restrita a relação existente entre Cristo e os crentes: é Cristo a realidade onde a multiplicidade dos membros constitui um só corpo.

Uma vez que o tema é, em particular, os dons espirituais, Paulo retoma também o tema do único Espírito que está na origem dos vários carismas livremente distribuídos a cada um. Com duas frases simétricas, ele reevoca a experiência unificante do Espírito. Na primeira, "nós todos fomos batizados num (mediante um) só Espírito", a referência ao Batismo é explícita: é o poder ativo do único Espírito que introduz o batizado no único corpo de Cristo, no interior do qual são superadas as diversidades ligadas às condições étnico-religiosas (judeus/gregos) e sociais (escravos/livres). A segunda frase ("todos bebemos de um só Espírito") poderia também ser traduzida: "sobre todos nós foi efundido um único Espírito":[62] o Espírito não somente introduz o batizado no corpo de Cristo, mas permanece com ele como ativa força divina.

> A relação entre o Batismo e o Espírito pareceria proposta de novo em 2Cor 1,22; embora o texto não mencione explicitamente o Batismo, existem bons motivos para afirmar que se faça referência a ele. Se permanece essa interpretação, o Batismo é comparado ao gesto com o qual uma pessoa, colocando o seu selo sobre alguma coisa, sanciona tal aquisição como sua propriedade. Assim, Deus (no Batismo) "colocou o seu selo sobre nós e nos deu o Espírito em nossos corações como penhor". Como em outros contextos batismais, Paulo não afirma explicitamente que o ritual do Batismo confere o Espírito, mas pressupõe uma estreita e evidente conexão entre Batismo e dom do Espírito.

4.1.3. Romanos 6,1-14[63]

O trecho de Rm 6,1-14 foi considerado, com frequência, o *locus classicus* por excelência da teologia batismal de Paulo. Na realidade, nem mesmo aqui o apóstolo oferece uma doutrina orgânica e global sobre o Batismo; a referência a ele resulta, ao invés, funcional à tese central do trecho que afirma a incompatibilidade entre a graça e o pecado.

> Que diremos então? Devemos permanecer no pecado para que haja abundância da graça? De forma nenhuma! Uma vez que já morremos para o pecado, como poderíamos ainda viver no pecado? Ou vocês não sabem que todos nós, que fomos batizados em Jesus Cristo, fomos batizados na sua morte? Pelo Batismo fomos sepultados com ele na morte, para que, assim como Cristo foi ressuscitado dos mortos por meio da glória do Pai, assim também nós possamos caminhar numa vida nova. Se permanecermos completamente unidos a Cristo com morte semelhante

---

[62] Pode-se pensar a hipótese de que a imagem da efusão indique o modo como o Batismo era praticado (ao menos nas comunidades às quais Paulo se refere aqui), isto é, derramando água sobre o candidato.

[63] Cf. BARTH, *Il battesimo in epoca protocristiana*, p. 118-130. PENNA, R. Battesimo e partecipazione alla morte di Cristo in Rm 6,1-11. In: TRAGAN, *Alle origini del battesimo cristiano*, p. 145-166. *Lettera ai Romani*. Nuova versione, introduzione e commento di A. Pitta. Milano: Ed. Paoline, 2001. p. 243-254. (I Libri biblici – Nuovo Testamento 6.)

O BATISMO NO NOVO TESTAMENTO

à dele, também permaneceremos com ressurreição semelhante à dele. Sabemos muito bem que o nosso homem velho foi crucificado com Cristo, para que o corpo de pecado fosse destruído e assim não sejamos mais escravos do pecado. De fato, quem está morto, está livre do pecado. Mas, se estamos mortos com Cristo, acreditamos que também viveremos com ele, pois sabemos que Cristo, ressuscitado dos mortos, não morre mais; a morte já não tem poder sobre ele. Porque morrendo, Cristo morreu de uma vez por todas para o pecado; vivendo, ele vive para Deus. Assim também vocês considerem-se mortos para o pecado e vivos para Deus, em Jesus Cristo. Que o pecado não reine mais no corpo mortal de vocês, submetendo-os às suas paixões. Não ofereçam os membros como instrumento de injustiça para o pecado. Pelo contrário, ofereçam-se a Deus como pessoas vivas, que voltaram dos mortos; e ofereçam os membros como instrumento da justiça para Deus. Pois o pecado não os dominará nunca mais, porque vocês já não estão debaixo da Lei, mas sob a graça (cf. Rm 6,1-14).

A passagem se liga ao final do capítulo 5, segundo o qual, "onde abundou o pecado, superabundou a graça" (5,20). No estilo da diatribe que caracteriza todo o capítulo 6,[64] Paulo se interroga se uma condição de pecado permite a abundância da graça: "Devemos permanecer no pecado para que abunde a graça?" (v. 1). Aqui o termo *hamartía* não indica tanto a ação singular do pecado, mas, antes de tudo, uma potência que, quase personificada, domina sobre todas as pessoas, tornando-as escravas; por isso, mais que de pecados, Paulo fala de "pecado", no singular. A resposta, expressa em forma interrogativa, é peremptória: "Nós que fomos mortos ao pecado, como poderemos ainda viver no pecado?" (v. 2). Lida de forma positiva, a frase afirma que os crentes em Cristo

---

[64] Por "diatribe" entende-se "uma discussão que um autor imagina desenvolver com um interlocutor fictício, para estabelecer um diálogo imaginário [...]. O estilo diatríbico caracteriza-se pelas perguntas, as respostas breves e as objeções possíveis que tornam vivaz o diálogo em ato. À vivacidade da argumentação diatríbica se acompanha, de qualquer modo, uma interpelação indireta para com os reais destinatários da carta" (*Lettera ai Romani*, p. 562).

não se encontram mais sob o domínio do pecado, pois morreram em relação a ele. Evidentemente, tal resposta precisa ser explicada: o que significa "mortos ao pecado?". Quando os crentes morrem ao pecado?

Com outra pergunta retórica, Paulo, fazendo apelo ao patrimônio de fé que os interlocutores partilham com ele, explica que a morte ao pecado aconteceu no Batismo que colocou os crentes em relação com Cristo ("fomos batizados em Cristo Jesus")[65] e – mais precisamente – com a sua morte ("na sua morte fomos batizados", v. 3); uma morte que – segundo 1Cor 15,3 – é morte "pelos nossos pecados", isto é, purifica dos pecados.

> Segundo G. Barth, aqui Paulo "retoma e elabora tradições precedentes, nas quais já se encontra o pensamento que o Batismo faz participar do destino de Jesus Cristo, da sua morte e ressurreição. Esse conceito fundamental, longe de ter sido criado e desenvolvido por Paulo, representa a concepção batismal das comunidades cristãs helenísticas anteriores e contemporâneas de Paulo, uma tradição que Paulo retoma aqui".[66]

Conforme R. Penna, ao invés, aquilo que já se pode supor conhecido aos destinatários da carta é o valor salvífico da morte de Cristo; a afirmação segundo a qual o Batismo faz participar de tal morte representaria uma especificação paulina desse dado tradicional.[67] Nessa linha, S. Légasse afirma que a visão do Batismo como participação na morte de Cristo encontra-se somente em São Paulo. Ele chega a essa posição explicitando pressupostos já presentes antes dele. Na esteira do Batismo de João, com efeito, também o Batismo cristão tem como finalidade a remissão dos pecados. É espontânea a ligação do Batismo com a morte de Cristo. Com efeito, desde o início a fé cristã reconhece o valor de expiação dos pecados (cf. 1Cor 15,3: "Cristo morreu pelos nossos pecados"). Sobre a missão de Paulo em formular a conexão entre

---

[65] A expressão "batizados em (*eis*) Cristo Jesus" é, provavelmente, uma abreviação paulina da bem conhecida fórmula "batizar no nome de Jesus".
[66] BARTH, *Il battesimo in epoca protocristiana*, p. 119.
[67] PENNA, Battesimo e partecipazione alla morte di Cristo, p. 166.

O BATISMO NO NOVO TESTAMENTO

Batismo e morte de Cristo, Légasse se exprime de modo bastante vago: "Não se pode afirmar que a ligação se tenha dado antes de Paulo, uma vez que ele é só uma testemunha, mas, ao efetuar essa união, ele está tão intimamente imbuído dos imperativos teológicos de então que é levado a 'hipotizar' aqui uma herança".[68]

A explicação continua precisando que a relação do batizado com a morte de Cristo chega mesmo a compartilhar da sua sepultura (v. 4a). É bastante provável que Paulo siga uma estrutura de pensamento que recebeu da mais antiga tradição da fé, da qual fez alusão em 1Cor 15,3-4: Cristo morreu, foi sepultado, foi ressuscitado. A referência à ressurreição (4b), porém, diz respeito a Cristo e não aos batizados. Eles, com efeito, compartilham com Cristo a morte e a sepultura. Não ainda a ressurreição. Para os crentes, a correspondência da ressurreição de Cristo dos mortos é constituída não pela participação na sua ressurreição, mas pela possibilidade de "caminhar em uma vida nova", isto é, viver na novidade do Espírito.

A posição expressa em Rm 6,4 pode ser reconduzida à necessidade de contradizer uma forma de pensar segundo a qual no Batismo já foi dada a vida definitiva com Cristo: não é necessário esperar uma ressurreição ulterior.[69] Com efeito, a convicção segundo a qual o Batismo já comunica a vida escatológica estava difundida, sobretudo, em Corinto e estava ligada a outros fenômenos ali presentes (por exemplo, a glossolalia). Paulo toma posição contra eles nas suas cartas àquela comunidade. Uma vez que a Carta aos Romanos foi escrita estando Paulo em Corinto, a existência de uma tal ideologia naquela cidade poderia explicar a razão pela qual Paulo não estabelece um paralelismo completo entre Cristo e o batizado, recusando-se a afirmar que o batizado já ressuscitou com Cristo.[70]

---

[68] LÉGASSE, *Alle origini del battesimo*, p. 139.

[69] Esta convicção estaria refletida em 2Tm 2,18: "Eles dizem que a ressurreição já aconteceu".

[70] A relação do batizado com a morte e a ressurreição de Cristo é apresentada de modo diverso nas cartas aos Colossenses e aos Efésios. Essas estabelecem um liame direto entre o batizado e a ressurreição: não somente estamos "cocrucificado" e "cossepultados" com Cristo, mas estamos, também, "corressuscitados" com ele (cf. Col 2,12; 3,1: Ef 2,6).

O v. 5 acentua que a participação do batizado na ressurreição de Cristo diz respeito ao futuro. A formulação, contudo, é um tanto enigmática. A tradução mais próxima do original pode ser assim: "Se estamos dinamicamente unidos [*symphytoi*] [a ele = Cristo][71] por meio do *homoiôma*[72] da sua morte, o seremos também [por meio do *homoiôma*] da sua ressurreição (Rm 6,5)".

A interpretação exata do substantivo *homoiôma* suscita amplas discussões. A comparação com os outros utilizados por Paulo e com o seu uso nos LXX leva a considerar que o termo indique a "expressão perceptível" de uma realidade que, longe de ser uma imagem puramente exterior, tem uma afinidade ontológica com a realidade expressa.[73] Tal realidade é especificada pelos dois genitivos que seguem: *thánatu* e *ananastáseos*; portanto, o *homoiôma* é a expressão perceptível da morte e ressurreição de Cristo. Concretamente, é a referência ao Batismo e à vida nova que dele brota. Se o Batismo "exprime perceptivelmente a morte de Cristo e o faz com tanta evidência a ponto de reproduzir ritualmente também a circunstância da sepultura",[74] a existência cristã que brota do Batismo é, também ela, expressão perceptível da morte de Cristo. Ela manifesta, com efeito, a força de libertação do domínio do pecado que é própria daquela morte. Tal existência se destina também a ser expressão perceptível da ressurreição: ela se realizará de modo pleno e definitivo no futuro escatológico, embora hoje a vida renovada do batizado antecipe, de certo modo, a ressurreição.[75] A participação

---

[71] Há boas razões para acreditar que *symphytoi* não se liga diretamente a *tô(i) homoiômati*, mas a um *aytô(i)* subentendido e referido a Cristo.

[72] O dativo tem valor instrumental-causal.

[73] Cf., a respeito: VANNI, U. *Homoiôma* in Paolo (Rm 1,23; 5,14; 6,5; 8,3; Fl 2,7). Un'interpretazione esegetico-teologica alla luce dell'uso dei LXX. *Gregorianum* 58 (1977), 321-345 e 431-470.

[74] Ibid., p. 450.

[75] "A participação na ressurreição de Cristo deve ainda atuar-se para os crentes; no presente se tem a participação na morte de Cristo. A única forma pela qual a vida da ressurreição que ainda falta pode

na morte de Cristo é precisada como participação na sua crucifixão (v. 6). Aquele que "foi cocrucificado" é o "homem velho", isto é, o homem irremediavelmente escravo da potência do pecado. Consequentemente, o "corpo do pecado" – expressão equivalente a "homem velho" – não tem mais alguma força de ação, enquanto substituído pelo homem novo, não mais escravo do pecado. A liberdade do pecado é confirmada com uma afirmação de caráter geral: todo aquele que é fisicamente morto não se encontra mais sob o domínio do pecado (v. 7).

Até aqui Paulo considerou, sobretudo, a participação na morte de Cristo. Nos versículos sucessivos introduz também a referência sobre o compartilhamento da sua vida: "[...] se morremos com Cristo, cremos também que viveremos com ele" (v. 8). O uso da expressão "viver *com ele*" deixa entender que Paulo pensa na definitiva e plena participação na vida de Cristo que se realizará somente com a nossa ressurreição.[76] Essa convicção rege-se somente pela fé na ressurreição que constituiu Cristo em uma condição de definitiva liberdade do poder da morte (v. 9). E o que se realizou por Cristo – a morte ao pecado uma vez por todas e o seu viver para Deus (v. 10) – vale também para quantos participam da sua morte e ressurreição: também eles são mortos ao pecado uma vez por todas, mas, enquanto unidos a Cristo, vivem por Deus (v. 11). De certo ponto de vista poderia parecer pouco realístico assimilar a condição do crente à de Cristo, uma vez que os crentes continuam a experimentar o pecado. Quando fala de liberdade do pecado, contudo, Paulo se refere não tanto a cada ato pessoal de pecado quanto, antes, ao poder do pecado que domina sobre as pessoas. Por mais que os crentes possam pecar – e de fato pecam – a sua condição não é mais a de

---

ser antecipada no presente é a de viver conforme uma conduta moral que antecipa, baseada no estar mortos com Cristo, o que irá acontecer somente na ressurreição" (BARTH, *Il battesimo in epoca protocristiana*, p. 122).

[76] Sobre a perspectiva futura do ser com Cristo, cf. 1Ts 4,17; 2Cor 4,14; Fl 3,21; 2Tm 2,11.

pessoas irremediavelmente sujeitas ao domínio do pecado. A nova condição dos batizados justifica e funda as exortações de caráter ético que se encontram na última parte da perícope. Os cristãos são convidados a não mais se deixar dominar pelo pecado a fim de não se tornarem de novo escravos (v. 12-13). No v. 14 Paulo repropõe a tese fundamental do texto: graça e pecado são de todo incompatíveis. Uma vez que os crentes encontram-se sob a graça, o pecado não tem mais nenhum poder sobre eles.[77]

Pontualizando alguma aquisição relativa ao Batismo, observa-se que ele é configurado como elemento de mediação entre o evento salvífico de Cristo e o crente. E uma vez que se dá uma relevância determinante à morte de Cristo no âmbito da sua ação salvífica, é com tal morte que o Batismo coloca em relação direta: no Batismo cristão é, pois, "absolutamente central a assimilação na morte de Cristo e mesmo o seu compartilhamento".[78] Justamente porque insere o crente na morte de Cristo, o Batismo faz com que ele morra ao pecado, abrindo-lhe a possibilidade de "caminhar em uma vida nova". Consequentemente, "a vida moral do crente deve somente demonstrar a radical superação da *hamartía*, que já aconteceu mediante a sua assimilação à morte de Cristo".[79]

---

[77] "Em certo sentido surpreende que no final da perícope Paulo fale da Lei sem ter acenado a ela na discussão: somente à luz da tríade negativa [...] de Rm 5 compreende-se o aparecimento da Lei. Uma vez mais Paulo liga-a ao pecado e à morte. Isso deixa entender que, mortos à morte e ao pecado, morreu-se também para a Lei [...]. Essa conclusão deriva de *mot-crochet* ou de palavra-chave para introduzir a questão sucessiva sobre a relação entre o pecado sem a Lei e a graça" (*Lettera ai Romani*, p. 254).

[78] PENNA, Battesimo e partecipazione alla morte di Cristo, p. 162. Não se trata simplesmente da eficácia salvífica da morte de Cristo que se esparge sobre os cristãos, mas do fato de os batizados "participa[re]m daquela morte na qual são inseridos, como se ela simplesmente valesse para eles e fosse mesmo a sua" (aí, p. 164-165). "A morte, à qual vão de encontro o batizando e Cristo é somente uma, isto é, do mesmo Cristo, e é justamente isto, é justamente ela que se torna mediante o Batismo, morte do crente" (BORNKAMM, G. Taufe und neues Leben, p. 41 – citado em BARTH, *Il battesimo in epoca protocristiana*, p. 129-130).

[79] PENNA, Battesimo e partecipazione alla morte di Cristo, p. 162.

4.2. O Batismo nas cartas aos Colossenses e aos Efésios

Também na carta aos Colossenses as referências ao Batismo são introduzidas no âmbito da abordagem de outros temas. O problema mais candente está correlacionado com a difusão de uma ideologia fortemente impregnada de filosofia helenística. Ela concedia uma força tal às "potências celestes" a ponto de comprometer a superioridade de Cristo. O autor enfrenta essa ideologia no seu próprio terreno: não coloca em dúvida a atividade dessas potências, mas as equipara aos anjos da tradição judaica, colocando-as, destarte, no seu justo lugar no plano salvífico de Deus. Com efeito, os anjos desenvolveram a função de intermediários e de administradores da Lei. Tal função, contudo, cessou quando Cristo foi constituído Senhor: a sua exaltação colocou acima dos poderes cósmicos que ele privou de suas antigas prerrogativas. Agora ele os domina definitivamente como sua cabeça na nova criação, na qual assume em si o *pléroma*, isto é, toda a plenitude do ser. Liberados desses elementos mediante a união à cabeça e a participação na sua plenitude, os cristãos não devem se colocar novamente debaixo de sua tirania com observações antigas e ineficazes.

Nesse contexto introduz-se a referência ao Batismo, mencionado antes de tudo em Cl 2,11 sob a imagem da circuncisão. O cristão não foi submetido a uma circuncisão "feita por mãos humanas", mas à "verdadeira circuncisão de Cristo". A afirmação é clarificada, introduzindo a referência ao Batismo: "Com ele, vocês foram sepultados no Batismo, e nele vocês foram também ressuscitados mediante a fé no poder de Deus, que ressuscitou Cristo dos mortos" (cf. Cl 2,12).

Evidentemente, o discurso retoma Rm 6: porém, diversamente dele, Cl 2,12 afirma explicitamente que no Batismo nós também ressuscitamos com Cristo. Tal afirmação pode parecer radical, mas a posição do autor não se identifica com a de quantos afirmam que a ressurreição já tenha acontecido; isso se percebe nas sucessivas advertências que ele dirige aos colossenses. Certamente, a vida que eles receberam de Cristo e que agora vivem com ele é real, mas é ainda "escondida com Cristo em Deus" (v. 3,3). Por isso os cristãos de Colossos, antes de apoiar-se em fáceis seguranças, são obrigados a viver em coerência com a estrutura do homem novo. Toda a sessão 3,1–4,6 é justamente baseada no fato de, no Batismo, os destinatários da carta terem mudado a sua condição de vida; isto explica o porquê de em tal sessão ressoarem constantemente chamados ao Batismo (3,1.3.4.9-11.12).

Em nível de referência textual explícita, na Carta aos Efésios o Batismo é mencionado uma só vez (v. 4,5), embora, provavelmente, o autor a ele se refira também em Ef 5,26. De outro lado, a carta é permeada de reflexões facilmente associáveis ao Batismo, a tal ponto que algum exegeta considerou-a uma homilia batismal ou, ao menos, um texto que contém parte de uma homilia batismal. Sem ir tão longe, pode-se dizer que o autor, dirigindo-se a gentios que se tornaram cristãos, chama a atenção deles a respeito do favor divino que receberam e os deveres que o novo *status* comporta. A carta tem como pano de fundo o ingresso dos leitores no interior da Igreja, uma passagem na qual o Batismo foi certamente decisivo. De nossa parte, vamos nos concentrar naqueles textos que, clara ou provavelmente, tratam do Batismo. O primeiro – Ef 4,4-6 – encontra-se no início da sessão parenética e é precedido de uma exortação que constitui o ponto de partida para o que segue: "Peço que vocês se comportem de modo digno da vocação que receberam" (v. 4,1), isto é, digna pelo fato de que se tornaram cristãos. Isso significa viver em humildade, mansidão e amor recíproco (v. 4,2), "para conservar a unidade do Espírito" (v. 4,3), do qual são elencados sete elementos constitutivos: "Há um só corpo e um só Espírito, assim como a vocação de vocês os chamou a uma só esperança: há um só Senhor, uma só fé, um só Batismo. Há um só Deus e Pai de todos, que está acima de todos, que age por meio de todos e está presente em todos" (Ef 4,4-6).

Alguns comentaristas acreditam que esse elenco contenha os fragmentos de um instrumento ou de uma confissão de fé batismal. Os sete elementos podem estar ligados entre si como segue: quando os efésios se tornaram cristãos, o único Deus os chamou e a sua resposta foi a *fé*, pela qual se submeteram ao único Senhor, Jesus Cristo. O ingresso na comunidade cristã teve uma vertente ritual, o *Batismo*, ingresso no único *corpo* de Cristo, no qual opera o único *Espírito*; a unidade-unicidade do Batismo parece depender, assim, do fato de tratar-se de um Batismo no único Cristo. Destarte, os que foram assim recolhidos na unidade têm também uma única *esperança* comum, que é a meta escatológica da chamada. Enfim, em todo esse processo, está em ação o *Deus* único, o qual está acima de todos, age por meio de todos e está presente em todos. Portanto, os fatores de unidade são ultimamente fundados na unidade-unicidade de Deus e colocados na mesma perspectiva teocêntrica ampla que qualifica a salvação.

A segunda passagem, muito provavelmente referida ao Batismo, encontra-se em Ef 5,26 e pertence à seção do chamado "código doméstico" dedicado às relações entre os cônjuges: "Maridos, amem suas mulheres, como Cristo amou a Igreja e se entregou por ela; assim, ele a purificou com o banho de água e a santificou pela Palavra, para apresentar a si mesmo uma Igreja gloriosa, sem mancha nem ruga ou qualquer outro defeito, mas santa e imaculada" (Ef 5,25-27).

Ao convidar os maridos para amar suas mulheres, o autor introduz um paralelismo entre o amor de Cristo para com a Igreja e o seu entregar-se "por" ela (v. 25): é transparente a referência à morte de Cristo, por meio da qual os destinatários da carta foram remidos (Ef 1,7) e, de distantes que estavam, tornaram-se próximos (Ef 2,13). A finalidade pela qual Cristo se entrega é santificar a sua Igreja, "purificando-a por meio do banho da água acompanhado da palavra" (Ef 5,26): a provável referência ao Batismo compreende-se pressupondo que o Batismo seja o sinal visível e eficaz que torna a morte de Cristo relevante para o batizado. É bastante singular o fato de, enquanto normalmente são os indivíduos que se submetem ao Batismo, aqui ele é apresentado como ação de purificação que diz respeito ao conjunto da Igreja; subtende-se a ideia de que a purificação dos indivíduos que se tornam membros da Igreja pelo Batismo tem como resultado uma Igreja totalmente purificada. É singular, ainda, a expressão "banho da água *na palavra*": se para alguns exegetas a referência seria a uma fórmula batismal ou a uma homilia que acompanha o Batismo, outros acreditam que o termo *hrêma* refira-se ao anúncio do Evangelho; dessa forma, seria lembrado aqui o intrínseco liame que existe entre o banho batismal e o anúncio evangélico, através do qual, seja como for, é Cristo quem opera a purificação da Igreja.

4.3. O Batismo nas cartas pastorais

Nas cartas pastorais, o Batismo é mencionado somente em Tt 3,4-7. Ele convida os cristãos a viver mansos e submissos às autoridades. Esse modo de viver é completamente diverso do precedente e é motivado pela manifestação da bondade de Deus,

> não por causa dos atos justos que tivéssemos praticado, mas porque fomos lavados por sua misericórdia através do poder regenerador e re-

novador do Espírito Santo. Deus derramou abundantemente o Espírito sobre nós, por meio de Jesus Cristo nosso Salvador, para que, justificados por sua graça, nós nos tornássemos herdeiros da esperança da vida eterna (cf. Tt 3,5-7).

A salvação que atinge os destinatários da carta mediante o Batismo foi colocada em ato por Deus e depende da sua misericórdia. O Batismo é qualificado como "banho de regeneração e de renovação *do* Espírito Santo": o termo "regeneração" (*palinghenesía*), que aqui aparece pela primeira vez, individua a finalidade do Batismo em uma existência completamente nova, que brota do Batismo; o genitivo ligado ao Espírito Santo indica justamente que o Espírito Santo é o autor da regeneração e da renovação batismais. Portanto, aquilo que concede a salvação não é só o banho em si mesmo nem somente uma ação totalmente interior de Deus no Espírito, e sim uma obra divina causada pelo Espírito e colocada em ato pelo sinal visível do Batismo de água. O texto precisa ainda que o Espírito Santo foi efundido "abundantemente por meio de Jesus Cristo": a obra salvífica de Cristo é o ponto de partida para a salvação de Deus operada no Batismo pelo Espírito. De certo modo, temos aqui um primeiro esboço de reflexão trinitária que podemos exprimir nestes termos: Deus Pai, na sua misericórdia, está no princípio da ação salvífica que Jesus Cristo operou na história e que o Espírito Santo atualiza através do Batismo.

Aqueles que foram salvos mediante o Batismo e assim constituídos "herdeiros segundo a esperança da vida eterna" (cf. Tt 3,7b) são também definidos "justificados pela sua [de Deus] graça": trata-se de uma clássica expressão paulina, embora utilizada em um contexto literário e eclesial diverso daquele das grandes cartas do apóstolo. A justificação configura-se aqui como libertação da antiga vida do pecado e passagem a uma nova existência, na qual os crentes são conduzidos por Deus. Dessa forma intui-se por que, na sua argumentação, o autor tenha inserido essas linhas sobre o Batismo: com efeito, pelo Batismo Deus salvou-nos da condição pecaminosa na qual vivíamos precedentemente, agora podemos/devemos viver em coerência com a nova condição recebida no Batismo. Evidentemente, não estamos distantes das perspectivas de Paulo em Rm 6.

4.4. O Batismo na Carta aos Hebreus[80]

A Carta aos Hebreus – "que se abre como se fosse um escrito homilético, mas se conclui como uma carta"[81] – é constituída por uma alternância vivaz de reflexões doutrinais e de sessões parenéticas. A argumentação teológica introduzida de forma cerrada não é fim em si mesma, mas tem o escopo de fundamentar a exortação dirigida aos destinatários a fim de que perseverem na fé em Cristo exaltado "à direita da majestade nos céus". Nessa linha, os capítulos 3-10 ilustram o motivo da majestade celeste de Cristo, apresentando-o como o sumo sacerdote que ofereceu, uma vez por todas, o sacrifício que realiza a reconciliação entre Deus e o homem. Os v. 19-25 do capítulo 10 são como um "fecho" com a sessão parenética sucessiva: após ter afirmado que o sacrifício de Cristo possibilitou o nosso ingresso no santuário de Deus, o autor dirige três exortações aos seus interlocutores. Tais exortações dizem respeito, de forma manifesta, à tríade fé, esperança e caridade. A primeira delas, muito provavelmente, contém uma alusão ao Batismo: "Aproximemo-nos, pois, de coração sincero, cheios de fé,

---

[80] Para um enquadramento geral da carta e para o comentário às passagens analisadas, cf. também: STROBEL, A. *La Lettera agli Ebrei*. Brescia: Paideia, 1997. (Nuovo Testamento – Seconda Serie 9/2.) ATTRIDGE, H. W. *La Lettera agli Ebrei. Commento storico esegetico*. Città del Vaticano: LEV, 1999. (Letture bibliche 12.)

[81] STROBEL, *La Lettera agli Ebrei*, p. 13.

com o coração purificado da má consciência e o corpo lavado com água pura" (Hb 10,22).

O acesso dos crentes a Deus é possível porque eles foram destinatários de uma purificação que é descrita com duas expressões paralelas: antes de tudo, trata-se de uma "aspersão dos corações", liberados da "má consciência" que os sacrifícios da antiga aliança não conseguiam remover. O particípio "aspergidos" traz à mente a aspersão purificatória associada às cinzas da novilha vermelha, mencionadas por Hb 9,13-14, afirmando a eficácia purificatória bem superior do sacrifício de Cristo:[82] a purificação interior que consente o acesso a Deus vem, desse modo, ligada ao sacrifício de Cristo. O acesso a Deus é baseado também no fato de os crentes terem sido lavados no "corpo com água pura": além de uma provável referência a Ez 36,25-26,[83] o texto, sem dúvida, contém uma alusão ao Batismo; portanto, aqui é o batismo que "aplica" a quem o recebe os efeitos do sacrifício de Cristo, realizando uma purificação do homem na sua inteireza de "coração" e "corpo". Talvez – mas se trata somente de uma suposição, e como tal deve permanecer – também a "profissão da nossa esperança" (v. 23) relembre um elemento do rito batismal: a profissão de fé em Jesus Cristo.

Uma referência implícita ao Batismo poderia também ser encontrada em Hb 6,4-6, onde se afirma a impossibilidade de recuperar aqueles que, após ter experimentado a bondade de Deus, caíram na apostasia:

---

[82] "Sangue de bodes e de touros e cinzas de novilha, espalhadas sobre pessoas impuras, as santificam, concedendo-lhes uma pureza externa. Muito mais o sangue de Cristo que, com um Espírito eterno, se ofereceu a Deus como vítima sem mancha! Ele purificará das obras da morte a nossa consciência, para que possamos servir ao Deus vivo" (cf. Hb 9,13-14).

[83] "Derramarei sobre vocês uma água pura, e vocês ficarão purificados. Vou purificar vocês de todas as suas imundícies e de todos os seus ídolos. Darei para vocês um coração novo, e colocarei um espírito novo dentro de vocês. Tirarei de vocês o coração de pedra, e lhes darei um coração de carne" (Ez 36,25-26).

> Há pessoas que foram iluminadas uma vez, saborearam o dom do céu, participaram do Espírito Santo e experimentaram a boa palavra de Deus e as maravilhas do mundo futuro; no entanto, caíram. É impossível que eles sejam renovados outra vez e sejam trazidos à conversão, pois crucificaram novamente o Filho de Deus e o expuseram a injúrias (cf. Hb 6,4-6).

A primeira das metáforas utilizadas para indicar o ingresso na comunidade cristã é a da "iluminação", que aparece em Hb 10,32: a luz que Deus difunde nos corações é a da fé e, justamente porque tal iluminação espiritual está ligada à recepção do Batismo, comumente, na Igreja dos primórdios ele será denominado *phôtismós* ("iluminação").[84] Portanto, também em Hb 6,4 poderia ser uma alusão ao Batismo, embora seja excessivo pensar que o termo "iluminados" já represente uma designação técnica para indicar os batizados. À metáfora da luz segue a do alimento ("saborear o dom celeste"); o verbo utilizado (*ghéuo*) encontra-se uma única vez no Novo Testamento, em um contexto eucarístico (At 20,11); embora não se possa excluir uma referência sacramentária nem mesmo em Hb 6,4, o "dom celeste saboreado" pelos crentes seria, antes, uma imagem genérica e compreensiva do dom gratuito da salvação, com todas as suas implicações: o Espírito, o perdão, a santificação. A participação do Espírito Santo representa o último liame da nova condição da vida cristã, delineada pelo v. 4; não se pode excluir uma ligação com a "imposição das mãos", lembrada em Hb 6,2, imediatamente após a "doutrina dos Batismos". O texto, portanto, poderia conter, muito embora em filigrana, diversas referências a vários gestos rituais que assinalaram o ingresso do crente na comunidade cristã.

---

[84] Cf., sobretudo: JUSTINO. *I Apol.* 61,12; 65,1. *Dial.* 122,5.

4.5. O Batismo no Evangelho de João

No âmbito do Evangelho de João, limitamo-nos a considerar Jo 3,1-21, onde a referência ao Batismo, ao menos na forma atual do texto, parece indiscutível.[85] O trecho pode ser dividido em três partes (v. 1-3; 4-8; 9-21). Cada uma delas é introduzida por uma pergunta de Nicodemos e seguida da resposta de Jesus.

> Entre os fariseus havia um homem chamado Nicodemos, era um judeu importante. Ele foi encontrar-se de noite com Jesus, e disse: "Rabi, sabemos que tu és um Mestre vindo da parte de Deus. Realmente, ninguém pode realizar os sinais que tu fazes, se Deus não está com ele." Jesus respondeu: "Eu garanto a você: se alguém não nasce do alto (*ghennethê(i) ánothen*), não poderá ver o Reino de Deus" (Jo 3,1-3).

Nicodemos – apresentado como "judeu importante" – é provavelmente um membro do sinédrio; exprimindo-se no plural ("*sabemos que tu és um Mestre*"), assume falar não somente a título pessoal, mas também no nome daqueles judeus que tinham visto os sinais realizados por Jesus em Jerusalém e tinham se entusiasmado por ele (cf. Jo 2,23). O seu "ir a Jesus", se de um lado exprime um normalíssimo movimento físico de aproximação, de outro mostra o dinamismo de uma fé inicial, seguida, contudo, de uma ambiguidade: Nicodemos vai até Jesus, mas é de noite, em uma condição de obscuridade. Não obstante isso, ele se dirige a Jesus com segurança, reconhecendo nele um mestre enviado por Deus, cuja autoridade se funda sobre os milagres que ele

---

[85] Portanto, não consideramos nem Jo 13,8-10 (o lava-pés) nem Jo 19,34 (o sangue e a água que brotaram do lado do Crucificado), uma vez que a referência dessas passagens é discutida. Além disso, mesmo no caso em que tais textos se referissem efetivamente ao Batismo, eles não forneceriam alguma informação essencial além daquela que se encontra em Jo 3,1-21. Para o comentário desse texto, cf. também: MANNIUCCI, V. *Giovanni il vangelo narrante. Introduzione all'arte narrativa del quarto vangelo*. Bologna: EDB, 1993. p. 290-291. VIGNOLO, R. *Personaggi del quarto vangelo. Figura della fede in s. Giovanni*. Milano: Glossa, 1994. p. 100-114.

realizou. Nicodemos acredita, pois, poder interpretar a figura de Jesus inserindo-a dentro do esquema que lhe era familiar de "rabi-mestre" enviado por Deus: trata-se de uma não falsa compreensão, mas por certo inadequada e insuficiente para definir a identidade de Jesus. E é o mesmo Jesus que – aparentemente mudando a conversa – critica o esquema pré-constituído com o qual Nicodemos procura cerceá-lo: ele vem "de baixo" e não está em condição de entrar no Reino de Deus. Assim, Nicodemos foi colocado diante da verdadeira questão com a qual deve medir-se (o que deve o homem fazer para entrar no Reino) e da enigmática afirmação de Jesus, segundo a qual, para entrar no Reino, é preciso nascer do alto. Para entrar no Reino o homem precisa de um início radicalmente novo, que ele não está em condição de conseguir por si próprio, mas que vem "do alto". Depende de uma nova intervenção criadora de Deus.

Na frase de Jesus, o advérbio *ánothen* é, sobretudo, enigmático, pois significa quer "de novo", quer "do alto", isto é, de Deus. Nicodemos, contudo, não percebe sua ambivalência. Entende que Jesus esteja falando de um nascimento "de novo"; não intui que se trata de um nascimento "do alto", que depende de Deus e não das possibilidades "naturais" do homem. Brota daqui a sua objeção:

> Nicodemos disse: "Como é que um homem pode nascer de novo, se já é velho? Poderá entrar outra vez no ventre de sua mãe e nascer?". Jesus respondeu: "Eu garanto a você: ninguém pode entrar no Reino de Deus, se não nasce da água e do Espírito. Quem nasce da carne é carne, quem nasce do Espírito é espírito. Não se espante se eu digo que é preciso vocês nascerem do alto. O vento sopra onde quer, você ouve o barulho, mas não sabe de onde ele vem, nem para onde vai. Acontece a mesma coisa com quem nasceu do Espírito" (cf. Jo 3,4-8).

O BATISMO NO NOVO TESTAMENTO

O equívoco de Nicodemos oferece a Jesus a ocasião para a sucessiva instrução, cujo sentido pode ser sintetizado desta forma: o homem, deixado a si mesmo, encontra-se com o limite intransponível da "carne"; somente em virtude da ação regeneradora do Espírito ele pode ter acesso ao Reino de Deus. Nesse contexto, o v. 5 fala de "nascer/ser gerado da água e do Espírito", introduzindo uma referência indubitável ao Batismo: no Batismo é que o Espírito realiza o renascimento do alto, fazendo o homem passar da condição "carnal" à condição de quem nasceu do Espírito (v. 6). Trata-se de uma experiência real, da qual não se pode apoderar: como o vento, do qual se escuta a voz, mas não se sabe de onde vem nem para onde vai (v. 8).

Justamente por isso, na lembrança da água é evidente a referência ao Batismo. Bultmann achava que tal aceno à água fosse obra de um redator eclesiástico, o mesmo que teria feito todas as referências sacramentais, introduzidas para "alienar" o Evangelho de João do ensinamento da Igreja. Atualmente, os exegetas, embora não endossando a posição de Bultmann nos termos em que ele a enuncia, permanecem divididos entre aqueles que consideram o aceno ao Batismo aparente ao corpo originário do Evangelho e quanto o veem como um acréscimo sucessivo. Contudo, mesmo aqueles que assumem essa segunda linha acreditam que o acréscimo redacional não comporta a introdução de um tema sacramental originariamente estranho ao ensinamento de João, mas explicita uma referência ao Batismo, por si mesmo já implícito no uso do verbo *ghennáo*. Contudo, é evidente que o tema batismal não está em primeiro plano em Jo 3,1-21.

> Indicando o nascimento da água e do Espírito como condição sem a qual não se entra no Reino, João não quer tanto acentuar a necessidade do Batismo em si mesmo quanto modificar a forma como se concebe o

acesso ao Reino; é necessário o nascimento do alto, uma vez que somente como dom pode-se obter a participação na vida do Reino.[86]

Nesse quadro, a conversão radical exigida do homem e atuada no Batismo "é a decisão de deixar-se nascer de Deus, de receber dele o princípio de uma existência nova, nascida 'do Espírito'".[87] A última parte do diálogo, aberta pela ulterior pergunta de Nicodemos ("Como é que isso pode acontecer?" v. 3,9), introduz o tema da fé cristológica: "Assim como Moisés levantou a serpente no deserto, do mesmo modo é preciso que o Filho do Homem seja levantado. Assim, todo aquele que nele acreditar, nele terá a vida eterna" (Jo 3,14). Em paralelo com a necessidade de nascer do alto ou de nascer da água e do Espírito para entrar no Reino, afirma-se, então, a necessidade de crer na "elevação do Filho do Homem" (isto é, na sua elevação na cruz e na sua ascensão ao Pai) para ter a vida eterna. Esse paralelismo faz supor que a elevação de Cristo seja o "lugar" pelo qual a vida eterna entrou no mundo. Atualmente, esse dom é concedido aos homens pelo Batismo e pela fé.

4.6. O Batismo na Primeira Carta de Pedro[88]

Diversos exegetas acreditam que esta carta contém muitas referências, diretas ou indiretas, ao Batismo; chegou-se mesmo a conceber a hipótese que nela se encontrem sessões de liturgia batismal ou que se trate mesmo de uma homilia batismal reelaborada e endereçada a um ou mais vasto auditório. O entusiasmo por este tipo de hipótese foi muito redimensionado nos últimos tempos. Parece certo, entretanto, que,

---

[86] GIRARDI, Battesimo e Confermazione, p. 113.
[87] Ibid.
[88] Cf. VOLPI, I. La definizione del battesimo secondo 1Pt 3,20b-21. In: TRAGAN, *Alle origini del battesimo cristiano*, p. 193-241. Para um enquadramento geral da carta, bem como para o comentário da passagem analisada, cf. também: *Lettera di Pietro. Lettera di Giuda*. Nuova versione, introduzione e commento di M. Mazzeo. Milano: Ed. Paoline, 2002. (I Libri biblici – Nuovo Testamento 18.)

quando o autor explica a vida cristã, utiliza pensamentos ou motivos conexos com o Batismo.[89] Contudo, o Batismo é mencionado somente uma vez em 1Pd 3,21. É preciso ter presente que o estilo do autor é bastante peculiar: as diversas frases não são inseridas em uma rede de proposições principais e subordinadas, mas parecem estar acumuladas umas sobre as outras. Não fica claro, portanto, como as diversas ideias estão ligadas entre elas ou como sejam compreendidas comparações e imagens. O contexto do v. 3,21 pressupõe que os destinatários da carta se encontrem sujeitos à perseguição; a eles o autor recorda a Paixão e morte de Cristo, evocando, ainda, a sua ressurreição e o anúncio de salvação que ele trouxe também "aos espíritos aprisionados", aqueles que, no tempo do dilúvio, não acreditaram e foram punidos (cf. 1Pd 3,18-20). Nesse ponto é introduzida a referência ao Batismo: com efeito, no dilúvio Noé foi salvo pela água, o dilúvio se torna *figura* do Batismo que agora é salvação para os destinatários da carta. Nesse quadro insere-se o v. 21: "Aquela água representava o Batismo que agora salva vocês; não se trata de limpeza da sujeira corporal, mas do compromisso solene de uma boa consciência diante de Deus, mediante a ressurreição de Jesus Cristo" (cf. 1Pd 3,21).

O Batismo é definido por uma forma binária antitética: "não é remoção-eliminação... mas *eperótema*": a tradução deste termo aparece incerta, embora ele defina, positivamente, o Batismo. Uma primeira possibilidade é a de entender o termo em sentido de "pedido", "prece", "invocação", "pergunta", dando ao genitivo "de uma boa consciência" o sentido de genitivo subjetivo: o *eperótema* indicaria, portanto, a prece dirigida a Deus por parte de uma boa consciência. Essa é a tradução da Bíblia CEI, segundo a qual o Batismo é "invocação de salvação dirigida

---

[89] Isto vale, sobretudo, para aquelas passagens que fazem referência à "regeneração" (1Pd 1,3.23; 2,2).

a Deus por parte de uma boa consciência".[90] Se, ao invés, se assume o genitivo em sentido objetivo, o termo indicaria o pedido ou prece dirigida a Deus, para que crie no Batismo uma boa consciência: portanto, o Batismo, enquanto *eperótema*, seria "prece/pedido a Deus para [obter] uma boa consciência".

> Na perspectiva desta definição poderia estar uma tradição catequística familiar ao Cristianismo das origens, cujos traços encontrar-se-iam, sobretudo, na Carta aos Hebreus.[91] Essa tradição contrapõe o culto vetero ao neotestamentário, mostrando que, enquanto o primeiro comportava unicamente uma purificação exterior, o segundo está, ao invés, em condições de purificar a consciência. Nessa linha 1Pd 3,21 ensina que o Batismo não comporta simplesmente uma purificação exterior e sim a comunicação de uma "boa consciência"; isso acontece "mediante (*dia*) a ressurreição de Cristo": nela está a fonte da realidade e da eficácia do rito batismal.[92]

Alguns exegetas, porém, não compartilham a tradução de *eperótema* como "prece" e sugerem o termo no sentido de "empenho ou promessa solene": o Batismo seria, portanto, "empenho diante de Deus por parte de uma boa consciência", ou mesmo "empenho tomado diante de Deus com um coração sincero". Portanto, com o Batismo o crente se dirige sinceramente a Deus prometendo afastar-se daquilo que caracterizava o seu passado pagão.[93] Em todo caso, qualquer que seja a tradução escolhida, o texto exprime a convicção que aquele que recebe o Batismo, longe de ser um sujeito passivo, é chamado a se colocar em uma posição de autenticidade diante de Deus, e tal é possível "por força da ressurreição (*di'anastáseos*) de Cristo": graças a ela, "o cristão

---

[90] A nota da Bíblia CEI a 1Pd 3,21 precisa que esta invocação seria formulada pelo neófito no curso do rito batismal.
[91] Cf., em particular, Hb 9,9.13-14; 10,22.
[92] É a posição, por exemplo, de BARTH (*Il battesimo in epoca protocristiana*, p. 140-146).
[93] É a posição, por exemplo, de VOLPI (La definizione di battesimo, p. 235) e de HARTMAN (*"Into the Name of Lord Jesus"*, p. 119).

age pessoalmente no Batismo com aquele empenho declarado [ou com aquela oração/pedido], que brota da profundidade do seu ser intimamente renovado".[94]

A referência à ressurreição de Cristo merece ser apresentada. Por outras duas vezes 1Pd a menciona: em 1,21 afirma-se que Deus é o autor da ressurreição de Cristo, a qual se torna fundamento da fé e da esperança dos cristãos;[95] em 1,3, ao invés, aclara-se uma relação entre a ressurreição e a regeneração: "Bendito seja o Deus e Pai de nosso Senhor Jesus Cristo; por sua grande misericórdia ele nos regenerou (*anaghennésas*). Ressuscitando a Jesus Cristo dos mortos, ele nos fez renascer para uma esperança viva" (1Pd 1,3).

A regeneração realizada "em vista da ressurreição" é contemporaneamente operada "não por uma semente mortal, mas imortal, por meio da Palavra de Deus, que é viva e que permanece" (1Pd 1,23), "a palavra do Evangelho que vos foi anunciada" (1Pd 1,25). Evidentemente, não há concorrência entre as duas "causas" da regeneração (a ressurreição de Cristo e a palavra evangélica): com efeito, no coração da palavra do Evangelho está o anúncio da ressurreição, a ponto de algum exegeta afirmar que a expressão "Palavra de Deus viva e eterna" possa designar o mesmo Cristo ressuscitado.[96] O uso do aoristo *anaghennésas* (v.1,3) leva a pensar em uma intervenção precisa e pontual de Deus; e dado que, no âmbito do Cristianismo das origens, o conceito de "regeneração" ou de "renascimento" encontra-se, normalmente, em relação ao Batismo,[97] aqui também se pode conjecturar uma alusão em

---

[94] VOLPI, La definizione di battesimo, p. 240.
[95] "Por meio dele é que vocês acreditam em Deus, que o ressuscitou dos mortos e lhe deu a glória, de modo que a fé e a esperança de vocês estão em Deus" (1Pd 1,21).
[96] SCHLOSSER, A. J. Ancien Testament et christologie dans la Prima Petri – citado em: VOLPI, La definizione del battesimo, p. 237, nota 161.
[97] Cf. Tt 3,5; Jo 3,3.5. Outros textos não escriturísticos são relembrados por BARTH (*Il battesimo in epoca protocristiana*, p. 134, nota 80).

tal sentido: a regeneração operada por força do Batismo de Cristo e da palavra do Evangelho realiza-se através do rito batismal.

5. Linhas conclusivas

1) Interrogados em chave litúrgica, os escritos do Novo Testamento documentam a presença nas comunidades apostólicas de uma "liturgia batismal", a qual revela alguma analogia com a prática batismal judaica e repropõe alguns aspectos característicos do Batismo de João. A novidade do rito cristão está ligada, sobretudo, à sua qualificação de "Batismo no nome de Jesus", à qual está ínsita a efusão do Espírito Santo.

2) Falando de "liturgia batismal", entende-se evidentemente o fato de "o evento batismal acontecer na forma de um rito, com um contorno preciso"; trata-se de "um evento bem definido, que é colocado e permanece um ponto firme e irrevogável";[98] um evento que, tendo como princípio operante o Espírito, toma forma no gesto visível da ablução. Contudo, o rito batismal não pode ser isolado da dinâmica mais complexa do tornar-se cristãos: com efeito, ele constitui o "fulcro" de um conjunto mais complexo de acontecimentos, ações e atitudes que assinalam a passagem à nova condição cristã. De um lado, o momento ritual representa o ponto de chegada e o selo de um itinerário de fé e de conversão que tem o ponto de partida na pregação apostólica e na sua acolhida religiosa;[99] de outro lado, a celebração batismal "mostra ter

---

[98] GIRARDI, Battesimo e Confermazione, p. 116.
[99] Cf At 2,37-41; Gl 3,26s; Ef 1,13s; Mc 16,16; Mc 28,19. Nessa linha se compreende a interrogação sobre a possibilidade de encontrar, já no nível do Novo Testamento, algo que se pareça com o instituto catecumenal, que se desenvolve nos séculos sucessivos.

um valor generativo para a fé, que pode, constantemente, inspirar-se no evento do Batismo para orientar a vida dos fiéis".[100]

3) Quanto ao modo de compreender e apresentar o Batismo, o Novo Testamento mostra uma grande variedade de perspectivas. Todavia – como evocado pela fórmula "no nome do Senhor Jesus" –, a referência fundamental para compreender o sentido do Batismo cristão é Cristo com a sua obra de salvação, que tem o próprio cumprimento na páscoa e em Pentecostes. Em relação a isso,

> o Batismo assinala para o crente o ingresso em uma comunhão íntima com Cristo e com todos aqueles que estão em Cristo; é participação na sua morte e ressurreição; concede o perdão dos pecados por força do sacrifício de Cristo; é regeneração em quanto doa um novo princípio de vida – o Espírito – efundido por meio de Cristo. Tudo isso se realiza no Batismo, mas não se esgota nele; torna-se uma possibilidade de vida, liberdade para ser exercitada, dom que deve exprimir-se em uma vida cristã animada pelo Espírito e está destinado a difundir-se e desabrochar na salvação escatológica.[101]

4) Com base nos testemunhos neotestamentários, o Batismo se configura como acontecimento compreensivo do dom do Espírito. A esse propósito, alguns textos documentam, após a ablução, uma segunda sequência ritual – a imposição das mãos –, confiada a um apóstolo, mas sempre em estreita conexão com o "rito" da água. Se, pois, é verdadeiro que "no Novo Testamento uma teologia crismal [da Confirmação] não apresenta um fundamento autônomo [...], mas apoia-se na teologia batismal",[102] é, pois, pensável que o Batismo fosse visto não

---

[100] GIRARDI, Battesimo e Confermazione, p. 117.
[101] Ibid., p. 116. Cf. também: HARTMAN, *"Into the Name of Lord Jesus"*, p. 163-170.
[102] REGLI, S. Il sacramento della confermazione e lo sviluppo cristiano. In: *Mysterium salutis*. Brescia: Queriniana, 1978. V/1, p. 349-410 – aqui, p. 354.

como ato fechado, plenamente realizado no gesto da água, mas como evento aberto a ulteriores desenvolvimentos rituais, ao qual a tradição eclesial reconhecerá caráter sacramental.

CAPÍTULO II
A TRADIÇÃO PATRÍSTICA

O objetivo deste capítulo é a praxe da iniciação cristã dos primeiros sete séculos. A esse respeito, limitar-se-á a buscar alguns testemunhos significativos, tecendo a apresentação com algumas citações relevantes sob o perfil da reflexão teológica. O âmbito a ser considerado é fundamentalmente o do Ocidente cristão, com particular referência à Igreja de Roma. Sem a pretensão da exaustão, afirmamos, contudo, que a documentação oferecida esteja em grau de fornecer um quadro suficientemente preciso, quer da estruturação da praxe da iniciação, quer dos desenvolvimentos da reflexão a ela estritamente ligados. Após focalizar alguns testemunhos relativos aos séculos II e III (§§ 1. e 2.), consideramos os desenvolvimentos nos séculos IV e V (§ 3.), para concluir com algum rápido aceno sobre os séculos VI e VII (§ 4.).[1]

---

[1] Cf. CAPRIOLI, A. Ascolto della tradizione. In: *Iniziazione cristiana e immagine di Chiesa*. Leumann (TO): LDC, 1982. (Collana di teologia pratica 2.) DUJARIER, M. *Breve storia del catecumenato*. Leumann (TO): LDC, 1984 – com uma rica anotação bibliográfica às p. 82-89. SAXER, V. *Les rites d'initiation chrétienne du II au VI siècle. Esquisse historique et signification d'après les principaux témoins*. Spoleto, 1988. (Centro Italiano di studi sull1alto medioevo 7.) CAVALLOTTO, G. *Catecumenato antico. Diventare cristiani secondo i Padri*. Bologna: EDB, 1996.

1. O século II: a *Didaqué* e a *Primeira Apologia* de Justino

A *Didaqué* é um documento do final do século I. Veio à luz somente em 1873.[2] Provavelmente, veio de um ambiente judeo-cristão e recebe a tradição batismal mateana (cf. Mt 28,19-20). Os cap. 1-6 apresentam a doutrina dos "dois caminhos" e, à luz de 7,1 ("Depois de ditas todas essas coisas, batize..."), são considerados verdadeiras e próprias catequeses pré-batismais; o cap. 7, ao contrário, é inteiramente concernente a prescrições relativas ao rito batismal.

> 1. Quanto ao Batismo, faça assim: depois de ditas todas essas coisas, batize em água corrente, em nome do Pai e do Filho e do Espírito Santo.
> 2. Se você não tiver água corrente, batize em outra água. Se não puder batizar com água fria, faça com água quente.
> 3. Na falta de uma ou outra, derrame água três vezes sobre a cabeça, em nome do Pai e do Filho e do Espírito Santo.
> 4. Antes de batizar, tanto aquele que batiza como o batizando, bem como aqueles que puderem, devem observar o jejum. Você deve ordenar ao batizando um jejum de um ou dois dias (7,1-4).

As indicações oferecidas são de caráter prevalentemente litúrgico-canônico: o jejum dos batizandos e das batizandas antes do Batismo (7,4); as orientações acerca da água a ser usada (água viva, água fria ou quente, 7,1.2); as indicações sobre o modo de batizar (por imersão ou por infusão, 7,3); "no nome do Pai, do Filho e do Espírito Santo". A

---

[2] Texto original: AUDET, J. P. (org.). *La Didaché. Instructions des Apôtres*. Paris: 1958. p. 226-243. Trad. it.: MATTIOLI, U. (org.). *La Didaché. Dottrina dei dodici apostoli*. 2. ed. Alba: Ed. Paoline, 1976. Para fazer uma leitura pontual dos dados batismais da *Didaqué*, cf.: BENOÎT, A. *Le baptême chrétien au second siècle*. Paris, 1953. p. 5-53. RORDORF, W. Le baptême selon la *Didaché*. In: *Mélanges Bernard Botte*. Louvain, 1969. p. 499-509. [A tradução brasileira aqui utilizada foi retirada do site <http://cocp.veritatis.com.br/index.php/didaque/>.]

A TRADIÇÃO PATRÍSTICA

Didaqué reflete uma visão antes de tudo arcaica, a qual, em analogia com a praxe judaica do Batismo dos prosélitos, considera o Batismo como rito de agregação à comunidade local. A remissão dos pecados não é explicitamente mencionada como efeito do Batismo, ao qual, porém, é indiretamente atribuída uma ação purificadora: porque só se pode participar do culto com a consciência limpa (4,14) e somente "os batizados no nome do Senhor" podem comer e beber da Eucaristia (9,5); resulta que o Batismo opera aquela purificação, necessária para que a ação litúrgica não seja celebrada com a "consciência pesada".

Justino escreve a *Primeira apologia* em torno dos anos 150-160 d. C., endereçando-a ao imperador Antonino Pio, ao senado e a todo o povo romano.[3] Uma sessão toda (n. 61-67) é dedicada ao Batismo e à Eucaristia, bem como ao itinerário que conduz a eles.

> Expliquemos de que forma nós nos consagramos a Deus após termos sido renovados mediante Cristo [...]. Àqueles que estão convencidos e acreditam ser verdadeiras as coisas que ensinamos e dizemos, e que prometem poder viver deste modo, ensina-se a rezar e a pedir a Deus, com o jejum, o perdão dos pecados, enquanto nós, junto com eles, [também] rezamos e jejuamos. Depois nós os conduzimos onde há água e são regenerados conforme a regeneração com a qual nós mesmos fomos regenerados "do Pai" de todas as coisas, Deus e Senhor, "e de Jesus Cristo e do Espírito Santo" (61,1-3).

A sessão abre-se com um aceno a uma fase preliminar de evangelização, que não é descrita, mas à qual se alude claramente, onde se

---

[3] Texto original: RAUSTSCHEN, G. (a cura di). *S. Justini Apologiae duae. 2 Aufl.* Bonn: Sumptibus Petri Hanstein, 1911. (Florilegium Patristicum 2.) Referimo-nos à trad. it.: BURINI, C. (a cura di). GIUSTINO MARTIRE. *Gli apologeti greci.* Roma: Città Nuova, 1986. p. 83-150. (Collana di testi patristici 59.) [Ed. bras.: JUSTINO DE ROMA. *I e II Apologias – Diálogo com Trifão.* São Paulo: Paulus, 1997. (Coleção Patrística 3.)

fala daqueles "que estão convencidos e acreditam ser verdadeiras as coisas que ensinamos e dizemos" (61,2).

Neste período histórico a missão de anunciar o Evangelho não é reservada exclusivamente a alguns "especialistas"; uma vez que vivem no meio de um mundo ainda largamente pagão, os cristãos estão normalmente em contato com pessoas não cristãs e o anúncio do Evangelho se insere no tecido dos encontros e das relações quotidianas. Nesse contexto, com as palavras e com o testemunho, o batizado exercita uma obra de persuasão nos confrontos do não cristão e, caso este mostre interesse pelo Evangelho, assume-se a tarefa de introduzi-lo na fé, mediante um ensinamento verdadeiro e próprio. É sensato pensar que a figura do padrinho se origine aqui, ao redor da qual será, posteriormente e de forma mais definida, o instituto do catecumenal.[4]

A *Primeira apologia* consente-nos individuar três exigências que condicionam a admissão do candidato ao Batismo: o arrependimento das próprias culpas, a adesão de fé aos ensinamentos recebidos e a vontade de viver conforme tais ensinamentos. Ao final da fase de evangelização e antes da celebração batismal, está previsto um tempo no qual o candidato jejua e reza pela remissão dos pecados, acompanhado pelo jejum e pela oração da comunidade (61,2). É depois descrito o banho da regeneração batismal "no nome do Pai [...] e de Jesus Cristo nosso salvador e do Espírito Santo" (61,3); este banho é também nomeado como "iluminação" (61,12). Após uma série de considerações sobre o Batismo cristão nos ritos lustrais pagãos, Justino escreve: "Nós, após ter lavado deste modo quem acreditou e consentiu, conduzimo-lo entre aqueles que são chamados irmãos, onde eles estão reunidos para celebrar preces comuns" (65,1).

---

[4] Conforme M. Dujarier, "é a figura do padrinho que está no centro do instituto do catecumenato e, em certo sentido, explica a sua gênese, e não o inverso [...]. A Igreja queria que a conversão fosse garantida, não somente por um exame, por uma instituição, pelos textos, mas por *alguém* a quem, geralmente, o novo crente devia, assim, por uma parte, a sua conversão" (DUJARIER, M. *Le parrainage des adultes aux trois premiers siècles de l'Église*. Paris: Cerf, 1962. [Parole et Mission 4.] – citado por CAPRIOLI, Ascolto della tradizione, p. 99).

A TRADIÇÃO PATRÍSTICA

Aquele que foi "iluminado" é imediatamente introduzido na assembleia dos "irmãos", onde, pela primeira vez, recebe o pão eucarístico, reservado unicamente a quem foi imerso no "banho para a remissão dos pecados e para a regeneração" (66,1): a acolhida do neófito na assembleia reunida para a celebração eucarística e admissão na comunhão segue pois, sem solução de continuidade, o rito batismal. A conotação "eclesial" de todo o itinerário é muito forte, seja no que precede a celebração, seja no momento propriamente celebrativo. Ao invés, faltam referências explícitas ao gesto da imposição das mãos, que assinalamos na época apostólica.[5] Não são também encontradas informações sobre o momento litúrgico no qual são celebrados os ritos de iniciação. Embora Justino não desenvolva uma reflexão teológica sobre o sentido do Batismo, os termos que ele utiliza para designá-lo são certamente dignos de nota; de um lado, em continuidade com o Novo Testamento, encontramos a qualificação de "banho (*loutrón*) para a remissão dos pecados e para a regeneração (*anaghénnesis*)", amplamente difundida nos escritos do século III; de outro lado, Justino é o primeiro a empregar o termo *phôtismós* para designar explicitamente o Batismo:[6] a ligação que ele faz entre esta qualificação e a acolhida das verdades da fé leva a afirmar que a noção de *phôtismós* "reveste para ele um caráter nitidamente intelectualista, de acordo com sua busca filosófica".[7]

---

[5] "Se nesta época existiram ritos particulares ligados à efusão do Espírito Santo, eles constituíram parte integrante da cerimônia batismal, sem ter uma vida própria; eles atraíram a reflexão teológica dos Padres do século II, cuja doutrina teológica explica-se inteiramente a partir do banho" (A. BENOÎT, A.; MUNIER, C. *Le baptême dans l'Église ancienne (I-III siècles)*. Berne/Berlin/Frankfurt s. Main/ New York/Vienne: Lang, 1994. XLII [Traditio christiana 9.] [tradução do autor]).

[6] Em Hb 6,4 e 10,32 o aceno a uma "iluminação" poderia conter uma alusão ao Batismo; contudo, seria excessivo considerar que o termo "iluminados" já represente uma designação técnica para indicar o Batismo.

[7] BENOÎT; MUNIER, *Le baptême dans l'Église ancienne*, XLV (tradução do autor). Não faltaram hipóteses – difíceis de serem demonstradas – da derivação do termo dos cultos mistéricos.

2. O século III

2.1. A praxe da Igreja de Roma segundo a Tradição apostólica

Segundo a apresentação habitual, a *Tradição apostólica*, atribuída a Hipólito Romano, é datável por volta de 218. Ela representa o testemunho mais explícito e completo com relação à iniciação cristã naquele período. As indicações oferecidas nesse texto encontram substancial Confirmação nos testemunhos relativos a Cartago, Alexandria do Egito, Síria e Palestina. Nesse sentido, está-se diante de um texto sintomático naquilo que concerne à iniciação cristã no século III. De outro lado, porém, a *Traditio apostolica* representa a praxe de uma Igreja bem determinada – a de Roma –, motivo pelo qual é preciso evitar generalizações muito simplificantes. Não chegou até nós o original grego dessa coleção de cânones. O texto que se lê é o da reconstrução de B. Botte a partir de documentos de época posterior, os quais integram no todo ou em parte o original de Hipólito.[8] A segunda parte do texto (n. 15-21) descreve o itinerário pelo qual se entra a fazer parte da comunidade cristã. Esse itinerário, em resumo, prevê três fases: um longo período de preparação ou catecumenato, ao qual se é admitido após um severo exame; um tempo mais breve, ou tempo de eleição, ao qual se acede após um segundo exame de vida; uma celebração complexa, mas unitária, graças à qual se entra no número dos "iluminados".

---

[8] BOTTE, B. *La Traditio apostolica de s. Hippolyte. Essai de reconstitution.* 4. Aufl. Münster, 1972. (Liturgiewissenschaftlige Quellen und Forschungen 39.) Aqui se utiliza a tradução italiana *Tradizione apostólica*. A cura di E. Peretto. Roma: Città Nuova, 1996. (Collana di Testi Patristici 133.) A introdução (p. 17-29) apresenta, entre outros argumentos, uma breve tipologia das versões e da reelaboração do texto. [Trad. bras.: HIPÓLITO DE ROMA. *Tradição apostólica*. Introdução por Maucyr Gibin. Petrópolis: Vozes, 1977.]

A TRADIÇÃO PATRÍSTICA

Ultimamente, tais convicções relativas à *Traditio* foram objeto de profunda revisão. Além da afirmação a Hipólito, foram colocados em discussão o título, o contexto de proveniência e a datação. Quanto à origem, alguns estudiosos acreditam que ela deva ser procurada no Oriente e não em Roma; também a datação é discutida, e alguns a colocam no século IV. Pelo que diz respeito especificamente à sessão dedicada à iniciação cristã, enquanto há quem acredite que a maior parte do material provém do século III, outros afirmam que a organização atual do texto aconteceu no século IV, exercendo, posteriormente, um significativo influxo na praxe litúrgica dos séculos posteriores, sobretudo no Ocidente.[9] Nós seguimos, em todo caso, o texto na reconstrução de B. Botte, assinalando no final as questões que suscitam maiores perplexidades.

[*Admissão ao catecumenato*] Aqueles que se apresentam, pela primeira vez, para escutar a Palavra sejam, de imediato, conduzidos à presença dos ministros, antes que todo o povo chegue e seja-lhes interrogado sobre o motivo pelo qual se aproximam da fé. Os que os conduziram testemunhem se estão em grau de escutar a Palavra. [Os recém-chegados] sejam interrogados sobre seu estado civil: se têm mulher, se são escravos [...]. Sejam examinados os trabalhos e as profissões daqueles que são conduzidos para ser instruídos [n. 15].

Os recém-chegados sejam acompanhados por cristãos que dão garantia da sua capacidade de escuta da Palavra no âmbito do catecumenato: neste texto e em algumas passagens sucessivas aparece, agora já bem delineada, a figura dos padrinhos. Os candidatos são conduzidos à presença dos "mestres",[10] figuras dedicadas ao ensinamento que cuidarão de sua formação por toda a duração do catecumenato; como se

---

[9] Um quadro das posições recentes da *Traditio apostolica* é oferecido por: BALDOVIN, J. F. Hippolytus and the *Apostolic Tradition*: Recent Research and Commentary. *Theological Studies* 64 (2003) 520-542. A edição crítica mais atualizada é a de BRADSHAW, P. F.; JOHNSON, M. E.; PHILLIPS, L. E. (ed.). *The Apostolic Tradition*. Minneapolis: Fortress Press, 2002. (Hermeneia.)

[10] Peretto prefere este termo ao de "doutores", e acrescenta: "O termo 'catequista' teria sido mais expressivo, mas não teria manifestado bem a importância da sua função na *Tradição apostólica*" (*Tradizione apostolica*, 118, nota 38).

precisa em seguida, os mestres podem ser sacerdotes ou leigos. O interrogatório para admitir na ordem dos catecúmenos acontece normalmente aos domingos, como se deixa entender com a expressão "antes que o povo chegue". Presumivelmente, essa expressão diz respeito à reunião para a celebração eucarística dominical. Não se especifica nenhum tempo litúrgico para esse momento nem para outras fases do itinerário: nesses séculos, com efeito, o ano litúrgico não está bem estruturado. Para serem acolhidos no catecumenato, os candidatos devem ser submetidos a um verdadeiro e próprio exame, que diz respeito, acima de tudo, ao motivo pelo qual eles desejam aproximar-se da fé. A pesquisa atinge também o seu "estado civil" ("se têm mulher, se são escravos"), a propósito do qual são feitas valer algumas exigências da vida cristã.[11] Por fim, aqueles que desejam entrar no catecumenato sejam interrogados sobre sua profissão e, a tal propósito, exija-se que eles abandonem aqueles trabalhos que poderiam induzir a cair nos três graves pecados da idolatria, do homicídio e da impureza. Se os candidatos superam o exame, abre-se para eles o tempo de catecumenato.

> [*Tempo do catecumenato*] Os catecúmenos sejam instruídos por três anos. Àquele que for solícito e se dedicar com empenho não seja julgado o tempo, mas somente a conduta a ser analisada. Quando o mestre termina a instrução, os catecúmenos rezem à parte, separados dos fiéis [...]. Quando tiverem terminado de rezar [os catecúmenos], não se dão o beijo da paz, porque o seu beijo não é ainda santo.[12] [...] Quando o mestre, após a oração, impuser a mão sobre os catecúmenos, reze e os despeça. O instrutor proceda assim, seja ele clérigo ou leigo (n. 17-19).

---

[11] "Se um homem tem mulher ou uma mulher tem marido, ensine-se a contentar-se, o marido da mulher ou a mulher do marido. Se alguém não vive com uma mulher, ensine-se a ele a não prevaricar, mas que tome uma mulher segundo a lei ou a permanecer como está" (*Tradição apostólica*, 118).

[12] Realizado durante a assembleia eucarística, o gesto do beijo da paz era sinal de plena comunhão que ainda faltava somente aos catecúmenos.

A TRADIÇÃO PATRÍSTICA

A duração normal do catecumenato é de três anos. Contudo, se o candidato demonstra particular zelo, o tempo pode ser reduzido. Estamos, pois, diante de uma praxe flexível. A instrução do catecúmeno acontece no interior da assembleia dos fiéis (isto é, daqueles que já foram batizados): com efeito, a referência ao "beijo da paz" faz pensar no contexto da celebração eucarística, da qual os catecúmenos participam estando recolhidos em um lugar a eles reservado, até a conclusão da "liturgia da Palavra". A este ponto, sem dar-se o beijo da paz, deixam a assembleia, após o mestre ter rezado, impondo-lhes as mãos.

> [*Tempo da eleição*] Quando são escolhidos (*eligitur*) aqueles que devem receber o Batismo. Examine-se a sua vida: se viveram corretamente o seu catecumenato, se honraram as viúvas, se visitaram os doentes, se praticaram boas obras. Se aqueles que os apresentaram testemunham que eles se comportaram dessa forma, então escutem o Evangelho. A partir do momento no qual foram escolhidos (*a tempore quo separati sunt*), sejam-lhes impostas as mãos cada dia para exorcizá-los. Quando se aproxima o dia do Batismo, o bispo os exorta singularmente para verificar se estão puros. Se algum não é bom ou não é puro, seja impedido, pois não escutou com fé a Palavra: com efeito, é impossível que "o estrangeiro" (*alienus*)[13] se esconda sempre. Ordene-se àqueles que devem receber o Batismo que tomem um banho e se lavem no quinto dia da semana. Se uma mulher estiver menstruada, seja colocada de lado e receba o Batismo em outro dia. Aqueles que receberão o Batismo, jejum na sexta-feira (*in parasceve sabbati*) e, no sábado, reúnam-se no mesmo lugar, à discrição do bispo. Seja ordenado a eles que rezem e se ajoelhem e, impondo-se-lhes as mãos, (o bispo) ordene a todo espírito estrangeiro que se afaste deles e jamais volte. Quando tiver terminado o exorcismo, sopre em seu rosto, assinale a sua fronte, as orelhas e as narinas e os faça

---

[13] "O texto latino tem *alienus*, termo inusitado para indicar o diabo na literatura protocristã. Ele traduz o grego *allotrios*, que indica o diabo no sentido de longe de Deus, estrangeiro a Deus, adversário" (*Tradição apostólica*, 122, nota 50).

ficar em pé. Farão vigília durante toda a noite escutando leituras e instruções. Os batizandos não tragam nada consigo, a não ser o que cada um traz para a Eucaristia. É bem, com efeito, que aquele que se tornou digno faça a oferta na mesma hora (*offerat oblationem eadem hora*) (n. 20).

A passagem para o tempo da eleição acontece com um novo exame, para apurar não tanto a preparação doutrinária do candidato, mas, antes de tudo, a eficácia prática da instrução que receberam. No tempo da eleição (e da separação), do qual não é precisada a duração, torna quotidiana a escuta da Palavra, seguida da instrução, da oração e da imposição das mãos com a finalidade de exorcismo. Agora a responsabilidade do caminho dos *eleitos* é confiada ao bispo. Ele intervém em primeira pessoa para exortar um a um os candidatos ao Batismo. Os últimos três dias são caracterizados de modo todo especial: na quinta-feira os candidatos tomam banho,[14] na sexta-feira os candidatos começam o jejum, que se prolonga durante o sábado, dia dedicado a uma reunião de oração, na qual o bispo, uma vez mais, impõe as mãos fazendo um exorcismo e realiza o rito da *exsufflatio*, também ele de valor de exorcismo.

No anoitecer do sábado (que nada consente identificar com sábado santo), começa uma longa vigília de leituras e de instruções que se concluem na manhã do domingo com os ritos batismais e a celebração eucarística. A celebração descrita é articulada e complexa, mas ao mesmo tempo fortemente unitária. No seu conjunto podemos individuar três "polos rituais" distintos, mas normalmente inseparáveis: um momento batismal, um momento "crismal" ou de "confirmação" e um momento eucarístico. Toda a celebração desenvolve-se sobre a presidência

---

[14] Este banho parece não ter nenhuma conotação ritual: a sua finalidade é somente a limpeza dos batizandos, os quais, provavelmente, no tempo da preparação imediata, se abstinham do banho como gesto penitencial.

do bispo, que é coadjuvado por presbíteros e diáconos. Embora os candidatos constituam um grupo composto, com pessoas de diversas idades, condição e sexo, cada momento ritual decisivo é ao mesmo tempo rigorosamente pessoal: não se entra em massa na Igreja, mas sim com a própria e insubstituível singularidade.

> [*Momento batismal*] Ao cantar do galo, antes de tudo, reza-se sobre a água (*oretur super aquam*). Seja água que corre em uma fonte ou que caia do alto [...] Os batizandos deponham as suas vestes (*ponent vestem*). Batizai as crianças em primeiro lugar. Aqueles que estiverem em condições de responder por si mesmos, respondam. Aqueles que não tiverem condição de responder, os pais ou alguém da família respondam por eles. Em seguida, batizai os homens e, a seguir, as mulheres, após terem desamarrado os seus cabelos e retirado as joias de ouro.[15] Ninguém desça na água levando objetos estranhos. À hora fixada para o Batismo, o bispo dá graças sobre o óleo (*oretur gratias super oleum*), o qual colocará num vaso e se chame óleo de ação de graças. Pegue depois outro óleo que exorcizará (*sumit aliud oleum quod exorcizet*) e se chame óleo do exorcismo. Depois um diácono leva o óleo do exorcismo e se coloca à esquerda do presbitério; outro diácono pega o óleo de ação de graças e se coloca à direita do presbitério. Tomando um a um dos batizandos, o presbítero ordene a cada um que renuncie dizendo: "Eu renuncio a ti, Satanás, a todo o teu culto e a todas as tuas obras". Após a renúncia de cada um (*cum renuntiavit*), seja ungido com o óleo do exorcismo (*ungat eum oleo exorcismi*), dizendo-lhe: "Todo espírito se afaste de ti". Assim o entregue, nu, ao bispo ou ao presbítero que está próximo da água para batizá-lo. Um diácono entre na água com o batizando, da seguinte maneira: quando o batizando tiver descido na água, aquele que batiza imponha-lhe as mãos sobre a cabeça perguntando: "Crês em Deus Pai Onipotente?". O batizando responde: "Creio". Batize-o uma primeira vez tendo as mãos sobre a sua cabeça. Depois pergunte:

---

[15] A versão saídica acrescenta "e de prata".

"Crês em Cristo Jesus, filho de Deus, que nasceu pela intervenção do Espírito Santo da virgem Maria, foi crucificado sob Pôncio Pilatos, morreu e foi sepultado e ao terceiro dia ressuscitou vivo dos mortos, subiu ao céu e está sentado à direita do Pai e virá para julgar os vivos e os mortos?". Quando tiver respondido "Creio", batize-o uma segunda vez. Novamente pergunta: "Crês no Espírito Santo, na santa Igreja?".[16] O batizando responderá "Creio", assim seja batizado pela terceira vez. Quando tiver saído [da água], o presbítero o unja com o óleo de ação de graças (*ungat eum cum oleo gratiarum actionis*) dizendo: "Unjo-te com óleo santo no nome de Jesus Cristo". Depois se enxugam, se vestem e entram na Igreja (*in ecclesia ingrediantur*) (n. 21).

O gesto ritual central é constituído pela tríplice imersão na água acompanhada pela tríplice profissão de fé em forma de diálogo entre aquele que batiza e quem recebe o Batismo. A soma das três perguntas sobre a fé oferece um texto quase completo do símbolo apostólico, revelando-se, assim, o originário *Sitz im Leben* batismal. Esse gesto central é preparado por uma rica sequência de ações rituais, algumas destinadas a dispor os elementos necessários à celebração (a consagração da água, do óleo de render ação de graças e do óleo do exorcismo), outras vezes a desimpedir o campo de todo resíduo de incerteza e de todo mínimo apego ao mal (a unção do exorcismo e a renúncia a Satanás). Ao invés, é dado um relevo menor aos gestos que seguem a imersão batismal: o revestimento das vestes aparece ainda somente em chave funcional, enquanto não é muito evidenciada a presença de uma unção com óleo de render ação de graças imediatamente após a saída da fonte batismal e antes de revestir os hábitos. O texto documenta

---

[16] "O códice L sofreu influência do ulterior desenvolvimento da confissão de fé, por isso acrescenta: 'na santa Igreja e na ressurreição da carne' [...]; B. Botte [...] defende a lição 'no Espírito Santo, na santa Igreja', uma vez que não acredita 'na santa Igreja' um artigo de fé, e sim um complemento de lugar [...]. Portanto, o significado seria que a profissão de fé na Trindade se faz na Igreja" (*Tradizione apostolica*, 125, nota 60).

claramente que o Batismo é dado a menores de idade, sejam crianças, sejam ainda infantes e, portanto, necessitados do auxílio dos pais ou de algum outro parente. Deve-se notar, ainda, a insistência sobre as condições exteriores de total desapego de todos os que são imersos na fonte batismal; provavelmente a Igreja antiga queria exprimir plasticamente a afirmação paulina segundo a qual os batizados são "despidos do homem velho" para revestir o homem novo que se renova "à imagem do seu Criador" (Cl 3,9-10).[17]

> [*Momento crismal*] O bispo, impondo-lhes as mãos, recitará a invocação: "Senhor Deus, que os fizeste dignos de obter o perdão dos pecados mediante o banho da regeneração e do Espírito Santo,[18] infunde neles a tua graça, para que te sirvam segundo tua vontade, por que a ti é a glória, ao Pai e ao Filho com o Espírito Santo na santa Igreja, agora e nos séculos dos séculos. Amém". Depois, versando o óleo santo da sua mão e impondo-lhes [as mãos] sobre a cabeça, diz: "Unjo-te com o óleo santo no Senhor, Pai onipotente, no Cristo Jesus e no Espírito Santo". Assinala-o na fronte (*consignans in fronte*), beije-o e diga: "O Senhor esteja contigo". E quem foi assinalado responde: "E com o teu espírito". Proceda da mesma forma com cada um (n. 21).

O momento que podemos qualificar como crismal apresenta uma mudança de cena ao mesmo tempo espacial e espiritual: os batizados podem entrar, a pleno título, na "igreja-edifício", uma vez que agora são parte com todo direito da "Igreja comunidade dos santos". Nesse ponto se desenvolve uma tríplice sequência ritual, na qual age diretamente

---

[17] Joga aqui, em certa medida, também a crença popular que localizava a presença de Satanás nas dobras das vestes e nos enfeites, carregados como ornamentos do corpo.

[18] Na versão latina (retomada aqui) e nos *Canoni di Ippolito,* "o dom do Espírito Santo faz parte da anamnese, portanto é considerado como um dom já dado, enquanto no *sinodos* alexandrino o dom do Espírito Santo faz parte dos pedidos" que acompanham a imposição das mãos, que comporta, portanto, "uma epiclese do Espírito no batizado" (*Tradizione apostolica*, 126, nota 61).

o bispo: uma solene oração epiclética acompanhada da imposição das mãos, presumivelmente sobre todo o conjunto dos candidatos; o derramamento do óleo santificado sobre a cabeça de cada um dos batizados, acompanhado de uma nova imposição da mão e de uma fórmula de unção; a *consignatio frontis*, seguida do beijo e da saudação da paz. O texto da prece epiclética explicita o sentido deste novo momento ritual e pede a infusão da graça divina sobre aqueles que, mediante o banho de regeneração do Espírito Santo, já obtiveram a remissão dos seus pecados. O sintagma linguístico "infusão da graça", a imposição das mãos, a unção com o óleo e o selo colocado sobre a fronte parecem aludir claramente a uma mais perfeita efusão do Espírito Santo em vista de uma vida entendida como "serviço" a Deus, na plena obediência à sua vontade.

A descrição da *Traditio apostolica* conclui-se apresentando a celebração eucarística, na qual os neófitos tomam parte pela primeira vez, aproximando-se, também pela primeira vez, da Eucaristia.

> Neste momento [os neobatizados] rezem juntos com todo o povo, não rezem com os fiéis antes de ter obtido tudo isto. Depois de terem rezado, deem o beijo da paz. Nesse ponto os diáconos apresentem a oferta ao bispo, que dará graças sobre o pão, para que se torne símbolo do corpo de Cristo (*in exemplum, quod dicit graecus antitypum, corporis Christi*), sobre o cálice de vinho misturado, a fim de que se torne símbolo do sangue, que foi derramado por todos aqueles que acreditam nele (*propter antitypum, quod dicit graecus similitudinem*); sobre a mistura de leite e mel, porque indicam o cumprimento da promessa, feita aos Pais, que chamou "terra onde escorre o leite e o mel", que Cristo deu [como] sua carne, da qual se alimentam, como crianças, os crentes, e que com a suavidade da Palavra transforma em doçura a amargura do coração; enfim, sobre a água oferecida, para que signifique o banho, a fim de que também o homem interior, isto é, a alma, receba os mesmos efeitos do

corpo. O bispo dê todas essas explicações àqueles que comungam. Partindo o pão e distribuindo um pedacinho a cada um, diga: "O pão do céu no Cristo Jesus". Quem o recebe responde: "Amém" [...]. Aqueles que recebem [a comunhão] bebam de cada um dos cálices, enquanto cada um, passando o cálice, dirá: "Em Deus Pai, onipotente". Aquele que bebe responda: "Amém". "E no Senhor Jesus Cristo" [Responda: "Amém"]. "E no Espírito Santo e na santa Igreja". Responda ainda: "Amém" [...]. Terminados esses ritos, cada um esteja solícito em fazer o bem, agradar a Deus e viver retamente, dedicando-se à Igreja, colocando em prática os ensinamentos aprendidos e progredindo na piedade (n. 21).

Ao lado dos dados rituais comuns a cada celebração eucarística (apresentação da oferta por parte dos diáconos, prece de bênção sobre o pão e sobre o vinho, fração do pão, distribuição para aqueles que comungam), a celebração aqui descrita apresenta alguns elementos que, conforme a interpretação mais usual, são próprias e exclusivas da Eucaristia de iniciação: o cálice da mistura do leite e mel e o cálice da água. Trata-se de ritos explicativos de todo o processo iniciático que têm uma validade bem diversa da sacramental implicados no pão e no vinho abençoados: o cálice com leite e mel indica que, com a participação na mesa eucarística, o neófito entrou na terra prometida aos Pais e apresentada como terra de prosperidade, na qual escorre leite e mel; o cálice com água, ao invés, está dizendo que a purificação operada pelo Batismo não se reduz a um banho exterior, mas atinge a pessoa na sua interioridade.

> Os estudos mais recentes sobre a *Traditio apostolica* acentuam alguns pontos que suscitam perplexidade. Em primeiro lugar, há quem seja bastante cético sobre a presença de um catecumenato trienal no século III e sublinhe que estamos diante de um único texto da época antenicena que documenta a imposição das mãos sobre os catecúmenos no momento em que são despedidos da comunidade. Em segundo lugar, no Ocidente, antes de Ambrósio, não há

testemunho algum sobre a presença de uma unção pré-batismal. Ainda mais problemática parece a presença de uma segunda unção pós-batismal por parte do bispo, que segue a que foi feita pelo presbítero; na realidade tratar-se-ia de um único rito mencionado duas vezes no texto; editores sucessivos ou tradutores teriam inserido o gesto episcopal lá onde, no texto original, aparecia só o presbítero. O texto original, por seu lado, seria a manifestação de uma fase na qual as figuras do bispo e do presbítero são ainda substancialmente equivalentes. Com efeito, na descrição do gesto batismal verdadeiro e próprio o texto aparece um tanto quanto confuso e não permite compreender se o rito em questão é realizado pelo bispo ou pelo presbítero.[19]

2.2. O testemunho de Tertuliano

O testemunho de Tertuliano (150/160-220/240), primeiro escritor latino da Igreja de Cartago, faz-nos ingressar, seja pelo que diz respeito à praxe de iniciação documentada por ele (§ 2.2.1.), seja no que versa a doutrina batismal que ele desenvolve sobretudo no tratado *De Baptismo*, a primeira obra especificamente dedicada a este argumento e o único tratado de argumento sacramentário composto antes do Concílio de Niceia (§ 2.2.2.).

2.2.1. A praxe catecumenal e batismal

O ritual completo da iniciação cristã pode ser reconstruído recolhendo as indicações esparsas nos diversos escritos de Tertuliano.[20] O catecumenato que brota de tais documentos está ainda em busca de uma sua fisionomia precisa e, por alguns aspectos, as suas estruturas estão, ainda, *in fieri*. É assim, antes de tudo, no que diz respeito à duração, que varia conforme a pessoa. Ainda indeterminada resulta também a fase da preparação imediata ao Batismo, cuja existência, de

---

[19] Cf. BALDOVIN, Hippolytus and the *Apostolic Tradition*, p. 532-535.
[20] Cf. a referência à reconstrução oferecida por SAXER, *Les rites d'initiation chrétienne*, p. 122-132.

qualquer modo, é bastante certa: se todo catecumenato é "um tempo de penitência, de prova e de temor" (*De paenitentia* 6,8),[21] isto vale, com maior razão, para os dias que precedem imediatamente o Batismo. Os catecúmenos devem demonstrar ter-se desembaraçado de seus maus hábitos, porque

> este banho [o Batismo] é selo da fé, a qual começa pela penitência e é recomendada por ela. Se somos lavados, não é para deixar de pecar, mas porque já deixamos, uma vez que já fomos lavados no coração. Com efeito, este é o primeiro Batismo do catecúmeno: o seu temor é perfeito, e brota do fato de ter percebido o Senhor, a sua fé é reta e a sua consciência abraçou a penitência uma vez por todas (*De paenitentia* 6,16-17).

Portanto, os candidatos intensificam as preces, os jejuns, as vigílias e as prostrações, confessando publicamente os seus pecados; não se fala de instrução doutrinal, a qual, ao invés, está bem presente no restante tempo do catecumenato. Por fim, deve-se notar que, seja a propósito desta última fase, seja com relação ao catecumenato no seu conjunto, falta qualquer referência a gestos rituais, tais como exorcismos ou imposição das mãos; o silêncio de Tertuliano sobre este ponto não é suficiente para excluir, com certeza, a presença de uma dimensão ritual do catecumenato cartaginês.

Com relação à celebração batismal – diferentemente da *Traditio apostolica*, que a colocava no quadro de uma vigília dominical imprecisa –, Tertuliano exprime a própria preferência pelo dia de Páscoa, embora considerando legítima qualquer outra data:

---

[21] TERTULLIANUS. *De paenitentia*. A cura di J. G. P. Borleffs. In: *Tertulliani opera. Pars I*. Tournhout: Brepols, 1954. p. 319-340. (Corpus christianorum – Series latina I.)

A Páscoa oferece o dia mais solene para o Batismo, porque é também o dia da Paixão do Senhor, na qual somos batizados [...]. Em segundo lugar, Pentecostes é o tempo mais favorável para conferir o Batismo, porque é então que o Senhor ressuscitado se manifestou frequentemente aos discípulos, a graça do Espírito Santo foi-lhes comunicada e foi-lhes feito entrever a esperança do retorno do Senhor [...]. De resto, todo dia pertence ao Senhor e toda hora e todo tempo podem convir para o Batismo: o que diz respeito à solenidade, mas não importa nada quanto a graça (*De baptismo* 19,1-3).[22]

Qualquer que seja a data escolhida, o sacramento é celebrado após uma vigília, conforme um ritual bastante complexo. O primeiro gesto, ao qual se dá forte relevo, é a bênção da água, cuja presença no Ocidente é atestada aqui pela primeira vez.[23] Segue a renúncia "ao diabo, à sua pompa e aos seus anjos" (*De spetaculis* 4,1).[24] O candidato a pronuncia imediatamente após ter entrado na piscina batismal. Chega-se, destarte, ao rito batismal propriamente dito. A fórmula batismal é, provavelmente, semelhante àquela da *Traditio apostolica*: pode-se pensar uma tríplice pergunta sobre a fé, seguida de uma tríplice resposta; cada pergunta diria respeito a uma pessoa divina e a última conteria a referência à Igreja. Quanto ao gesto batismal, a terminologia variada usada por Tertuliano[25] leva a pensar que, habitualmente, o Batismo

---

[22] TERTULLIANUS. *De baptismo*. A cura di J. G. P. Borleffs. In: *Tertulliani opera. Pars I*, p. 275-295. [Ed.. bras.: TERTULIANO. *O sacramento do Batismo*. Introdução, tradução e notas por Urbano Zilles. Petrópolis: Vozes, 1981. (Padres da Igreja, 3.)]

[23] Os temas encontráveis nela serão tratados na apresentação do *De baptismo*.

[24] TERTULLIANUS. *De spetaculis*. A cura di E. Dekkers. In: *Tertulliani opera. Pars I*. p. 225-253. No *De corona* 13,7, Tertuliano explica o que se entende com a expressão "pompa do demônio e dos seus anjos": "Os ofícios, as honras, as solenidades do mundo, as falsas buscas de popularidade, as submissões às pessoas, os louvores vãos, as glórias torpes – e no fundo de tudo a idolatria" (*De corona*. A cura di Aem. Kroymann. In: *Tertulliani opera. Pars II*. Tournhout: Brepols, 1954. p. 1037-1035. (Corpus christianorum – Series latina 2.)

[25] Os termos usados são *mergere, mergitare, tinguere, intinguere, aspergere, perfundere, in aqua demittere, aquam ingredi, lavare* e, evidentemente, *baptizare*.

fosse celebrado mediante a completa imersão do candidato, reservando a efusão a casos excepcionais.

São três os ritos pós-batismais que se seguem nesta ordem: unção, *signatio* e imposição das mãos. A unção com o óleo abençoado que escorre sobre todo o corpo é amplamente atestada e dá ao cristão o seu nome, como a Cristo: os nomes "Cristo" e "cristão", com efeito, referem-se ao termo "crisma", com a qual se designa a unção. A *signatio* consiste em um sinal da cruz em forma de *tau* sobre a fronte; não é claro que seja feita com ou sem óleo nem qual seja a sua relação com a unção precedente, da qual, porém, Tertuliano parece distinguir. O último rito pós-batismal é a imposição da mão direita que o bispo realiza, "invocando e chamando o Espírito Santo por meio de uma bênção" (*De baptismo* 8,1), da qual não se evidencia a formulação. O significado espiritual do gesto é explicado nestes termos: "A carne é assombreada pela imposição da mão, para que a alma seja iluminada pelo espírito" (*De resurrectione mortuorum* 8,3).[26] A passagem merece ser colocada integralmente, uma vez que evoca sinteticamente todas as fases da celebração batismal, acentuando o sentido de cada uma delas:

> Mas também a carne é lavada, para que a alma seja purificada; a carne recebe a unção, para que a alma seja consagrada; a carne é assinalada, para que a alma seja protegida; a carne é assombreada pela imposição da mão, para que a alma seja iluminada; a carne se nutre do corpo e sangue de Cristo, para que a alma também se sacie de Deus (*De resurrectione mortuorum* 8,3).

A celebração batismal encontra, pois, como próprio ponto de chegada a participação no banquete eucarístico por parte do neófito. Nesse

---

[26] TERTULLIANUS. *De resurrectione mortuorum*. A cura di J. G. P. Borleffs. In: (a cura di). *Tertulliani opera. Pars II*, p. 919-1012.

banquete, além do pão e do vinho, identificados com o corpo e o sangue de Cristo, são oferecidos também leite e mel.

2.2.2. *O tratado* De baptismo

O tratado *De baptismo* não revela nenhum traço montanista. É sensato pensar, então, que tenha sido composto no primeiro período da vida de Tertuliano, entre 198 e 200. A sua origem está ligada à polêmica contra a seita gnóstica dos cainitas, os quais recusavam o Batismo afirmando que a água, enquanto criatura do demiurgo, é má. Portanto, não pode purificar o pecado nem fazer conseguir a vida eterna. De seu lado, Tertuliano desenvolve um eloquente louvor da água, "matéria perfeita, fecunda e simples; intrinsecamente pura" (3,2). Com fervor descreve a função privilegiada da água desde o início do universo e relê os acontecimentos da origem como prefiguração da fecundidade das águas batismais: como os seres viventes surgiram das águas primordiais fecundadas pelo Espírito de Deus, assim as águas do Batismo, fecundadas pelo Espírito Santo, invocadas sobre elas, tornam-se elas próprias santificantes, assim também "o espírito [do homem] é lavado na água por meio do corpo e a carne é purificada por meio do espírito" (4,5).

A bênção da água tem uma função decisiva na doutrina batismal de Tertuliano em antítese ao pensamento gnóstico que dissocia deus bom e deus mau, carne e espírito, Antigo Testamento e Novo Testamento. Tertuliano, enquanto tece o louvor da água, sublinha a unidade do desígnio divino, no qual mundo material e mundo espiritual, ordem da criação e ordem da redenção são ligados entre elas. Portanto, o plano salvífico se realiza através de toda a história. Nessa perspectiva, após ter falado do simbolismo natural da água (3,1-6), ele observa que os mesmos pagãos não ficaram insensíveis à sua força purificadora e vivificante. Isso é demonstrado pelos banhos de purificação do culto de

A TRADIÇÃO PATRÍSTICA

Mitra e de Ísis (5,1), as abluções comumente praticadas e os banhos rituais, graças aos quais se pensa conseguir o perdão dos pecados, a regeneração e a imortalidade. Evidentemente, Tertuliano nega qualquer valor salvífico a essas práticas e vê nelas nada menos que diabólicos simulacros da obra divina. Tal obra se realiza somente no Batismo cristão (5,2-3). Longe de conceder a salvação, as águas utilizadas nos cultos pagãos são habitadas por espíritos impuros e não podem ser comparadas com as do Batismo, santificadas "pela presença do santo anjo de Deus, em vista da nossa salvação" (5,5). Tertuliano, contudo, não se contenta com o simbolismo natural da água, mas faz amplamente apelos a temas e figuras retiradas, sobretudo, dos primeiros livros do Antigo Testamento: a arca de Noé (8,4); o povo de Israel retirado do Egito graças à passagem do mar Vermelho (9,1); as águas de Mara purificadas de seu amargor graças ao bastão imerso nelas por Moisés (9,2); a água que dessedenta o povo no deserto, brotada daquela pedra que Paulo, em 1Cor 10,44, tinha identificado com Cristo (9,3). Enfim, ainda que por fugazes acenos, Tertuliano indica como pista para explorar aquela do simbolismo batismal, inscrito no ministério de Jesus, desde o Batismo nas águas do Jordão até a água que brotou do lado aberto do Crucificado (9,4).

Nesse quadro, retomando de Irineu a distinção entre imagem e semelhança, Tertuliano define com eficácia o efeito do Batismo, afirmando que nele "o homem é restituído a Deus segundo a sua semelhança, ele que precedentemente fora conforme a sua imagem [...]; reencontra, com efeito, aquele espírito de Deus que tinha recebido pelo sopro criador, mas perdido em seguida pelo pecado" (5,7). Mas faz logo uma precisão: "Não quero afirmar que na água somos preparados para receber o Espírito Santo. Mas purificados na água pelo ministério do anjo somos preparados para receber o Espírito Santo" (6,1). Com efeito, o dom do Espírito pareceria ligado, antes de tudo, à imposição da mão pelo bispo (8,1), que segue à unção (*chrisma*) pós-batismal, da qual recebem o denominativo "cristãos" (*christi*). Diferentemente de outros autores desse período, que centralizam sua doutrina batismal no banho e não dão relevo aos ritos que o acompanham, Tertuliano esforça-se por atribuir a cada um desses ritos um significado próprio. Parece, porém, anacrônico interpretar esse texto como confirmação definitiva da distinção "entre um rito batismal destinado à remissão dos pecados [...] e um sacramento de confirmação ao qual serão reservados os efeitos positivos da iniciação cristã, isto é, a iluminação e o dom pessoal do Espírito Santo".[27] Com efeito, embora o enfoque analítico com o qual Tertuliano se aproxima dos diversos ritos seja inegável, todavia é evidente que ele os considera no quadro de uma celebração unitária, no interior da qual os gestos que seguem o banho de água são, em qualquer caso, inseparáveis dele.

A partir do cap. 10, além de tratar de uma série de problemas concretos,[28] Tertuliano afronta diversas questões que, presumivelmente, eram objeto de discussão nos ambientes eclesiásticos do tempo. Entre outras se interroga se os apóstolos foram batizados ou, então, conseguiram a salvação sem o Batismo (cap. 12); nesse quadro, recusa a afirmação segundo a qual o Batismo não é necessário para aqueles aos quais basta a fé. Após a Paixão e a ressurreição do Senhor, à fé acrescentou-se, com efeito, o "selo" do Batismo, uma "espécie de veste para a fé. Esta, antes, estava nua e agora não tem mais eficácia sem a

---

[27] BENOÎT; MUNIER, *Le baptême dans l'Église ancienne*, LIX (tradução do autor).
[28] O c. 15 já atesta o uso africano de rebatizar os que deixavam as seitas heréticas; o c. 16 apresenta o martírio como "Batismo que substitui o Batismo de água, embora não tenha sido recebido e o restitui se o tiver perdido [após o pecado]"; o c. 17 reconhece que, em caso de necessidade, o Batismo pode ser administrado por um leigo, mas exclui que as mulheres reivindiquem o poder de ensinar e batizar; o c. 19 indica a Páscoa como dia "mais solene para celebrar o Batismo".

A TRADIÇÃO PATRÍSTICA

Lei que lhe é própria": a Lei, com efeito, com a qual o Senhor ordenou aos discípulos batizar (Mt 28,19), afirmando a necessidade do Batismo em vista do ingresso no Reino dos Céus (Jo 3,5) (13,1-2). Alguns críticos observam que justamente a tentativa de definir a função da fé e do banho batismal revela as discordâncias ou mesmo as contradições do pensamento de Tertuliano. Se, com efeito, no cap. 13, a necessidade do Batismo é afirmada com vigor, em outros contextos toda a importância parece atribuída à fé, enquanto a necessidade do sacramento aparece atenuada. Em outros lugares, pois, Tertuliano refuta uma visão do Batismo, que, insistindo na sua eficácia, corre o risco de retirar relevância ao esforço moral. Aos catecúmenos pouco solícitos em romper todo liame com o pecado, ele recorda energicamente que o Batismo pressupõe a purificação do coração, que é impossível sem uma fé pura e um arrependimento sincero, que se traduzem em um esforço moral sem reticências.

As tensões assinaladas no pensamento batismal de Tertuliano são ligadas ao fato de o seu ponto de vista não ser o de um teólogo preocupado em apresentar uma síntese doutrinal perfeitamente equilibrada. O que ele mais deseja não é somente defender o Batismo da propaganda gnóstica e acentuar a sua absoluta necessidade na economia cristã, mas, sobretudo, convencer os catecúmenos da seriedade do seu caminho, a fim de que não se empenhem na *militia Christi* sem saber o que ela exige. Se um candidato duvida da própria perseverança, será melhor deferir o Batismo, antes de correr o risco de cair numa vida de pecado imediatamente após o Batismo. "Se se compreende a exigência que tem o Batismo, temer-se-á mais recebê-lo que diferi-lo" (18,6), conclui decididamente Tertuliano.

Nesse quadro se compreende a sua posição extremamente reservada com relação ao Batismo das crianças (*parvuli*):[29] levando em consideração a fraqueza humana e a possível prevalência de temperamentos malvados, há o risco de, uma vez chegando à idade adulta, elas traiam o seu empenho batismal. Comentando a recomendação do Senhor, que dizia para não impedir as crianças de irem até ele, Tertuliano escreve: "Venham sim, mas quando estiverem mais grandinhos, quando tiverem idade para ser instruídos, quando conhecerem aquilo para o qual veem; tornem-se cristãos quando estiverem em condição de conhecer Cristo" (18,4-5).

A crítica de Tertuliano leva a supor que o Batismo dos *parvuli* fosse uma praxe difusa, que recolhia um certo consenso entre as famílias cristãs. De seu lado, ele não a questiona por razões doutrinais, mas baseado em considerações pastorais, inspiradas pela experiência e pela prática da catequese. Como muito dos responsáveis eclesiásticos do seu tempo, o mestre de Cartago tem a preocupação de submeter ao Batismo somente candidatos sérios e resolvidos, que deem prova de uma suficiente preparação e ofereçam todas as *garantias* de uma corajosa perseverança. A essa preocupação – de outro lado justificada também pela possibilidade de recorrer só uma vez à disciplina penitencial em caso de grave pecado – subjaz uma imagem de Igreja como "virgem pura e santa, [...] sem manchas": a quem nela deseja entrar mediante o Batismo são exigidos, pois, "temor perfeito", "fé reta" e "consciência de que abraçou a penitência uma vez por todas".[30]

---

[29] Tertuliano não afronta a questão do Batismo dos *infantes*, isto é, das crianças que ainda não estão em grau de falar.
[30] Cf. CAPRIOLI, Ascolto della tradizione, p. 108. Caprioli refere-se ao c. 6 do *De paenitentia*.

A TRADIÇÃO PATRÍSTICA

2.3. Cipriano e a controvérsia batismal

Profundamente influenciado pela doutrina batismal de Tertuliano, Cipriano precisou-a em muitos aspectos. Embora não ignorando a perspectiva paulina do Batismo como morte e ressurreição com Cristo, ele privilegia claramente o enfoque "joanino", que acentua a regeneração batismal compreendida como um segundo nascimento. Além disso, prolonga as reflexões de Tertuliano sobre a função decisiva da água batismal, purificada e santificada pela bênção do sacerdote, e distingue ainda mais nitidamente o banho batismal do rito da imposição das mãos, ao qual aparece ligado o dom do Espírito.

A contribuição de Cipriano interessa, sobretudo, pela posição que ele assumiu no âmbito da controvérsia sobre o Batismo dos hereges.[31] Já a partir do final do século II, os bispos encontram-se diante de problemas ligados à atitude a ser assumida com relação aos hereges que retornam à Igreja Católica. Os que tinham passado à heresia após ter recebido o Batismo na Igreja Católica eram normalmente reacolhidos como penitentes, através da imposição das mãos. Contudo, mais controverso ainda é o caso daqueles que pedem para entrar na Igreja Católica após ter recebido o Batismo na heresia: devem ser batizados ou não? O problema, evidentemente, não é puramente disciplinar, mas implica um juízo sobre o valor do sacramento recebido na heresia. Por volta de 220, um concílio africano, presidido por Agripino, então bispo de Cartago, declara que os que veem à Igreja Católica procedentes da heresia devem ser batizados. Uma prática análoga difunde-se também na Ásia menor, enquanto, em Roma, aqueles que tinham recebido o

---

[31] Cf. CARPIN, A. *Battezzati nell'única vera Chiesa? Cipriano di Cartagine e la controversia battesimale.* Bologna: Edizioni Studio Domenicano, 2007.

Batismo de uma seita herética são aceitos na Igreja com a imposição da mão, destinada aos penitentes.

As duas distintas praxes coexistem até a metade do século III, quando estoura o conflito entre Cipriano, bispo de Cartago, e Estêvão, bispo de Roma.[32] Por volta de 255, um certo Magno (talvez um bispo africano) dirige-se a Cipriano perguntando-lhe se os hereges que "provêm do partido de Novaciano [...] devem ser batizados e santificados na Igreja Católica".[33] Cipriano, que já havia manifestado a própria posição no *De catholicae Ecclesiae unitate*, responde que existe uma única Igreja e só ela tem o poder de batizar; tal poder, ao invés, não pode ser reconhecido aos heréticos e aos cismáticos, que estão fora da Igreja. Se, pois, todos na Igreja estão de acordo sobre o fato de os heréticos não possuírem o Espírito Santo,[34] deve-se admitir que eles não podem nem mesmo batizar, porque "somente quem possui o Espírito Santo pode batizar e conceder a remissão dos pecados".[35] Concluindo: "[...] para poder receber a remissão dos pecados [...] e para ser santificados e se tornar templos de Deus, aqueles que se originam das filas dos adversários e anticristos devem certamente receber o Batismo da Igreja".[36]

A argumentação teológica com a qual Cipriano justifica a praxe africana de (re)batizar os hereges baseia-se, portanto, na inquebrantável

---

[32] A documentação relativa a esta controvérsia é oferecida pelas cartas 69-75 de Cipriano: texto crítico latino em J. F. DIERCKS (ed.), "Sancti Cypriani episcopi epistolarum", in *Sancti Cypriani episcopi opera. Pars III/2* (Tournhout: Brepols, 1996. p. 469-604. [Corpus christianorum – Series latina 3c.]). Nós utilizamos a tradução italiana: S. CIPRIANO. *Opere*. Torino: UTET, 1980. Uma ampla apresentação dos argumentos em questão encontra-se em: VILLETTI, L. *Foi et sacrement, I: Du Nouveau Testament à Saint Augustin*. Paris: Bloud et Gay, 1959. p. 105-136. [Travaux de l'Institut Catholique de Paris 5.]

[33] S. CIPRIANO. Lettera 69. In: S. CIPRIANO, *Opere*, p. 673-686 – aqui, p. 674.

[34] Segundo Cipriano, o que se deduz do fato de também aqueles que acolhem os hereges sem batizá-los impõem-lhes as mãos; um gesto ao qual o bispo de Cartago liga o dom do Espírito Santo.

[35] S. CIPRIANO, Lettera 69, p. 681 – aqui Cipriano faz referência a Jo 20,21-23.

[36] Ibid., p. 682.

A TRADIÇÃO PATRÍSTICA

união entre Batismo, Igreja e Espírito Santo: só o Batismo celebrado no interior da verdadeira Igreja perdoa os pecados, pois somente à verdadeira Igreja foi dado o Espírito Santo, sem o qual não existe remissão dos pecados. Nessa perspectiva, portanto, não se trata de rebatizar os hereges que desejam ser aceitos na Igreja; trata-se, ao invés, simplesmente, de batizá-los, dado que o Batismo recebido na heresia não tem nenhum valor.

Essas posições, reafirmadas em outras ocasiões,[37] são, uma vez mais, rebatidas na primavera de 256, por um sínodo reunido em Cartago, cujas conclusões foram comunicadas ao Papa Estêvão por Cipriano.[38] Sabendo que o ponto de vista de Estêvão era diverso do seu, o bispo de Cartago afirma não querer impor o próprio modo de pensar, "uma vez que no governo da Igreja cada bispo é senhor da própria decisão".[39] A resposta de Estêvão, conhecida somente através dos escritos dos seus adversários,[40] acentua a praxe tradicional de Roma. Ela, com efeito, acolhe os hereges convertidos sem conferir-lhes um novo

---

[37] Em 255, uma questão semelhante à de Magno, colocada por dezoito bispos da Numídia, foi apresentada por Cipriano durante um sínodo reunido na cidade de Cartago; os bispos presentes ao sínodo reafirmaram a invalidade do Batismo dos heréticos e a sua resposta é o conteúdo da carta 70. A carta 71 contém, ao invés, a resposta enviada ao bispo Quinto, da Mauritânia, que não tinha podido participar do sínodo, mas estava interessado em conhecer a sua conclusão.

[38] "Decidimos que aqueles que fizeram a imersão fora da Igreja e foram maculados pela água profana junto dos hereges e dos cismáticos devem receber o Batismo, caso voltem a nós e a nossa Igreja, que é uma só. Se não recebem o Batismo da Igreja, não basta impor-lhes a mão para que recebam o Espírito Santo" (S. CIPRIANO. Lettera 72. In: S. CIPRIANO, *Opere*, p. 693-696 – aqui, p. 694. À carta 72 Cipriano acrescenta a correspondência feita até então sobre o argumento, isto é, as cartas 70 e 71.

[39] S. CIPRIANO, Lettera 72, p. 696.

[40] Trata-se da carta 74 de Cipriano ao bispo Pompeu, da Mauritânia (S. CIPRIANO, *Opere*, p. 713-721), e da carta 75 de Firmiliano, bispo de Cesareia da Capadócia, a Cipriano (aí, p. 721-738). Esta carta, conservada no epistolário de Cipriano, está ligada ao fato que Estêvão havia pedido, também às Igrejas da Ásia, que abandonassem a prática de rebatizar os hereges. Cipriano, tomando conhecimento da situação, envia a Firmiliano uma relação dos debates sobre o tema até então desenvolvidos na África Setentrional. O bispo de Cesareia responde condividindo a posição africana e traçando, criticando muito duramente, a figura de Estêvão.

Batismo. Pede, enfim, que não seja introduzida novidade fora daquilo que foi passado por tradição:

> Se, por acaso, vem até nós alguém vindo de uma heresia, não se introduza nada de novo fora do que foi passado [por tradição], isto é, imponha-se-lhes a mão em sinal de penitência (*nihil innovetur nisi quod traditum est, ut manus illis imponatur in paenitentiam*), uma vez que os mesmos hereges, de seu lado, não batizam os que se fazem seus, mas somente os acolhem em sua comunidade (*Denz* 110).[41]

Pelo que nos foi dado saber, Estêvão não oferece nenhuma resposta aos argumentos de Cipriano, nem aduz razões em favor da praxe romana, da qual se limita a afirmar o caráter tradicional. Além do mais, a delegação africana enviada a Roma com as deliberações do sínodo não é nem mesmo recebida por Estêvão, que, antes, dá deliberações para que os enviados de Cipriano não sejam acolhidos na comunidade. A morte das duas principais figuras da controvérsia esconjura a ruptura definitiva. Estêvão morre em 257, enquanto Cipriano é martirizado no dia 14 de setembro de 258.[42] Os seus sucessores, em um primeiro tempo, deixaram esfriar a controvérsia, cada um tolerando a praxe do outro; é evidente, contudo, que o problema não pode ser considerado resolvido. No Ocidente, após uma primeira aproximação no sínodo de Arles de 314,[43] será a reflexão de Agostinho a oferecer uma clarificação definitiva, em conformidade com a praxe romana.

---

[41] Com a sigla *Denz* indicamos o volume H. DENZINGER *Enchiridion symbolorum, definitionum et declarationum de rebus fidei et morum* (HÜNERMANN, P. [org.]. São Paulo: Paulinas/Loyola, 2007).

[42] Em setembro de 256, a posição de Cipriano fora, uma vez mais, confirmada por um sínodo. Dele participaram 87 bispos das três províncias da África proconsular, da Mauritânia e da Numídia.

[43] "A respeito dos africanos, uma vez que tem um costume que lhes é próprio, isto é, de rebatizar, [o sínodo] decide que, se alguém volta à Igreja de uma heresia, seja interrogado sobre os símbolos da fé, e, se constatar que foi batizado no Pai, no Filho e no Espírito Santo, imponha-se-lhe a mão para que receba o Espírito Santo; se, após as perguntas, demonstrar não conhecer esta Trindade, seja batizado

2.4. Linhas sintéticas conclusivas

Neste ponto especificam-se algumas linhas sintéticas, relativas seja ao catecumenato (§ 2.4.1.), seja à celebração sacramental, na qual todo o itinerário encontra o próprio cumprimento (§ 2.4.2.).[44]

2.4.1. Elementos característicos do catecumenato

Importância, finalidade e estrutura fundamental do catecumenato

Os textos que consideramos sobre o catecumenato (Justino, Tertuliano e, sobretudo, a *Traditio apostolica*) ofereceram certo número de indicações, mas o processo que conduziu à configuração do instituto do catecumenato nos foge em grande parte. Resulta da documentação recolhida que, nos primeiros séculos, o Batismo é conferido sobretudo a adultos, para os quais a comunidade cristã pede uma longa preparação com o escopo de verificar a seriedade do pedido do Batismo e de criar as condições para que o candidato possa efetivamente conduzir uma vida cristã. Em vista da recepção do Batismo, são decisivas "a renúncia definitiva ao pecado, um caminho forte de penitência, o conhecimento e a adesão convicta à regra da fé".[45] Configura-se, assim, o instituto do catecumenato, o qual, ainda que em forma não institucionalmente determinada, começa a delinear-se em Roma pelo ano de 180, para estruturar-se em forma articulada no decorrer do século III. O testemunho mais amplo é o que foi oferecido pela *Traditio apostolica*. Ela, embora

---

(*Denz* 123)". Sobre o desenvolvimento da questão no período que precede a reflexão de Agostinho, cf.: VILLETTE, *Foi et sacrement*, I, p. 137-154.

[44] Cf. CAPRIOLI, A. Appunti per una lettura teologica globale dei sacramenti di iniziazione cristiana. In: *Iniziazione cristiana: problema della Chiesa di oggi*. Atti della IV settimana di studio dell'Associazione professori di liturgia, Paestum, 1-5 settembre 1975. 2. ed. Bologna: EDB, 1979. p. 73-115 – aqui, p. 74-86. (Studi di liturgia 4.) BENOÎT; MUNIER, *Le baptême dans l'Église ancienne*, LXIX-LXXV.

[45] GIRARDI, L. Battesimo e confermazione. In: GRILLO, A.; PERRONI, M., TRAGAN, P.-R. (org.). *Corso di teologia sacramentaria, 2: I sacramenti della salvezza*. Brescia: Queriniana, 2000. p. 95-187 – aqui, p. 122.

espelhando diretamente o ambiente romano, é significativa para intuir o que se fazia nas comunidades cristãs presentes nas grandes cidades do Império. O catecumenato é aberto e fechado por um dúplice exame. O primeiro verifica os motivos da conversão, enquanto o segundo avalia o caminho percorrido pelo catecúmeno, introduzindo-o em um tempo mais concentrado de preparação imediata ao Batismo. O itinerário catecumenal acontece *na* comunidade e *diante da* comunidade. Esta, sob a presidência do bispo e graças à contribuição de vários ministérios (presbíteros, diáconos, mestres, garantes etc.), avalia os motivos que induzem à conversão e acompanha o caminho do catecúmeno. O discernimento que é colocado em ação no âmbito do catecumenato pode também concluir-se com um afastamento do candidato, no caso de os responsáveis da Igreja considerarem que ele se encontre em condições tais que não permitem o exercício da vida cristã. A duração normal do catecumenato indicado pela *Traditio* é de um triênio, mas muito provavelmente varia de uma Igreja para outra, levando em consideração também a situação do candidato.

A condição do catecúmeno

A condição do catecúmeno é interpretada a partir da sua relação com a Igreja: não tendo ainda recebido o Batismo, ele é excluído da Eucaristia e da plena pertença à Igreja, à qual é, todavia, orientado objetivamente. A exclusão do catecúmeno da Eucaristia não deve ser lida nem como condenação nem como recusa, mas como reserva temporária para quem deve cumprir o itinerário de preparação. Nessa perspectiva, também a distinção entre catecúmeno e batizado é lida a partir da diversa relação com a Igreja. O catecúmeno já é "cristão", mas somente o batizado é um "fiel", isto é, pertence à Igreja de modo pleno e definitivo. Em nível litúrgico, tal diferenciação eclesiológica é evidenciada pelo fato de os catecúmenos e os pagãos "simpatizantes" serem acolhidos na assembleia dos fiéis, da qual são convidados a sair após a escuta da Palavra e, portanto, antes do beijo da paz e do rito eucarístico propriamente dito.

A imagem da Igreja em jogo

Na organização do catecumenato estão evidentes seja a insistência sobre o empenho moral daquele que deseja ser acolhido na Igreja, seja uma certa tendência à severidade. O rigor que qualifica o itinerário catecumenal é motivado pela situação da Igreja que normalmente "está presente com pequenas comunidades dispersas em um território cujo horizonte sociorreligioso está ligado a formas de religiosidade politeísta",[46] enquanto, em nível sociopolítico, ao Cristianismo não é ainda reconhecido o direito de cidadania.

> Neste contexto, a Igreja consolida a consciência de si como comunidade escatológica, lugar do Espírito, do qual recebe a nota característica da santidade. É a Igreja dos mártires, [...] uma Igreja que se coloca em dialética com o Estado e o mundo pagão. Ser batizado significa entrar a fazer parte da comunidade dos "eleitos", dos "santos".[47]

Evidentemente, tudo isso comporta uma separação radical da mentalidade e dos costumes da sociedade circunstante. Sobre a atitude de rigor que conota claramente a praxe desses primeiros séculos pode ter influído também a exigência de enfrentar as crises provocadas por cismas e heresias.

A relação entre itinerário catecumenal e momento sacramental

A insistência sobre a seriedade do itinerário catecumenal não deve conduzir a conceber o Batismo como ratificação extrínseca de um

---

[46] GIRARDI, Battesimo e confermazione, p. 118.
[47] Ibid. A relação entre praxe catecumenal e imagem de Igreja é desenvolvida em particular por CAPRIOLI, Ascolto della tradizione.

caminho fundamentalmente confiado ao esforço ascético e moral do candidato. Pode-se, ao contrário, considerar que seja justamente "o alto conhecimento na participação do dom divino [mediante o sacramento] que conduz a sublinhar a responsabilidade do homem e, portanto, o empenho da conversão",[48] em um quadro de pensamento que não coloca em concorrência fé e sacramento, empenho do homem e conversão divina. Nessa perspectiva, é justamente o momento sacramental que dá forma, estrutura e sentido ao caminho de conversão colocado em ato no âmbito do catecumenato. O elemento de conexão entre o catecumenato e o Batismo é representado pela profissão de fé batismal que entra a constituir o núcleo central do rito.[49] Com efeito, "por meio da profissão batismal, todo o catecumenato se insere no Batismo, e sendo a profissão de fé elemento essencial deste sacramento, também o catecumenato se torna uma parte dele".[50]

2.4.2. Observações sobre a celebração sacramental

A estrutura da celebração

Os testemunhos do século II documentam um rito batismal muito simples, centrado no gesto da água, sem ligação com eventuais gestos pós-batismais ou com a celebração eucarística;[51] por outro lado, a relação do Batismo com a Eucaristia é bastante evidente, dado que a participação na Eucaristia é reservada exclusivamente aos batizados. Justino é o primeiro a atestar claramente a participação na mesa eucarística no quadro de uma liturgia batismal. Ao invés, um ritualismo

---

[48] GIRARDI, Battesimo e confermazione, p. 123.
[49] O testemunho da *Traditio apostolica* é particularmente eloquente a este propósito.
[50] RATZINGER, J. Battesimo, fede e appartenenza alla Chiesa. *Communio* 27 (1976) 22-39 – aqui, p. 31.
[51] Contudo, por si mesmo, o silêncio das fontes não permitem excluir, com absoluta certeza, tais ligações.

mais articulado aparece nos documentos do século III: neles a celebração litúrgica da iniciação cristã, com a qual se conclui o itinerário catecumenal, se configura como um único complexo ritual fortemente unitário, estruturado em momentos distintos, mas normalmente inseparáveis, que costumeiramente as fontes litúrgicas e patrísticas designam com um único termo (por exemplo: *baptismus*). A presidência de toda a celebração está confiada, normalmente, ao bispo, auxiliado por presbíteros e diáconos. Tendo como ponto de partida o momento propriamente batismal, tendo ao centro o gesto da água e passando aos ritos pós-batismais, qualificáveis como "crismais" ou "de confirmação", os gestos litúrgicos sucedem-se sem ruptura de continuidade, até a celebração eucarística, durante a qual o neófito se aproxima, pela primeira vez, da comunhão, que consagra a sua integração na comunidade cristã. O vértice dessa celebração é claramente representado pela Eucaristia, cuja presença no âmbito da celebração cristã é atestada em forma contínua e geral, a ponto de se poder perguntar se não estamos diante de uma praxe de origem apostólica.[52] Quanto aos ritos "crismais", a *Traditio apostolica* fala da imposição da mão, da unção e da *signatio*: ainda que em ordem diversa, esses três gestos são documentados também por Tertuliano e Cipriano.[53] Com relação ao dado escriturístico, é inegável um processo de desenvolvimento, não sem uma substancial continuidade, com os testemunhos neotestamentários que fazem referência a uma imposição das mãos pós-batismal.

---

[52] Saxer faz esta pergunta, sem, contudo, empenhar-se em dar-lhe uma resposta (SAXER, *Les rites de l'initiation chrétienne*, p. 423).

[53] Na Síria é documentada a presença de uma unção pré-batismal (às vezes acompanhada pela imposição das mãos), que reproduz a unção do Messias, sacerdote e rei, e concede a cura, o perdão e a força ao candidato.

O sentido global da celebração

É inegável que a praxe dê imediato realce à dimensão eclesiológica do Batismo: ser batizados significa vir à Igreja e, portanto, à salvação. Não se acolhe a salvação a não ser aceitando ser acolhido na Igreja, o povo escatológico de Deus, ao qual é comunicado o Espírito Santo, artífice da santificação interior de quem é batizado. Com efeito – juntamente com a remissão dos pecados, unanimemente reconhecida como o efeito primário do Batismo –, é dado amplo espaço ao tema da santificação, que é descrita com diversas imagens: a regeneração, a iluminação, a filiação, a semente de imortalidade etc.[54] Nesta fase não existe a preocupação para estabelecer com precisão um relatório entre cada rito e os diversos efeitos da celebração: é através de todo o complexo ritual que o "catecúmeno" se torna "fiel", é regenerado mediante o perdão dos pecados, é agregado à Igreja e recebe o dom do Espírito Santo.[55]

O sentido do momento "crismal"

Tendo como pano de fundo tal perspectiva unitária, é preciso enfrentar a questão do valor que se deve atribuir aos ritos qualificados como "crismais". A quem se interrogasse se, nesse período, se pudesse falar de um sacramento autônomo, distinto do Batismo, deve-se notar ser impossível responder a uma pergunta colocada nesses termos: nesses séculos, com efeito, o conceito de sacramento não foi ainda formalizado nos termos que a pergunta pressupõe, nem se preocupa com a numeração de cada sacramento, distinguindo-os com rigor. É verdade que

---

[54] Em segundo plano, parece, ao invés, a perspectiva paulina do Batismo como participação na morte, na sepultura e na ressurreição de Cristo. Cf. BAUDRY, G.-H. *Le baptême et ses symboles. Aux source du salut*. Paris: Beauchesne, 2001. p. 20. (Le point théologique 59.)

[55] "Os diversos ritos que as comunidades cristãs introduziram na liturgia batismal estão a serviço do sacramento na sua globalidade e funcionamento, por assim dizer, de modo sintético" (BAUDRY, *Le baptême et ses symboles*, p. 184 [trad. do autor]).

A TRADIÇÃO PATRÍSTICA

autores como Tertuliano e Cipriano parecem acenar de modo específico ao momento "confirmatório" do dom do Espírito Santo. Contudo, seria anacrônico atribuir-lhes a consciência de uma distinção sacramental entre os diversos ritos que constituem a iniciação cristã. Os vários gestos, cujos efeitos eles consideram de forma analítica, colocam-se de alguma forma no quadro de uma celebração unitária que, de norma, não prevê cisões entre os momentos que a estruturam.

Deve-se reconhecer, de outro lado, que os ritos colocados entre o momento batismal em sentido estrito e a celebração eucarística são o núcleo ao redor do qual se desenvolverá a liturgia da Confirmação. Progressivamente, ao menos no Ocidente, esse núcleo ritual se distinguirá do Batismo e assumirá um peso autônomo; e em correspondência a isso amadurecerá na Igreja a consciência do valor sacramental desse momento celebrativo. A tomada de consciência do valor da Confirmação como sacramento "autônomo" com relação ao Batismo está, pois, ligada a dois fatores: a separação dos ritos crismais do Batismo, que se determina no Ocidente exigindo que se encontre um significado específico para este momento; o surgimento, com a escolástica, de um momento formalizado de sacramento, que será referido tanto ao Batismo quanto à Confirmação.

A coexistência de duas formas celebrativas

Se esta forma solene representa a modalidade ordinária de celebração do Batismo, ao lado dele existe, de algum modo, uma forma abreviada – o Batismo "clínico" (do grego *kliné*, "leito") –, utilizada quando um candidato está seriamente doente ou, mais ainda, se encontra em perigo de morte: neste caso, um presbítero ou diácono, ou um simples cristão, batiza o doente (obviamente, por infusão) e, eventualmente, dá-lhe a comunhão; se o doente recupera a saúde, o bispo completará o rito mediante os gestos que competem especificamente a ele.[56]

O Batismo das crianças

O fato de, nos primeiros três séculos, a grande parte dos candidatos ao Batismo ser constituída por adultos não significa que a Igreja antiga se desinteressasse das crianças. Embora seja difícil precisar a origem do Batismo dos infantes, a partir do século II tal praxe é documentada explicitamente. Contudo, até o século VI essa praxe não é ordinária sob o perfil da estrutura celebrativa. O Batismo das crianças depende do ritual dos adultos, ainda que com a possibilidade de introduzir as adaptações tornadas necessárias pela condição de um sujeito infante. Também no caso dos infantes, portanto, é normal – e "normativo" – o recurso ao Batismo em sua forma solene, na qual o gesto da água é precedido pela preparação quaresmal e seguido do momento crismal e da Eucaristia, à qual acedem também os neonatos que recebem a comunhão somente sob a espécie de vinho. Contudo, caso sua saúde seja precária, provavelmente eles sejam batizados pouco depois do nascimento.

A necessidade do Batismo

A Igreja dos primórdios afirma vigorosamente a necessidade do Batismo para a salvação. Nesse caso os Padres leem Jo 3,5 ("quem não nascer da água e do Espírito, não pode entrar no Reino de Deus") unindo-o a Jo 6,53 ("se não comerdes a carne do Filho do Homem e

---

[56] É significativo o testemunho de Cornélio (papa de 251 a 253) a propósito do Batismo de Novaciano: "Ele [Novaciano] foi socorrido pelos exorcistas quando ficou doente e, encontrando-se próximo da morte, no mesmo leito em que jazia recebeu o Batismo por infusão, se é mesmo exato dizer que um tal homem o tenha recebido. De outro lado, após ter superado a doença, não recebeu as outras [cerimônias], das quais se deve tomar parte conforme as regras da Igreja, e não recebeu o selo do bispo: não tendo recebido tudo isso, como poderia ter recebido o Espírito Santo?" (S. Cornelii papae epistula ad Fabium ep. Antiochensem. In: EUSEBII CAESARIENSIS. *Historia ecclesiastica* VI, 43,14-15.17, E. Schwartz (org.).: *GCS* 9,620-622).

A TRADIÇÃO PATRÍSTICA

não beberdes o seu sangue, não tereis a vida em vós"). Com efeito, o Batismo necessário para a salvação é aquele que se realiza com a admissão dos neófitos na mesa eucarística. Objetivamente, o Batismo e a Eucaristia coincidem com a salvação, a ponto de o Batismo ser chamado simplesmente *salus*, enquanto a Eucaristia é chamada *vita*.[57] A necessidade do Batismo e da Eucaristia enraíza-se na mesma necessidade da redenção de Cristo, por eles mediada sacramentalmente: consequentemente, quem voluntariamente recusa o Batismo e a Eucaristia condena-se a permanecer no pecado e, portanto, na morte. De outro lado, a necessidade absoluta do Batismo não é concebida sobrepassando as modalidades concretas com as quais a Igreja pratica a iniciação: normalmente, a necessidade do Batismo é precedida do catecumenato e seguida do momento "crismal" e da Eucaristia. Em outros termos: nesta fase a necessidade do Batismo não conduz a dá-lo *quamprimum*. Só excepcionalmente – por exemplo: em caso de perigo de morte – o Batismo pode ser administrado sem o prévio itinerário catecumenal. Nesse caso, a Igreja entende afirmar a necessidade de se tornar seus "fiéis" ao menos no momento da morte, mesmo que isso comporte a renúncia ao catecumenato, o qual, de outra parte, é necessário em vista dos empenhos batismais aos quais se deve ser fiel no decurso da vida. Já com Tertuliano é clara a consciência de que o martírio pode substituir o Batismo de água como caminho para conseguir a salvação.

---

[57] "Por justo título, os cristãos da África não têm outro nome para designar o Batismo senão 'a salvação', nem outro nome para o corpo de Cristo, senão 'a vida'. De onde lhes provêm este uso senão de uma tradição antiga e apostólica, segundo a qual as Igrejas de Cristo acreditam que sem o Batismo e sem a participação na mesa do Senhor nenhum homem pode atingir não somente o Reino de Deus, mas nem mesmo a salvação e a vida eterna?" (AGOSTINO. *De peccatorum meritis et remissione* I, 24,34; *PL* 44,128).

3. Os séculos IV-V

A guinada nas relações entre a Igreja e o Império Romano que caracteriza o século IV teve notáveis repercussões também na praxe da iniciação cristã. Após delinear os traços fundamentais da nova situação socioeclesial (§ 3.1.), reconstruímos a praxe romana da iniciação cristã (§ 3.2.), para, em seguida, concentrarmo-nos em um exemplo de teologia batismal, considerando a reflexão de Agostinho (§ 3.3.). Algumas observações sintéticas concluem a apresentação da iniciação cristã nesses séculos (§ 3.4.).

3.1. A situação socioeclesial a partir do século IV

No decorrer do século IV, a mudança radical da política e da legislação imperial nos confrontos do Cristianismo provoca uma guinada decisiva na vida da Igreja. Em 313, com o Édito de Milão, o imperador Constantino reconhece aos cristãos o direito de professar livremente a própria fé, enquanto, em 392, Teodósio proíbe, em todo o império, o culto, mesmo privado, das divindades pagãs. Desse modo, "o Cristianismo toma o lugar da antiga religião pagã, assumindo a tarefa de garantia da unidade sociopolítica de nações heterogêneas".[58] O favor concedido pelo Imperador à religião cristã conduz o povo a inscrever-se em massa ao catecumenato, elemento suficiente para ser considerado "cristão" e usufruir das vantagens que os imperadores, sempre mais largamente, concediam à Igreja. De outro lado, porém, paradoxalmente, prevalece a tendência a retardar o mais possível a recepção do Batismo: as mesmas famílias que já eram cristãs apresentam as suas crianças para a inscrição ao catecumenato, mas depois adiam indefinidamente o Batismo, até que o filho, já adulto, decidirá, por sua vez, se recebe

---

[58] CAPRIOLI, Ascolto della tradizione, p. 130.

A TRADIÇÃO PATRÍSTICA

o Batismo ou espera ainda. Esse temor do Batismo depende sobretudo das severas exigências éticas que ele comporta. Caso tais exigências sejam contraditas após o banho batismal, incorre-se nos rigores da penitência pública, sem "tábua de salvação" (ao menos no Ocidente). Portanto, o Batismo conserva o seu significado de conversão radical e de introdução na vida cristã propriamente dita: uma condição à qual muitos catecúmenos não se sentem aceder.

Essa complexa situação determina a descaracterização do instituto catecumenal, geralmente reduzido a uma espécie de "área de estacionamento" para cristãos não convertidos. Partindo dessa situação, os bispos fazem insistente apelo para que não adiem o Batismo e agem para renovar a estrutura catecumenal herdada dos séculos precedentes. Se, com efeito, não se consegue impedir a inscrição em massa ao catecumenato, há, contudo, a exigência de distinguir os "catecúmenos vitalícios" daqueles que, ao invés, querem receber o Batismo e aderir à fé cristã. Para esses, é valorizado e estruturado em modo mais preciso o período de preparação imediata ao Batismo, que já se tinha difundido na Igreja e que, a partir do final do século IV, comporta uma terminologia específica para indicar quantos dele fazem parte: em Roma, fala-se de *electi*; em outros lugares: no Ocidente, de *competentes* (*cum petentes*, "aqueles que juntos pedem o Batismo"); e no Oriente, de *méllontesphotízesthai* ou *photizómenoi* ("iluminandos"). Uma vez que, a partir do século IV, a data ordinariamente fixada para o Batismo é a Páscoa, torna-se quase natural que a inscrição ao Batismo e o início da preparação imediata coincidam com o início da Quaresma, cuja existência como tempo de jejum e de penitência é claramente documentada a partir do Concílio de Niceia (325).[59] A Quaresma se torna, assim, um período de

---

[59] "A Quaresma, contudo, não nasce originariamente como tempo de preparação ao Batismo, e sim como tempo de jejum da inteira comunidade à imitação de Cristo no deserto e tempo de revitali-

preparação intensiva, uma espécie de grande retiro espiritual, no qual entram aqueles que receberão o Batismo na Páscoa e em Pentecostes.

3.2. A estrutura da Quaresma e a celebração dos sacramentos

Reconstruamos a praxe romana dos séculos IV e V, compondo junto a carta do diácono João a Senário (cerca de 492)[60] com os textos eucológicos e as indicações rubricais do *Sacramentário gelasiano*.[61] Com relação à época considerada, estamos diante de dois testemunhos tardios, já voltados para a situação do período sucessivo; contudo, "o ritual gelasiano do Batismo está em continuidade direta com os usos batismais da idade de ouro [os séculos IV-V] e deve, *a priori*, permitir uma visão retrospectiva desse período anterior".[62] A praxe documentada por esses textos não possui o caráter de universalidade, mas é suficientemente representativa da estrutura de iniciação desse período.

---

zação da comunidade na penitência [...]. O caráter batismal da Quaresma soa, portanto, como uma adaptação e alargamento da perspectiva originária" (CAPRIOLI, Ascolto della tradizione, p. 133). Neste período a Quaresma assume também o valor de preparação dos penitentes à reconciliação que acontece na Quinta-feira Santa em Roma.

[60] É possível que o autor seja o diácono romano João, que se tornará papa com o nome de João I (523-526). Ele responde, ponto por ponto, às perguntas de Senário, funcionário de Ravena, interessado em diversos aspectos da liturgia da iniciação. O texto latino da carta se encontra em *PL* 59,399-408; há uma tradução italiana parcial em E. LODI, *Liturgia della Chiesa. Guida allo studio della liturgia, nelle sue fonti antiche e recenti* (Bologna: EDB, 1981. p. 676-677, 680, 697-698, 706-708, 725.

[61] MOHLBERG, L. C. (ed.). *Liber sacramentorum romanae aeclesiae ordinis anni circuli (Sacramentarium gelasianum)*. 3. ed. Roma: Herder, 1981 (= *Gelasianum vetus*, sigla *GeV*). (Rerum ecclesiasticarum documenta – Series maior, Fontes 4.) A data de composição deve ser colocada entre 555 e 590. À iniciação cristã são dedicadas as sessões XXVI-XXXVI (*GeV* 193-328) e XLII-XLV (*GeV* 419-462). Alguns dados que emergem do *Gelasiano* espelham claramente a praxe do século VI: os diversos ritos se desenvolvem sob a presidência de um presbítero (salvo por aquilo que concerne à *consignatio* pós-batismal, por obra do bispo); com efeito, os destinatários são chamados, indiferentemente, *catechumeni* ou *electi*; a vigília pascal começa o Sábado Santo por volta das 14h30 (*octava hora diei mediante, GeV* 425) e se conclui bem antes da meia-noite.

[62] SAXER, *Les rites d'initiation chrétienne*, p. 598.

A TRADIÇÃO PATRÍSTICA

Embora permaneça ainda um rito de iniciação ao catecumenato,[63] o pequeno relevo desse tempo com vista à preparação ao Batismo permite dar grande importância à decisão de entrar no tempo de preparação efetiva ao Batismo. Portanto, no primeiro domingo da Quaresma é celebrado um solene *rito de admissão* ao tempo da "eleição": após um prévio exame da conduta moral do candidato, acontece a inscrição do nome, é feita a primeira catequese relativa aos *rudimenta fidei*,[64] desenvolvem-se os ritos da *exsufflatio*,[65] acompanhada de uma fórmula de exorcismo (*GeV* 285), da imposição do sinal da cruz (*GeV* 286) e da imposição do sal.[66] Ao final, os catecúmenos são despedidos com uma fórmula de bênção *post sal dandum* (*GeV* 290). Com o rito de admissão, aqueles que, já há algum tempo, ao menos de nome, eram chamados de *catechumeni* entram no grupo dos *electi* ou *competentes*.

A rigor, a carta a Senário não faz referência ao rito de inscrição do nome, cuja presença é claramente atestada em Roma nos últimos dois decênios do

---

[63] Agostinho é o único que nos dá alguma informação no *De catechetizandis rudibus:* à verificação das motivações do candidato e à apresentação dos *rudimenta fidei* segue um rito muito simples, que prevê um sinal da cruz na fronte, uma imposição da mão, uma insuflação sobre a face e um grão de sal nos lábios, enquanto se diz uma prece de exorcismo; ao candidato é entregue um "pão de exorcismo" (SAXER, *Les rites d'initiation chrétienne*, p. 382-383).

[64] Para ter uma ideia de como era estruturada a catequese sobre os *rudimenta fidei*, é interessante a leitura do *De catechizandis rudibus*, uma pequena obra com a qual Agostinho instrui os candidatos sobre os conteúdos a serem transmitidos aos *rudes*, isto é, às pessoas que estão completamente em jejum sobra a doutrina cristã (*La catechesi dei principianti*. Roma: Ed. Paoline, 1984. [Letture cristiane delle origini – Testi 16.]) [Ed. bras.: AGOSTINHO. *A instrução dos catecúmenos*. Petrópolis: Vozes, 1984. (Fontes da catequese, 7.)]

[65] Escreve João a Senário: "O catecúmeno [*exsufflatus*] é exorcizado para que, colocado o demônio em fuga, seja preparado o ingresso do Senhor nosso Jesus Cristo e, retirado do poder das trevas, seja transferido no reino da glória da caridade de Deus, de tal modo que aquele que até pouco tempo atrás era vaso de Satanás (*vas Satanae*) torne-se agora morada do Salvador [*domicilium Salvatoris*]" (*PL*, 59,402).

[66] Ainda o escrito de João a Senário: "O catecúmeno recebe o sal abençoado, com o qual é assinalado, por que, assim como qualquer carne é conservada temperada com o sal, assim a mente seja preservada pelo sal da sabedoria e da pregação da Palavra de Deus" (*PL*, 59,402). A curiosa expressão segundo a qual "o catecúmeno recebe o sal abençoado, com o qual é assinalado", resulta, presumivelmente, da fusão de dois ritos originariamente distintos, que Agostinho coloca no início do catecumenato: a imposição do sal e o sinal da cruz sobre a fronte. Em efeito, a carta a Senário não menciona o sinal da cruz.

século IV.⁶⁷ Além disso, levando em consideração o que escreve Agostinho, ritos como o sinal da cruz sobre a fronte, a insuflação e a entrega do sal se encontrariam no rito de admissão ao catecumenato. Contudo, porque nem o diácono João nem o *Sacramentário gelasiano* distinguem claramente entre catecumenato e preparação quaresmal e porque, nesse período, o catecumenato como tirocínio estendido no tempo não existe mais, pode-se supor que os ritos dos quais se fala acima fossem colocados no início do período quaresmal.⁶⁸

No caso da Quaresma, durante a semana os *electi* reúnem-se para uma catequese pré-batismal especial.⁶⁹

Entre os exemplos que chegaram até nós, recordamos as dezoito catequeses (precedidas de uma *pré-catequese*) de Cirilo de Jerusalém, pregadas no decurso da Quaresma de 348;⁷⁰ as onze de Teodoro de Mopsuéstia († 428);⁷¹ as seis de João Crisóstomo († 407)⁷² e as de Niceta de Ramesiana († 414).⁷³

Por sua vez, os *scrutinia* acontecem no domingo: embora a documentação que possuímos não permita reconstruir o seu exato desenvolvimento, o conteúdo central desses ritos parece ser constituído por exorcismos; portanto, no primeiro plano não está tanto a verificação do

---

[67] Cf., a propósito, a carta do Papa Siríaco (384-398) a Imério de Tarragona, de 11 de fevereiro de 385 (SAXER, *Les rites d'initiation chrétienne*, p. 574-576); um aceno encontra-se também em *GeV* 284.

[68] Esta hipótese, embora com cautela, é introduzida por SAXER, *Les rites d'initiation chrétienne*, p. 611.

[69] Para uma aproximação a esses textos, cf.: DANIÉLOU, J.; DU CHARLAT, R. *La catechesi nei primi secoli*. Leumann (TO): LDC, 1982.

[70] CIRILLO E GIOVANNI DI GERUSALEMME. *Catechesi prebattesimali e mistagogiche*. Milano: Ed. Paoline, 1994. (Letture cristiane del primo millennio 18.). As p. 145-578 trazem a tradução das catequeses pré-batismais, enquanto as p. 579-622 contêm a tradução das mistagógicas, que os responsáveis pela obra atribuem a João, sucessor de Cirilo. [Trad. bras.: CIRILO DE JERUSALÉM. *Catequeses mistagógicas*. Introdução e notas por Fernando Figueiredo. Petrópolis: Vozes, 1977. *Catequeses pré-batismais*. Petrópolis: Vozes, 1978. (Fontes da catequese, 14.)]

[71] TEODORO DI MOPSUESTIA. *Le omelie battesimali e mistagogiche*. Messina/Torino: Coop. S. Tommaso/LDC, 2008. (Convegni-Ricerche-Atti 16.)

[72] GIOVANNI CRISOSTOMO. *Le catechesi battesimali*. Roma: Città Nuova, 1982. (Collana di testi patristici 31.)

[73] NICETA DI RAMESIANA. *Catechesi preparatorie al battesimo*. Roma: Città Nuova, 1985. (Collana di testi patristici 53.)

nível de amadurecimento do candidato[74] quanto, antes, a ação de graça divina que "perscruta" o coração, afastando a presença de Satanás. O primeiro escrutínio (terceiro domingo da Quaresma) prevê uma série de *esorcismi super electos* (*GeV* 291-298) e a escuta/explicação da Palavra, centrada em Jo 4 (a samaritana).[75] O segundo escrutínio (quarto domingo da Quaresma) renova a prece de exorcismo, colocando no centro da catequese bíblica a passagem de Jo 9 (o cego de nascença) com a terminologia Batismo como iluminação. O terceiro escrutínio (quinto domingo da Quaresma), junto com as preces de exorcismo e a escuta/explicação de Jo 11 (Lázaro) prevê a *traditio symboli* (*GeV* 310-318), a *traditio dominicae orationis* (*GeV* 319-328) e, a partir da metade do século VI, a *traditio evangeliorum* (*GeV* 299-309).

> A *traditio symboli* consiste na "entrega" do texto do símbolo da fé aos candidatos, que o "restituem" com a *redditio*, isto é, recitam-no após tê-lo decorado. Tanto a "entrega" como a "restituição" são feitas em voz alta, sem texto escrito, também para evitar que ele caia nas mãos de um não batizado. O mesmo procedimento é seguido para a oração do Senhor. A *traditio evangeliorum* prevê, ao invés, a proclamação dos versículos iniciais de cada Evangelho, seguida da explicação da figura simbólica associada a cada um deles.[76]

A celebração que acontece no Sábado Santo pela manhã, enquanto é ocasião de uma última catequese,[77] compreende diversos gestos

---

[74] Contudo, este aspecto não está de todo ausente, como testemunha a interpretação dos escrutínios fornecida por João a Senário: "Perscruta-se os corações com a fé para perceber se os candidatos, após a renúncia ao demônio, têm as palavras divinas bem fixadas no espírito, se reconhecem a graça futura do Redentor, se confessam a sua fé em Deus Pai Onipotente" (*PL*, 59,402).

[75] Para reconstruir o programa de leituras dos domingos da Quaresma, cf.: CHAVASSE, A. La structure du carême et les lectures des messe quadragésimales dans la liturgie romaine. *La Maison-Dieu* 31 (1952) 76-119. CLAIRE, J. Le rituel quadragésimal des catéchumènes à Milan. In: DE CLERCK, P.; PALAZZO, E. (edd.). *Rituels. Mélanges offerts à Pierre-Marie Gy, o. p.* Paris: Cerf, 1990. p. 131-151.

[76] A forma como *GeV* apresenta a *traditio evangeliorum* revela uma acentuada ritualização daquela que deveria ser, desde o início, uma verdadeira e própria catequese.

[77] A rubrica que introduz a fórmula do exorcismo diz: "Prius catacizas eos [...] his verbis" (*GeV* 419). Se, pois, no *Gelasiano*, a catequese é praticamente substituída pelo exorcismo, o uso do verbo "ca-

rituais: um exorcismo, acompanhado pela imposição das mãos *super caputa* (*GeV* 419); o rito do *effeta*, também esse com valor exorcístico ("tangens naures et aures de sputo", *GeV* 420);[78] a *redditio symboli* (*GeV* 422), cujo desenvolvimento é difícil de ser reconstruído. Em Roma, é dado grande relevo a esse rito.[79] O *Sacramentário gelasiano* coloca também no sábado, pela manhã, a *renunciatio*, acompanhada de uma unção no peito e no dorso (*GeV* 421); a carta a Senário, ao contrário, em continuidade com a *Traditio apostolica*, deixa supor que a renúncia a Satanás, pela deposição dos sapatos e das vestes, forme uma unidade ritual com a imersão batismal: ela deveria ser colocada no quadro da vigília pascal. Essa é a hipótese que melhor espelha a prática romana dos séculos IV e V.[80]

Para reconstruir o desenvolvimento da celebração batismal que acontece em Roma no decurso da vigília pascal (ou de Pentecostes), continuamos a fazer referência ao testemunho do diácono João e do *Sacramentário gelasiano* (*GeV* 431-462).

A praxe ritual das outras Igrejas é documentada pelas diversas catequeses "mistagógicas" pelas quais os Padres ilustram aos neófitos o sentido do mistério cristão dos quais eles participaram graças aos "mistérios" celebrados.[81] As cinco catequeses de Cirilo (ou João) de Jerusalém estão disponíveis em tradu-

---

tequizar" deixa pensar que, em épocas precedentes (talvez ainda nos séculos IV-V), houvesse, nesse momento uma verdadeira e própria catequese.

[78] Ambrósio, em Milão, atesta o mesmo gesto, acompanhado da mesma fórmula, realizado, contudo utilizando-se óleo no lugar da saliva.

[79] É isto que se deduz dos testemunhos de Agostinho e de Rufino de Aquileia. Cf. SAXER, *Les rites de l'initiation chrétienne*, p. 568-569. Uma referência à *redditio orationis dominicae* poderia ser vista no convite do arquidiácono: "Orate, electi, flectite genua. Complete orationem vestra in unum et dicite Amen" (*GeV* 422).

[80] SAXER, *Les rites de l'initiation chrétienne*, p. 615.

[81] Para uma aproximação do método mistagógico, cf.: MAZZA, E. *La mistagogia una teologia della liturgia in epoca patrística*. Roma: CLV-Edizioni Liturgiche, 1988. (Biblioteca Ephemerides Liturgicae – Subsidia 46.)

A TRADIÇÃO PATRÍSTICA

ção moderna,[82] as cinco catequeses mistagógicas de Teodoro de Mopsuéstia[83] e as obras mistagógicas de Ambrósio, o *De sacramentis* e o *De mysteriis*.[84]

Estando no *Gelasiano*, a vigília pascal prevê uma longa catequese veterotestamentária, articulada em dez leituras, seguidas de outras tantas orações; no final do Sl 41, com a temática do "ir à água", introduz a procissão dos ministros e dos batizandos à fonte do Batismo (*GeV* 431-443).

A situação descrita data de meados do século VI. Quanto aos séculos IV e V, pode-se pensar que, para os neófitos, os ritos batismais e pós-batismais tomem o lugar das leituras, dos cantos e da pregação, dos quais os fiéis participam. Tal praxe – que retoma o que foi falado da *Traditio apostolica* – é documentada nos séculos IV-V por Cirilo de Jerusalém, João Crisóstomo, Teodoro de Mopsuéstia, Ambrósio e Agostinho.

Junto às fontes o bispo proclama a solene *benedictio fontis* (*GeV* 444-448), nas quais se distinguem uma sessão anamnética, que relembra o que Deus operou pelo sinal da água, e uma sessão epiclética, que invoca a intervenção santificadora de Deus:

---

[82] CIRILLO E GIOVANNI DI GERUSALEMME. *Le catechesi ai misteri*. Roma: Città Nuova, 1977. (Collana di testi patristici 8.) Id., *Catechesi prebattesimali e mistagogiche*. [Trad. bras.: CIRILO DE JERUSALÉM. *Catequeses mistagógicas*. Introdução e notas por Fernando Figueiredo. Petrópolis: Vozes, 1977. *Catequeses pré-batismais*. Petrópolis: Vozes, 1978. (Fontes da catequese, 14.)]

[83] TEODORO DI MOPSUESTIA. *Le omelie battesimali e mistagogiche*.

[84] S.AMBROGIO. *Opere dogmatiche III. Spiegazione del Credo. I Sacramenti. I Misteri. La penitenza*. Roma/Milano: Città Nuova/Biblioteca Ambrosiana, 1982. (SAEMO 17.) [Ed. bras.: AMBRÓSIO DE MILÃO. *Os sacramentos e os mistérios*. Introdução, tradução e notas por D. Paulo Evaristo Arns. Comentários por Geraldo Majella Agnelo. Petrópolis: Vozes, 1981. (Fontes da catequese, 5.)] A documentação relativa à Igreja de Milão no tempo de Ambrósio encontra-se em SCHMITZ, J. *Gottesdienst im altchristlichen Mailand. Eine liturgiewissenschaftliche Untersuchung über Initiation und Messfeier während des Jahres zur Zeit Bischofs Ambrosius († 397)*. Köln-Bonn: Hastein, 1975. (Theophaneia 25.) CAPRIOLI, A. *Battesimo e confermazione. Studio storico sulla catechesi e liturgia di s. Ambrogio*. Venegono Inferiore: Seminario Arciv. di Milano, 1977. MAGNOLI, C. Un nuovo rituale di iniziazione cristiana ambrosiano? Cenni storici e ipotesi di lavoro. *Ambrosius* 72 (1996) 500-525.

Sessão anamnética

I. Ó Deus que, por meio dos sinais sacramentais, operas com invisível poder as maravilhas da salvação e, embora sejamos indignos de celebrar tão grandes mistérios, contudo não nos deixas sem os dons da tua graça, volta a atenção da tua misericórdia para as nossas preces.

II. Ó Deus, cujo Espírito, desde a origem do mundo, pairava sobre as águas (Gn 1,1-2) a fim de que contivessem em germe a força de santificar (*virtutem sanctificationis*); ó Deus, que mesmo na inundação do dilúvio (Gn 6-9), lavando com as águas os delitos de um mundo culpável, prefiguraste a regeneração, de modo que nos mistérios deste mesmo elemento acontecesse o fim do pecado e a ação da virtude.

Sessão epiclética

III. Olha, Senhor, a tua Igreja, e multiplica nela a geração dos teus filhos, tu que, com o impetuoso rio da tua graça, alegras a tua cidade (Sl 46,5) e abres as fontes do Batismo pela terra inteira para renovar as nações, a fim de que, sob a ordem da tua majestade, ela receba a graça do teu Unigênito pelo Espírito Santo (*unigeniti tui gratiam de Spiritu Sancto*). Este, com a misteriosa união da sua divindade, fecunda esta água preparada pelos homens, para que, recebida a santificação (*sanctificatione concepta*) do seio puríssimo desta fonte divina, a progênie celeste [o Filho] transplante na criatura renascida; e todos, embora distintos por sexo e idade, nasçam pela graça na mesma infância.

O Espírito é invocado para que, graças à sua ação, a fonte batismal torne-se um seio fecundo no qual o homem seja regenerado e nele transpareça o Filho de Deus ("a progênie celeste"). A oração continua pedindo que o Senhor afaste da água o multiforme influxo de Satanás.

IV. Por tua ordem, ó Senhor, daqui se afaste todo espírito imundo e se mantenha afastada toda maldade e qualquer artifício diabólico. Não esteja presente nenhum poder do inimigo, não gire ao redor com insídias, não se insinue escondidamente, não a corrompa nem a contamine. Que esta [água] seja uma criatura santa e inocente, liberta de todo assalto do inimigo e purificada para afugentar toda maldade. Seja uma fonte viva, uma água que regenera, uma onda que purifica, de tal modo que aqueles que forem lavados neste banho salutar (*lavacro salutifero*), pela ação eficaz do Espírito neles, consigam a graça de uma perfeita purificação.

Os parágrafos que seguem relembram diversos temas bíblicos, lidos como prefiguração do Batismo; os tesouros da mais antiga tipologia bíblica são conservados em uma oração que, por certos aspectos, liga-se ao *De baptismo* de Tertuliano.

V. Por isso te bendigo, ó água, pelo Deus vivo, pelo Deus verdadeiro, pelo Deus santo. Por aquele Deus que, no princípio, com uma palavra, separou-te da terra (cf. Gn 1,9-10) e cujo Espírito pairava sobre ti (Gn 1,2); [aquele Deus] que te fez brotar da fonte do Paraíso e te ordenou irrigar toda a terra com quatro rios (Gn 2,10-14); [aquele Deus] de amarga como eras no deserto, te fez potável com a sua doçura e para dessedentar o povo te fez brotar da rocha (Nm 20,8). Bendigo-te também por Jesus Cristo, seu único Filho e Nosso Senhor, que em Caná da Galileia, com um maravilhoso milagre do seu poder, mudou-te em vinho (Jo 2,1-11), caminhou sobre ti (Jo 6,16-21) e foi batizado por João no Jordão (Mt 3,13-17). Ele te fez sair do seu costado juntamente com o sangue (Jo 19,34) e ordenou aos seus discípulos fazer batizar todas as nações, dizendo: "Ide, ensinai todos os povos, batizando-os em nome do Pai, do Filho e do Espírito Santo" (Mt 28,19-20).

VI. Enquanto realizamos estes teus preceitos, tu, ó Deus onipotente, assistes propício e sopras benigno. Tu mesmo, com a tua boca, abençoa estas águas puras, para que, além da natural força de purificar, que pode servir para lavar os corpos, recebam também a de purificar as almas.

A conclusão retoma o tema da regeneração: graças ao poder do Espírito, a água batismal purifica a natureza humana, deturpada pelo pecado, restabelecendo-a na sua dignidade original de realidade criada à imagem de Deus; e o homem que é imerso naquela água "renasce na verdadeira inocência para uma nova infância":

> VII. Desça sobre toda esta água da fonte o poder do teu Espírito (*virtus Spiritus tui*) e dê a toda essa massa de água a fecunda eficácia de regenerar. Aqui se cancelem as manchas de todo pecado; aqui, a natureza, criada à tua imagem e restabelecida na sua dignidade originária, se purifique de todos os vícios antigos, para que toda criatura que ingresse neste sacramento de regeneração, renasça para a nova infância da verdadeira inocência (*in vera innocentia nova infantia renascatur*). Por nosso Senhor Jesus Cristo, que deve vir a julgar os vivos e os mortos e o mundo com o fogo.

O rito propriamente batismal segue-se à bênção da água. Ele compreende a tríplice interrogação e a tríplice imersão, em plena continuidade com quanto documentado pela *Traditio apostolica*. Quando o candidato sai da fonte, o presbítero "assinala-o sobre a nuca (ou sobre o crânio) com o crisma (*signatur a praesbitero in cerebro de chrismate*)", acompanhando o gesto com a fórmula declarativa: "Deus onipotente, Pai do Senhor nosso Jesus Cristo, que te regenerou pela água e pelo Espírito Santo e que te concedeu a remissão de todos os pecados, ele mesmo te unja com o crisma de salvação em Jesus Cristo, nosso Senhor, para a vida eterna" (*GeV* 450).

Logo depois o *Gelasiano* assinala a intervenção direta do bispo: "Ab episcopo datur eis Spiritus septiformis. Ad consignandum imponit eis manum in his verbis". Portanto, o rito prevê a imposição da mão coletiva sobre os neófitos, acompanhada de uma oração epiclética em forma deprecativa, que faz explícita referência à infusão do Espírito Santo e dos seus sete dons:

> Deus onipotente, pai do Senhor nosso Jesus Cristo, que regeneraste os teus servos pela água e pelo Espírito Santo e que lhes deste a remissão de todos os pecados: tu, Senhor, infunde neles o teu Espírito Santo paráclito, dá-lhes teu espírito de sabedoria e de inteligência, um espírito de conselho e de fortaleza, um espírito de ciência e de piedade e enche-os do espírito do temor de Deus. Em nome do Senhor nosso Jesus Cristo, com o qual vives e reinas eternamente com o Espírito Santo, por todos os séculos dos séculos. Amém (*GeV* 451).

Estando na rubrica que introduz a imposição da mão, o bispo executa este gesto *ad consignandum*. Com muita certeza o verbo *consignare* refere-se não somente à imposição da mão e à prece epiclética, mas também aos ritos que imediatamente o seguem: a crismação e o beijo da paz.[85] Sem alguma interrupção, com efeito, após ter imposto a mão, o bispo "signat in fronte de chrismate" cada neófito, dizendo: "Signum Christi in vitam aeternam"; neste gesto, evidentemente, a unção crismal sobre a fronte é difundida com a *signatio*. A saudação da paz conclui esta fase ritual (*GeV* 452).

O término da iniciação é constituído pela *liturgia eucarística* ("inde cum laetania ascendit ad sedem suam et dicit 'gloria in excelsis Deo'", *GeV* 452); os recém-batizados dela participam pela primeira vez,

---

[85] "It is possible, too, that *Gelasianum vetus' ad consignandum* is meant to be a comprehensive phrase that includes *all* four parts of the concluding 'ritual unit' [...]: episcopal handlaying, pneumatic prayer, chrismation *in fronte* and kiss of peace" (MITCHELL, N. D. Confirmation in the Second Millennium: A Sacrament in Search of a Meaning. In: *La Cresima*. Atti del VII Congresso internazionale di liturgia, Roma, Pontificio istituto liturgico, 6-8 maggio 2004, a cura di E. Carr. Roma: Pontificio ateneo S. Anselmo, 2007. p. 133-175 – aqui p. 144, nota 39). [Analecta liturgica 144.]

comungando do corpo e do sangue de Cristo. Ao lado desta longa e estendida iniciação cristã realizada durante o tempo quaresmal e pascal, existe outra, por assim dizer abreviada, utilizável durante todo o ano, e particularmente utilizada em caso de necessidade ou período de morte. O que foi descrito permanece, como se queira, o itinerário "típico" para aceder à vida cristã, pensado para os adultos e adaptado também às crianças.

3.3. Um exemplo de teologia batismal ocidental: Agostinho de Hipona

Ao considerar a reflexão sobre o Batismo de Agostinho, vamos nos concentrar sobre algumas temáticas fundamentais, a propósito das quais as posições do bispo de Hipona exercitarão um forte influxo sobre os desenvolvimentos necessários da teologia batismal no Ocidente: o tema do valor do Batismo dos hereges (§ 3.3.1.) e as questões ligadas ao Batismo das crianças, na sua relação com a fé (§ 3.3.2.) e com a doutrina do pecado original (§ 3.3.3.).[86]

3.3.1. O valor do Batismo dos hereges

A questão do Batismo dos hereges – não resolvida após a controvérsia do século III – é reproposta no século IV com a disputa entre Agostinho e os donatistas.[87]

O movimento donatista nasce após a perseguição de Diocleciano (303-305), no decurso da qual alguns cristãos tinham entregado os livros sagrados à au-

---

[86] Para um enquadramento do tema batismal de Agostinho, cf.: GROSSI, V. *La catechesi battesimali agli inizi del V secolo. Le fonti agostiniane*. Roma: Istituto patristico Augustinianum, 1993. (Studia Ephemeridis "Augustinianum" 39.)

[87] Cf., sobretudo: Trattato sul battesimo. De baptismo contra donatistas. In: *Opere di s. Agostino*. Roma: Città Nuova, 1998. XV/1, p. 243-607 (data de composição: 400-401). E L'unicità del battesimo contro Petiliano [De unico baptismo contra Petilianum]. In: *Opera di s. Agostino*. Roma: Città Nuova, 2002. XVI/1, 445-511 (data da composição: 410-411).

toridade civil e, por isso, foram qualificados como *traditores*. Nesse contexto tinha-se espalhado a opinião segundo a qual os bispos *traditores* tinham perdido todo poder espiritual, entre os quais o de ordenar outros bispos ou novos presbíteros. Em Cartago, suspeitou-se que o bispo Ceciliano tivesse sido ordenado (pelo ano de 311) por um desses bispos *traditores*; oitenta bispos da Numídia declararam inválida a sua ordenação. Depuseram-no, ordenando em seu lugar certo Maggiorino, ao qual sucedeu Donato, que deu nome ao cisma.

Apelando, entre outros, à autoridade de Cipriano,[88] os donatistas fazem depender a validez dos sacramentos administrados (em pauta estão, sobretudo, o Batismo e a Ordem) da condição do ministro, isto é, da sua comunhão com a Igreja, que é destruída no caso de um ministro herético ou cismático. Consequentemente, os sacramentos celebrados por ministros heréticos ou cismáticos não têm nenhum valor. Destarte, quando um católico passa para as fileiras donatistas, é (re)batizado. Agostinho, ao invés, dá valor ao Batismo celebrado pelos donatistas, baseando-se, sobretudo, em uma motivação cristológica. É o mesmo Cristo que age nos sacramentos através da ação do ministro humano. Nessa perspectiva, "o Batismo não depende nem dos méritos de quem o administra nem dos méritos daqueles que o recebem, e sim da santidade e da verdade daquele que o instituiu"[89] e que, por meio dele, continua a agir: "Por isso Pedro batiza, é Cristo que batiza; batiza Paulo, é Cristo que batiza, e batiza também Judas, é Cristo que batiza".[90] Portanto, a Igreja Católica não batiza de novo quem já foi batizado na heresia ou no cisma, mas reconhece como seu esse Batismo, fazendo tornar fonte

---

[88] Por seu lado, Agostinho, no *Trattato sul battesimo*, relê a teologia de Cipriano a fim de subtraí-la da interpretação donatista, que – conforme falava – constituía uma violência e um endurecimento do pensamento do bispo de Cartago. A respeito das visões eclesiológicas de Agostinho e de Cipriano, que revelam, de algum modo, sensibilidades diversas, cf.: DE MARIA, A. La chiesa nella teologia africana tra III e IV secolo, 2: Agostino e Cipriano: due ecclesiologia a confronto. *Laós* 9(1) (2002) 34-44.

[89] AGOSTINO. *Contro Cresconio grammatico donatista* 4,16-19. In: *Opere di s. Agostino*, XVI/1, 7-454.

[90] AGOSTINO. Commentario al Vangelo di Giovanni 6,7. In: *Opere di s. Agostino*. Roma: Città Nuova, 1968. XXIV, 1-1625.

de salvação o que era ocasião de condenação, enquanto o batizado permanecia entre os cismáticos e hereges. Agostinho, com efeito, distingue entre o modo de ter o sacramento e tê-lo em modo "útil", "salutar": o herege tem o sacramento, mas não o tem em modo "útil", porque não tem a caridade, que é concedida pelo Espírito Santo a quem recebe o sinal sacramental no interior da verdadeira Igreja; é certo não pode ter a caridade quem lacera a unidade de Igreja Católica, fora da qual o batizado não somente é inútil, mas até mesmo se torna ocasião de condenação para quem o recebe.[91]

Nesse contexto, Agostinho introduz a imagem do "caráter", que, na sua forma de argumentar, funciona como uma metáfora e não ainda como um conceito teológico. A metáfora é retirada da linguagem militar, onde o termo "caráter" indicava a marca que era impressa nos soldados no momento de seu ingresso e que os assinalava de forma indelével, tornando facilmente reconhecível um eventual desertor. De forma análoga ao "caráter" impresso na carne do militar, o Batismo também é indelével, não podendo ser cancelado e, portanto, não pode ser repetido nem mesmo quando recebido na heresia.[92] Quanto foi afirmado, configura uma situação eclesiológica, em certo sentido, paradoxal: a Igreja

---

[91] "Tu dizes: eu tenho o Batismo. Certo, tu o tens, mas o Batismo sem a caridade não te serve para nada, pois sem a caridade tu não és nada. Não que aquele Batismo seja nada, mesmo naquele que é nada; aquele Batismo é algo, antes algo de grande [...]. Mas não creia que este algo de grande te possa ser útil se tu não estás na unidade [...]. Vem, pois, à pomba [a Igreja Católica] [...], não para que comeces a ter o que não tinhas, mas para que aquilo que tinhas comece a ser útil. Com efeito, fora da Igreja tinhas o Batismo para a tua perdição; no seio da Igreja, começa a servir para a tua salvação" (AGOSTINO. *Commentario al Vangelo di Giovanni* 6,14).

[92] "Está bem, tu tens o Batismo, mas considera aquilo que tens: ele será para ti princípio de condenação. Por quê? [...] Supõe que sejas um soldado: se trazes o selo [*characterem*] do teu imperador e estás unido a ele, tu combates sem temor; se trazes, ao invés, o selo [*characterem*] do imperador, mas na verdade estás separado dele, não somente aquele selo de nada te servirá, mas, ao contrário, serás punido como desertor... Tu és culpável, não por teres recebido o Batismo, e sim por tê-lo recebido fora da Igreja. Mantém, pois, aquilo que recebeste, corrige o erro de havê-lo recebido fora da Igreja [...]. Mantém, pois, aquilo que recebeste, ele não é mudado, é somente reconhecido; é o selo (*character*) do meu rei; não serei sacrílego mantendo-o; corrijo o desertor, não altero o selo (*characterem*)" (AGOSTINO. *Commentario al Vangelo di Giovanni* 6,15-16).

A TRADIÇÃO PATRÍSTICA

Católica é dividida pelos hereges quanto ao "vínculo da caridade e da paz, mas é unida no único Batismo". Falta uma completa comunhão eclesial, mas existe uma comunhão no Batismo, pelo qual a divisão entre católicos e donatistas não é total. "Queiramos ou não, eles são nossos irmãos";[93] com efeito, "os liames de uma santa fraternidade não podem ser rompidos completamente entre nós".[94] Em coerência com essa perspectiva, Agostinho considera a reintegração dos hereges e dos cismáticos: "Quando vêm até nós os do partido de Donato [...], abraçamos irmãos [...], reconhecemos neles os bens de Deus, o santo Batismo, a bênção da ordenação, a profissão da continência, o voto da virgindade, a fé na Trindade".[95]

Esses "bens de Deus" continuam a pertencer à verdadeira Igreja Católica, mesmo quando se encontram nas comunidades dissidentes; em particular, os sacramentos, mesmo quando celebrados fora da Igreja Católica, são sempre os sacramentos da única Igreja, contanto que o modo como são celebrados e entendidos não sofram transformações substanciais.

3.3.2. Questões ligadas ao Batismo das crianças

Ao período das controvérsias donatistas e às perspectivas emersas naquele contexto liga-se a carta 98 a Bonifácio, bispo de Cataquas (408), na qual Agostinho responde a algumas questões que o seu interlocutor lhe coloca sobre o Batismo das crianças.[96] O diálogo parte de um tema muito concreto: diante de alguns cristãos que buscam obter a

---

[93] AGOSTINO. *En. in Ps. 32,29*.

[94] Id. *Optatus* 4,2: *CSEL* 26,104.

[95] Id. *Lettera* 61 2. É bem diversa a carta de um bispo, colega de Cipriano, que afirmava: "Os hereges não têm nada de cristão, por isso vêm a nós para receber aquilo que não têm" (*Sententia episcopalis* 76: *CSEL* 3/1,458).

[96] AGOSTINO. Lettera 98. In: *Opere di s. Agostino*. Roma: Città Nuova, 1969. XXI, 915-929. Sobre este tema, cf.: VILLETTE, *Foi et sacrement*, I, 302-312.

cura dos seus filhos batizados com sacrifícios oferecidos aos demônios, Bonifácio interroga se tal gesto sacrílego pode trazer dano à criança.

> Tu me perguntas "se os pais acarretam dano aos seus filhos batizados quando procuram a cura com sacrifícios oferecidos aos demônios. E, se não fazem mal, de que forma pode ajudar-lhes, no ato de ser batizados, a fé de seus pais, dos quais não pode prejudicar-lhes a perfídia?".[97]

Agostinho responde que a eficácia do Batismo é tal que quem o recebe não se torna responsável pelas culpas dos demais, quando não as consinta voluntariamente. Consequentemente, uma criança não peca quando, sem que saiba, realizam ritos diabólicos para ele. Com efeito, os pais transmitem a natureza humana ao filho, solidária com o pecado de Adão e por ele negativamente assinalada. Contudo, não transmitem os seus pecados pessoais, os quais são imputados unicamente à livre vontade de cada um. Vice-versa, a vontade daqueles que apresentam a criança ao Batismo (os *offerentes*, pais ou padrinhos) pode ser útil ao infante, graças à intervenção do único Espírito que opera internamente aquela regeneração que a água significa exteriormente; e por que o Espírito é o mesmo, quer no batizado, quer naquele que o leva ao Batismo, por força dessa partilha do mesmo Espírito, a vontade dos *offerentes* ajuda os infantes.[98] A eficácia da vontade dos *offerentes*, portanto, está totalmente subordinada à ação do Espírito, princípio da regeneração batismal.

---

[97] AGOSTINO. Lettera 98 1.
[98] "Portanto, o Espírito que regenera é o mesmo tanto no padrinho adulto como no infante apresentado e renascido para a graça: justamente por esta comparticipação do único e mesmo Espírito a vontade dos padrinhos ajuda a criança apresentada. Quando, pois, os adultos fazem um pecado contra uma criança, oferecendo-a ao demônio [...], a sua alma não é idêntica e por isso mesmo não podem cometer uma idêntica culpa" (AGOSTINO, Lettera 98 2).

A TRADIÇÃO PATRÍSTICA

No caso em que as crianças são levadas ao Batismo não pela fé na sua regeneração espiritual, mas porque se pensa que o Batismo seja útil à saúde do seu corpo, o Batismo opera da mesma forma a regeneração de quem o recebe. Tal convicção se fundamenta, de uma parte, sobre a objetividade do sacramento e, de outra parte, sobre a maternidade da Igreja. No que diz respeito ao primeiro, o sacramento atua em força do Espírito Santo, o qual opera a regeneração "mediante o ministério de pessoas não somente ingenuamente ignorantes, mas também culposamente indignas". De outro lado, é a mãe Igreja, formada pelos santos, que gera para a vida nova da criança:

> As crianças são apresentadas para receber a graça espiritual não tanto por aqueles que as trazem nos seus braços (se bem que também por aqueles, se eles são bons fiéis) quanto por toda a sociedade dos santos e dos fiéis [...]. É toda a mãe Igreja dos santos que age, pois é toda ela que gera todos e cada um.[99]

A fé na qual as crianças são batizadas e que torna eficaz o sacramento não é, pois, a fé subjetiva daqueles que apresentam as crianças ao Batismo (embora não deva, de forma nenhuma, excluí-la, e sim a fé trinitária da Igreja, que no rito é professada "externamente", isto é, com um gesto "exterior", visível e perceptível).

A última questão está ligada ao fato de, no curso do rito batismal, quando o ministro pergunta se a criança crê em Deus, os que a apresentam respondem afirmativamente; assim, fica a dúvida de como uma criança pode crer, se nem mesmo sabe da existência de Deus. A resposta de Agostinho baseia-se na relação de *similitudo* – isto é, de significação eficaz – que cada sacramento tem com a realidade (*res*)

---

[99] Id., Lettera 98 5.

da qual é sacramento; relação que implica uma espécie de identidade entre o sacramento e a *res* por ele significada. Enquanto sacramento da fé, portanto, o Batismo, de certo modo, se identifica com a fé; consequentemente, as crianças que o recebem, por sua causa, têm a fé da qual ele é sacramento.

> Assim, o sacramento do corpo de Cristo é, de certo modo o corpo de Cristo, o sacramento do sangue de Cristo é o mesmo sangue de Cristo e o sacramento da fé [o Batismo] é a mesma fé. Pois bem, crer não é outra coisa que ter a fé: por isso, quando se responde que as crianças creem enquanto não têm ainda o sentimento da fé (*fidei affectum*), responde-se que têm a fé em força dos sacramentos da fé e se convertem a Deus por força do sacramento da conversão, uma vez que a mesma resposta faz parte da celebração dos sacramentos.[100]

"Psicologicamente", nada muda na criança, que deverá esperar uma idade maior para compreender o sacramento recebido e a ele corresponder; no entanto, por força do Batismo recebido, ele já é crente desde agora:

> Portanto, embora a criança não tenha ainda aquela fé que consiste na vontade dos crentes, torna-se fiel do sacramento da mesma fé (*parvulum, etsi nondum fides illa quae in credentium voluntate consistit, iam tamen ipsius fidei sacramentum fidelem facit*). Como aquele que crê responde [por ele], assim também é chamado fiel não consentindo à coisa [à fé] com a própria mente, mas recebendo o sacramento daquela mesma coisa [da fé].[101]

---

[100] Id., Lettera 98 9.
[101] Id., Lettera 98 10.

A criança, portanto, embora não tendo o *affectus fidei* e não podendo exprimir um ato de fé voluntário, recebendo o sacramento da fé, participa eficazmente da *res* significada pelo Batismo, isto é, da fé: ele se torna crente pelo Batismo, enquanto *sacramentum fidei*.[102]

3.3.3. Batismo das crianças e pecado original

Pelos anos 411-412 começa a controvérsia que opõe Agostinho aos pelagianos.[103] Esta controvérsia o acompanha até a morte em 430. Nesse contexto, o tema do Batismo das crianças adquire uma função de primeiro plano no debate teológico, como testemunham as numerosas páginas que o bispo de Hipona dedica ao no *De peccatorum meritis et remissione* de 412.[104] Em coerência com a entonação global do seu pensamento, segundo o qual o pecado é fruto unicamente de uma livre decisão pessoal, os pelagianos acreditam que não tem sentido falar de um Batismo dado aos infantes *in remissione peccatorum*:[105] de um lado, com efeito, os pequenos não podem ter pecados pessoais, enquanto lhes falta a capacidade de concluir atos livres e responsáveis; de outro lado, não se pode falar de um pecado que eles teriam herdado de Adão. O pecado do progenitor, com efeito, embora introduzindo em todos certa

---

[102] Também algumas inscrições cristãs pré-agostinianas documentam que as crianças em perigo de morte sejam batizadas para que morram como "fiéis", isto é, inscritas entre aqueles que tinham acreditado. Cf. GROSSI, V. Battesimo dei bambini e peccato originale: storia, teologia, prassi ed ecumenismo. *Rassegna di teologia* 21 (1980) 430-433 – aqui, p. 433.

[103] Os expoentes mais significativos do pelagianismo são Pelágio e Celéstio. O primeiro, monge de origem irlandesa, vive em Roma no início do século V. Quando, em 410, as tropas de Alarico entraram em Roma, Pelágio se refugiou na Sicília e de lá em Cartago, juntamente com o advogado napolitano Celéstio. Justamente em Cartago, um sínodo, pela primeira vez, condena a sua doutrina em 411. Seguem-se outros três, dois em 416 (em Cartago e em Milevi) e um em 418, de novo em Cartago.

[104] AGOSTINO. Il castigo e il perdono dei peccati e il battesimo dei bambini. In: *Opere di s. Agostino*. Roma: Città Nuova, 1981. XVII/1,1-239.

[105] A maior parte dos pensadores acredita que a fórmula *in remissionem peccatorum* já se encontra no antigo Credo romano do século II e nos principais símbolos batismais dele derivados nos séculos IV-VI. Cf. GIRARDI, R. Il battesimo *in remissionem peccatorum*. In: *Il battesimo come fondamento dell'esistenza cristiana*. Milano: Massimo, 1998. p. 60-75 – aqui, p. 62-65. (Problemi del nostro tempo 98.)

inclinação ao pecado, deixa a natureza humana substancialmente sã: trata-se, no fundo, somente de um mau exemplo, que os seus descendentes permanecem livres de imitar ou não. Consequentemente, aos infantes o Batismo é dado não "em remissão dos pecados", mas em vista daquela santificação em Cristo que lhes permite o acesso ao Reino dos Céus. As crianças mortas sem o Batismo, embora sendo excluídas do Reino dos Céus, entram na vida eterna, uma espécie de *locus medius* de salvação, porém distinto do Reino dos Céus.[106]

Agostinho, por seu lado, propõe-se justificar o fato que também aos infantes o Batismo é dado *in remissione peccatorum*.[107] Ele observa que – como afirma claramente o rito batismal – também os infantes são salvos, livrados, purificados, resgatados dos pecados. E uma vez que os ritos cristãos – longe de ser simulações vazias – operam aquilo que significam, deve-se concluir que também nas crianças existem pecados a ser perdoados. E porque não se pode falar de pecados pessoais, deve-se pensar no pecado herdado de Adão, que também as crianças trazem em si mesmas como algo que lhes pertence. A referência ao pecado original entra, pois, como argumentação funcional na intenção fundamental de Agostinho: justificar teologicamente o Batismo dado também aos infantes em remissão dos pecados.[108] Quanto às crianças

---

[106] Neste ponto a posição pelagiana não é de todo definida: não é claro, com efeito, se a vida eterna é um estado intermédio de beatitude no interior do Reino dos Céus, ou, então, um lugar de beatitude fora dele. Mais em geral, a diferença entre vida eterna e Reino dos Céus é afirmada, sem ser mais bem especificada.

[107] Já Orígenes justifica o Batismo dado às crianças "in remissione dei peccati" afirmando: "É porque as manchas do nascimento são canceladas pelo Batismo que se batizam também as crianças" (ORIGENE. *Hom. Luc.* 14,5). Foi Cipriano quem, por primeiro, explicando Rm 5,12, aproximou esta passagem à questão do Batismo das crianças: ele sustenta que não se pode negar a graça de Deus aos pequenos, que não cometeram culpa alguma, "nisi quod secundum Adam carnaliter natus contagium mortis antiquae prima nativitate contraxit" (S. CIPRIANO. Lettera 64. In: *Opere*, 5).

[108] "Se não são atingidos de forma nenhuma pela doença do pecado original, porque o piedoso temor de seus pais os leva de corrida ao médico que é Cristo, ou seja, para receber o sacramento da salvação eterna e não se diz na Igreja aos seus caros: 'Retirai daqui estes inocentes: os sadios não têm necessidade de médico, e sim os doentes; Cristo não veio para chamar os justos, mas os pecadores?'".

mortas sem Batismo, Agostinho recusa a hipótese de um "lugar intermédio" entre salvação e condenação e acredita que eles incorram na condenação, ainda que "a mais suave de todas (*in damnatione omnium mitissima*)".[109] Essa afirmação parece-lhe a consequência lógica do princípio absolutamente irrenunciável segundo o qual todos os homens – compreendidas as crianças – têm necessidade da salvação de Cristo, comunicada através do Batismo. De outro lado, Agostinho declara ter "grande angústia" quando chega a tratar o tema e, consequentemente, atribui às crianças uma condenação mais tolerável com relação àquela na qual incorrem aqueles que cometeram também pecados pessoais.[110] Certamente, ao invés, as crianças batizadas são enumeradas entre os "fiéis", isto é, entre "aqueles que acreditaram".[111]

Observou-se que, em Agostinho, a condenação das crianças mortas sem Batismo é uma consequência do fato de, por causa da situação universal de pecado que grava sobre a humanidade após a culpa de Adão, todos os homens têm necessidade da salvação de Cristo mediada

---

Jamais foi afirmado, jamais se disse, jamais se dirá certamente uma tal bobagem na Igreja de Cristo" (AGOSTINO. *Il castigo e il perdono dei peccati* 1,18.23). Uma série de passagens que documentam o mesmo modo de proceder, não somente no *Il castigo e il perdono dei peccati*, mas também em outros escritos de Agostinho, foram recolhidos por A. VANNESTE, "La nouvelle théologie du péché originel" (*Ephemerides theologicae lovaniensis* 67 (1991), 149-277 – aqui, p. 260-261.

[109] AGOSTINO, *Il castigo e il perdono dei peccati* 1,16.21. Sobre este tema, cf.: CARPIN, A. *Agostino e il problema dei bambini morti senza battesimo*. Bologna: Edizioni Studio Domenicano, 2005. Carpin mostra que o pensamento de Agostinho neste ponto conhece uma evolução: no *De libero arbitrio* (388-395), com efeito, Agostinho exclui a existência de uma realidade intermédia entre condenação e salvação, mas fica incerto sobre qual seja o destino das crianças mortas sem Batismo; no *De peccatorum meritis et remissione* (412) considera impossível a salvação sem o Batismo; sucessivamente, a partir de 413, afirma positivamente a condenação das crianças não batizadas.

[110] Escrevendo a Jerônimo, Agostinho afirma: "Quando, pois, se deve tratar das penas das crianças – acredita-me – sou tomado de grandes angústias e não encontro justamente o que responder: não falo somente das penas que aquela condenação comporta após esta vida [...] mas também das penas que, com dor, observamos com os nossos olhos, nesta vida" (AGOSTINO. *Epistola CLXV [Ad Hieronymum]* 6,16: *PL* 33,727).

[111] "Onde colocamos, pois, as crianças batizadas, senão entre os fiéis, como afirma em todos os lugares a autoridade da Igreja universal? Portanto, entre aqueles que acreditaram" (AGOSTINO, *Il castigo e il perdono dei peccati* 1,33,62).

justamente através do Batismo. A ligação da temática hamartológica com a soteriológica e cristológica, "se por um lado oferece a chave para ler exatamente o pensamento agostiniano sobre o pecado original, por um outro oferece o ponto de partida mais eficaz para uma crítica" das insuficiências da doutrina agostiniana;[112] insuficiências que podem facilmente ser reconduzidas ao fato de o tema cristológico ser introduzido após o tema do pecado, entendido como "desvio" (*aversio*) da criatura humana de Deus, sumo bem, em direção a bens parciais. Nessa linha, o discurso sobre o pecado original projeta "uma ligação dos homens em Adão, antes da ligação em Cristo".[113] A sucessiva fixação dogmática dessa posição agostiniana contribuirá de forma determinante para o seu endurecimento.

3.4. Linhas sintéticas

Recolhemos algumas linhas sintéticas ao redor de dois argumentos: o itinerário de preparação ao Batismo (§ 3.4.1.) e a articulação da celebração sacramental no curso da vigília pascal (§ 3.4.2.).[114]

3.4.1. A preparação ao Batismo

A crise que caracteriza o catecumenato neste período reflete-se na escassez do testemunho que se refere a ele. Quanto à primeira acolhida do catecúmeno, Agostinho é praticamente o único a oferecer alguma informação no *De catechizandis rudibus*. Para indicar aqueles que se encontram nesta fase da preparação remota ao Batismo, fala-se de "ouvintes" (*audientes, akroômenoi*): estes, com efeito, escutam a liturgia

---

[112] BRAMBILLA, F. G. *Antropologia teologica. Chi è l'uomo perché te ne curi?* Brescia: Queriniana, 2005. p. 515. (Nuovo corso di teologia sistematica 12.)
[113] Ibid.
[114] SAXER, *Les rites de l'initiation chrétienne*, p. 417-445. Id. I riti del catecumenato e dell'iniziazione cristiana nell'antichità. In: CAVALLOTTO, *Catecumenato antico*, p. 91-121.

da Palavra, mas são afastados após a homilia. Em muitos casos, os ouvintes permanecem tais por toda a vida e decidem receber o Batismo antes de morrer.

Ao invés, aqueles que desejam ser batizados na vigília pascal, no início da Quaresma, são inscritos no registro dos batizandos, com um rito universalmente atestado, chamado *nomendatio* no Ocidente e *onomatografia* no Oriente. A partir daquele momento, o candidato não é mais simplesmente *audiens*, mas se torna *competens* no Ocidente, *electus* em Roma e *méllonphotízesthai* ou *photizómenos* no Oriente. Os diversos exercícios que caracterizam a preparação quaresmal são de ordem ascética, catequética e ritual: raramente, porém, os autores indicam juntos estes três componentes; mais frequentemente, cada um insiste sobre um ou outro aspecto, conforme suas preocupações pessoais ou as exigências dos candidatos. Sob o perfil ritual, sobretudo os exorcismos são característicos desta fase. Eles são apresentados como luta contra o demônio: uma luta para a qual o candidato se dispõe com um treino rigoroso, feito de jejuns e penitências. Geralmente colocados mais para o final da Quaresma, encontram-se a *traditio* e a *redditio* do Creio e do Pai-nosso. Com a *redditio orationis dominicae*, normalmente se conclui a preparação batismal.

3.4.2. Os ritos da vigília pascal

No século IV, o Batismo solene acontece sempre no decurso da vigília pascal, que prevê uma primeira fase, na qual os candidatos ao Batismo são separados dos fiéis, aos quais se reúnem para a celebração comum da Eucaristia.

Ritos batismais

Na maior parte das igrejas, a vigília começa com o dúplice rito da renúncia a Satanás e da adesão a Cristo, ambos expressos com fórmulas que variam de uma Igreja a outra.[115] À renúncia/adesão está ligado um exorcismo que pode ter duas formas: a imposição das mãos ou a unção característica das liturgias orientais, comparadas à unção do atleta em vista da luta corpo a corpo.

> Ambrósio é o único testemunho de uma vigília pascal que se abre fora do batistério, com um rito chamado *apertio* ou *mysterium apertionis*, que parece característico da Igreja milanesa: o bispo toca as orelhas e o nariz dos "competentes" para abrir o seu espírito às realidades sobrenaturais: o gesto é acompanhado por palavras retiradas de Mc 7,34: "*Effatà* (que quer dizer: 'Abre-te')".

Após a bênção da água, acontece a tríplice imersão/emersão, acompanhada pela profissão de fé, articulada em três perguntas/respostas: a cada pergunta/resposta corresponde uma imersão/emersão. Uma segunda fórmula batismal, atestada por João Crisóstomo e Teodoro de Mopsuéstia, é do tipo declarativo em forma passiva: "Alguém é batizado em nome do Pai, do Filho e do Espírito Santo"; cada vez que é nomeada uma pessoa divina, o batizando é imerso na água. A fórmula batismal passiva está indicando que quem opera no Batismo é Deus, de cuja ação o ministro é simplesmente servidor. A tríplice imersão/emersão representa o coração do rito batismal; na trilha de Rm 6,3, quase todos os Padres veem neste gesto uma figura da morte e ressurreição de Cristo ou, melhor, uma configuração do batizado a Cristo morto e ressuscitado. Esse simbolismo combina-se com o do novo nascimento, retomado de Jo 3,3-5. Nessa linha, para Teodoro e Cirilo, a fonte batismal é, ao mesmo

---

[115] Em algumas igrejas o rito é antecipado a um dia precedente, presumivelmente para desembaraçar a vigília pascal, já muito articulada e "concorrida" por um consistente número de batizandos.

tempo, tumba e útero materno; e as águas batismais, como as da origem (Gn 2,1), enquanto fecundadas pelo Espírito, tornam-se fonte de vida.

Único entre os autores dos séculos IV e V, Ambrósio vê nas águas batismais um tríplice simbolismo: a travessia do mar Vermelho (em Milão, os neófitos atravessavam a piscina do oeste para leste); a morte e ressurreição do neófito em Cristo; a ablução dos pecados.

Ritos "crismais"

Em Roma, a estrutura dos ritos pós-batismais está em continuidade substancial com o que é documentado pela *Traditio apostolica*, embora com alguma simplificação. Quando o neófito sai da água, o presbítero unge-o sobre a cabeça (não mais sobre todo o corpo); depois o bispo procede à imposição geral da mão, acompanhada pela prece epiclética; segue, sempre pela ação do bispo, uma segunda unção sobre a fronte em forma de cruz: este gesto, que funde juntamente unção e *signatio*, tende a assumir relevo maior com relação à imposição da mão. Na Espanha, na Gália, nas ilhas britânicas e em Milão é documentada uma única crismação sobre a fronte do neófito pela ação daquele que o batiza, seja este bispo ou simples presbítero; alguns autores fazem referência à imposição da(s) mão(s), em geral reservada ao bispo. Com a progressiva romanização, o uso da dúplice unção (uma presbiteral, outra episcopal) difundir-se-á também nesses territórios.[116] No momento "crismal" – seja como ele se configura sob o ponto de vista ritual – está ligada uma explícita referência ao Espírito Santo: nos gestos que estruturam esse momento tende-se a reconhecer "a ação daquele – o Espírito Santo – que, agindo no Batismo, une-se estreitamente àquele

---

[116] SAXER, I riti del catecumenato e dell'iniziazione cristiana, p. 114-115 (cf. também a tabela que resume os ritos pós-batismais nas p. 108-110).

que foi regenerado, tornando completa, dessa forma, a sua configuração a Cristo, o ungido pelo Espírito por excelência".[117]

No Oriente, muitas Igrejas não conhecem nenhum rito colocado entre o banho batismal e a Eucaristia. João Crisóstomo (344/354-407), por exemplo, referindo-se à praxe antioquena, fala somente de uma dúplice unção pré-batismal. Parece que a ausência de ritos pós-batismais diz respeito também às Igrejas da Capadócia, da Armênia e do Egito. A introdução, no Oriente, de uma unção pós-batismal começa a ser documentada na segunda metade do século IV. Ficando com a hipótese mais largamente compartilhada, a unção pós-batismal – acompanhada da fórmula "selo do dom do Espírito Santo" – seria originariamente um rito para a reconciliação dos hereges que pediam para ser acolhidos na Igreja Católica: o seu Batismo não era repetido, mas eles, enquanto hereges, eram considerados privados do dom do Espírito Santo, que lhes era infundido com a unção, no momento em que passavam da heresia à grande Igreja. Esse rito teria sido inserido, posteriormente, de modo normal, na liturgia da iniciação cristã, após o banho batismal. Desse modo, ele exprimiria aquela referência pneumatológica originariamente ligada à unção pré-batismal, a qual, porém, tinha perdido progressivamente tal referência em favor de um significado exorcístico.[118]

---

[117] GIRARDI, Battesimo e confermazione, p. 130. Saxer precisa que os raros autores (em prevalência ocidentais) que mencionam a imposição das mãos veem nesse gesto o rito que doa o Espírito Santo; onde, pois, não se conhece essa imposição o dom do Espírito está ligado à crismação (SAXER, *Le rite de l'initiation chrétienne*, p. 443).

[118] MAZZA, E. *Annotazioni sul rito battesimale e sulle unzioni*, dispense del corso tenuto all'Università cattolica del Sacro Cuore di Milano, Facoltà di lettere e filosofia, a.a. 1994-95, p. 63-65. LAMBERTS, J. The Origin of Confirmation Revisited. *Questions Liturgiques* 84 (2003) 98-127 – aqui, p. 119-124. Há, contudo, quem pensa ser "muito mais verossímil que a Igreja do Oriente tenha aplicado à reconciliação dos convertidos o seu rito sacramental normal da crismação" (DE HALLEUX, A. Orthodoxie et catholicisme. Un seul baptême? *Revue théologique de Louvain* 11 [1980] 416-452 – aqui, p. 427 [tradução do autor]).

A TRADIÇÃO PATRÍSTICA

A partir do século IV é bem conhecido o uso de revestir o neófito com uma veste branca. Nesse gesto se cruzam valências simbólicas diversas: o esplendor que revestia a alma do neófito; a veste da imortalidade e da incorruptibilidade, perdida com a culpa da origem e restituída pelo novo Adão ao homem regenerado; o hábito nupcial, necessário para aceder ao banquete espiritual etc. Ambrósio, Agostinho e Cromácio de Aquileia assinalam a presença do lava-pés, enquanto Gregório Nazianzeno descreve o cortejo dos neófitos que entram na sala da Eucaristia trazendo uma lâmpada acesa, prelúdio da luz eterna e símbolo da fé.

Celebração eucarística

A iniciação dos neófitos termina com a sua participação na mesa eucarística: eles entram em cortejo na aula eucarística, onde os fiéis os esperaram, cantando salmos, rezando e escutando leituras bíblicas. Aos neófitos é reservado um lugar especial, que varia conforme a diversa sistematização do altar. A celebração está estruturada nas suas articulações fundamentais: ofertório, prece eucarística e comunhão, com os neófitos participando pela primeira vez. Como sublinha Teodoro de Mopsuéstia, com efeito, a Eucaristia é o alimento apropriado à condição de vida gerada pelo Batismo: por meio dela somos "nutridos da mesma fonte, da qual nascemos": a morte de Cristo, "da qual recebemos um nascimento sacramental" e agora "recebemos o sacramento da imortalidade".[119] Durante a semana de Páscoa os neófitos participam cada dia da celebração eucarística, durante a qual o bispo faz uma homilia de caráter mistagógico, declarando o sentido dos ritos precedentemente celebrados.

---

[119] TEODORO DI MOPSUESTIA. Hom. XV 6 – citada em: GIRARDI, Battesimo e confermazione, p. 132.

4. Acenos sobre os desenvolvimentos rituais nos séculos VI-VII

O primeiro ritual romano relativo à iniciação cristã (*Ordo romanus XI*), presumivelmente redigido entre a segunda metade do século VI e a primeira metade do século VII, nos dá testemunho de uma inusitada praxe litúrgico-pastoral, que leva ao amadurecimento elementos já encontrados no texto do *Gelasiano* antigo.[120] Tudo aparece organizado para infantes, como emerge das palavras iniciais:

> Chegados na Igreja, como dissemos, na quarta-feira, às 9 horas da manhã, o acólito escreva o nome dos infantes ou daqueles que deles se encarregam (*Ut autem ad ecclesiam venerint, sicut diximus, quarta feria, hora tertia, scribantur nomina infantium vel eorum qui ipsos suscepturi sunt ab acolito*) (n. 2).

Os escrutínios passam do domingo aos dias infrassemanais (provavelmente a quarta e a sexta-feira ou a quarta e o sábado), levando consigo as leituras batismais do lecionário festivo, e crescem de número até atingirem a cifra simbólica de sete ("devem ser sete conforme a forma septiforme dos dons do Espírito Santo, para que, enquanto realiza a forma septenária, seja dada a eles a graça do septiforme Espírito Santo", n. 81). A passagem dos escrutínios dominicais aos feriais parece devida a razões prático-pastorais ligadas ao sujeito infantil: se de um lado as crianças criam distúrbios na assembleia, de outro os pais têm necessidade de uma catequese preparatória particular. Quanto ao multiplicar-se dos escrutínios, os estudiosos propuseram duas

---

[120] O texto se encontra em: ANDRIEU, M. (ed.). *Les ordines romani du haut moyen âge, 2: Les textes (ordines I-XIII)*. Louvain, 1971. p. 415-447. (Spicilegium Sacrum Lovaniense – Études et documents 23). Para ampliar o quadro além do ambiente romano, cf.: SAXER, *Les rites de l'initiation chrétienne*, p. 625-649.

interpretações diversas. Para Chavasse, a razão seria primariamente "teológica": aumentam as intervenções da graça divina (as preces de exorcismo) porque o sujeito é *infans*, isto é, totalmente passivo.[121] Para Nocent, ao contrário, seria decisiva uma motivação de caráter "pastoral": o maior número de escrutínios permitiria uma mais abundante catequese aos pais.[122] Esta segunda hipótese seria confirmada pelo fato de a mudança dos escrutínios para os dias feriais arrastar consigo o lecionário tipicamente batismal dos antigos domingos da Quaresma, e para os dias que permanecem descobertos formula-se uma proposta de leitura mais adaptada à situação.

A ação litúrgica que leva a termo a iniciação configura-se ainda como um rito unitário. A partir do banho de água se desenrola, através de uma série de gestos intermediários, até a celebração eucarística, no decurso da qual "todos os infantes recebem a comunhão" (n. 103). A condição infantil dos batizados cria alguma dificuldade no uso da fórmula batismal clássica, com o tríplice assentimento à tríplice pergunta do ministro: provavelmente por isso, o *Ordo romanus XI* não traz nenhuma fórmula para o Batismo. Menos de um século depois, encontramos a fórmula indicativa *ego te baptizo*, enquanto as perguntas sobre a fé, agora dirigidas a pais e padrinhos, serão colocadas entre os ritos precedentes ao gesto propriamente sacramental.[123] Após o banho de água, um presbítero unge com o crisma o corpo das crianças, recitando a oração epiclética que, no *Gelasiano*, acompanha a imposição da

---

[121] CHAVASSE, A. La discipline romaine des sept scrutins baptismaux. *Recherches de science religieuse* 48 (1960) 227-240.

[122] NOCENT, A. I tre sacramenti dell'iniziazione cristiana. In: *Anamnesis, 3/1: La liturgia, i sacramenti: teologia e storia della celebrazione.* Casale Monferrato: Marietti, 1986. p. 9-131 – aqui, p. 57-59. [Ed. bras.: *Anamnesis*, 1-6. 1986-1993.]

[123] Cf., sobre a questão, GY, P.-M. La formule "Je te baptise" (*Ego te baptizo*). *Communio sanctorum. Mélanges offerts à J. J. von Allmen.* Genève, 1982. p. 65-72; DE CLERCK, P. Les origines de la formule baptismale. In: DE CLERCK; PALAZZO, *Rituels*, p. 131-151.

mão episcopal ("presbiter facit de crisma crucem cum police in vertice eorum, ita dicendo: 'Deus omnipotens, Pater domini nostri Iesu Christi [...]'", n. 97). Uma vez vestidos, o bispo confirma os neófitos, invocando a graça septiforme do Espírito Santo ("dat orationem pontifex super eos, confirmans eos cum invocatione septiformis gratiae Spiritus Sancti", n. 100). Depois traça com o crisma o sinal da cruz sobre a fronte, dizendo: "In nomine Patris et Filii et Spiritus Sancti"; segue imediatamente a saudação da paz (*pax tibi*, n. 101). O verbo *confirmare*, quase certamente originário da Gália suboriental,[124] aparece aqui como termo técnico para indicar os gestos episcopais, que constituem o necessário complemento dos ritos *ad fontem*.[125] Deve-se notar, ainda, a ausência de qualquer referência a uma imposição da(s) mão(s) por parte do bispo: há quem pense, entre os estudiosos, que se trate simplesmente de uma omissão textual, dado que a invocação do Espírito septiforme dificilmente pode ser pensada sem o gesto concomitante de impor a mão.[126]

Uma vez que aqueles que receberam o sacramento da iniciação cristã são infantes, a sua formação à fé é deixada para o momento do uso da razão. A responsabilidade da tarefa formativa diz respeito principalmente aos pais, auxiliados normalmente pelos padrinhos, a quem o ritual presta uma certa atenção. Diferentemente do que acontecerá em seguida, estamos, no momento, diante de um discreto equilíbrio: a presença dos padrinhos lembra aos pais que a fé do seu filho apoia-se nos liames que não são somente os da carne e do sangue. A Igreja, por seu lado, justamente através dos padrinhos, pretende assegurar às crianças os auxílios necessários para o crescimento na fé. Portanto,

---

[124] Cf. MITCHELL, Confirmation in the Second Millennium, p. 148.
[125] "Não se pode deixar este rito de lado, pois é desta forma que todo Batismo é confirmado com o nome da cristandade" (*Ordo romanus XI*, n. 102).
[126] NOCENT, I tre sacramenti dell'iniziazione cristiana, p. 101.

A TRADIÇÃO PATRÍSTICA

ainda com relação às crianças, a presença dos padrinhos deve ser lida como expressão da função da Igreja como educadora da fé.

Sobre o tema da educação cristã dos batizados são significativos, em particular, os testemunhos do Pseudo-Dionísio[127] e de Cesário de Arles († 543). Para que os padrinhos possam responder legitimamente no lugar dos batizandos, renunciando ao demônio e confessando a Cristo, o Pseudo-Dionísio os convida a assumir o empenho de educar cristãmente as crianças, de forma que, uma vez chegadas à idade adulta, elas mesmas tornem-se pessoalmente responsáveis do próprio Batismo. Também Cesário recomenda, tanto aos padrinhos quanto aos pais, a educação cristã dos filhos, que compreende quer a memorização das fórmulas da fé e da oração, quer a formação moral.[128]

---

[127] A sua atividade literária se coloca entre 485 e 515, provavelmente na Síria ou na Palestina.
[128] SAXER, *Les rites de l'initiation chrétienne*, p. 632-634.

CAPÍTULO III
A ÉPOCA MEDIEVAL

Consideramos, neste capítulo, a evolução que a iniciação cristã conheceu no Ocidente entre os séculos VII e XIII (§ 1.), para concentrar-se, posteriormente, num exemplo particularmente significativo de reflexão escolástica a propósito do Batismo e da Confirmação: trata-se das *quaestiones* que Tomás de Aquino dedica a estes dois sacramentos na terceira parte da *Summa theologiae* (§ 2.).

1. Os sacramentos na praxe entre os séculos VII e XIII

Para reconstruir, em síntese, as mudanças da iniciação cristã no período medieval, podemos evidenciar quatro linhas de desenvolvimento,[1] que serão integradas com algumas observações sobre

---

[1] "Uma reconstrução da praxe da Igreja nestes séculos a propósito de catecumenato e de iniciação cristã é possível, na atualidade, mais por tópicos e linhas de tendência do que seguindo o fio de uma constante e completa descrição ritual e reflexão teológico-pastoral" (CAPRIOLI, A. L'evoluzione del catecumenato e l'iniziazione cristiana nel medioevo (secoli VII-XVI). In: CAVALLOTTO, G. (org.). *Iniziazione cristiana e catecumenato. Divenire cristiani per essere battezzati*. Bologna: EDB, 1996. p. 147-167 – aqui, p. 147. [Catecumeni oggi 4.])

a vertente propriamente ritual (§ 1.5.): o desaparecimento do catecumenato (§ 1.1.), os avanços relativos ao Batismo das crianças (§ 1.2.), a separação do Batismo da Confirmação (§ 1.3.) e da Eucaristia (§ 1.4.).

1.1. O desaparecimento do catecumenato

Nos séculos VII-VIII, o catecumenato já desapareceu completamente, seja nas áreas mais radicadas de Cristianismo, seja nas áreas de mais recente evangelização. Em alguma medida, o instituto subsiste nos escrutínios, sempre menos vinculados ao tempo quaresmal e substancialmente reduzidos a uma série de preces de exorcismos. Um exame atento dos livros litúrgicos[2] revela a tendência a reunir em uma única celebração tais ritos (a inscrição do nome, as orações de exorcismo, as diversas *traditiones* etc.), que precedentemente eram distribuídas durante o tempo do catecumenato e da preparação quaresmal, constituindo um verdadeiro e próprio itinerário ao Batismo. O desaparecimento do catecumenato como tempo de preparação à fé está certamente ligado à difusão sempre mais generalizada do Batismo das crianças. Todavia, só essa razão não basta para justificar o fenômeno. Com efeito, por si só o Batismo das crianças não exclui a presença, se não de um verdadeiro catecumenato estruturado, pelo menos de um tempo de preparação prévio à celebração; em Roma, entre os séculos VI-VII, quando os candidatos ao Batismo já são quase todos infantes, existem ainda escrutínios pré-batismais, que representam uma ocasião de catequese dirigida aos pais dos batizandos. De outro lado, no período que vai dos séculos VI ao IX, em algumas regiões da Europa, a Igreja é ainda missionária[3] e os candidatos ao Batismo são, na maioria, adultos. Pois bem, lá onde

---

[2] Veja-se a passagem do *Sacramentario gregoriano* (ed. DESHUSSES, I, n. 356ss) ao *Supplementum* ao mesmo sacramentário (ibid., n. 1065ss).

[3] Pense-se em São Bonifácio, evangelizador da Alemanha, no início do século VII.

são batizados adultos, o Batismo é celebrado sem catecumenato prévio. Acontece antes que todo um povo receba o Batismo a partir da conversão do seu chefe.[4] Portanto, para explicar o desaparecimento do catecumenato, é preciso ter presente também a mentalidade da época, que tende a fazer coincidir pertença religiosa e pertença civil. Nesse contexto, receber o Batismo significa não somente ser acolhido na Igreja, mas também entrar a fazer parte da nação cristã, a qual – de outro lado – dificilmente tolera cidadãos que não sejam ao mesmo tempo batizados. Para quem nasce no interior de uma nação cristã, portanto, o fato de receber o Batismo se impõe por si, é já predeterminado pelo contexto socioeclesial; consequentemente, o catecumenato – tempo destinado a fazer surgir e amadurecer o pedido ao Batismo – torna-se substancialmente irrelevante.

1.2. Os desenvolvimentos relativos ao Batismo das crianças

Se nos primeiros séculos a maior parte dos candidatos ao Batismo era constituída por adultos, é muito provável que, desde o início, estes se fizessem batizar juntamente com seus filhos, mesmo recém-nascidos, os quais – assim como os adultos – eram batizados, "crismados" e recebiam a Eucaristia. Com a difusão do Cristianismo difunde-se também o uso de fazer batizar os filhos que nasciam no interior das famílias cristãs. Por volta do século VI esta é já a praxe comum, quer no Oriente, quer no Ocidente. Em conexão com a maciça presença de candidatos infantis, muda a forma do Batismo; a fórmula indicativa substitui a tríplice interrogação/confissão de fé antiga, a qual permanece como

---

[4] É clássico o Batismo de Clodoveu, rei merovíngio. Em 496, seu Batismo assinala a conversão ao Cristianismo de toda a nação franca.

sequência ritual que precede a imersão batismal.[5] Maior relevo adquire também a figura do padrinho, que, juntamente com os pais, preocupa-se com a educação cristã da criança, à medida que vá crescendo; celebrativamente, pois, a função do padrinho toma progressivamente a frente com relação à dos pais. Com efeito, é o padrinho quem pratica o *signatio crucis* no início do rito e responde às perguntas do sacerdote no lugar dos batizandos. A ênfase que os autores da época escolástica colocam sobre a figura do padrinho, em detrimento dos mesmos pais, é talvez ligada à exigência de "distinguir nitidamente a geração sobrenatural da natural";[6] nem sempre, porém, os padrinhos estão, de fato, em grau de dar boa prova de si.

Quanto à distância cronológica entre o momento do nascimento e o do Batismo de um infante, na Antiguidade a praxe devia ser bastante variada.[7] Por volta dos séculos X e XI, mesmo que a normativa eclesiástica continue a indicar Páscoa e Pentecostes como datas para a celebração do Batismo, a prática geral do Ocidente parece ser a de batizar a criança imediatamente após o seu nascimento. A partir do século XIII, nos estatutos das dioceses, aparece a sugestão de batizar os recém-nascidos *quamprimum* após o nascimento. Institucionaliza-se, destarte, uma prática de fato difusa já há tempo: quando uma criança nasce, é levada quanto antes ao sacerdote para que a batize; no caso de a saúde do recém-nascido estar gravemente comprometida, os seus familiares

---

[5] A fórmula indicativa "ille talis, baptizo te in nomine Patris et Filii et Spiritus Santi" é atestada em 744 (ou 748? Cf. *PL* 89,943D) pelo Papa Zacarias em uma fórmula corrupta, utilizada por alguns sacerdotes da Alemanha que não conheciam o latim. Tal fórmula coincide com a do Batismo dos infantes, reportada no *Sacramentario gregoriano* de Adriano (fim do século VIII).

[6] CATTANEO, E. Forme catecumenali in rapporto alla Chiesa e alla società nelle varie epoche storiche. In: *Iniziazione cristiana:* problema della Chiesa di oggi. Atti della IV settimana di studio dell'Associazione professori di liturgia, Paestum, 1-5 settembre 1975. 2. ed. Bologna: EDB, 1979. p. 17-72 – aqui, p, 46. (Studi di liturgia 4.)

[7] Na metade do século IX, temos testemunho de que, nos ambientes aristocráticos, os filhos não eram batizados muito cedo.

providenciam o Batismo em casa.⁸ São duas as motivações adotadas para justificar a aproximação cronológica do Batismo ao nascimento: antes de tudo, a necessidade de que a criança seja, o mais depressa possível, libertada do pecado original e, portanto, em caso de morte, possa aceder à beatitude eterna, que não lhe seria dada caso morresse com o pecado original (é evidente o influxo agostiniano). A isso se une a consideração do alto índice de crianças que morrem prematuramente, antes de completar um ano de vida; nesse quadro, não somente o real perigo de morte, mas também o risco hipotético de morte se torna motivo para batizar *quamprimum* uma criança.⁹

1.3. A Confirmação separada do Batismo

1.3.1. A dissociação entre confirmatio e Batismo

Os primeiros sinais de dissociação entre *confirmatio* e Batismo registram-se na Gália, no IV século.¹⁰

Alguns concílios, realizados no sudeste da Gália no século V, é que por primeiro utilizaram o verbo *confirmare* e o substantivo *confirmatio* para indicar a intervenção do bispo após o rito da água.¹¹ B. Botte afirmou que esses ter-

---

[8] Nos estatutos da Diocese de Paris, a partir do início do século XIII, começa-se a encontrar o verbo *inundare*, utilizado para indicar o Batismo administrado em casa, em situação de emergência.

[9] Escreve um anônimo da escola de Anselmo de Laon (séc. XII): "Está prescrito pelos cânones batizar somente no sábado de Páscoa ou de Pentecostes, salvo em caso de necessidade. Mas este preceito diz respeito aos adultos. Na Igreja dos primórdios, se batizavam os adultos que estavam enfermos, podiam dizê-lo e então eram batizados [...]. Mas isso não se aplica às crianças, porque quem é mais enfermo do que o lactante, incapaz como é de dizer que está doente? O seu Batismo não deve ser protelado, porque podem morrer por uma mínima coisa" (citado em: CABIÉ, R. L'iniziazione cristiana. In: MARTIMORT, A. G. *La Chiesa in preghiera. Introduzione alla liturgia, 3: I sacramenti*. Brescia: Queriniana, 1987. p. 27-120 – aqui, p. 90. [Ed. bras.: *A Igreja em oração*. 1-4. Petrópolis: Vozes, 1992.] Cf. também: GY, P.-M. *Quamprimum*. Note sur le baptême des enfants. *La Maison-Dieu* 32 (1952) 124-128.

[10] DE CLERCK, P. La dissociation du baptême et de la confirmation au haut moyen age. *La Maison-Dieu* 168 (1986) 47-75.

[11] Trata-se, por precisão, do Concílio de Riez (439), daquele de Orange (441) e do III Concílio de Arles (449-461). Cf. MUNIER, C. *Concilia Galliae*. t. I: *CCL* 148, 67-68, 78, 131.

mos – cujo sentido pode ser correlato ao do verbo *perficere* e do substantico *perfectio* – exprimem a convicção que o rito de Confirmação representa um "complemento" do Batismo, ao qual acrescenta uma "espécie de perfeição";[12] portanto, graças à Confirmação o Batismo torna-se perfeito, completo.

As causas dessa dissociação são fundamentalmente de caráter prático. Inicialmente, o Batismo é separado daquilo que normalmente o segue somente quando se trata de pessoas em perigo de morte. Nesse caso, um presbítero, um diácono ou também um simples fiel batizam o enfermo grave. Se este recupera a saúde, intervirá o bispo para completar aquilo que foi iniciado com o rito da água.[13] Tal praxe – em um primeiro momento limitada a casos excepcionais – torna-se sempre mais frequente quando, a partir do século IV, o Cristianismo difunde-se nos campos, muitas vezes em zonas longínquas da cidade e, portanto, onde o bispo, que mantinha sua sede na cidade, não atingia com facilidade. Em particular, o bispo não consegue estar presente nas celebrações batismais que acontecem nas comunidades rurais. No Ocidente, é justamente a ausência do bispo nessa circunstância que determina a dissociação entre Batismo e Confirmação. Com efeito, quando o bispo não pode estar presente na celebração batismal, o presbítero batiza o candidato e o admite à comunhão eucarística. O neófito será confirmado sucessivamente, quando o bispo for visitar a comunidade rural.[14]

---

[12] BOTTE, B. Le vocabulaire ancien de la confirmation. *La Maison-Dieu* 54 (1958) 5-22 – aqui, p. 21-22.

[13] É isso que prescreve o cân. 38 do Concílio de Elvira (celebrado entre 300 e 306): "Viajando em uma nave em zona remota ou se não houvesse nas vizinhanças uma igreja, um fiel que tenha íntegro o seu lavacro [Batismo] e não seja bígamo pode batizar um catecúmeno que se encontre em emergência por uma doença, tendo presente que, se se recuperar, deve levá-lo ao bispo, para que possa ser aperfeiçoado [*perfici possit*] mediante a imposição da mão" (*Denz* 120).

[14] "Paralelamente à dissociação entre o Batismo e a Confirmação acontece uma evolução nas relações entre o episcopado e o presbiterado. Com efeito, é igualmente a partir do século V que o 'presbítero', membro do conselho do bispo, se torna um 'padre', responsável de uma comunidade local" (DE CLERCK, La dissociation du baptême et de la confirmation..., p. 74 [tradução do autor]).

A ÉPOCA MEDIEVAL

É Jerônimo quem oferece o primeiro testemunho da praxe de reservar a Confirmação ao bispo. Em 382, escrevendo contra os luciferianos (discípulos de Lucífero, bispo de Cagliari), ele constata o uso em vigor, segundo o qual os bispos impõem as mãos àqueles que foram batizados por presbíteros e por diáconos nos lugarejos longe das grandes cidades. Segundo ele, tal praxe se justifica "mais por honra do sacerdócio [bispo] que pela lei da necessidade (*ad honorem potius sacerdotii quam ad legem necessitatis*)": com efeito, o bom andamento da vida eclesial depende do reconhecimento da dignidade episcopal (*summi sacerdotis*), dado que "se ele não tiver um poder eminente, existiria na Igreja tantos cismas quanto são os padres (*sacerdotes*)".[15] Portanto, a reserva da Confirmação ao bispo parece ligada não tanto a uma necessidade intrínseca ao sacramento quanto, antes, à exigência de afirmar a dignidade episcopal, cujo reconhecimento é garantia de coesão eclesial.[16] O texto mais antigo nesta linha é a carta do Papa Inocêncio I a Decêncio, bispo de Gubbio (416): "Sobre a consignação das crianças (*de consignandis vero infantibus*), está claro que ela deve ser completada só pelo bispo e por nenhum outro. Com efeito, os presbíteros, embora sejam sacerdotes, não possuem o ápice do pontificado (*nam presbiteri licet sint sacerdotes, pontificatum tamen apicem non habent*). Que isto seja devido somente aos bispos, para a finalidade de *consignar* ou de transmitir o Espírito paráclito (*hoc autem pontificibus solis deberi, ut vel consignent, vel paracletum Spiritum tradant*), demonstra-o não somente o costume eclesiástico, mas também a passagem dos Atos dos Apóstolos que refere que Pedro e João foram mandados a transmitir o Espírito Santo àqueles que já tinham sido batizados [cf. At 8,14-17]. Com efeito, aos presbíteros é permitido, esteja presente ou ausente o bispo, batizar, ungir os batizados com o Crisma – que deve ter sido anteriormente consagrado pelo bispo – mas não ungir a fronte com o mesmo óleo, o que é função somente dos bispos quando transmitem o Espírito Santo (*Denz* 215)".

---

[15] HIERONYMUS STRID. *Dialogus contra Luciferianos* 9: *PL* 23,172.

[16] "Esta interpretação é corroborada pelo *Liber pontificalis*, que atribui a decisão de não ceder aos presbíteros a faculdade de assinalar os neófitos ao Papa Silvestre (314-335), com a explicação: 'por causa da propaganda herética' (*propter hereticam suasionem*). Nessa primeira medade do século IV, em Roma, existiam algumas comunidades heréticas ou cismáticas, como donatistas, marcionitas, novacianos e valentinianos. A decisão de assegurar a intervenção do bispo no curso da iniciação cristã ajudava a vigiar de algum modo sobre [*sic*] o processo de entrada de novos membros na Igreja e garantir aos neófitos a pertença a uma comunidade eclesial que professa a reta fé" (ZACHARA, M. Il sacramento della confermazione nel primo millennio in occidente. In: CARR, E. (a cura di). *La cresima*. Atti del VII Congresso internazionale di liturgia, Roma, Pontificio Istituto liturgico, 6-8 maggio 2004. Roma: Pontificio Ateneo S. Anselmo, 2007. p. 103-132 – aqui, p. 112. [Analecta liturgica, 144.]).

Das três motivações trazidas por Inocêncio – a falta do "ápice" do sacerdócio no presbítero, o costume da Igreja romana e a passagem escriturística – somente a segunda tem uma consistência, enquanto as outras duas são bastante frágeis. Além das restrições de Gelásio I em 494, a reserva ao bispo é ulteriormente acentuada por Gregório Magno em 593, em uma carta endereçada a Gennaro, bispo de Cagliari. Nela o papa desaprova a prática daqueles padres que conferem eles próprios a Confirmação, ungindo as crianças batizadas até sobre a fronte, e reacentua a prática romana. Os padres podem ungir os batizados no peito, mas a unção sobre a fronte diz respeito unicamente ao bispo.[17] Todavia, devido às reações negativas provocadas por sua intervenção, o Papa Gregório, em uma nova carta de 594, concede que, na ausência do bispo, os padres da Sardenha "unjam os batizados com o Crisma sobre a fronte";[18] contrariamente, tal concessão não foi feita às Igrejas que fazem parte da área metropolitana de Roma. Fora dessa área, porém, diversos concílios autorizam os presbíteros a utilizar o Crisma quando o bispo estiver ausente. É o caso, sobretudo, da Espanha, onde a autorização é revogada pelo Segundo Concílio de Sevilha, de 619, sob a influência de Roma.[19] Na Gália parecem coexistir praxes diversas: enquanto algumas testemunhas falam da Confirmação episcopal de neófitos batizados por presbíteros ou diáconos, os sacramentários galicanos dão relevo à crismação pós-batismal por obra do presbítero e não dão nenhum relevo à *consignatio* episcopal romana.[20] Pelo que diz respeito a Milão, "na Igreja ambrosiana alto-medieval não estava prevista nenhuma *impositio manus* ou *consignatio* episcopal após a crismação pós-batismal". Ela tinha valor de *confirmatio* e era realizada pelo batizante, mesmo que se tratasse de um padre.[21]

---

[17] GREGORIO I PAPA. *Epistula IX ad Januarium: PL* 77,677.

[18] GREGORIO I PAPA. *Epistula XXVI ad Januarium: PL* 77,696.

[19] Cf. RAMIS, G. La confirmación en la Iglesia hispánica. In: CARR, *La cresima*, p. 67-101 – aqui, p. 72. Deve-se notar, porém, que o Concílio de Sevilha tende a restringir a faculdade dos presbíteros com relação à administração não só da Confirmação, como de todos os demais sacramentos.

[20] Cf. ZACHARA, Il sacramento della confirmazione..., p. 113-118. Os sacramentários galicanos (o *Missale gothicum*, o *Messale di Bobbio* e o *Missale gallicanum vetus*) são dos séculos VII e VIII, mas é plausível que batismais neles contidos provenham do século V. Segundo diversos autores, a ausência de referência a um gesto episcopal está ligada ao fato de esses livros litúrgicos serem destinados ao uso de parte dos presbíteros.

[21] ALZATI, C. *Baptizatus et confirmatus*. Considerazioni sull'iniziazione cristiana a Milano tra tarda antichità e alto medioevo. In: RUGGERI, F. (org.). *Studi in onore di mons. Angelo Majo per il suo 70º compleano*. Milano: NED, 1996. p. 23-37 – aqui, p. 28. (Archivio ambrosiano 72.)

A ÉPOCA MEDIEVAL

A impressão que se tem dos documentos é que a reserva da Confirmação ao bispo é uma praxe da Igreja de Roma, progressivamente passada a toda a Igreja do Ocidente. O processo se completa no século VII e é definitivamente selado pela romanização da liturgia ocidental, promovida pelos carolíngios no século VIII.[22] Justamente a reserva ao bispo determina, em muitos casos, o reenvio da Confirmação após a comunhão, dada junto com o Batismo, mesmo para as crianças. Tal reenvio não é, pois, um objetivo buscado intencionalmente, mas antes o "efeito colateral". Ele se produz, sobretudo, quando a reserva episcopal é atuada em regiões nas quais as dioceses são muito maiores do que as que existem na Itália central, onde o elevado número de sedes episcopais tornava bastante fácil o acesso ao bispo. Portanto, nesta fase estamos diante de uma tensão de fato: a celebração separada é a praxe normal. Em nível ideal, porém, a Confirmação logo após o Batismo ainda permanece a regra, conforme atesta o Pontifical romano do século XII, que descreve uma celebração presidida pelo papa. Ele confirma as crianças logo após tê-las batizado.[23]

É no século seguinte que o *Pontificale romanae curiae* documenta um ritual da Confirmação então separado do Batismo e colocado fora

---

[22] Uma série de precisas disposições é devida aos soberanos carolíngios. Elas impõem aos bispos a visita aos territórios submetidos à sua autoridade, a fim de celebrar a Confirmação. Cf. LAMBERTS, J. The Origin of Confirmation Revisited. *Questions liturgiques* 84 (2003) 98-127 – aqui, p. 107-111. DE CLERCK, P. La confirmation à l'époque carolingienne. *Questions liturgiques* 87 (2006) 1-2, 120-130.

[23] ANDRIEU, M. (ed.). *Le Pontifical romain au moyen âge, 1: Le Pontifical romaine du XII siècle*.. Città del Vaticano: Biblioteca apostolica vaticana, 1938 (ristampa 1983), 247, § 32, n. 32. (Studi e Testi 86.) "A separação da Confirmação do Batismo não era devido a questões teológicas ou pastorais e não era nem mesmo uma coisa querida pela Igreja ou muito menos decidida por ela. Ela somente tolerava como efeito colateral (não desejado) pelo poder exclusivo do bispo de confirmar os neófitos." Em linha de princípio, "a Eucaristia é o coroamento da liturgia batismal, da qual deveria normalmente fazer parte a Confirmação, segundo a famosa rubrica: 'Si episcopus adest, statim confirmari eum oportet et postea communicare'" (ZACHARA, Il sacramento della confirmazione..., p. 132. A rubrica está presente no *Sacramentario di Gellone* e no *Supplemento* ao *Sacramentario adrianeo* (cf. ibid., p. 120).

do *Ordo sabbati sancti*.[24] O peso atribuído à imposição das mãos é menor enquanto adquire maior relevo a crismação na fronte acompanhada da fórmula indicativa, já presente no Pontifical romano do século XII: "Signo te signo crucis, confirmo te chrismate salutis, in nomine Patris et Filii et Spiritus Sancti". Contudo, é com o Pontifical de Guglielmo Durando (ca. 1295) que se pode falar de um ritual da Confirmação plenamente configurado e independente do Batismo.[25] Substancialmente retomado pelo Pontifical tridentino (1595), tal rito permanece em vigor até a reforma que segue o Vaticano II.

> No Pontifical de Durando, a Confirmação, separada de qualquer contexto mais amplo de iniciação, está ligada à visita do bispo à paróquia. Antes de tudo, o rito prevê a imposição das mãos com a opção gelasiana, considerados como momentos preliminares à unção crismal na fronte, acompanhada por uma fórmula mais ampla com relação à dos precedentes Pontificais: "Signo te signo crucis et confirmo te chrismate salutis. In nomine Patris et Filii et Spiritus Sancti, ut replearis eodem Spiritu sancto et habeas vitam aeternam". A ela segue-se não mais o beijo da paz, mas um tapa no rosto: "Et deinde dat ei leviter alapam super genam dicens: Pax tecum". É o primeiro texto no qual aparece esse uso, provavelmente retirado da investidura dos cavaleiros.

---

[24] ANDRIEU, M. (ed.). *Le Pontifical romain au moyen âge, 2: Le Pontifical de la curie romaine au XIII siècle*. Città del Vaticano: Biblioteca apostolica vaticana, 1940 (ristampa 1973), 452, § 34, n. 2. (Studi e Testi 87.) "Indeed, the *Pontifical of the roman curia* of the XIII century tells us that of the baptizing the *infantes* the bishop (*pontifex*) *in fronte confirmat*, then, the document's editor alerts us to look for the *ordinem confirmationis* in the pontifical's *Ordo ad consignandos pueros sive infantes*, which is located within the material for Holy Thursday. The basic pattern of the *Pontifical of the roman curia* of the XIII century's 'consignation' *Ordo* still closely adheres to *Gelasianum vetus*' four-part concluding ritual unit [...], but at the same time this later source reveals that [...] the ritual itself is becoming more and more independent from the rest of the initiation liturgy" (MITCHELL, N. D. Confirmation in the Second Millennium: A Sacrement in Search of Meaning. In: CARR, *La cresima...*, p. 149-150).

[25] ANDRIEU, M. (ed.). *Le Pontifical romain au moyen âge, 3: Le Pontifical de Guillaume Durand*. Città del Vaticano: Biblioteca apostolica vaticana, 1940. (Studi e Testi 88.) Enquanto no *Pontificale romanae curiae* "o rito da Confirmação parecia adaptar-se indistintivamente quer a ser administrado junto com o Batismo, quer autonomamente, no Pontifical de Guglielmo Durando [...] o ritual parece estudado e proposto exclusivamente para a administração autônoma da Confirmação" (MURONI, P. A. *L'ordine dei sacramenti de l'iniziazione cristiana. La storia e la teologia dal XIV secolo al 1992 nel rito romano*. Roma: CLV, Edizioni Liturgiche, 2007. p. 42. [Bibliotheca Ephemerides liturgicae – Subsidia 141]).

Está ligado à difusão da visão da Confirmação como sacramento da força e da luta.

1.3.2. A questão da idade

Entre os séculos XII e XIII, os maiores sínodos diocesanos e concílios provinciais admoestam os pais para que conduzam as crianças ao bispo para receber a Confirmação durante o primeiro ano de vida.[26] No final do século XIII, talvez em analogia com aquilo que aconteceu com a comunhão (cf. § 1.4.), começam a aparecer normas na Alemanha para que apresentem ao bispo crianças com sete ou mais anos de idade.

O primeiro testemunho nesse sentido é apresentado pelo concílio provincial de Colônia de 1280.[27] A. Adam assinala três motivos que poderiam justificar tais prescrições: a esperança de que a lembrança pessoal da Confirmação possa evitar a sua reiteração; a convicção de que a presença de crianças na idade da razão garanta o desenrolar de uma celebração mais ordenada e devota; o escasso significado que reveste um sacramento que dá força em vista da luta, embora seja conferido a crianças que se encontram em uma idade ainda não sujeita a lutas e tentações.[28] A isso se pode acrescentar que a exigência de os adultos se confessarem antes de ser confirmados influi também na praxe destinada às crianças, para as quais, evidentemente, a confissão é impossível antes que tenham atingido o uso da razão.

1.3.3. A interpretação teológica

Sempre no século XIII, a teologia escolástica reflete sobre a Confirmação partindo da praxe que vê este sacramento agora celebrado de

---

[26] Cf. MURONI, *L'ordine dei sacramenti...*, p. 60.

[27] "Moneant presbyteri parentes baptizatorum nondum confirmatorum, ut eos ad episcopum, qui solus potest confirmare, ducant septennes vel maioris aetatis" (MANSI, J. D. (ed.). *Sacrorum conciliorum amplissima collectio*. Firenze 1759-1827, t. 24, c. 349). Mais adiante, aos confirmandos de dez ou mais anos é pedido que se confessem previamente com o próprio pároco. Cf. MURONI, *L'ordine dei sacramenti...*, p. 69-70.

[28] ADAM, A. *Confirmation et pastorale. Étude de théologie pastorale et de pédagogie religieuse sur le sacrement de confirmation*. Bruxelles: Lumen Vitae, 1963. p. 89.

forma autônoma com relação ao Batismo e à Eucaristia. Uma influência determinante sobre a reflexão escolástica é exercitada por uma homilia do século V, hoje normalmente atribuída a Fausto, bispo de Riez, uma pequena cidade-fortaleza romana no sul da Gália.[29] Tendo como pano de fundo uma praxe na qual a Confirmação episcopal é muitas vezes separada do Batismo, a homilia propõe-se explicar o sentido deste segundo rito: enquanto com o Batismo fomos inscritos como soldados, a Confirmação nos dá o equipamento (*munitio*) necessário para o combate. Essa tese central é confirmada por três ulteriores especificações: o Espírito Santo, que desceu sobre os batizados com uma intervenção salvadora, na Confirmação dá um aumento da graça ("augmentum praestat ad gratiam") para a luta contra os inimigos invisíveis e os perigos; no Batismo somos regenerados para a vida, enquanto depois dele somos confirmados em vista do combate ("in baptismo regeneramur ad vitam, post baptismum confirmamur ad pugnam"); no Batismo somos lavados, após o Batismo somos fortificados ("in baptismo abluimur, post baptismum roboramur"). Portanto, a ideia de fundo é a de um aumento de graça que a Confirmação dá como força em vista do combate espiritual, uma perspectiva um tanto quanto pobre, que atribui ao dom pós-batismal do Espírito uma função que, tudo somado, é bastante marginal.

Essa homilia, um tanto quanto medíocre, conhece, todavia, uma imediata notoriedade. Entre 847 e 852, um grupo de clérigos de Reims compõe uma coleção de cartas e decretos de papas e concílios, recolhendo juntos textos autênticos e pseudoepigráficos: trata-se das falsas *Decretales* do Pseudo Isidoro, nas quais, sob o nome do Papa Melquíades, encontra-se também a primeira parte da homilia de Fausto de Riez: a explicação que aí se dá do sentido da Confirmação é, assim,

---

[29] O texto se encontra em *PL* 39,2115. Tradução italiana em: *La confermazione e l'iniziazione cristiana*. Leumann (TO): LDC, 1967. p. 273-278. (Quaderni di Rivista liturgica 8.)

considerada tradicional. A força dada pelo Espírito Santo na Confirmação é, em seguida, relida como força em vista do testemunho corajoso a ser dado ao nome de Cristo. É a posição atestada por Alcuíno,[30] personagem influente na corte de Carlos Magno, e por Rábano Mauro, monge de Fulda e depois bispo de Mogúncia.[31] Os textos de Fausto de Riez, Alcuíno e Rábano Mauro entram no *Decretum Gratiani* (ca. 1140) e nas *Sentenças* de Pedro Lombardo († 1162), o que explica o seu consistente influxo sobre a reflexão escolástica.

1.3.4. Um olhar sobre a tradição oriental

Os desenvolvimentos até aqui apresentados sobre o tema de Confirmação dizem respeito exclusivamente às Igrejas do Ocidente. Quando, a partir do século IV, as Igrejas do Oriente se encontram diante do problema do distanciamento dos bispos das comunidades rurais, resolvem-no de modo diverso com relação ao Ocidente. A unidade da celebração batismal – que compreendia a crismação e a Eucaristia – é conservada, estendendo também aos presbíteros a faculdade de presidir todo o rito, até mesmo a crismação. O liame com o bispo é mantido de forma indireta, pois o *myron* – o óleo perfumado usado para a crismação – só pode ser consagrado pelo bispo.[32] Só progressivamente, sob o influxo da teologia ocidental, as Igrejas orientais começam a interpretar

---

[30] "Assim, ele [o batizado] é confirmado pelo corpo e o sangue do Senhor, para se tornar membro daquele que é o chefe e que, por ele, sofreu e ressuscitou. Por fim, através da imposição das mãos do sumo sacerdote, ele recebe o Espírito da graça septiforme (*novissime per inpositionem manus a summo sacerdote septiformis gratiae spiritum accepit*) para ser reforçado pelo Espírito Santo em vista da pregação aos outros, ele [o Espírito Santo] que foi dado no Batismo pela graça da vida eterna" (ALCUINO. *Epistola 137* (ano 798). Citado em: DE CLERCK, La confirmation à l'époque caronligienne..., p. 123 (tradução do autor).

[31] "E agora o Espírito Santo vem ao homem para que o selo da fé que ele recebeu na fronte lhe dê a coragem, reforçada pela graça, de levar, sem medo e corajosamente, o nome de Cristo diante do rei e dos poderosos deste mundo e de pregá-lo com toda liberdade" (RHABANUS MAURUS. *De institutione clericorum libri III* I,30: *PL* 107,344 [ano 819]).

[32] Na tradição oriental, a unção com o *myron* é feita não somente sobre a fronte, mas também sobre os olhos, o nariz, os lábios, as orelhas, o peito, as mãos e os pés.

Batismo, crismação e primeira participação na Eucaristia como três sacramentos distintos, embora celebrados no quadro de uma única ação ritual.[33]

1.4. A Eucaristia separada do Batismo

1.4.1. A praxe antiga

A tradição mais antiga, comum a toda a Igreja, afirmava que todo batizado, a partir do momento em que recebia o Batismo, podia receber a Confirmação e a Eucaristia no curso da mesma celebração.[34] Mesmo se a Crisma é protelada porque o bispo não está, o neobatizado, ainda que infante, recebia, contudo, a comunhão eucarística; se a sua condição lhe impede a comunhão sob a espécie de pão, o sacerdote proverá a comunhão só com a espécie de vinho. Alguns testemunhos – não muitos, mas significativos – deixam presumir que a comunhão é dada às crianças, não somente no momento do seu Batismo, mas também cada vez que eles participavam da celebração eucarística; eles também, além disso, podiam sempre recebê-la como viático.

> As motivações teológicas desta praxe devem ser buscadas na necessidade da comunhão eucarística em vista da salvação eterna; tal foi, sobretudo, a posição de Agostinho, tendo como referência Jo 6,53. No século IX começa a se formar uma orientação diversa, sustentada em parte por Floro de Lião († 860); na sua coleta de comentários de Agostinho às cartas de Paulo, Floro sustenta a opinião segundo a qual quem se torna membro do corpo de Cristo pelo Batismo, mesmo se morre sem ter recebido o corpo e o sangue de

---

[33] O processo que conduziu as Igrejas ortodoxas a considerar a crismação como sacramento distinto do Batismo é apresentado em: DE HALLEUX, A. Confirmatio et chrisma. *Irénikon* 57 (1984) 490-515.

[34] Cf. VALSECCHI, A. La storia della communione ai fanciulli. In: COLOMBO, M. (a cura di). *L'Eucaristia ai fanciulli. Studio storico, giuridico, pedagogico, pastorale e ascético.* Milano: Àncora, 1958. p. 15-69. KLEINHEYER, B. *Sakramentliche Feiern, 1: Die Feiern der Eingliederung in die Kirche.* Regensburg: Pustet, 1989. S. 237-245. (Gottesdienst der Kirche – Handbuch der Liturgiewissenschaft 7,1.)

Cristo, não será excluído da comunhão eterna com ele. Essa afirmação não é certamente de Agostinho e foi, erroneamente, atribuída a ele e, como tal, será acolhida nas *Summae* canonísticas e teológicas do período escolástico. A existência, no século IX, do debate em torno da sorte dos batizados que morrem sem ter feito a comunhão revela que, em alguns casos, o Batismo não é mais imediatamente seguido da Eucaristia. Presumivelmente, isso acontece quando o Batismo é administrado (mesmo por um leigo) em situação de emergência, nas quais nem sempre é possível ter à disposição as espécies eucarísticas.[35] É justamente a partir desse período que o uso de dar a comunhão aos neófitos conhece um progressivo declínio.

1.4.2. O IV Concílio de Latrão (1215)

O abandono da comunhão aos infantes se faz perceptível, sobretudo, na passagem dos séculos XII ao XIII. Com efeito, nos anos que precedem e seguem o 1200, diversos decretos proíbem dar a comunhão às crianças pequenas. O elemento que faz de catalisador dessa evolução é o cap. 21 do IV Concílio de Latrão (1215, *Denz* 812): reagindo contra a progressiva desafeição com relação à comunhão eucarística, o concílio prescreve que cada fiel, "chegado à idade da razão", confesse os próprios pecados uma vez por ano ao seu sacerdote e se aproxime *reverenter* à comunhão eucarística ao menos na Páscoa. Por si, a comunhão antes da idade da discrição não é proibida; contudo, porque a obrigação de fazer a comunhão vale a partir daquela idade, indiretamente dá-se a entender que, para quantos não a atingiram, a obrigação não vale. Desse modo, é estabelecida a separação entre Eucaristia e Batismo; o recém-nascido, com efeito, é batizado nos primeiros dias de vida, mas se aproxima da Eucaristia a partir da idade da discrição. Além disso, recomendando que a comunhão seja recebida "com reverência", Latrão

---

[35] Com efeito, a morte de um batizado sem ter feito a comunhão torna-se uma questão relevante. Tal fato é documentado pelo convite que se encontra na legislação canônica do período, a fim de que as espécies eucarísticas sejam encontradas mesmo em situação de emergência.

IV conduz a considerar a atitude devota como requisito necessário para se poder aproximar da mesa eucarística. Coerente com essa indicação é a praxe de fazer a primeira confissão preceder a Primeira Eucaristia: por si o Concílio não afronta diretamente o problema; todavia, o modo como é formulado o preceito deixa entender que antes se aproxima da confissão e depois da comunhão.[36] A partir do IV Concílio de Latrão, essa será a praxe seguida em toda a Igreja ocidental.[37]

1.4.3. Os motivos da guinada

Não é simples reconstruir com precisão os motivos dessa reviravolta, ligada a uma complexa sensibilidade nos confrontos da Eucaristia.[38] A partir dos séculos VIII-IX, ela é sempre mais difusamente vista como *mysterium tremendum*, que suscita um temor reverencial exagerado, do qual deriva um sentido de indignidade nos confrontos da comunhão eucarística, à qual os fiéis se aproximam sempre mais raramente. Evidentemente, essa situação se reflete também na praxe eucarística das crianças. A comunhão, no curso da infância, se torna sempre menos frequente, enquanto aqui e ali desaparece a mesma comunhão batismal.[39] Com base nisso, dois fatores (os quais, de outro lado, dizem

---

[36] "Aparentemente, aqui não se coloca em mútua relação a confissão anual e a comunhão na Páscoa. Contudo, alguns pensam que se reconheceu essa conexão e, sem dúvida, o dever de confessar os próprios pecados mortais antes de comungar, mas se expressam de forma mais genérica para incluir o preceito da comunhão para os fiéis que tivessem pecado depois da comunhão, nos meses sucessivos, e para quantos, não tendo a possibilidade de comungar pela Páscoa, podiam se confessar durante o ano" (MARRANZINI, A. Eucaristia e remissione dei peccati dal concilio di Trento a oggi. *La Civiltà cattolica* 135/4 [1984] 221-236 – aqui, p. 227, nota 31).

[37] "É difícil precisar antes do IV Concílio de Latrão, portanto antes do século XIII, qual praxe fosse seguida quanto à sequência primeira confissão-Primeira Eucaristia. Contudo, pode-se presumir que, por todo o tempo no qual a criança recebia a comunhão sem ter atingido a idade da razão, ele o fazia sem recorrer à penitência sacramental" (BLANCHETTE, C. *Pénitence et eucharistie. Dossier d'une question controversée*. Montréal-Paris: Bellarmin-Cerf, 1989. p. 89-90).

[38] LEMAITRE, M. Avant la communion solennelle. In: DELUMEAU, J. (ed.). *La première communion. Quatre siècles d'histoire*. Paris: Desclée de Brouwer, 1987. p. 15-32 – aqui, p. 19-21.

[39] "E como as crianças eram batizadas quando aparecia a ocasião, não era sempre possível nem fácil a comunhão (com a espécie do vinho), e de resto as disposições em matéria – dizendo respeito por si

respeito somente ao Ocidente) são decisivos para compreender o abandono da comunhão às crianças: antes de tudo, o desaparecimento da comunhão dos leigos no cálice, o que torna praticamente impossível a comunhão dos recém-nascidos; em segundo lugar, o crescimento do sentimento de respeito necessário para aproximar-se das espécies eucarísticas, com a exigência de que aquele que acede à comunhão manifeste, embora pequeno, qualquer sinal de devoção e com a preocupação de evitar qualquer possível irreverência nos confrontos das espécies eucarísticas; evidentemente, no caso de um recém-nascido, não se pode satisfazer nenhuma dessas exigências. Intuem-se, portanto, que, entrecruzando-se, fizeram com que a recepção da Eucaristia fosse deixada para a idade da razão.

1.4.4. A idade da discrição

Não precisando qual seria a idade da discrição, o IV Concílio de Latrão deixa aberta a possibilidade de diversas interpretações. As normas eclesiásticas, como também as indicações dos canonistas e dos teólogos, oscilam entre os sete e os quatorze anos, variando conforme os tempos e os lugares.[40] A idade da discrição é geralmente identificada com aquela na qual um sujeito torna-se capaz de distinguir o bem do mal e, portanto, começa a estar em grau de pecar mesmo mortalmente. Em geral se acredita que isso acontece ao redor dos sete anos. Muito cedo, com Alexandre de Hales (1186-1245) e Tomás de Aquino († 1274), se introduz um critério ulterior, ligado às capacidades de distinguir o pão eucarístico do pão comum. Assim, enquanto a obrigação de confessar-se anualmente começa em torno dos sete anos, a idade entre

---

só ao Batismo solene de Páscoa ou de Pentecostes – podiam facilmente ser deixadas de lado e cair em desuso" (VALSECCHI, La storia della comunione ai fanciulli, p. 36).

[40] Cf. ibid., p. 38-47.

os dez e os doze anos é aquela mais frequentemente indicada para a Primeira Eucaristia, ainda que não falte quem a receba a partir dos sete anos.

1.5. Desenvolvimentos de caráter propriamente ritual

Sob o aspecto propriamente ritual, devemos assinalar diversos elementos de novidade, relativos, sobretudo, à celebração do Batismo. Alguns deles testemunham um notável fervor criativo: entre estes se assinala antes de tudo o desenvolvimento de uma oração que acompanha a entrega da *veste branca*, vestígio daquela veste branca que os neobatizados vestiam saindo da fonte batismal e com a qual permaneciam vestidos nos oitos dias sucessivos à Páscoa (as primeiras testemunhas, a propósito, são do século XI); deve-se recordar o rito da entrega da *vela* ao batizado, colocado em muita evidência pelo Pontifical romano do século XII. Outros desenvolvimentos revelam mais uma tendência involutiva: recorda-se, antes de tudo, da passagem sempre mais generalizada do Batismo por "imersão" ao Batismo por "infusão", com uma forte atenuação da valência simbólica pascal em vantagem de uma teologia batismal centrada sobre o elemento "purificação" (séculos XIII-XIV). Torna-se problemático também o acúmulo de preces de exorcismo, que desequilibram o rito batismal em sentido demonológico.

2. Um exemplo de tratado escolástico: Tomás de Aquino

A evolução da praxe que delineamos no parágrafo precedente constitui o pano de fundo sobre o qual vai se elaborando a reflexão escolástica caracterizada pelo progressivo desenvolvimento de um discurso sistemático sobre o organismo sacramental. Tal reflexão, embora não prescindindo da atenção à praxe ritual e a alguns elementos celebrativos, tende, como se queira, a organizar o discurso ao redor das categorias gerais por ela elaboradas. O exemplo mais significativo desse tipo de tratamento encontra-se na terceira parte *Summa theologiae* de Tomás de Aquino.

> Embora jamais indique explicitamente os rituais de iniciação aos quais faz referência, é possível que Tomás de Aquino conheça o Pontifical romano do século XII, que, na presença do bispo, prevê a Confirmação e a comunhão dos neófitos imediatamente após o seu Batismo. De outro lado, porém, Tomás reconhece e defende o uso comum da Igreja, que tende à separação de Batismo e Confirmação, com a celebração desta última normalmente reservada ao bispo.[41] Assim, também, sustenta a praxe de dar a comunhão eucarística às crianças quando começam a ter "certo uso da razão".

Em todo caso, Tomás concebe Batismo, Crisma e Eucaristia como três sacramentos distintos, aos quais aplicar, ainda que de modo analógico, as categorias elaboradas no *De sacramentis in genere*. Com efeito, a apresentação do Batismo e da Confirmação segue imediatamente a seção sobre os sacramentos em geral e precede aquela dedicada à Eucaristia. Ao Batismo são dedicadas as qq. 66-69, que consideram antes de tudo a estrutura constitutiva do primeiro sacramento (q. 66), precisando os seus ministros (q. 67), as fontes (q. 68) e os efeitos (q. 69). À abordagem do Batismo estão ligadas também as questões sobre a circuncisão (q. 70), sobre o catecismo e os exorcismos (q. 71). Ao invés, a q. 72 é inteiramente dedicada ao Sacramento da Confirmação. Sem seguir pontualmente o esquema proposto pela *Summa*, focalizando o discurso ao redor de alguns temas de teologia batismal (§ 2.1.),

---

[41] MITCHELL, N. D. Dissolution of the Rite of Christian Initiation. In: *Made, Not Born. New Perspectives in Christian Initiation and the Catechumenate*. 3rd. ed. Notre Dame-London: University of Notre Dame Press, 1980. p. 50-82 – aqui, p. 59-64.

consideramos a *quaestio* sobre a Confirmação (§ 2.2.), evidenciamos o liame entre Batismo e Eucaristia (§ 2.3.), para concluir com alguma anotação sintética (§ 2.4.).

2.1. Temas de teologia batismal

Após um olhar sobre a estrutura constitutiva do Batismo (§ 2.1.1.), afrontamos o tema da sua necessidade em vista da salvação (§ 2.1.2.) e da relação entre sacramento e fé § 2.1.3.), dando, por fim, espaço à questão do Batismo das crianças (§ 2.1.4.).

2.1.1. A estrutura constitutiva do Batismo

Para delinear a estrutura constitutiva do Batismo, Tomás retoma a tripartição do sacramento (*sacramentum tantum-sacramentum et res--res tantum*), característica da reflexão escolástica a partir do século XII.[42] No caso do Batismo, o *sacramentum tantum* – isto é, o sinal ritual característico e visível não é somente a água, e sim a aplicação da água sobre aquele que é batizado, isto é, a ablução; assim, é superada uma visão muito material do *sacramentum tantum*, como se "contivesse" a graça (Hugo de São Vítor), e se coloca em luz que a graça é comunicada mediante um gesto, uma ação litúrgica. Quanto à modalidade pelo qual o gesto é realizado, Tomás exprime a própria preferência pela imersão, que ele julga o uso "mais comum", mais seguro e mais expressivo,[43] ainda que pense possível também a infusão e a aspersão. A ablução é acompanhada pela "forma" do sacramento, identificada na fórmula trinitária declarativa: "Eu te batizo em nome do Pai, do Filho e do Espírito Santo". Tal fórmula indica quer a causa principal da qual o sacramento

---

[42] Cf. TOMÁS DE AQUINO. *Suma teológica, I-IX*. São Paulo: Loyola, 2006. (sigla: *STh*) III, q. 66, a. 1.

[43] "In immersione expressius repraesentaretur figura sepolturae Christi et ideo hic modus baptizandi est communior et laudabilior" (*STh* III, q. 66, a. 7, ad 2).

retira sua eficácia, isto é, a Trindade, quer a causa instrumental, isto é, o ministro que põe em ato o rito sacramental.[44]

A *res et sacramentum* – isto é, a realidade significada pelo sinal externo (a "ablução exterior"), por sua vez sinal de um efeito ulterior (a "justificação interior") – se identifica com o caráter batismal.

> A imagem do "caráter" – marca indelevelmente impressa sobre o soldado no momento de seu ingresso – fora utilizada por Agostinho para afirmar a irrepetibilidade do Batismo contra os donatistas. Para o bispo de Hipona, tratava-se simplesmente de uma imagem usada no âmbito de um discurso metafórico. A reflexão que coloca o tema do caráter como noção teológica começa no início do século XII e, na segunda metade do século, chega a defini-lo como um sinal permanente e indelével impresso na alma, mediante a qual o batizado distingue-se do não batizado. Em conexão com a afirmação da clássica tripartição do sacramento, o caráter é conotado como *res et sacramentum*, elemento intermédio entre o sinal visível (*sacramentum tantum*) e a graça (*res tantum*). No âmbito da escolástica, são elaboradas teorias diversas para explicar a natureza. Segundo Guilherme de Auxerre (depois retomado por Boaventura e Alberto Magno), o caráter se configura essencialmente como *disposição à graça*: isto é, ele prepara e habilita a alma para receber o influxo da graça. Alexandre de Hales, ao invés, o apresenta como *configuração a Cristo e à Trindade*: o caráter sacramental é impresso pelo Filho de Deus, "figura" (*charactèr*, Hb 1,3) da substância divina; portanto, ele comporta a configuração ao Filho de Deus, redentor sofredor, e também a toda Trindade, a qual, através da pessoa do Filho, é toda coenvolta na paixão.[45]

Tomás desenvolve a sua reflexão na q. 63, apresentando o caráter como um sinal distintivo espiritual, mediante o qual os homens são deputados "ao culto de Deus segundo o rito da religião cristã",[46] uma habilitação (*potentia*) sobrenatural permanente para cumprir os atos

---

[44] Cf. *STh* III, q. 66, a. 5, c.

[45] Cf. GALOT, J. *La nature du caractère sacramental. Étude de théologie médiévale.* Bruxelles: Desclée de Brouwer, 1956.

[46] *STh* III, q. 63, 2, c.

do culto cristão. E uma vez que o culto cristão deriva do sacerdócio de Cristo, o caráter sacramental representa "certa participação no sacerdócio de Cristo"; aquele sacerdócio ao qual os fiéis são configurados justamente mediante o caráter.[47]

A *res tantum* – isto é, a graça sacramental – é, por fim, individuada na justificação interior. A capacidade que o Batismo tem de produzir o efeito de graça deve ser recordada na origem deste sacramento por Jesus Cristo; ele foi instituído no momento do Batismo de Jesus, mas é após a sua paixão e ressurreição que se torna necessário recebê-lo: "Com o Batismo o homem é configurado à Paixão e à ressurreição de Cristo, enquanto morre ao pecado e inaugura uma nova vida de justiça. Por isso era necessário que Cristo morresse e ressuscitasse antes que fosse imposta a obrigação de se configurar à sua morte e ressurreição".[48]

O tema da graça batismal é retomado e desenvolvido na q. 69, que toma em consideração quer o que versa sobre a remissão dos pecados,[49] quer o que versa sobre a comunicação da graça e da "admissão" ao Reino do Céu.[50] Todos os efeitos do Batismo derivam, pois, do fato de que ele incorpora à Paixão e morte de Cristo,[51] das quais provêm seja o perdão dos pecados, seja a efusão da graça; de outra parte, também

---

[47] Cf. *STh* III, q. 63, a.3, c. "O culto sacramental da Igreja [...] é realizado pessoalmente por Cristo sob uma forma sacramental"; consequentemente, "aquele que é designado, deputado por Cristo, na sua Igreja para realizar os atos cultuais especificamente eclesiais [...] deve receber para estes efeitos uma 'consagração' real que permita que seus atos sejam especificamente atos do Cristo celeste [...] Precisamente por este motivo Santo Tomás define o 'caráter' [...] como uma participação no sacerdócio supremo de Cristo" (SCHILLEBEECKX, E. *Cristo, sacramento dell'incontro com Dio*. 8. ed. Roma: Paoline, 1981. p. 158. Para um comentário pontual da q. 63, cf.: REVEL, J. P. *Traité des sacrements, 1: Baptême et sacramentalité; 2. Don et réception de la grâce baptismale*. Paris: Cerf, 2005. p. 696-711. (Théologies.)

[48] *STh* III, q. 66, a. 2, c.

[49] Cf. *STh* III, q. 69, aa. 1-3.

[50] Cf. *STh* III, q. 69, aa. 4-7.

[51] A este propósito, Tomás cita de forma recorrente Rm 6,1-11 (cf. *STh* III, q. 69, a. 1, c; a. 2, c; a. 3, s.c.; a. 6, s.c. etc.).

A ÉPOCA MEDIEVAL

a remissão dos pecados é obra da graça; representa, por assim dizer, o aspecto "negativo" da ação justificadora e santificadora da graça.

A partir do momento que opera em virtude da Paixão de Cristo, "medicina universal para todos os pecados", o Batismo cancela qualquer pecado, seja o pecado original, seja os pecados voluntários,[52] e por que a Paixão de Cristo, à qual se é incorporado mediante o Batismo, é uma satisfação plena para todos os pecados de todos os homens, quem recebe o Batismo é libertado não somente da culpa, mas também da pena dos seus pecados.[53] Cancelando a pena e a culpa do pecado, o Batismo elimina todo impedimento de ingresso no Reino dos Céus;[54] o que o Batismo não elimina são os sofrimentos da vida presente: a fome, a sede, a morte... Por si, o Batismo teria a *virtus* de eliminar esses aspectos penosos da vida humana, mas tal eficácia tornar-se-á operativa somente na glória da ressurreição, quando, por força do Batismo recebido, a criatura humana será libertada de tudo o que fez fatigante e sofredora a existência terrena.[55] O lado positivo mostra o Batismo que dá a graça do Espírito Santo e as virtudes; com efeito, o Batismo incorpora os batizados a Cristo, tornando-os seus membros; e de Cristo cabeça deriva para todos os membros plenitude de graça e de virtude.[56] Após

---

[52] Cf. *STh* III, q. 69, a. 1, ad 3.
[53] Cf. *STh* III, q. 69, a. 2, c.
[54] Cf. *STh* III, q. 69, a. 7, c.
[55] São três as razões que tornam oportunas a não retirada das penas da vida presente no momento do Batismo: antes de tudo, se pelo Batismo é-se incorporado a Jesus Cristo, é conveniente que nos membros se realize tudo aquilo que já foi realizado na "cabeça" do corpo; em segundo lugar, a presença da concupiscência e das outras penas oferecem a oportunidade para um exercício espiritual; por fim, a libertação dos sofrimentos não acontece logo no momento do Batismo, para evitar que se receba o Batismo mais para ser imunizado da dor que para receber a vida eterna (*STh* III, q. 69, a. 3, c.).
[56] Cf. *STh* III, q. 69, a. 4, c. No Batismo, também as crianças recebem as graças e as virtudes, entendidas como *habitus* que podem estar presentes neles, embora eles, no momento, não estejam habilitados para realizar os atos da virtude (cf. *STh* III, q. 69, a. 6, c.). Se o Batismo tem em todos o mesmo efeito de regenerar para a virtude espiritual, nos adultos a maior ou menor graça recebida no Batismo depende das diversas disposições com as quais o sacramento é recebido (cf. *STh* III, q. 69, a. 8, c.).

o Batismo, permanecem a dificuldade para fazer o bem e a inclinação ao mal, uma vez que permanece a concupiscência, mas são diminuídas, assim como é diminuída a força da concupiscência. Para indicar a *res* do Batismo, Tomás utiliza também a linguagem da iluminação e da fecundidade: por meio do Batismo, Deus ilumina interiormente os crentes, dispondo os seus corações para acolher a verdade, e os torna capazes de realizar obras boas.[57]

2.1.2. *A necessidade do Batismo*

A necessidade do Batismo para a salvação é apresentada como relativa à necessidade de Cristo: uma vez que somente por meio de Cristo se pode conseguir a salvação e o Batismo incorpora a Cristo a pessoa regenerada, é evidente que sem o Batismo não se pode ser salvo.[58] A necessidade da incorporação a Cristo para a salvação subsistia mesmo antes da sua vinda: antes de Cristo os homens iam a ele incorporados por meio da circuncisão, sinal da fé em sua futura vinda;[59] antes que fosse instituída a circuncisão, ao contrário, os homens eram incorporados a Cristo mediante a fé, que se exprimia na oferta dos sacrifícios.

Quanto à possibilidade de se salvar sem Batismo, é preciso distinguir entre os que livremente rejeitam o Batismo por desprezo e quem, contrariamente, dele é privado de fato, mesmo se deseja recebê-lo. No primeiro caso, o sujeito não pode se salvar porque, recusando intencionalmente o Batismo, recusa ser incorporado a Cristo, no qual

---

[57] Cf. *STh* III, q. 69, a. 5, c.
[58] Cf. *STh* III, q. 68, a. 1, c.
[59] A q. 70 é inteiramente dedicada à circuncisão como preparação e prefiguração do Batismo. Segundo Tomás, também ela conferia a graça, ainda que com modalidade diversa com relação ao Batismo. No Batismo, com efeito, a graça é conferida em virtude do mesmo sacramento que tem uma eficácia instrumental derivada da Paixão de Cristo já acontecida; a circuncisão, ao contrário, enquanto símbolo da futura Paixão de Cristo, conferia a graça em medida menor com relação ao Batismo e não lhe imprimia índole.

somente se encontra a salvação. Em vez disso, aquele que deseja receber o Batismo, mesmo se falta a ablução externa, é regenerado no seu coração *propter desiderium baptismi*: um desejo (ou *votum*) que "procede da 'fé que opera pela caridade' (cf. Gl 5,6), através da qual [fé] Deus santifica interiormente o homem";[60] trata-se, portanto, não tanto de um movimento da vontade do sujeito, mas antes do fruto da ação de Deus no ser humano. A ausência de fato do rito batismal, portanto, não comporta por isso mesmo a exclusão dos efeitos do Batismo. Com isso não se introduz uma via de salvação paralela ou alternativa ao Batismo: o *desiderium baptismi*, com efeito, é eficaz não prescindindo do gesto ritual do Batismo, mas justamente por força da sua orientação a ele.

A tese do *votum baptismi* enxerta-se na doutrina mais ampla sobre as diversas formas do Batismo, que projeta a existência de, além do Batismo de água, também um "Batismo de sangue" e de um "Batismo de espírito" (isto é, de Espírito Santo), dito também "de penitência".[61] Com efeito, o Batismo de água deriva a própria eficácia da Paixão de Cristo, como causa meritória e instrumental, e do Espírito Santo, como causa primeira. Consequentemente, fora do Batismo de água o efeito do sacramento pode ser concedido de outras duas formas: em primeiro lugar, mediante o martírio, que não só pode suprir o gesto ritual, mas constitui a força batismal principal; nele, com efeito, a Paixão de Cristo opera não por meio de uma "representação figurativa", mas através da imitação "vital" (*per imitationem operis*).[62] Em segundo lugar, o efeito do Batismo pode ser obtido por força do fato de o Espírito Santo suscitar

---

[60] *STh* III, q. 68, a. 2, c. Tomás exemplifica citando a afirmação de Ambrósio a propósito do imperador Valentiniano II, morto como catecúmeno: "Perdi a quem haveria de dar novo nascimento, mas ele não perdeu a graça que buscava [*De obitu Valentiniani*]" (*STh* III, q. 68, a. 2, c). Evidentemente, estamos, aqui, na presença de um desejo *explícito* do Batismo; Tomás acena ainda a um desejo *implícito* do Batismo, mas não desenvolve de nenhum modo o discurso (cf. *STh* III, q. 69, a. 4, ad 2).

[61] Cf. *STh* III, q. 66, a. 11, c.

[62] Cf. *STh* III, q. 66, a. 12, c.

no homem fé, amor de Deus e arrependimento dos próprios pecados. Tomás se esforça em não insinuar a ideia que essas duas formas batismais possam substituir ou tornar supérfluo o sacramento; elas, com efeito, estão "incluídas" no Batismo de água.[63]

> Em geral, Tomás condivide a convicção dos seus contemporâneos, segundo a qual todo mundo teve a possibilidade de estar em contato com a mensagem cristã, portanto o caso de ignorância invencível (portanto não culpável) nos confrontos da fé é extremamente raro. Pagãos, judeus e muçulmanos ouviram falar suficientemente de Cristo, por isso – ao menos em linha de princípio – a sua ignorância de fé é culpável.[64] No caso extremo e excepcional de uma ignorância invencível nos confrontos da fé, Tomás oscila entre duas soluções. No *Comentário às sentenças*, afirma que Deus providenciará a enviar um socorro excepcional, ou através de alguém que pregue a fé, ou, então, através de uma revelação pessoal; e isto em coerência com o adágio clássico segundo o qual "facienti quod est in se Deus non denegat gratiam". Em algumas passagens da *Summa*, ao contrário, a posição é de inspiração mais agostiniana: aquele que, sem culpa, não tem fé, é condenado não por causa da sua falta de fé, mas por causa daqueles pecados que – sem a fé – não esteve em grau de evitar.[65]

2.1.3. *Batismo e fé*

Em mais de uma ocasião, Tomás repropõe a qualificação de *sacramentum fidei*, tradicionalmente atribuída ao Batismo, justificando-a pelo fato de este sacramento, em certo modo, se identificar com uma

---

[63] "Os outros dois Batismos estão incluídos no Batismo de água, que recebe sua eficácia da Paixão de Cristo e do Espírito Santo. Com isso não se desfaz a unidade do Batismo" (*STh* III, q. 66, a. 11, ad 1).

[64] "Mas ele reconhece também que o Cristianismo está difundido sobretudo no Ocidente; nas regiões nórdicas há ainda muitos pagãos e no Oriente muitos cismáticos e infiéis. Ele distingue também as regiões nas quais o Cristianismo é simplesmente conhecido e aquelas nas quais a pregação do Evangelho conseguiu o pleno efeito pelo estabelecimento da Igreja nelas [...] Semelhantemente, se a pregação chegou em uma região, isto não significa que ela tenha atingido todos os habitantes individualmente considerados. Essas reflexões introduzem um certo número de atenuantes na convicção de que, a seu tempo, a recusa da fé é culpável" (SESBOÜÉ, B. *"Hors de l'Église pas de salut"*. *Histoire d'une formule et problèmes d'interprétation*. Paris: Desclée de Brouwer, 2004. p. 108-109 [tradução do autor]).

[65] Ibid.

A ÉPOCA MEDIEVAL

profissão de fé.[66] Para que aconteça o Batismo, é preciso, pois, que a fé trinitária crida pela Igreja seja professada de modo explícito; isso acontece quando é pronunciada a fórmula sacramental: "Eu te batizo em nome do Pai e do Filho e do Espírito Santo". Isso se liga a uma explícita vontade de Cristo, mas corresponde também a um aspecto fundamental da fé, cuja verdade implica que ela seja confessada, expressa exteriormente.[67] Portanto, a profissão da fé representa um elemento estrutural do rito batismal, indispensável para que aconteça o sacramento. Ela não se identifica *sic et simpliciter* com a reta confissão de fé por parte do sujeito que recebe o Batismo: esta última, com efeito, não é necessária em vista da *perceptio sacramenti*, que no Batismo se identifica com a impressão do caráter. Para tal finalidade, é suficiente a intenção por parte do sujeito, isto é, a vontade de "receber o sacramento como Cristo o instituiu e como a Igreja o administra".[68]

Todavia, se a ausência de fé da parte do sujeito não compromete a validade do Batismo, enquanto permanece a incredulidade, o Batismo não pode realizar aquilo para o qual foi instituído: isto é, não pode

---

[66] "O Batismo se chama 'sacramento da fé', enquanto no Batismo fazemos uma profissão de fé e por ele nos agregamos à comunidade dos que creem" (*STh* III, q. 70, a. 1, c); "O Batismo é o sacramento da fé, por ser uma profissão da fé cristã" (*STh* III, q. 71, a. 1, c). O elenco das citações encontra-se em: VILLETTE, L. *Foi et sacrement. 2: De saint Thomas à Karl Barth*. Paris: Bloud et Gay, 1964. p. 17, nota 1.

[67] "Sed ad fidei veritatem non solum pertinet ipsa credulitas cordis, sed etiam exterior protestatio" (*STh* II-II, q. 124, a. 5, c).

[68] *STh* III, q. 68, a. 8, ad 3. Discurso análogo vale para o ministro do Batismo: para que um sacramento seja válido e por si eficaz, é suficiente que o ministro tenha a intenção de fazer o que faz a Igreja, mesmo se pessoalmente considere nulo (*nihil*) o ato que realiza; o ministro, com efeito, "age como representante de toda a Igreja, cuja fé supre o que falta à fé do ministro" (*STh* III, q. 64, a. 9, ad 1). Explica-se, desse modo, a validez do Batismo administrado pelos pagãos: embora não sejam incorporados à Igreja, o ato sacramental que eles realizam é, de alguma forma, determinado pela forma que a Igreja estabeleceu e que eles observam (cf. *STh* III, q. 67, a. 5, c). Para um comentário sobre o tema da intenção do ministro, cf.: REVEL, *Traité des sacrements...*, I, p. 276-285. Parece, porém, que a distinção entre fé e intenção – assim como é proposta por Tomás – não deve ser entendida em termos muito rígidos; a intenção de receber o Batismo, com efeito, já implicaria, de algum modo, uma certa fé (cf. VILLETTE, *Foi et sacrement*, II, p. 39).

comunicar a graça e, portanto, levar à salvação quem o recebe.[69] Com efeito, para receber a graça é necessário que aquele que se aproxima do Batismo tenha a "fé reta"[70] e "formada": isto é, aquela fé "que opera mediante a caridade".[71] Como em todo ato sacramental, através do Batismo a graça divina é realmente oferecida, mas o sujeito só se apropria dela mediante a fé. Em outras palavras, o rito sacramental é o instrumento exterior e objetivo mediante o qual é oferecida a graça; a fé, ao contrário, é o elemento interior e subjetivo, pelo qual a graça oferecida é efetivamente recebida. Todavia, em relação à fé, o Batismo goza de uma espécie de precedência: com efeito, a fé incorpora a Cristo somente se é associada ao desejo do Batismo. Efetivamente, se falta o propósito de receber o sacramento visível, não se realiza nem mesmo a incorporação espiritual mediante a fé.[72] Isso significa que a incorporação sacramental a Cristo mediante o Batismo não se sobrepõe intrinsecamente à incorporação espiritual mediante a fé, que já atua antes do Batismo e mesmo representa o seu complemento. Em outros termos, "onde existe um ato de fé, ele comporta, ao menos implicitamente, o desejo do Batismo".[73]

---

[69] Tomás afirma consequentemente: "Como o sacramento do Batismo não deve ser conferido a quem não quer se afastar do pecado, tampouco a quem não quer deixar a infidelidade" (*STh* III, q. 68, a. 8, ad 4).

[70] Cf. *STh* III, q. 68, a. 8, c.

[71] Cf. *STh* III, q. 68, a. 4, ad 3.

[72] "Os adultos que anteriormente ao Batismo creem em Cristo estão incorporados a ele espiritualmente. Mas depois, quando se batizam, são incorporados como que corporalmente, isto é, pelo sacramento visível, sem cujo desejo não teriam podido incorporar-se nem mesmo espiritualmente" (*STh* III, q. 69, a. 5, ad 1).

[73] CANOBBIO, G. Fede per il battesimo, fede dal battesimo. In: *Iniziazione cristiana*. Brescia: Morcelliana, 2002. p. 29-59 – aqui, p. 46. (Quaderni teologici del Seminário di Brescia 12.)

2.1.4. O Batismo das crianças

A temática desenvolvida cria, evidentemente, mais de um problema quando se refere ao caso em que se deve batizar crianças. A propósito, após ter mostrado a necessidade e a conveniência do Batismo das crianças, Tomás faz algumas objeções que responde pontualmente, inspirando-se largamente em Agostinho.[74] A quem observa que as crianças não podem ter a intenção de receber o sacramento, Tomás, na base de um paralelo entre a regeneração espiritual e o nascimento físico, faz notar que "as crianças têm a intenção, não por um ato próprio [...] mas por um ato daqueles que os apresentam ao Batismo".[75] A quem sustenta a impossibilidade de ministrar o *sacramentum fidei* a infantes privados da fé, nota que, "na Igreja do Salvador, as crianças creem por meio de outros". E esses "outros" não se identificam simplesmente com os pais e os padrinhos; é antes de tudo "a inteira sociedade dos santos e dos fiéis" que apresenta as crianças ao Batismo, aquela Igreja unificada pelo Espírito, o qual "comunica os bens de uns aos outros".[76] "Mas as crianças", objeta ainda alguém, "enquanto privadas de consciência, não podem ser interrogadas pela fé."

---

[74] O Batismo das crianças é necessário. Com efeito, elas, nascendo, incorreram na condenação por causa de Adão, renascendo podem conseguir a salvação por meio de Cristo. É conveniente, a fim de que as crianças, educadas desde pequenas na realidade da vida cristã, estejam em grau de nela perseverar mais solidamente. Essa argumentação, evidentemente, pressupõe que o Batismo das crianças seja seguido da sua educação cristã (cf. *STh* III, q. 68, a. 9). O pano de fundo sobre o qual se coloca a reflexão de Tomás é constituído pelos debates sobre o Batismo das crianças, que se desenvolveram na Alta Idade Média e no século XII. Cf. RICHÉ, P. Faut-il baptiser les enfants? In: DE CLERCK, P.; PALAZZO, E. (edd.) *Rituels. Mélanges offerts à Pierre-Marie Gy, o.p.* Paris: Cerf, 1990. p. 447-453.

[75] "O novo nascimento espiritual realizado pelo Batismo de algum modo se assemelha ao nascimento carnal: como as crianças no seio materno não se nutrem por si mesmas, mas se sustentam pelo alimento da mãe, também as crianças que não têm o uso da razão estão por assim dizer no seio da mãe Igreja e recebem a salvação não por si mesmas, mas pelos atos da Igreja [...] Pela mesma razão, pode-se considerar que têm intenção de receber o Batismo, não por um ato de intenção pessoal [...] mas pelo ato daqueles que os apresentam" (*STh* III, q. 68, a. 9, ad 1).

[76] *STh* III, q. 68, a. 9, ad 2.

"A criança", responde Tomás, "[...] não é interrogada por si mesma, mas através de outros; os que são interrogados confessam a fé da Igreja *in persona pueri*, o que é agregado a essa fé [a fé da Igreja] por meio do 'sacramento da fé'."[77]

A criança, portanto, é apresentada ao Batismo pela fé da Igreja, mas, ao mesmo tempo, ela é associada a *essa* fé pelo Batismo, sacramento da fé. A argumentação fora proposta por Agostinho: o Batismo, enquanto sacramento da fé, faz participante da própria *res* (a fé) também a criança que o recebe, portanto fazendo-o crente. Tomás retoma a argumentação, precisando que a fé comunicada à criança por meio do Batismo é a fé da Igreja. Para Tomás, portanto, no Batismo das crianças a fé da Igreja entra em jogo sob um dúplice perfil: previamente ao Batismo, ela supre a falta e disposição pessoal da criança; ao mesmo tempo, porém, no mesmo ato do Batismo e por força dele, a fé da Igreja é comunicada à criança.[78]

2.2. Teologia da Confirmação

Se os livros litúrgicos utilizados por Tomás documentam ainda, na presença do bispo, a conexão ritual entre Batismo, Confirmação e Eucaristia, de fato a Confirmação é quase geralmente separada do Batismo e reservada ao bispo. Por seu lado, Tomás reconhece tal praxe, justifica-a e considera a Confirmação como um sacramento claramente

---

[77] *STh* III, q. 68, a. 9, ad 3. A afirmação é retomada também mais adiante: "E assim as crianças creem não por ato próprio, mas pela fé da Igreja que lhes é comunicada" (*STh* III, q. 69, a. 6, ad 3). "Quem responde 'Creio' pela criança batizada não prediz que a criança há de crer quando chegar à idade adulta [...] mas professa, como representante da criança, a fé da Igreja, à qual a criança é associada, cujo sacramento lhe é conferido e à qual é obrigada por outrem" (*STh* III, q. 71, a. 1, ad 3).

[78] Deve-se precisar que a fé comunicada à criança pelo Batismo é a fé como *habitus*, isto é, como disposição permanente que habilita a criança a colocar o ato de fé pessoal, assim que tiver atingido o uso da razão; da impossibilidade de um infante para colocar atos de virtude e de fé não se deve, portanto, concluir nele a ausência das virtudes e da fé como *habitus* (*STh* III, q. 68, a. 6).

distinto do Batismo. É justo com a questão do *valor sacramental da Confirmação* se abre a abordagem da *Summa* que parte do princípio segundo o qual onde se encontra um efeito específico da graça lá existe um sacramento específico. Para individuar o efeito próprio da Confirmação – portanto justificar a sua sacramentalidade –, Tomás utiliza a analogia entre a vida física e a vida espiritual.[79] Na vida física, além de um movimento de geração, do qual se recebe a vida, existe um movimento de crescimento, através do qual se é conduzido à idade perfeita. No âmbito da vida espiritual, é possível encontrar uma análoga duplicidade: a vida espiritual é recebida através do Batismo, que realiza a regeneração espiritual; na Confirmação, contrariamente, "o ser humano recebe quase uma certa idade perfeita da vida espiritual (*quandam aetatem perfectam spiritualis vitae)*" (q. 72, a. 1). Estamos, pois, diante de dois efeitos específicos, que exigem dois sacramentos específicos: eis por que se pode falar de sacramentalidade também em referência à comunhão. A perspectiva da *aetas perfecta spiritualis vitae* – ou, mais genericamente, da *perfectio* – retorna em outras passagens da *quaestio*,[80] ao ponto que parece em grau de exprimir sinteticamente o sentido da Confirmação, individuando o seu efeito fundamental.

---

[79] A analogia com o desenvolvimento da vida física já tinha sido introduzida na q. 65, em referência a todos os sete sacramentos. Nesse quadro, "essencialmente, a vida corporal se aperfeiçoa de três maneiras. Primeiro, pela geração, pela qual o homem começa a existir e viver. Na vida espiritual, corresponde a ela o Batismo, que é o novo nascimento espiritual [...] Segundo, por crescimento, pela qual se atinge a estatura e força perfeitas. É o que acontece na vida espiritual pela Confirmação, em que o Espírito Santo é dado para a fortaleza [...] Terceiro, pela nutrição, que conserva no homem a vida e a força. Na vida espiritual corresponde a ela a Eucaristia" (*STh* III, q. 65, a. 1, c). Cf. as pertinentes notas críticas de REVEL, *Traité des sacrements...*, I, p. 637-638.

[80] "A Confirmação é um crescimento espiritual que faz o homem avançar até a idade perfeita espiritual" (*STh* III, q. 72, a. 5, c); "este sacramento faz o homem avançar espiritualmente para a idade perfeita" (*STh* III, q. 72, a. 8, c). Além disto, a Confirmação é enumerada entre os sacramentos que *operantur ad perfectionem salutis* (cf. *STh* III, q. 72, a. 1, ad 3); pouco depois, declara-se que ela deve conformar-se ao Batismo *sicut perfectio perfectibili* (cf. *STh* III, q. 72, a. 4, 3 *praeterea*).

À linguagem da *perfectio* pode-se aproximar a da *plenitudo*, que também aparece com uma certa frequência: na Confirmação é dada a *plenitudo Spiritus Sancti*;[81] a ela refere-se a qualificação de *sacramentum plenitudinis gratiae*,[82] que confere a *plenitudinem roboris spiritualis*.[83] Nem mesmo falta uma referência à Confirmação *quasi ultima consummatio sacrameti baptismi*, mediante a qual o homem, que no Batismo é constituído como edifício espiritual e "escrito" como carta espiritual, é dedicado como templo do Espírito e selado com o sinal da cruz.[84]

Essas expressões parecem ecoar a visão patrística, segundo a qual a *confirmatione baptismus perficitur*.[85] Contudo, devem ser evidenciados dois aspectos que fazem a diferença entre Tomás e os Padres. Em primeiro lugar, o adágio patrístico indicava nos ritos de Confirmação um complemento do Batismo, ao qual, geralmente, estava ligada uma plena efusão do Espírito Santo: com referência aos Padres, seria, pois, anacrônico apresentar tais ritos como um sacramento autônomo, distinto do Batismo; justamente isto, ao contrário, é o que a q. 72 propõe mostrar. Em segundo lugar, em Tomás é mais o batizado e não o Batismo que deve ser levado à perfeição mediante a Confirmação. A compreensão do que efetivamente implica tal perfeição é complicada porque de perfeição da vida espiritual se fala também com relação à comunhão eucarística. Confrontando as duas "perfeições" – a que se consegue através da comunhão eucarística e a que é conferida pela Crisma –, Tomás afirma que, graças à Eucaristia, a vida espiritual aperfeiçoa-se "de forma que o ser humano seja perfeito em si mesmo"; na Confirmação, ao contrário, "a graça aumenta e se aperfeiçoa por consentir

---

[81] *STh* III, q. 72, a. 1, ad 1; a. 2, ad. 2.
[82] *STh* III, q. 72, a. 1. ad 2, ad. 4.
[83] *STh* III, q. 72, a. 4, c.
[84] Cf. *STh* III, q. 72, a. 11, c.
[85] A expressão é quase literal: "A Confirmação de certo modo aperfeiçoa o sacramento do Batismo" (*STh* III, q. 72, a. 2, ad 2); cf. também: *STh* III, q. 65, a. 4, c.

A ÉPOCA MEDIEVAL

resistir contra os assaltos dos inimigos de Cristo".[86] Quando se encontra diante das exigências de evidenciar a especificidade da Confirmação, Tomás termina, portanto, por explicar a *aetas perfecta spiritualis vitae*, reconduzindo-a substancialmente à perspectiva medieval costumeira da *robur ad pugnam*. O que é certo é que a analogia entre idade perfeita da vida natural e idade perfeita da vida espiritual não significa, pois, a simples coincidência dos dois planos: a *aetas perfecta spiritualis vitae* não se identifica com a maturidade psicológica nem tal mentalidade constitui um requisito necessário para receber a Confirmação; ao contrário, Tomás afirma explicitamente que as idades da vida física não condicionam a alma, pela qual, como se pode renascer espiritualmente na velhice, assim se pode conseguir a idade perfeita do homem no tempo da juventude e da infância.[87]

Quanto ao problema da *instituição*, Tomás recusa a ideia segundo a qual a Confirmação foi instituída pelos apóstolos ou por qualquer concílio. Na sua opinião, com efeito, a origem da Confirmação vem de Jesus Cristo, o qual a instituiu "non exhibendo, sed promittendo": isto é, a instituição da Confirmação não teria sido "exibida" pelo Senhor em termos explícitos, mas estaria implícita na promessa do dom do Espírito (Jo 16,7), cuja plenitude é dada neste sacramento. Essa explicação coloca, porém, o problema de justificar o uso do Crisma como matéria da Confirmação.[88] Cristo, efetivamente, concedeu o Espírito Santo sem o Crisma e os apóstolos confirmavam somente impondo as mãos. Tomás resolve a dificuldade fazendo uso da distinção entre *res* e *sacramentum*: Cristo comunicou aos apóstolos o conteúdo de graça da Confirmação (a sua *res*, isto é, a plenitude do Espírito Santo), mas não determinou o

---

[86] *STh* III, q. 79, a. 1, ad 1.
[87] Cf. *STh* III, q. 72, a. 8, c.
[88] Cf. *STh* III, q. 72, a. 2.

sinal sacramental visível (o *sacramentum*). Isso não implica, contudo, uma dissociação entre *res* e *sacramentum*; embora Cristo não tenha determinado o sinal sacramental, há sempre uma relação entre um sinal expressivo e a graça. Em Pentecostes, o sinal expressivo que acompanhou o dom do Espírito é o fogo, enquanto, quando os apóstolos impõem as mãos, a plenitude do Espírito desce acompanhada de um sinal sensível milagroso. No decorrer do tempo, toca à Igreja preencher a indeterminação na qual Jesus deixou a matéria do sacramento, escolhendo o que aparece mais oportuno. A "conveniência" do Crisma como matéria da Confirmação é, pois, mostrada a partir da sua capacidade de indicar a graça do sacramento. Na Confirmação é dada a "plenitude do Espírito Santo para obter a força espiritual que convém à idade perfeita"; é o homem que atingiu a idade perfeita, começa a entrar em relação com os outros, enquanto antes vivia para si mesmo. O Crisma, composto de óleo e bálsamo, é muito apropriado para exprimir esses significados: de fato, o óleo indica bem a graça do Espírito Santo, como mostra o fato de Cristo, repleto do Espírito Santo, ser designado como "ungido de óleo de alegria"; de outro lado, o bálsamo, com seu perfume, evoca a irradiação espiritual, fruto da idade perfeita.

> Na linha da *aetas perfecta spiritualis vitae*, compreende-se também aquilo que Tomás disse a propósito do caráter da Confirmação: no Batismo recebe-se o poder de realizar os atos que dizem respeito à própria salvação, enquanto na Confirmação se recebe o poder de "realizar o que diz respeito à luta espiritual contra os inimigos da fé".[89] Nessa linha, se todos os sacramentos são profissão de fé, a Confirmação recebe o poder de professar publicamente a própria fé *quasi ex officio*, com uma espécie de mandato oficial.[90] Na perspectiva da *aetas perfecta*, também a graça santificante é dada na Confirmação para aumentar e tornar estável a justiça batismal.[91] Por fim, no que concerne ao ministro,

---

[89] *STh* III, q. 72, a. 5, c.
[90] Cf. *STh* III, q. 72, a. 5, ad 2.
[91] Cf. *STh* III, q. 72, a. 7, ad 1.

uma vez que a Confirmação é *quasi ultima consummatio* do Batismo, a sua administração é reservada ao bispo, que tem o poder supremo na Igreja.[92]

2.3. Relação entre Batismo e Eucaristia

Como vimos, a partir do século XII, a praxe de dar a comunhão aos recém-nascidos imediatamente após o Batismo entra em crise e é definitivamente abandonada com o IV Concílio de Latrão (1215), que prescreve a obrigação da confissão anual e da comunhão pascal a partir da idade da razão. Tomás se encontra, pois, diante de uma praxe da Eucaristia separada do Batismo e, de sua parte, sustenta-lhe a oportunidade.[93] Na sua reflexão, continua estar presente, de algum modo, a consciência da relação que une Batismo e Eucaristia. Se os acenos nesse sentido são numerosos nos escritos de Tomás, o tema é afrontado de forma bastante estendida na q. 73, a. 3, que interroga sobre a necessidade da Eucaristia para a salvação.

A esse propósito, Tomás recorda que a *res* da Eucaristia (a sua graça, o seu efeito) é a unidade do corpo místico, sem a qual não pode dar-se a salvação: consequentemente, a *res* da Eucaristia é necessária para a salvação; mas a *res* de um sacramento pode ser obtida antes da recepção de fato do sacramento, por força do *votum* de receber o mesmo sacramento. Assim, antes de receber a Eucaristia o homem pode ter a salvação, por força do *votum* de receber a Eucaristia; e no Batismo está inscrito precisamente esse voto, no sentido de que, "através do Batismo, o ser humano é ordenado para a Eucaristia", definida como "o fim

---

[92] Cf. *STh* III, q. 72, a. 11, c.

[93] "Quando as crianças começam a ter certo uso da razão, sendo já capazes de conceber alguma devoção a este sacramento, pode ser-lhes então conferido" (*STh* III, q. 80, a. 9, ad 3). No *Scriptum (Commentum) in Libros sententiarum magistri Petri Lombardi*, como critério para dar a comunhão eucarística às crianças, Tomás tinha indicado a capacidade de distinguir o pão eucarístico do pão comum, precisando que tal capacidade pode ser encontrada a partir dos dez-onze anos (cf. *Dist.* 9, q. 1, a. 5, sol. 4).

de todos os sacramentos". Isso vale também no caso do Batismo das crianças.

> Pelo fato mesmo que as crianças são batizadas, elas são ordenadas pela Igreja à Eucaristia. E como creem por força da fé da Igreja, assim, por força da fé da Igreja, desejam a Eucaristia e, consequentemente, recebem a sua *res* [a unidade do corpo místico, sem a qual não pode acontecer a salvação].[94]

Tal orientação para a Eucaristia, intrínseca ao Batismo, mesmo no caso das crianças, explica por que se possa protelar a efetiva recepção da Eucaristia até a idade da razão, sem por isso comprometer a salvação dos batizados: por força do *votum eucharistiae* inscrito no seu Batismo *ex intentione Ecclesiae*, as crianças já recebem a *res* da Eucaristia e, portanto, a salvação. Contudo, deve-se esclarecer que não existe um outro sacramento que os disponha para ela; consequentemente, o voto do Batismo é prerrogativa unicamente dos adultos.

2.4. Linhas sintéticas

Tomás tem presente uma situação na qual, geralmente, os sacramentos do Batismo, da Confirmação e da Eucaristia são administrados separadamente um do outro. Mesmo que seja provável que, a partir dos documentos litúrgicos, ele conheça a praxe da celebração unitária desses sacramentos, todavia quer justificar o ordenamento recente. Em todo caso, qualquer que seja a conexão ritual entre Batismo, Confirmação e Eucaristia, ele vê esses três gestos como sacramentos distintos, destinados cada um a produzir um efeito próprio: a cada um deles são,

---

[94] *STh* III, q. 73, a. 3, c. Mais adiante, Tomás acentua: "Ninguém tem a graça antes de recebê-lo [a Eucaristia] a não ser pelo desejo do mesmo, ou tido por si mesmo, no caso dos adultos, ou tido pela Igreja, no caso das crianças" (ibid.). Cf. *STh* III, q. 79, a. 1, ad 1.

A ÉPOCA MEDIEVAL

pois, aplicadas as categorias elaboradas no âmbito do *De sacramentis in genere*. O reconhecimento claro da sacramentalidade de cada um desses gestos se acompanha, em Tomás, pela consciência do liame que existe entre eles. Em particular, a partir da centralidade da Eucaristia, o Batismo se revela intrinsecamente orientado a ela; com efeito, a eficácia salvífica da Eucaristia já está operante no Batismo, por força do *votum eucharistiae* que o Batismo objetivamente traz em si. O liame entre Batismo e Confirmação, ao contrário, é explicitado recorrendo à analogia que na vida física se dá entre nascimento e *aetas perfecta*, conceito que não se pode, sem aprofundamento, assimilar com o de maturidade psicológico-antropológica.

Embora o catecumenato já tivesse desaparecido na época dos escritos de Tomás, todavia, em algumas de suas afirmações relativas ao Batismo dos adultos, parece ecoar uma lógica de qualquer modo catecumenal que valoriza um caminho de preparação prévia à recepção do Batismo.[95] Na linha da tradição agostiniana, Tomás é, de algum modo, um convicto sustentador da necessidade e da oportunidade de dar o Batismo às crianças; as recomendações nesse sentido, motivadas pela necessidade de as crianças serem libertas do pecado original, são acompanhadas da insistente chamada de atenção para que às crianças batizadas seja dada, posteriormente, a garantia de uma eficaz educação na fé.

---

[95] Falando do Batismo dos adultos, Tomás indica três razões pelas quais é oportuno que ele seja deferido: evita-se o risco de batizar pessoas não dispostas; oferece-se ao candidato o tempo para um conhecimento mais aprofundado da fé e para um "primeiro" exercício da vida cristã; celebra-se o Batismo na Páscoa e em Pentecostes com a devida solenidade (cf. *STh* III, q. 68, a. 3, c.).

CAPÍTULO IV
O CONCÍLIO DE TRENTO

O centro de nossas atenções no presente capítulo são os ensinamentos do Concílio de Trento sobre o Batismo e a Confirmação, enquadrando-o em um contexto que permita uma adequada compreensão. Tendo como ponto de partida a Reforma, dando especial relevo ao pensamento de Lutero e à radical contestação proveniente do assim chamado "Protestantismo não sacramental" (§ 1.). Após o exame da doutrina batismal (e "crismal") "dispersa" em diversos documentos tridentinos (§ 2.), consideramos a proposta que emerge do Pontifical de 1596 e do Ritual de 1614 (§ 3.), para concluir com alguns acenos ao *Catechismus romanus* de 1566 (§ 4.).

1. Lutero e o "Protestantismo não sacramental"

O caráter não sistemático do pensamento de Lutero contradistingue também a sua reflexão sobre os sacramentos, sempre fortemente assinalada pela polêmica com os interlocutores que tem diante de si. Pelo que diz respeito ao Batismo, no *De captivitate babylonica ecclesiae*

(1520),[1] o ponto de partida de sua reflexão é uma clara definição deste sacramento como evento da *promissio* e da *fides*.[2] No Batismo, com efeito, a promessa divina torna-se perceptível na forma de uma palavra atual que permite a salvação a uma pessoa concreta. Consequentemente, a fé que reconhece a promessa e a ela se confia é essencial para que o sacramento exista e obtenha o seu efeito. Nesse quadro, Lutero retoma uma afirmação já emersa num escrito de 1518: "Portanto, é preciso que a pessoa que acede ao sacramento creia, pois não é o sacramento, mas a fé do sacramento que justifica".[3] A *fides*, da qual fala Lutero, não é uma fé genérica, e sim a *fides sacramenti*: o seu objeto, com efeito, não é "uma manifestação qualquer da vontade divina de salvação", e sim "uma promessa que atinge o homem justamente na forma objetiva e externa do sacramento".[4] Uma promessa – aquela que é recebida *sacramentaliter* uma vez por todas no Batismo – a qual o cristão deve retornar na fé durante todo o curso da sua vida. A acentuação da fé por parte de Lutero não significa, portanto, que ele veja nela uma via de salvação alternativa ao sacramento: "Lutero não contrapõe o sacramento à fé, mas o sacramento à obra humana".[5] E se a importância da fé para a recepção do Batismo é inegável, a objetividade e a exterioridade

---

[1] D. Martin Luther Werke. Kritische Gesamtausgabe. Weimar, 1883ss (sigla: *WA*). S. 6, 497-573. Trad. it. in: LUTERO, M. *Scritti politici*. 2. ed. Torino: Utet, 1959. p. 227-347.

[2] Cf. MAFFEIS, A. *Fides sacramenti*. Battesimo e fede nella teologia di Martin Lutero. In: *Iniziazione cristiana*. Brescia: Morcelliana, 2002. p. 61-113. (Quaderni teologici del Seminario di Brescia 12.)

[3] *WA* 6, 532, 29: "Oportet enim accedentem credere, deinde non sacramentum sed fides sacramenti iustificat".

[4] MAFFEIS, *Fides sacramenti*..., p. 76-77.

[5] Ibid., p. 78. "Em nome da palavra da promessa e da fé, o *De captivitate* determina uma inegável relativização do *signum* sacramental [...]. Deve-se, porém, sublinhar ao mesmo tempo que, como a promessa é divina, assim também o liame desta com o sinal é estabelecido por Deus. Se, portanto, a fé pode colher a promessa da palavra divina mesmo independentemente do sinal sacramental, isto não significa que o sinal sacramental se torne privado de importância. Ao contrário, o sinal sacramental mantém todo o seu significado como "forma exterior da promessa que constitui o sacramento" e como elemento decisivo, em particular quando a fé experimenta a tentação" (ibid., p. 83-84).

do sacramento revelam a precedência da promessa divina com relação à fé do sujeito.

Tal aspecto vem em primeiro plano nos desenvolvimentos sucessivos da reflexão de Lutero, que, após 1520, deve confrontar-se com as correntes mais radicais da Reforma (entre eles os anabatistas), recolhidas sob a sigla de "Protestantismo não sacramental".[6] As variadas posições atribuíveis a essas orientações são associadas pela insistência sobre a distância histórica que nos separa da obra salvífica realizada por Cristo no passado. Tal distância pode ser colmada somente pela fé que se refaz à memória do passado. A isso se liga uma forte relativização de tudo quanto é exterior. A fé, com efeito, lançando-se além do espaço e do tempo, se joga em forma direta e imediata sobre o mesmo Deus para quem as mediações exteriores – no limite, também a Palavra – tornam-se secundárias e têm, tudo somado, um valor de Confirmação da fé. É nítida a separação entre o agir de Deus e o agir humano, ação do Espírito e rito. Deus, com efeito, age diretamente no coração do homem e pode prescindir das mediações humanas, Palavra compreendida. Contrariamente, o agir do homem no culto situa-se principalmente na ordem da resposta. Nessa perspectiva, o Batismo se configura essencialmente como confissão de fé, expressão da vontade de conduzir uma vida nova e sinal de pertença à comunidade dos crentes. Tal perspectiva, evidentemente, não deixa muito espaço ao Batismo das crianças.[7]

---

[6] LIENHARD, M. Luther est-il "protestant"? Les sacrements chez Luther et dans la tradition luthérienne. *La Revue d'histoire et de philosophie religieuses* 77 (1997) 141-164.

[7] No âmbito da ala radical da Reforma, o único a admitir a legitimidade do Batismo das crianças é U. Zwingli. Vendo no Batismo o sinal da pertença à comunidade, o reformador de Zurique acredita ser possível que mesmo o recém-nascido o receba, embora não tendo consciência disso: "Ele é membro da comunidade cristã e o Batismo é a pública manifestação desta pertença" (McGRATH, A. E. *Il pensiero della Riforma. Lutero, Zwingli, Calvino, Bucero. Un'introduzione*. Torino: Claudiana, 1991. p. 139).

Justamente, "através do confronto com a ala radical da Reforma, Lutero recupera o significado do Batismo como obra de Deus independente da fé do homem, após ter colocado em realce no *De captivitate* a necessidade da fé para que o sacramento pudesse ser eficaz para a salvação". Todavia, na evolução do pensamento do reformador permanece constante o "acento colocado na Palavra como princípio do qual o Batismo retira sua eficácia". Na acentuação da função da Palavra, encontram unidade quer "a atribuição ao Batismo de uma eficácia que não depende da fé", quer "a afirmação de que a fé é necessária para a recepção do Batismo".[8] Deve-se notar que, em Lutero, o conceito de Palavra de Deus não se identifica nem com o texto bíblico na sua literalidade nem com a pregação. A Palavra de Deus é, em suma, a perene comunicação que Deus faz de si mesmo e que se torna perceptível nas duas formas da pregação oral e da ação sacramental.[9] Se a Palavra de Deus é entendida dessa forma, a afirmação segundo a qual ela constitui o princípio da eficácia do sacramento não implica uma absorção da ação sacramental. Os sacramentos, com efeito, permanecem como uma das formas pelas quais a Palavra chega aos destinatários aos quais é endereçada. Permanece aberta a pergunta sobre a relação que existe entre as duas formas da única Palavra de Deus (a pregação e o sacramento) e sobre a especificidade que caracteriza o sacramento com relação à pregação. Entre as diversas respostas que foram dadas, é clássica a que foi proposta por W. Elert:

> O Batismo se coloca em exata analogia com a Palavra [a pregação] à qual a fé se confia. Contudo, ele se distingue da Palavra, em primeiro lugar,

---

[8] MAFFEIS, *Fides sacramenti...*, p. 98.
[9] "'Palavra' ou 'Evangelho' é, por isso, o conceito superior, que compreende o anúncio oral e a ação sacramental por que através de ambos a única palavra de Deus se comunica" (PESCH, O. H. *Theolgie der Rechtfertigung bei Martin Luther und Thomas von Aquin. Versuch eines systematisch-theologischen Dialogs*. Mainz, 1967. S. 330-331. Citado em: MAFFEIS, *Fides sacramenti...*, p. 99, nota 103).

pela concretude do ato batismal, é, portanto, *verbum visibile*, e, em segundo lugar, pelo fato de aqui a Palavra ser dirigida por Deus ao cristão de modo muito pessoal, ele é chamado pelo nome e é acolhido em uma condição pessoal de filiação.[10]

Na discussão de Lutero com as posições da Reforma radical, o ponto sensível permanece, contudo, a questão do Batismo das crianças. A tal propósito, Lutero não somente afirma a legitimidade de tal praxe, mas atribui também às crianças uma fé correspondente ao sacramento. É a tese da *fides infantium*, que Lutero mantém por todo o curso da sua vida. "Mediante o *verbum Dei* anunciado às crianças no Batismo, Deus se liga ao pequeno batizando e lhe dá, em certo modo, uma fé própria. O batizando ouve e recebe esta 'Palavra' certamente porque o seu coração não é ainda capaz de recusá-la".[11] Essa visão não retira de importância a escuta consciente da Palavra: pela fé do adulto, com efeito, a escuta consciente é necessária, embora não sendo o elemento determinante da fé. Para a criança que não tem o uso da razão, ao contrário, falta esse aspecto, mas permanece aquilo que é propriamente constitutivo da fé: a presença e a bênção de Cristo que promete o Reino dos Céus. Na tese sobre a *fides infantium* reflete-se a tensão fundamental que atravessa a concepção luterana da fé:

> De um lado, a ação salvífica de Deus procura uma fé viva; de outro lado, a fé autêntica funda-se na ação divina de salvação que a precede. O lado objetivo do Batismo (a fé não constitui o Batismo) não está em concorrência com o lado subjetivo (a fé é necessária para que o Batismo produ-

---

[10] ELERT, W. *Morphologie der Luthertums*. München, 1931. I, S. 258-259. Citado por: MAFFEIS, *Fides sacramenti...*, p. 100.

[11] BRINKEL, K. *Die Lehre Luthers von der fides infantium bei der Kindertaufe*. Berlin, 1958. S. 69. Citado por: MAFFEIS, *Fides sacramenti...*, p. 110.

za a salvação) e corresponde à natureza do sacramento que é obra de Deus, mas ao mesmo tempo exige a fé.[12]

Quanto à Confirmação, Lutero nega a sua sacramentalidade, pois no Novo Testamento falta a explícita atestação da sua instituição por Cristo. Portanto, embora não possa ser considerada sacramento em sentido estrito, a Confirmação pode ser reconduzida à realidade que, na Igreja latina, recebe a denominação "sacramento".[13] Nessa linha, a Igreja da Reforma geralmente mantém a Confirmação como cerimônia que conclui a instrução catequética daqueles que receberam o Batismo quando crianças e, ao mesmo tempo, oferece-lhes a ocasião de professar publicamente a própria fé, antes de ser plenamente incorporados à comunidade mediante a comunhão eucarística.[14]

2. Batismo e Confirmação nos decretos do Concílio de Trento

O Concílio de Trento não pretende desenvolver uma doutrina completa e orgânica sobre o Batismo e sobre a Confirmação, e sim responder à contestação dos reformadores, que colocavam em discussão

---

[12] MAFFEIS, *Fides sacramenti...*, p. 112-113. No plano ritual, Lutero, Zwingli e Calvino compõem rituais do Batismo que revelam uma clara tendência à simplificação, mediante a abolição dos gestos como as unções, a imposição do sal, os sinais da cruz, a veste branca etc. Cf. KLEINHEYER, B. *Sakramentliche Feiern, 1: Die Feiern der Eingliederung in die Kirche*. Regensburg: Pustet, 1989. S. 136-143. (Gottesdienst der Kirche – Handbuch der Liturgiewissenschaft 7,1.)

[13] "Nós desejamos os sacramentos que Deus instituiu, mas não temos nenhum motivo para pensar que entre estes se possa enumerar também a Crisma [...]. Não lemos em nenhum lugar que Cristo tenha prometido algo semelhante à Crisma [...]. Bastará, portanto, considerar como um uso da Igreja, ou uma cerimônia sacramental análoga às outras cerimônias, à consagração da água e de outras coisas" (LUTERO, M. *De captivitate babylonica*, in *WA* 6,549s).

[14] Cf. BORNERT, R. La confirmation dans les Églises de la Réforme: tradition luthérienne, calvinienne et anglicane. *Questions liturgiques* 70 (1989) 51-68. MURONI, P. A. *L'ordine dei sacramenti dell'iniziazione cristiana. La storia e la teologia dal XIV secolo al 1992 nel rito romano*. Roma: CLV--Edizioni liturgiche, 2007. p. 118-146. (Bibliotheca Ephemerides liturgicae – Subsidia 141.)

pontos específicos da doutrina católica. Concretamente, as principais afirmações sobre o Batismo disseminadas em três diversos documentos: o decreto que se ocupa do pecado original[15] (§ 2.1.), o que expõe a doutrina da justificação[16] (§ 2.2.) e, de modo mais direto, o decreto sobre os sacramentos, que compreende treze cânones *De sacramentis in genere*, quatorze sobre o Batismo e três sobre a Confirmação[17] (§ 2.3.).

2.1. O *Decretum de peccato originali*, sessão V (17 de junho de 1546)

O *Decretum de peccato originali* não se propõe desenvolver a questão do pecado original e toda a sua vastidão e implicações. O problema decisivo que ele afronta não é, portanto, o da existência do pecado original, mas sim o da amplitude do seu caráter irrenunciável ou, ainda, das suas consequências. Nessa ótica se compreendem também as questões relativas ao Batismo: até onde chega a eficácia do Batismo? Que peso tem a desordem da concupiscência que continua a subsistir também no batizado?[18]

---

[15] *Decretum de peccato originali*, sessione V, 17 giugno de 1546, in *Denz* 1510-1516.
[16] *Decretum de iustificatione*, sessione VI, 13 gennaio de 1547, in *Denz* 1520-1583.
[17] *Decretum de sacramentis*, sessione VII, 3 marzo de 1547, in *Denz* 1600-1630. Um aceno ulterior ao Batismo encontra-se no documento *De sacramento paenitentiae* (sessione XIV, 25 novembre 1551, in *Denz* 1667-1693, 1701-1715), uma vez que põe em foco a diferença entre o sacramento da Penitência e o do Batismo (cap. 2, *Dez* 1671-1672; cân. 2, *Dez* 1702). Para um enquadramento do tema batismal diverso do documento tridentino, cf. C. RUCH, Baptême d'près le concile de Trente, in *Dictionnaire de théologie catholique*, Letouzey et Ané, Paris, 1932, II/I, 296-328.
[18] Para um enquadramento histórico-teológico deste documento, cf.: BUZZI, F. *Il concilio di Trento (1545-1563). Breve introduzione ad alcuni temi teologici principali*. Milano: Glossa, 1995. p. 47-70. CALABRESE, G. L'hermeneutica della sessione V del concilio di Trento. In: ALIOTTA, M. (a cura di). *Il sacramento della fede. Riflessione teologica sul battesimo in Italia*. Cinisello Balsamo: San Paolo, 2003. p. 55-93. (ATI Library 6.) BRAMBILLA, F. G. *Antropologia teologica. Chi è l'uomo perchè te ne curi?* Brescia: Queriniana, 2005. p. 517-530. (Nuovo corso di teologia sistematica 12.) Os atos conciliares estão disponíveis em: SOCIETAS GÖRRESIANA (ed.). *Concilium Tridentinum. Diariorum, actorum, epistularum, tractatuum nova collectio*. Freiburg, 1901 (sigla: *CT*). Um traçado sintético do desenvolvimento da reflexão sobre o pecado original encontra-se em B. SESBOÜÉ, "La razionalizzazione teologica del peccato originale" (*Concilium* 39/1 (2004) 19-27.

Os dois primeiros cânones delineiam a condição de Adão e da sua descendência ocasionada por sua desobediência. Adão perdeu a santidade e a justiça, incorreu na morte e ficou escravo do demônio (cân. 1, *Denz* 1511); toda a descendência de Adão herdou o pecado com as suas consequências (cân. 2, *Denz* 1512). A referência ao Batismo entra em cena no cân. 3, que indica, antes de tudo, algumas características específicas do pecado original:[19] é "uno pela sua origem", transmite-se "mediante a geração e não por imitação", está em cada pessoa como próprio e pode ser perdoado. Justamente a questão da possibilidade do perdão era particularmente delicada: em coerência com a sua visão total da justificação, os reformadores falavam não de um efetivo perdão do pecado original, mas de uma sua simples não imputação. O cânon, ao contrário, afirma que o pecado original é perdoado graças aos méritos de Cristo "aplicados" a adultos e crianças mediante o Batismo. Ao caso dos recém-nascidos refere-se especificamente o cân. 4: também eles devem ser batizados, enquanto não se pode afirmar que eles "não herdaram de Adão nada do pecado original". O texto retoma quase literalmente o cân. 2 do Concílio de Cartago (418, *Denz* 223), introduzindo algumas definições: a mais relevante aclara que o discurso diz respeito também aos filhos de pais batizados.[20]

---

[19] "Se alguém afirma que este pecado de Adão, que é um só quanto à origem e a todos transmitido por propagação, não por imitação, pertence a cada um como próprio, pode ser tirado com as forças da natureza humana ou com outro remédio que não os méritos do único mediador, nosso Senhor Jesus Cristo, que nos reconciliou com Deus no seu sangue [...] ou nega que este mérito de Jesus Cristo é aplicado, tanto aos adultos como às crianças, mediante o sacramento do Batismo devidamente administrado segundo a maneira da Igreja, seja anátema" (*Denz* 1513).

[20] Apresentamos em itálico os acréscimos relativos ao Concílio de Cartago: "Se alguém nega que as crianças devam ser batizadas recém-saídas do útero materno, *mesmo se nascidas de genitores batizados*, ou então sustenta que são batizados para a remissão dos pecados, mas que não herdam de Adão nada do pecado original que seja necessário purificar com o banho da regeneração *para conseguir a vida eterna*, e, em consequência, para elas a forma do Batismo para a remissão dos pecados não deve ser considerada verdadeira, mas falsa, seja anátema" (*Denz* 1514). Sobre a questão do Batismo das crianças nos documentos de Trento, cf.: DUVAL, A. Le baptême des enfants. In: *Des sacrements au concile de Trente*. Paris: Cerf, 1985. p. 11-19. (Rites et symboles.)

O CONCÍLIO DE TRENTO

O objetivo da definição parece ser o de retificar a tese de Calvino, segundo a qual o pecado original não é imputado aos filhos dos batizados justamente pelo motivo de sua descendência de pais cristãos. O reformador de Genebra considerava, de algum modo, ser necessário batizar as crianças, antes de tudo porque Deus quer assim, depois porque o rito batismal é sinal de que a criança pertence à Igreja, confirma a fé dos pais e torna mais segura a educação cristã do pequeno.

Até aqui o Concílio se limita a rebater o ensinamento da Igreja, retomando intervenções magisteriais precedentes, ainda que com as necessárias atualizações. O cân. 5, ao contrário, começa a pôr as premissas para o tema da justificação, que jamais tinha sido objeto de pronunciamentos oficiais. Nesse quadro são afrontados dois temas espinhosos, estritamente correlacionados entre eles: a eficácia do Batismo e a permanência da concupiscência naquele que o recebeu. Apelando a Agostinho, Lutero identificava o pecado original com a concupiscência, isto é, com o fato de desejar contra a Lei, de advertir a propensão ao mal, de ser tentados a comprazer no mal. Sobretudo, afirmava que a concupiscência permanecia também naquele que tinha recebido o Batismo e deveria ser entendida como verdadeiro e próprio pecado por excelência, raiz e alma de todos os demais pecados e vícios. O Batismo seria, pois, objetivamente ineficaz em vista da remissão do pecado original, que, por isso, porquanto não seja imputado, permanece também naquele que foi batizado.

Em antítese a essa posição, o decreto tridentino sublinha a radical renovação operada pelo Batismo:[21] mediante a graça de Jesus

---

[21] "Se alguém nega que pela graça de Jesus Cristo, nosso Senhor, conferida no Batismo, é tirada a condição de réu proveniente do pecado original, ou sustenta que tudo o que tem verdadeiro e próprio caráter de pecado não é tirado, mas apenas rasurado ou não imputado: seja anátema. [...]. Este santo Sínodo professa e retém, contudo, que nos batizados permanece a concupiscência ou o combustível; mas, sendo esta deixada para o combate, não pode prejudicar os que não lhe dão consentimento e que a ela opõem virilmente resistência com a graça de Jesus Cristo. [...]. Esta concupiscência, que algumas vezes o Apóstolo chama "pecado" [cf. Rm 6,12-15; 7,7.14-20], a Igreja Católica nunca enten-

Cristo, conferida no Batismo, é perdoado o *reatum originalis pecatti*, como também é tirada, e não somente não imputado, "totum id quod veram et propriam reationem peccati habet". O sentido dessas expressões complicadas, empregadas para ter-se em conta a terminologia utilizada por Lutero, é substancialmente bastante simples: mediante a graça batismal, é verdadeiramente perdoado (e não somente não imputado) o pecado original e tudo aquilo que propriamente pode ser imputado como pecado. Contudo, no batizado permanece a concupiscência ou "fomite" (literalmente, o alimento para o fogo, portanto a inclinação ao pecado). O cânon não determina a natureza da concupiscência nem toma posição com a sua identificação com o pecado original. Em antítese a Lutero, limita-se a afirmar que *no batizado* ela não é pecado em sentido verdadeiro e próprio; torna-se pecado somente para aqueles que livremente consentem nela. Somente impropriamente ela pode ser chamada de pecado, porque "ex peccato est et ad peccatum inclinat". Do ponto de vista da clareza dogmática não existe nenhuma dúvida sobre a validade da posição tridentina, que põe as premissas para afirmar o realismo da justificação que o Batismo opera. Contudo, tal posição não permitiu colher "os desdobramentos essenciais do pensamento de Lutero", atento às "infinitas nuances da alma humana religiosamente inquieta". Com efeito, se é verdade que "o pecado é formalmente constituído pelo consenso livre da vontade", é também verdade que "na experiência concreta da tentação e da prova, nem sempre é fácil ao sujeito diretamente implicado analisar com frieza a própria situação e excluir com certeza qualquer grau de conivência com o mal".[22]

---

deu – assim declara o santo Sínodo – que seja chamada "pecado" no sentido de, nos regenerados, ser verdadeira e propriamente pecado, mas porque tem origem no pecado e inclina ao pecado. Se alguém opinar o contrário: seja anátema" (*Denz* 1515).

[22] BUZZI, F. Lo scisma del XVI secolo. Un bilancio delle reciproche perdite. Cattolici e riformati si interrogano (I). In: *Alle radici della divisione. Una rilettura dei grandi scismi storici*. Milano: Âncora, 2000. p. 27-47 – aqui, p. 37.

2.2. O *Decretum de iustificatione*, sessão VI (13 de janeiro de 1547)

A doutrina da justificação é precisada a partir de uma dúplice exigência. De um lado, afirma-se a sua absoluta gratuidade: entre a nativa condição de solidariedade com uma história de pecado e a condição do ser humano justificado existe um salto insuperável, que somente as forças humanas não estão absolutamente em grau de preencher: é Deus que justifica pelos méritos da Paixão de Cristo, comunicados através do Batismo. De outra parte, em função antiprotestante, o concílio de Trento sublinha os efeitos reais de justificação: o batizado é transformado ontologicamente e participa da obra da própria salvação, cooperando realmente com o processo de renovação que lhe diz respeito. Na perspectiva tridentina, portanto, a justificação constitui uma real e essencial transformação do ser humano, o qual não somente é declarado justo, mas verdadeiramente é feito tal.[23] Nesse quadro, enquanto descreve a justificação como "a passagem do estado no qual o ser humano nasce filho do primeiro Adão ao estado de graça e de adoção dos filhos de Deus, por meio do segundo Adão, Jesus Cristo nosso salvador", o cân. 4 precisa que "esta passagem, *post evangelium promulgatum*, não pode acontecer sem o banho de regeneração ou sem o desejo dele".[24] A

---

[23] Para um enquandramento histórico-teológico deste documento, cf.: BUZZI, *Il concilio di Trento*, p. 71-119. VILLETTE, L. *Foi et sacrement, 2: De saint Thomas à Karl Barth*. Paris: Bloud et Gay, 1964. p. 214-224. Sobre o tema da justificação deve-se assinalar a *Dichiarazione sulla giustificazione* assinada em Augusta de 1999 entre a Igreja Católica e a Federação Luterana Mundial, que "compreende um consenso sobre as verdades de fundo, com a qual são conciliáveis as diversas explicações que se dão de cada uma das afirmações" (n. 14). Um dossiê que recolhe os documentos oficiais e algumas contribuições teológicas relativas à questão se encontra em: MAFFEIS, A. (ed.). *Dossier sulla giustificazione. La dichiarazione congiunta cattolico-luterana, commento e dibattito teologico*. Brescia: Queriniana, 2000. (Giornale di teologia 276.)

[24] "Com estas palavras se esboça uma descrição da justificação do ímpio: é a passagem do estado no qual o homem nasce filho do primeiro Adão ao estado de graça e "de adoção dos filhos de Deus" [Rm 8,15], por meio do segundo Adão, Jesus Cristo nosso Salvador; esta passagem, depois do anúncio do Evangelho, não pode acontecer sem o banho da regeneração ou sem o desejo dele" (*Denz* 1524).

obrigação de receber o Batismo ou de referir-se a ele mediante o *votum* vale, portanto, somente para aqueles que vivem "após a promulgação do Evangelho".

> O Concílio evita precisar o sentido exato da fórmula, que pode ser entendida em dois modos: a promulgação do Evangelho coincide com Pentecostes e, a partir dele, a necessidade do Batismo (ou do *votum baptismi*) tem valor universal; mas a frase pode também significar que a obrigação do Batismo, que se impôs em linha de princípio com Pentecostes, aplica-se *de fato* somente para aqueles que foram efetivamente atingidos pelo anúncio do Evangelho. Ele, pois, não diria respeito àqueles que, mesmo depois de Pentecostes, sem culpa própria, ignoram o mistério de Cristo, como não dizia respeito aos que viveram antes da vinda do Salvador.[25]

Certo interesse pelo nosso tema revestem também os cân. 5 e 6 (*Denz* 1525-1527), dedicados à preparação dos adultos à justificação e presumivelmente inspirados na praxe catecumenal.[26] O decreto não quer mostrar como o ser humano chega à justificação, e sim como deva dispor-se para acolhê-la. A justificação, com efeito, não é uma conquista do ser humano, mas um dom de Deus: como tal, ela é gratuita, no sentido de que nada de quanto a precede pode merecê-la. De resto, a mesma preparação para a justificação não deve ser considerada como ação do homem em direção à graça, e sim como ação da graça no homem: os atos com os quais o homem se dispõe a receber a graça justificante (ou santificante) no Batismo são eles próprios de ordem sobrenatural, enquanto tornados possíveis por um gratuito auxílio divino.

---

[25] No texto tridentino ecoam as discussões que aconteciam nas escolas teológicas da época. Cf. SESBOÜÉ, B. *"Hors de l'Église pas de salut"*. *Histoire d'une formule et problèmes d'interprétation*. Paris: Desclée de Brouwer, 2004. p. 116-126.

[26] A hipótese que afirma ser este tema inspirado na praxe catecumenal foi aventada por A. CAPRIOLI, "Appunti per una lettura teologica global dei sacramenti di iniziazione cristiana" (In: *Iniziazione cristiana: problema della Chiesa di oggi*. Atti della IV settimana di studio dell'Associazione professori di liturgia, Paestum, 1-5 settembre 1975. 2. ed. Bologna: EDB, 1979. p. 73-115 – aqui, p. 94. (Studi di liturgia 4.)

O CONCÍLIO DE TRENTO

Sem este pano de fundo, em antítese à Reforma, a *sola fides* – entendida como confiança subjetiva certa na realização da promessa de Deus *pro me* – é julgada insuficiente para realizar a justificação. Isso, contudo, não exclui a legitimidade de *uma certa* fé-confiança. Com efeito, entre as disposições exigidas em vista da justificação faz-se referência, entre outras, à "esperança", cuja descrição oferece alguma analogia com a fé-confiança dos reformadores: os pecadores que se convertem "in spem eriguntur, fidentes, Deum sibi propter Christum propitium fore".[27] Uma dúplice nuance distingue, porém, essa esperança da fé fiducial, recusada pelo Concílio: em primeiro lugar, o motivo da confiança não é o sentimento subjetivo de ser justificados, e sim a promessa objetiva de Deus; além disso, o objeto da esperança não é a justificação subjetiva já realizada, e sim algo ainda futuro ("Deum sibi propitium fore"). Quanto à determinação positiva da função da fé em vista da justificação, os padres conciliares, embora exprimindo sensibilidades diversas, atribuem à fé uma função paralela ou complementar àquela reconhecida ao Batismo. A manifesta vontade de cruzar os dois termos emerge onde, apresentando o Batismo como causa instrumental da justificação, ele é qualificado como "sacramento da fé (*sacramentum fidei*), sem a qual ninguém jamais obteve a justificação".[28] Portanto, a fé considerada um meio positivo na obtenção da justificação. O lugar secundário que se lhe dá não quer minimizar sua importância, mas está ligado à exigência de reivindicar a eficácia real do Batismo.

---

[27] "Os homens se dispõem para esta justiça quando, estimulados e ajudados pela graça divina, concebendo a fé que vem da escuta [cf. Rm 10,17], se movem livremente em direção a Deus, crendo como verdade o que foi divinamente revelado e prometido [...], quando, também, reconhecendo-se pecadores, pelo temor da divina justiça que os perturba salutarmente, voltando-se para considerar a misericórdia de Deus, se reanimam na esperança, confiando que Deus lhes será propício por causa de Cristo" (*Denz* 1526).

[28] "Causas desta justificação são: [...] causa instrumental, o sacramento do Batismo, que é o "sacramento da fé", sem o qual ninguém jamais alcançou a justificação" (*Denz* 1529).

2.3. O *Decretum de sacramentis*, sessão VII (3 de março de 1547)

Publicado no dia 3 de março de 1547, o decreto *De sacramentis*, além dos cânones *De sacramentis in genere* (*Denz* 1601-1613), compreende os cânones sobre o Batismo (*Denz* 1614-1627) e sobre a Confirmação (*Denz* 1628-1630). O documento pretende reagir à perspectiva, atribuída a Lutero, "que resolve tendencialmente o sacramento na fé de quem o recebe", com o risco de comprometer "a consistência objetiva da ação e do sinal sacramental, até o limite de negar *simpliciter* a necessidade dos sacramentos, para deixar espaço somente à palavra, à promessa divina que ela contém, à fé que ela suscita".[29] O trabalho desenvolvido no curso da sessão dedicada à justificação favorece um rápido estudo dos sacramentos, tanto que o decreto em questão, composto somente de cânones, pode ser considerado uma espécie de corolário do documento sobre a justificação.[30] No cân. 1 *De sacramentis in genere*, o Batismo e a Confirmação abrem o elenco dos "sacramentos da nova lei", instituídos por Jesus Cristo. A eles, portanto, são referidas todas as características que permitem qualificar um rito como "verdadeira e propriamente" sacramental.[31] Uma específica referência ao Batismo se encontra depois no cân. 9: contra Lutero, Trento define como artigo de

---

[29] BUZZI, *Il Conciliio di Trento*, p. 122-123. Cf. também: VILLETTE, *Foi et sacrement*, II, p. 206-249. Com efeito, como vimos, Lutero liga estreitamente o sacramento com a fé e a Palavra, sublinhando a necessidade da fé para aproximar-se do sacramento. Diferentemente dos reformadores mais radicais, porém, Lutero não chega a uma nítida recusa da dimensão sensível e exterior dos sacramentos. Qualquer que seja a correta interpretação do seu pensamento, não é a sua específica doutrina que o concílio quer condenar, antes Trento toma as distâncias de qualquer afirmação que tenda a enfraquecer o valor do sinal sacramental sensível, ao qual, ao contrário, se conecta a eficácia real do sacramento. Cf. BUZZI, *Il Concilio di Trento*, p. 125. Nessa linha adquirem especial relevo os cân. 6 e 8 (*Denz* 1606 e 1608).

[30] Cf. BUZZI, *Il Concilio di Trento*, p. 122-129. VILLETTE, *Foi et sacrement*, II, p. 224-249.

[31] "Se alguém disser que os sacramentos da Nova Lei não foram todos instituídos por nosso Senhor Jesus Cristo; ou que são mais ou menos do que sete, a saber: Batismo, Confirmação, Eucaristia, Penitência, Extrema-Unção, Ordem e Matrimônio; ou também que algum destes sete não é sacramento no sentido verdadeiro e próprio: seja anátema" (*Denz* 1601).

O CONCÍLIO DE TRENTO

fé o fato de três sacramentos (Batismo, Confirmação e Ordem) imprimirem o caráter;[32] falta, contudo, qualquer determinação relativa à natureza do caráter, tema muito controvertido mesmo no âmbito da teologia católica. Além disso, embora afirmando que o caráter está em relação com a não repetição dos sacramentos que o imprimem, o texto não o indica como a razão da não iteração.[33]

Os quatorze *canones de sacramento baptismi* "constituem uma enumeração descontínua dos pontos essenciais a serem fixados".[34] Limitando-se a salientar algumas alternativas salientes, releva-se, em primeiro lugar, aquela que condena a equiparação entre o Batismo cristão e o de João Batista.[35] Os teólogos tridentinos, aos quais foram submetidas duas proposições dos reformadores que iam nessa linha, estavam divididos sobre qual avaliação dar a elas; alguns, com efeito, consideravam que não fossem heréticas e pudessem ser discutidas livremente; a maioria, porém, era de parecer contrário. Problemático, sobretudo, era o pressuposto subjacente: os reformadores, com efeito, tendencialmente identificavam as duas formas batismais – a de João e a cristã – a partir da ideia que é a fé a operar a justificação. Por isso os ritos sacramentais podem ser relativizados. Presumivelmente, o mesmo pressuposto está na base da proposição anatematizada pelo cân. 5, segundo o qual "o Batismo é livre, isto é, não necessário para a salvação";[36] necessária

---

[32] "Se alguém disser que nos três sacramentos, a saber: Batismo, Confirmação e Ordem, não se imprime um caráter na alma, isto é, certo sinal espiritual e indelével, razão por que não podem ser reiterados: seja anátema" (*Denz* 1609).

[33] É significativo o fato de, na redação definitiva do cânon, a expressão "ratione cuius ea iterari non possunt" ter sido substituída por aquela mais vaga "unde ea iterari non possunt".

[34] BOURGEOIS, H.; SESBOÜÉ, B. La dottrina sacramentaria del concilio di Trento. In: BOURGEOIS, H.; SESBOÜÉ, B.; TIHON, P. (a cura di). *Storia dei dogmi, 3: I segni della salvezza, XII-XX secolo. Sacramenti e Chiesa. Vergine Maria*. Casale Monferrato: Piemme, 1998. p. 129-183 – aqui, p. 140.

[35] "Se alguém disser que o Batismo de João tinha a mesma força que o Batismo de Cristo: seja anátema" (*Denz* 1614).

[36] "Se alguém disser que o Batismo é livre, ou seja, não necessário à salvação: seja anátema" (*Denz* 1618).

para a salvação seria, com efeito, somente a fé. Merecem particular atenção, pois, os dois últimos cânones, dedicados ao Batismo das crianças. O cân. 13 toma posição contra as correntes mais radicais da Reforma que contestavam a legitimidade de um Batismo dado "na fé da Igreja" a quantos eram ainda incapazes de pôr um ato pessoal de fé.[37] O cân. 14, ao contrário, retoma uma censura da Universidade de Paris contra Erasmo de Rotterdam. Tal censura baseava-se em uma leitura tendenciosa da proposta feita por Erasmo de introduzir uma profissão de fé para pré-adolescentes que foram batizados quando pequenos. A proposta fora lida como se o pré-adolescente seja livre para ratificar os empenhos derivados do Batismo sem que a Igreja tenha sobre ele algum direito de instá-lo para uma vida cristã coerente. A condenação, portanto, diz respeito à negação do direito da Igreja sobre o batizado, não, contrariamente, a proposta de introduzir uma profissão de fé para os jovens.[38]

Quanto à Confirmação, o ensinamento de Trento está concentrado somente em três cânones, o primeiro dos quais define a Confirmação "verum et proprium sacramentum";[39] rebatendo, assim, quanto foi declarado pelo cân. 1 *De sacramentis in genere*, que o havia incluído entre os

---

[37] "Se alguém disser que as crianças, depois de receberem o Batismo, pelo fato de não terem o ato de fé, não podem ser contadas entre os fiéis e que, portanto, é necessário rebatizá-las quando chegam à idade da discrição, ou se disser que é preferível deixar de batizar essas crianças, que não creem por um ato pessoal, a batizá-las só na fé da Igreja: seja anátema" (*Denz* 1626).

[38] "Se alguém disser que os que foram batizados crianças, ao chegarem à adolescência, devem ser perguntados se querem ratificar o que os padrinhos prometeram em seu nome no momento do Batismo, e, caso respondam negativamente, devem ser deixados a seu arbítrio e não devem ser obrigados por nenhuma pena, mas apenas afastados da recepção da Eucaristia e dos outros sacramentos até que se corrijam: seja anátema" (*Denz* 1627).

[39] "Se alguém disser que a Confirmação dos batizados é uma cerimônia inútil e não um verdadeiro e próprio sacramento; ou que, outrora, não foi mais que uma espécie de catequese, na qual os jovens, ao chegarem à adolescência, davam contas de sua fé perante a Igreja: seja anátema" (*Denz* 1628). Para um enquadramento dos cânones tridentinos sobre a Confirmação, é útil: MANGENOT, E. Confirmation d'après le Concile de Trente. In: *Dictionnaire de Théologie catholique*. Paris: Letouzey et Ané, 1938. III/1, p. 1088-1093.

sacramenta novae Legis instituídos por Cristo. O segundo cânon reage contra o pensamento dos reformadores, que consideravam uma injúria contra o Espírito Santo a atribuição de alguma eficácia ao crisma com o qual é administrado o sacramento.[40] O cân. 3, por fim, afirma que o bispo é o único ministro "ordinário" da Confirmação. Uma formulação do gênero deixa aberta a possibilidade de um ministério extraordinário executado pelo presbítero.[41] As afirmações lacônicas do Tridentino definem, assim, os dados de fé (sobretudo a instituição por parte de Cristo e a sacramentalidade da Confirmação), mas as dificuldades levantadas pela Reforma no plano histórico e exegético permanecem.

3. O Pontifical (1596) e o Ritual (1614) romanos pós-tridentinos

A reforma litúrgica promovida pelo Concílio de Trento conclui-se em 1614 com a promulgação de um Ritual que, codificando e racionalizando a precedente tradição litúrgica, pela primeira vez fixa uma estrutura ritual comum a toda a Igreja latina no que concerne à administração dos sacramentos e dos sacramentais.[42] Enquanto o ritual é destinado aos sacerdotes, o que diz respeito ao bispo encontra-se no Pontifical, promulgado em 1596.[43] Assim, enquanto o Ritual contém o

---

[40] "Se alguém disser que quem atribui alguma força ao santo Crisma da Confirmação faz injúria ao Espírito Santo: seja anátema" (*Denz* 1629).

[41] "Se alguém disser que o ministro ordinário da santa Confirmação não é só o bispo, mas qualquer simples sacerdote: seja anátema" (*Denz* 1630). Cf. FABRIS, C. *Il presbitero ministro della cresima? Studio giuridico teologico pastorale*. Padova: Messaggero-Abbazia S. Giustina, 1997. p. 76-95. ("Caro Salutis Cardo" – Studi 11.)

[42] SODI, M.; FLORES ARCAS, J. J. (orgs.). *Rituale romanum. Editio princeps (1614). Edizione anastatica, introduzione e appendice*. Città del Vaticano: LEV, 2004. (Monumenta liturgica concilii Tridentini 5.)

[43] SODI, M.; TRIACCA, A. M. (orgs.). *Pontificale romanum. Editio princeps (1595-1596). Edizione anastatica, introduzione e appendice*. Città del Vaticano: LEV, 1997. (Monumenta liturgica concilii Tridentini1.)

Ordo baptismi parvulorum e o *Ordo baptismi adultorum*, o Pontifical traz o ritual da Confirmação. Em ambos os livros litúrgicos é nítida a distinção do Batismo da Confirmação; contudo, uma tênue lembrança da antiga unidade dos três sacramentos de iniciação aflora nas últimas indicações rubricais do ritual do Batismo dos adultos.[44] Percorreremos agora os três rituais.

3.1. *Ordo baptismi parvulorum*

O *Ordo baptismi parvulorum* não é pensado dentro de um itinerário catequético-litúrgico de preparação, antes se configura como o exercício pontual da concessão da graça sacramental por parte da Igreja. O desenvolvimento ritual total revela antes de tudo uma tensão não resolvida entre o destinatário específico do rito (a criança) e a exigência de um interlocutor pessoal. A coisa manifesta-se especificamente na formulação das palavras que acompanham as diversas sequências rituais[45] e nas interrogações: a renúncia a Satanás, a pergunta sobre a fé e sobre a vontade de receber o Batismo. Com efeito, o sacerdote dirige-se constantemente ao infante, mas é normalmente o padrinho que responde no seu lugar.[46] Em segundo lugar, a teologia que transparece do *Ordo* é prevalentemente "negativa": o Batismo aparece aí como purificação e remissão dos pecados, com uma ênfase sobre a ação diabólica

---

[44] "Apresenta-se o bispo que possa realizar o ato legitimamente. Os neófitos sejam iniciados por ele. A seguir, se a hora for própria, celebra-se a missa, da qual os neófitos participam e recebem devotamente a santíssima Eucaristia" (*Rituale romanum*, n. 177 [indicamos os números inseridos à margem na edição à qual se refere]).

[45] "Recebe o sinal da cruz na fronte e no coração." "Recebe o sal da sabedoria: que ele te seja propício para a vida eterna." "Entra no templo de Deus, para que tenhas parte com Cristo na vida eterna." "Eu te unjo com o óleo da salvação." "Eu te batizo."

[46] A figura dos pais neste ritual é praticamente ausente, substituída completamente pela figura jurídica do padrinho. Somente no final da celebração o pároco é convidado a admoestar os pais para que cuidem diligentemente de seus filhos e os instruam na disciplina cristã (cf. *Rituale romanum*, n. 95).

na criança recém-nascida.[47] Os acenos que dizem respeito à novidade de vida do batizado, definido *templum Dei et locum Spiritus Sancti*, não estão de todo ausentes, mas por certo não aparecem com grande evidência. Deve-se, por fim, constatar a ausência de um momento de proclamação e escuta da Escritura, por meio da qual oferecer aos presentes uma catequese batismal de caráter bíblico. Também desse ponto de vista, não existe nenhuma atenção específica à comunidade dos fiéis que participa da celebração.

3.2. *Ordo baptismi adultorum*

Também o *Ordo baptismi adultorum*, por si mesmo aberto a um verdadeiro e próprio itinerário catecumenal de preparação, tornou-se uma celebração sacramental pontual.[48] Com efeito, ele recolhe em um único ato celebrativo aquilo que a tradição litúrgica antiga distribuía nas diversas etapas e nos diversos tempos dos escrutínios quaresmais. Resulta daí um rito complexo e complicado, pesado por um acúmulo não harmônico de elementos e de algumas evidentes repetições.

> Um primeiro momento ritual está previsto, "si temporis ratio ferat, ad gradus altaris", e diz respeito ao sacerdote celebrante *cum suis clericis*: o *Ordo* propõe uma série de salmos e de orações que disponham à celebração. O rito batismal

---

[47] Logo após a pergunta inicial ao padrinho ("o que pedes à Igreja de Deus?"), o sacerdote sopra três vezes na face da criança dizendo: "Sai dele, espírito imundo, e cede o lugar ao Espírito Santo Paráclito" (*Rituale romanum*, n. 66-67). Antes da unção pré-batismal, o sacerdote pronuncia uma forte fórmula de exorcismo: "Eu te exorcizo, Espírito imundo, em nome do Pai e do Filho e do Espírito Santo, para que saias e te afastes deste servo de Deus [...]. Portanto, maldito diabo, reconhece a tua condenação e presta honra ao Deus vivo e verdadeiro [...], pois Deus é justo para consigo e Nosso Senhor Jesus Cristo dignou-se chamar-te para a sua santa graça, à bênção e à fonte do Batismo" (*Rituale romanum*, n. 72).

[48] Nas notas prévias ao rito se diz: "Se algum adulto deve ser batizado, segundo a regra apostólica, antes terá que ser instruído diligentemente na fé cristã e nos santos costumes. Por alguns dias deve exercitar-se nas obras de piedade e explorar muitas vezes sua vontade e seu propósito. Somente depois, após ter provado sua instrução, consciente e voluntariamente, será batizado" (*Rituale romanum*, n. 98). Não é previsto nenhum acompanhamento litúrgico nem se propõe um período temporal de acordo com o ano litúrgico.

verdadeiro e próprio inicia quando o sacerdote se dirige "ad foras ecclesiae", enquanto os *catequizandos*[49] ficam "*extra limen ecclesiae*". Aqui se desenrola uma complexa sequência de gestos rituais: a interrogação dos candidatos,[50] uma primeira renúncia a Satanás e profissão de fé com as três perguntas que antigamente acompanhavam a tríplice imersão, a *exsufflatio*, a *consignatio frontis*, numerosas preces de exorcismo, a entrega do *sal sapientiae* e, de novo e de novo, uma longa série de exorcismo. Terminados esses ritos, os eleitos[51] entram "in sanctam Ecclesiam Dei, ut accipiant benedictionem caelestem a Domine Jesu Christo et habeant partem cum illo et sanctis eius". O sacerdote impõe-lhes as mãos e os eleitos rezam juntos com ele o símbolo apostólico e a oração do Senhor. Após uma ulterior oração de exorcismo, vem o rito do *effeta* ("tangit aures et nares"), a repetição do interrogatório sobre a renúncia a Satanás e a unção pré-batismal. A ação se desloca, então, "ad baptisterium, prope fontem", onde os eleitos são interrogados ainda uma vez sobre a fé com as três perguntas-respostas. O rito propriamente sacramental (a tríplice infusão ou imersão,[52] acompanhada das palavras "et ego te baptizo...") é seguido de alguns gestos explicativos: a crismação pós-batismal, as entregas da veste branca e da lâmpada acesa.

Sobre este ritual faremos, ao menos, três acentuações críticas. Em primeiro lugar, como no caso do infante, o sujeito adulto é considerado, sobretudo, na sua condição de "habitado por Satanás", em razão do pecado original e dos pecados pessoais, que aprofundaram a originária inclinação ao mal. Compreende-se, portanto, o peso preponderante reservado às fórmulas de exorcismo, um tempo distribuído nos diversos escrutínios quaresmais e menos conotado em sentido demonológico. Em segundo lugar, deve-se relevar a ausência substancial de referência

---

[49] A terminologia utilizada trai a diversa função desta sequência ritual na antiga estrutura da iniciação.
[50] "Quo nomine vocaris? [...] Quid petis ab ecclesia Dei? [...] Fides quid tibi praestat?" (*Rituale romanum*, n. 121).
[51] Também neste caso permanece a terminologia antiga, ainda que agora não exista mais um *tempus electionis* estendido no tempo.
[52] O Batismo por imersão, ao menos para as Igrejas que o conservaram, é ainda descrito com uma certa verdade expressiva: "O sacerdote tome o eleito pelos braços, perto dos ombros, e descobrindo a parte superior do corpo, conservando as outras partes cobertas, imerja-o três vezes, ou imerja sua cabeça, e, elevando-a sempre, batize por três imersões" (*Rituale romanum*, n. 171).

a uma comunidade que acompanha o adulto ao Batismo e vive com ele o rito litúrgico. É sabido por todos que o batizado entra a fazer parte da Igreja, a visibilidade litúrgica dessa dimensão da experiência batismal resulta fortemente comprometida: o ingresso dos eleitos no espaço arquitetônico da Igreja não suportado por uma celebração efetivamente comunitária dos ritos sacramentais. Enfim, porquanto o sujeito seja adulto e, portanto, capaz de escutar a Escritura, não é previsto nenhum momento de anúncio bíblico. Se o caso se explica a partir do contexto histórico, assinalado pela dura polêmica com a Reforma, não se pode deixar de relevar uma leitura objetiva do fato como uma carência.

3.3. *Ordo de confirmandis*

O *Ordo de confirmandis* apresenta uma estrutura litúrgica bastante simples e essencial. Após um brevíssimo momento introdutório, o bispo, estendendo as mãos na direção dos confirmandos, formula a oração epiclética que invoca o dom do Espírito septiforme:

> Ó Deus onipotente e eterno, que te dignaste regenerar estes teus servos pela água e pelo Espírito Santo e lhes concedeste a remissão de todos os pecados, envia-lhes do céu o teu santo Espírito septiforme e paráclito. Amém. Espírito de sabedoria e de inteligência. Amém. Espírito de conselho e de fortaleza. Amém. Espírito de ciência e de piedade. Amém. Enche-os com o Espírito do teu temor e assinala-os propício, com o sinal da Cruz de Cristo para a vida eterna.[53]

---

[53] "Deus onipotente e sempiterno, que dignaste regenerar estes teus servos pela água e pelo Espírito Santo; depois lhes concedeste a remissão de todos os pecados; envia do céu sobre eles o teu septiforme Espírito Santo Paráclito. Amém. Espírito de sabedoria e de inteligência. Amém. Espírito de conselho e de fortaleza. Amém. Espírito de ciência e de piedade. Amém. Enche-os do teu Espírito de temor; entrega-lhes o sinal da cruz de Cristo para que lhes seja de propiciação para a vida eterna" (*Pontificale romanum*, n. 3-4).

Segue imediatamente a Confirmação dos candidatos com as palavras: "Signo te signo crucis et confirmo te chrismate salutis in nomine Patris et Filii et Spiritus Sancti. Amen", acompanhadas pela *consignatio frontis de chrismate* e seguidas pela saudação da paz. A sucessiva oração faz referência à oração habitante do Espírito Santo e pede que ela conduza à perfeição aqueles que se tornaram "templum gloriae suae". O rito conclui-se com a bênção episcopal e com uma recomendação aos padrinhos e madrinhas para que assegurem a instrução moral e religiosa dos crismados.[54] A fisionomia da Confirmação, assim como aparece por esta estrutura celebrativa, é essencialmente a de um sacramento que comunica o dom do Espírito septiforme. Se na oração epiclética se percebe ainda um tênue traço da conexão com o Batismo, não é dado entrever nenhuma ligação com a Eucaristia, mesmo porque não se prevê de nenhum modo a inserção na missa. Como no caso dos *ordines* batismais, falta totalmente um momento de anúncio e escuta da Escritura, nem está prevista nenhuma intervenção homilética.

4. O *Catechismus romanus* (1566)

O ensinamento do catecismo tridentino sobre o Batismo e a Confirmação repropõe, substancialmente, a arquitetura escolástica, pressuposto para as definições dogmáticas oferecidas pelos documentos conciliares. Não se entrará na apresentação de tal ensinamento para limitar-se antes a enfocar as indicações sobre a idade na qual as crianças devem receber a Confirmação e as relativas à Primeira Eucaristia.[55]

---

[54] "E terminada a Confirmação, o bispo [...] exorta o padrinho e a madrinha para que instruam os seus afilhados nos bons costumes, que fujam do mal e façam o bem. Ensine-lhes o *Creio em Deus*, o *Pai Nosso*, a *Ave-Maria*, pois eles são obrigados a assim fazer" (*Pontificale romanum*, n. 8).

[55] A edição à qual faz referência o autor é *Catechismus ex decreto concilii Tridentini ad parochos Pii V pont. max. et deinde Clemetis XIII iussu editus*, 1903.

O CONCÍLIO DE TRENTO

Recolhe-se, antes de tudo, a constatação que abre o capítulo sobre a Confirmação. Muitos cristãos não levam a sério este sacramento e muito poucos se esforçam em receber nele um fruto da graça, pela qual se torna necessária uma séria reflexão sobre sua natureza e eficácia. E justamente a excessiva pressa e a negligência nos confrontos da Confirmação fazem necessário precisar a idade e as disposições necessárias para recebê-la. A propósito, o catecismo relembra, antes de tudo, o princípio segundo o qual "o sacramento da Confirmação pode ser administrado a todos após o Batismo". Contudo, "é menos oportuno que isto aconteça antes que as crianças tenham o uso da razão. E também não parece necessário que devam esperar os doze anos. Certamente, é muito conveniente diferir este sacramento até os sete anos".[56] Tal demora é justificada pela não necessidade deste sacramento para a salvação e pelo fato de a Confirmação reforçar quem a recebe em vista do combate e defesa da fé cristã. As crianças sem o uso da razão são consideradas incapazes de tal combate.[57] Bastante controvertida é a interpretação da definição que o *Catechismus romanus* introduz a propósito da idade. De algum modo, parece provável que, enquanto os sete anos representam o limite mínimo sob o qual é "maximamente conveniente" não passar, os

---

[56] "Uma observação: o sacramento da Confirmação pode ser administrado a todos após o Batismo; contudo, que ele não seja administrado antes que a criança tenha atingido o uso da razão. Portanto, se não se pode esperar até os doze anos, é conveniente que este sacramento seja diferido, ao máximo, até os sete anos" (*Catechismus*, pars II, caput III, § 18). "Os autores do catecismo têm consciência de introduzir uma limitação, que não respondia à liturgia e à praxe pastoral da alta e baixa Idade Média, sancionada pelos livros litúrgicos. Contudo a enunciam com uma certa cautela e não a impõem de modo a excluir a praxe precedente [...], embora a declarem ser assaz conveniente e procurem explicá-la com razões teológicas" (Maccarrone, M. L'unità del battesimo e della cresima nelle testimonianze della liturgia romana dal III al XVI secolo. *Lateranum* 51 [1985] 88-152 – p. 147-148).

[57] "É justamente o mesmo argumento que fora adotado por alguns canonistas e teólogos dos séculos XI-XIII para demonstrar o contrário, isto é, que a criança tinha necessidade de uma semelhante armadura, o conferimento do Espírito Santo, antes de chegar aos *anni discretionis*" (MACCARRONE, L'unità del battesimo e della cresima..., p. 148). Como prova, Maccarrone cita, em nota, uma passagem de Pier Damiani: "As normas dos Santos Padres decretam que após o Batismo não se deve protelar [a recepção] da força deste sacramento sem o fraudulento encontre com facilidade uma saída para induzir alguém a agir erroneamente" (PIER DAMIANI. *Sermo LXIX, De dedicatione ecclesiae: PL* 144, 898).

doze anos indiquem o limite máximo que não deve ser ultrapassado. De fato, após a publicação do catecismo tridentino, a praxe de confirmar as crianças entre os sete e os doze anos difunde-se amplamente, embora não se tornando nem universal nem estritamente vinculante.[58]

Quanto ao tempo começar a aproximar-se da comunhão eucarística, o cân. 9 *De ss. eucharistiae sacramento* repropõe o ensinamento de Latrão IV sobre a obrigatoriedade da comunhão pascal para todos os fiéis chegados "à idade da discrição", mas não precisa qual seja essa idade (*Denz* 1959). A questão sobre a idade precisa para admitir as crianças à comunhão aflora também nas discussões que precedem a sessão XXI (16 de julho de 1562), mas o texto final do decreto *De communione parvulorum* não conserva vestígios das intervenções a propósito.[59] O documento limita-se a declarar que a comunhão eucarística não é necessária para os *parvuli* que não têm o uso da razão (cân. 4, *Denz* 1730) ou não atingiram ainda a idade da discrição (cân. 4, *Denz* 1734).[60] Essas indicações são retomadas e ampliadas pelo catecismo romano, o qual, enquanto relembra a obrigação da comunhão pascal, relembra que dela "estão excluídos aqueles que, por sua tenra idade, não têm ainda o uso da razão. Estes, com efeito, nem sabem distinguir a santa Eucaristia do pão comum, nem podem ter a piedade e a religião necessárias para recebê-la".[61] Quanto à determinação concreta para

---

[58] Cf. MURONI, *L'ordine dei sacramenti...*, p. 168-170.
[59] Cf. VALSECCHI, A. La storia della comunione ai fanciulli. In: COLOMBO, M. (org.). *L'Eucaristia ai fanciulli. Studio storico, giuridico, pedagogico, pastorale e ascético*. Milano: Àncora, 1958. p. 15-69 – aqui, p. 47-49.
[60] "Uso da razão" e "idade da discrição", neste texto, são formulações equivalentes.
[61] "Verdadeira também é esta lei de Deus, dada a todos os fiéis pela autoridade santa da Igreja [a referência é ao cân. 21 de Latrão IV (*Denz* 812), retomado pelo cân. 9 *de ss. eucharistiae sacramento* (*Denz* 1659)], a ensinar que se deve impedir as pessoas que não atingiram o uso da razão devido à incapacidade da idade. Com efeito, tais pessoas nem sabem discernir o pão da sagrada Eucaristia do uso profano e comum, nem podem recebê-la com piedade de alma e de religião" (*Catechismus*, pars II, caput IV, § 62). É em Tomás de Aquino e, antes dele, em Alexandre de Hales (1186-1245) que se encontra a referência à capacidade de distinguir o pão eucarístico do

admitir as crianças no "sagrado mistério", ela diz respeito aos pais e aos confessores das crianças, a quem compete verificar se eles "tenham adquirido algum conhecimento deste admirável sacramento e saibam apreciá-lo".[62] Após o Concílio de Trento, os sínodos locais geralmente fixam a idade da Primeira Eucaristia entre os dez e os quatorze anos; nos séculos sucessivos, não muda substancialmente. Essas normas encontram suporte nas doutrinas dos canonistas e dos teólogos.[63]

> No final do século XVI e os dois primeiros decênios do século sucessivo, nas paróquias francesas começa a difundir-se o uso de uma especial "missa de Primeira Eucaristia", durante a qual as crianças de uma determinada idade, todas juntas, são introduzidas pela primeira vez na comunhão eucarística. Tal novidade representa a desembocadura natural da praxe de preparar comunitariamente as crianças para a Eucaristia mediante uma articulada estrutura catequética, estendida no lapso de vários anos; praxe que, promovida por São Carlos Borromeu para a Diocese de Milão, encontrara acolhida favorável além dos Alpes.[64]

---

pão comum e a um *actualis devotio* como requisitos para poder receber a comunhão sacramental (cf. o capítulo anterior).

[62] "Qua vero aetatis pueris sacra mysteria danda sint, nemo melius constituere poterit, quam pater, et sacerdos cui illi confitentur peccata; ad illos enim pertinet explorare, et a pueris percunctari, an huius admirabilis sacramenti cognitionem aliquam acceperint, et gustum habeant" (*Catechismus*, pars II, caput IV, § 63): "O pai e o sacerdote a quem ele confessa os pecados têm melhor condição para aquilatar a idade em que se deva ministrar o sacramento às crianças. Portanto a eles pertence explorar e ensinar às crianças de modo que recebam com o conhecimento necessário este admirável sacramento e adquiram o gosto por ele".

[63] Cf. VALSECCHI, La storia della comunione ai fanciuli, p. 50-54. Valsecchi recorda, contudo, que no século XVIII, sobretudo na França, se fazem sentir os efeitos do rigorismo de ranço jansenista; na vigília da revolução, a comunhão das crianças quase desapareceu.

[64] Cf. McGRAIL, P. *First Communion. Ritual, Church and Popular Religious Identity*. Aldershot (England)-Burlington (USA): Ashgate, 2007. p. 11-14. (Liturgy, Worship and Society.) DELUMEAU, J. (ed.). *La première communion. Quatre siècles d'histoire*. Paris: Desclée de Brouwer, 1987.

CAPÍTULO V
OS AVANÇOS NO SÉCULO XX

1. Os desenvolvimentos da praxe

O século XX conhece significativos avanços na praxe da iniciação cristã. Certamente, a mais relevante é a redescoberta do catecumenato e da celebração unitária dos sacramentos de iniciação para sujeitos adultos (§ 1.1.). Outros dois fenômenos são mais setoriais. Embora dizendo respeito a um só dos sacramentos em questão, introduzem na praxe destinada às crianças estímulos que objetivamente estão em direção diversa com relação à recuperação da unidade entre Batismo, Confirmação e Eucaristia. Os fenômenos em questão são a recolocação da "Primeira Eucaristia" na idade da razão, segundo a indicação de Pio X (§ 1.2.) e a deslocação sistemática da Confirmação após a Primeira Eucaristia (§ 1.3.).

1.1. A redescoberta do catecumenato

A exigência de uma adequada preparação dos adultos que pedem o Batismo aparece, antes de tudo, nos países de missão (§ 1.1.1.); de outro lado, a França é o primeiro país, no círculo europeu, a fazer a experiência do catecumenato (§ 1.1.2.).

1.1.1. Evolução histórica do catecumenato nos países de missão

Se na Idade Média o catecumenato praticamente desapareceu, a partir do século XVI a expansão geográfica e o consequente desenvolvimento da atividade missionária levam a descobrir o valor do Batismo como "ingresso e porta" da vida cristã. Os missionários percebem a responsabilidade ligada à celebração desse sacramento e a necessidade de preparar adequadamente os candidatos. Todavia, a consciência da importância do Batismo e o conhecimento da necessidade de uma preparação não se traduziram em uma praxe uniforme.[1] É na África, perto do final do século XIX, que, com o Cardeal Lavigerie, se pode falar de um verdadeiro e próprio catecumenato:[2] no arco de um quadriênio o candidato ao Batismo percorre um itinerário articulado nas três fases do *postulantado,* do *catecumenato* em sentido estrito e da *eleição.* Tal praxe tem como finalidade esconjurar as frequentes apostasias daqueles que, após a recepção do Batismo, retornam às práticas e usos pagãos. Embora falte um regulamento único para toda a África, o catecumenato fundado por Lavigerie se difunde nas missões dos padres Brancos, exercitando um positivo influxo na preparação ao Batismo também em outras missões africanas. Não obstante esse esforço, o

---

[1] Cf. BECKMANN, J. L'initiation et la célébration baptismale dans les missions du XVI siècle à nos jours. *La Maison-Dieu* 58 (1959) 48-70. CHRISTIAENS, J. L'organisation du catéchuménat au XVI siècle. *La Maison-Dieu* 58 (1959) 71-82. ZANON, G. L'iniziazione cristiana secondo il Rituale del Santori. In: CAVALLOTTO, G. (ed.). *Iniziazione cristiana e catecumenato. Divenire cristiani per essere battezzati.* Bologna: EDB, 1996. p. 169-196. (Catecumeni oggi 4.)

[2] Cf. PERRAUDIN, J. Le catéchuménat d'après le cardinal Lavigerie. *Parole e mission* 4/14 (1961) 386-395.

problema da apostasia não pareceu resolvido nem mesmo às portas do Vaticano II.

1.1.2. A introdução do catecumenato na França

A França foi o primeiro país, no âmbito europeu, a reintroduzir o catecumenato.[3] O fato se liga à situação de descristianização que, já em 1943, leva a se interrogar se não se deva falar da França como "país de missão".[4] Entre as consequências da descristianização de amplas faixas da população francesa existe a diminuição do número de crianças que são batizadas como recém-nascidas e o relativo aumento de pedido de Batismo por parte de adultos. Em muitos casos, os adultos pedem o Batismo a fim de terem a possibilidade de se casar na Igreja, acedendo às exigências do ambiente familiar. Até o início da década de 1950, em nível paroquial, a preparação ao Batismo desenvolve-se muitas vezes de modo apressado; ao contrário, quando a "instrução" do candidato é confiada a religiosas, assiste-se a um consistente esforço catequético. A celebração do Batismo, a seguir, faz-se quase de forma clandestina. Esse modo de agir logo revela os seus limites, confirmados ainda pela fraca perseverança dos neófitos. Em particular, aparecem duas lacunas: a falta da dimensão litúrgica, em uma preparação que se reduz essencialmente ao ensino, e a ausência da dimensão comunitária, em uma catequese que é, sobretudo, individual.

Os dados da publicação de uma pesquisa histórica vêm ao encontro da exigência de renovar a preparação dos adultos ao Batismo,

---

[3] Cf. THOMAS, P. *Pour une mémoire cathéculménale. Petite histoire du cathécuménat français 1950-1992*. Paris: Croissance d'Église, 1992. FLORISTÁN, C. *Il catecumenato*. Torino: Borla, 1993. p. 132-144. Id. Restaurazione del catecumenato in Europa nel nostro secolo. In: CAVALLOTTO, *Iniziazione cristiana e catecumenato...*, p. 197-222. CASPANI, P.; SARTOR, P. Primi passi del catecumenato francese nel XX secolo. Aspetti della prassi e della teoria. *La Scuola Cattolica* 127 (1999) 45-131.

[4] Cf. GODIN, H.; DANIEL, Y. *La France, pays de mission?* Paris-Lyon: Cerf-L'Abeille, 1943.

integrando a dimensão litúrgica e o aspecto comunitário. Com efeito, já há alguns decênios tal pesquisa tornou acessível a um vasto público o conhecimento da antiga organização, quer da celebração batismal, quer do catecumenato que a precedia. A retomada da antiga disciplina batismal parece, pois, em grau de vir ao encontro das exigências de uma ação pastoral de cunho mais decididamente missionário. Este é o pano de fundo da reintrodução do catecumenato como instituição oficialmente querida pelo bispo: no dia 6 de dezembro de 1950, o cardeal Gerlier, arcebispo de Lião, instaura o catecumenato em sua diocese. A experiência de Lião dá origem a um movimento que, dentro de alguns anos, envolve quase toda a Igreja francesa; entre 1958 e 1969, em quase todas as dioceses, é oficialmente nomeado um padre como responsável do catecumenato. Para assegurar a troca e o conhecimento das várias experiências diocesanas, em 1964 é criado em Paris o Serviço Nacional do Catecumenato, que nos anos sucessivos promove uma série de sessões e encontros em nível nacional.[5]

1.2. O decreto *Quam singulari* de Pio X (1910)

Em 1910, com o decreto *Quam singulari*, Pio X esclarece que "a idade da razão, tanto para a confissão como para a comunhão, é aquela na qual a criança começa a raciocinar, isto é, pelos sete anos, ou mais tarde ou antes"; a partir dessa idade, portanto, "começa a obrigação de satisfazer ambos os preceitos da confissão e da comunhão".[6] À

---

[5] As experiências catecumenais feitas na França representam o mais consistente aparecimento de um interesse que se encontra também em outros países. Veja-se, por exemplo, o dossiê "Initiation religieuse et catéchuménat des adultes", *Lumen vitae* 12 (1957) 418-540, com experiências de tipo catecumenal, realizadas no Japão, Ruanda, Países Baixos e Canadá.

[6] *Acta Apostolicae Sedis* 2 (1910), 577-583, 582. Cf. VALSECCHI, A. La storia della comunione ai fanciulli. In: COLOMBO, M. (a cura di). *L'Eucaristia ai fanciulli. Studio storico, giuridico, pedagogico, pastorale e ascético*. Milano: Àncora, 1958. p. 15-69 – aqui, p. 59-63. BLANCHETTE, C. *Pénitence et eucharistie. Dossier d'une question controversée*. Montréal-Paris: Bellarmin-Cerf, 1989. p. 92-97, 113-114. HAQUIN, A. Les décrets eucharistiques de Pie X. *La Maison-Dieu* 203 (1995) 61-82.

criança que se aproxima da Eucaristia pela primeira vez não é exigido o conhecimento completo e detalhado da doutrina cristã; é suficiente que, proporcionalmente à idade, esteja em grau de compreender os mistérios fundamentais da fé e saiba distinguir o pão eucarístico do pão ordinário. Contudo, uma vez recebida a Primeira Eucaristia, a criança é obrigada a continuar a aprender gradualmente todo o catecismo. A intervenção de Pio X se insere em toda uma ação pastoral, dirigida a aproximar os fiéis da Eucaristia, reagindo à visão inspirada pelos jansenistas, segundo a qual a comunhão seria "um prêmio e não um remédio à fragilidade humana".[7] Enquanto se reconhece os indubitáveis méritos de uma ação desse gênero, não se pode silenciar os dois limites fundamentais de que o decreto padece. Antes de tudo, ele se ressente da perspectiva herdada da Idade Média que vê substancialmente na comunhão eucarística um *remedium peccati*: com efeito, o dever de se aproximar da comunhão coincide com a idade na qual uma criança, começando a estar em grau de pecar, pode perder a graça batismal. Em segundo lugar, a questão da Primeira Eucaristia é afrontada sem que seja revisto o conjunto do que se chama iniciação cristã das crianças: "Reportar a Primeira Eucaristia a uma idade precoce sem se interrogar sobre a Confirmação significa entrar em uma situação instável, ao menos nos países nos quais a Confirmação é celebrada no início da adolescência".[8] Nem mesmo foi aventada a questão da relação com a primeira confissão. A propósito, o documento denuncia o fato de que a proibição da confissão sacramentária para as crianças que ainda não

---

[7] *Acta Apostolicae Sedis* 2 (1910) 579. Onde o Jansenismo tinha-se difundido (sobretudo na França), "a comunhão era deixada até os 19-20 anos: muitos não se consideravam prontos para receber a Eucaristia aos 27-28 anos, e outros, que já tinham comungado, deviam esperar alguns anos até comungar de novo" (VALSECCHI, La storia della comunione ai fanciulli, p. 55). Na mesma linha antijansenista, deve-se ler o decreto *Sacra Tridentina Synodus* (29 de dezembro de 1905), que encoraja a comunhão frequente e quotidiana dos fiéis; cf. *Acta Apostolicae Sedis* 38 (1905) 400-406.

[8] HAQUIN, Les décrets eucharistiques de Pie X, p. 77 [tradução do autor].

foram admitidas à comunhão eucarística corre o risco de deixá-las em poder do pecado mortal.[9] O decreto, portanto, condena uma praxe rigorista inaceitável que retarda a absolvição até a idade da Primeira Eucaristia (recebida geralmente após os doze anos). Pio X, ao contrário, não pretende pronunciar-se sobre a sequência dos sacramentos, limitando-se a dar por adquirida a sucessão confissão-comunhão, então corrente e difundida universalmente.

1.3. A celebração da Crisma normalmente após a Primeira Eucaristia

Como vimos, na Igreja latina, a partir do século XIII, a Confirmação começa a ser administrada quase em todas as partes no começo da "idade da razão", geralmente fixada pelos sete anos. A partir da metade do século XVIII, antes de tudo na França, surge a tendência de retardar a Confirmação também após a Primeira Eucaristia (em torno dos doze anos, segundo a praxe francesa), com a finalidade de favorecer uma adequada instrução dos candidatos. Essa preocupação é sustentada quer por instâncias de matriz iluminista, quer por uma sensibilidade inspirada no jansenismo. Tal praxe se torna comum em quase todas as dioceses francesas durante a segunda metade do século XIX e, no mesmo período, difunde-se também na Alemanha, Áustria e Hungria. No final daquele século, porém, justamente na França começa – encorajada por Roma – um movimento de retorno à Confirmação celebrada anteriormente à Primeira Eucaristia.[10]

---

[9] *Acta Apostolicae Sedis* 2 (1910) 579.
[10] Cf. MURONI, P. A. *L'ordine dei sacramenti dell'iniziazione cristiana. La storia e la teologia dal XIV secolo al 1992 nel rito romano.* Roma: CLV-Edizioni liturgiche, 2007. p. 309-382. (Bibliotheca Ephemerides liturgicae – Subsidia 141).

A praxe italiana, por sua parte, normalmente respeita a indicação do *Codex juris canonici*, que pede a Confirmação por volta dos sete anos; a extensão limitada pelas dioceses e o elevado número de bispos permitem, em geral, a colocação em um momento pouco anterior à Primeira Eucaristia.[11] Nos anos imediatamente precedentes ao Vaticano II, porém, os bispos italianos exprimem o seu desacordo por essa situação e propõem distanciar mais nitidamente a celebração dos dois sacramentos, deixando a Confirmação para uma idade mais avançada: desse modo, tornar-se-ia possível assegurar uma mais completa educação cristã dos candidatos. A exigência de uma mais acurada preparação se liga geralmente a uma consideração da Confirmação como "sacramento da milícia cristã", que torna "perfeito cristão" quem a recebe e, portanto, comporta por parte do sujeito uma assunção particular de responsabilidade. A questão da idade da Confirmação acompanha também o longo e sofrido *iter* da reforma da *Ordo*. Enquanto o grupo de estudo especificamente encarregado de aprofundar o problema se mostra mais ou menos contrário ao levantamento da idade com relação aos sete anos, Paulo VI pede a C. Vagaggini para redigir um esboço de um *motu proprio*, no qual a Confirmação seja considerada "sacramento da adolescência", a ser conferido preferivelmente quando o adolescente terminou a escola obrigatória. A posição contrária do Santo Ofício obriga a deixar cair a ideia de um documento pontifício sobre a idade da Confirmação, para, ao contrário, reconhecer às conferências episcopais a faculdade de "estabelecer uma idade mais madura" a respeito dos sete anos, se acreditam que isto favorece "uma pertinente preparação" à recepção do sacramento.[12] Uma vez que a alteração da idade

---

[11] Cf. RIGGIO, G. L'età della confermazione in Italia. Studio storico. *Rivista liturgica* 59 (1972) 402-414.

[12] *Rito della confermazione* (29 de abril de 1972 – sigla: *RC*), n. 11. A CEI, por seu lado, deliberou que "a idade a ser exigida para o conferimento da Crisma é a dos doze anos aproximadamente" (decreto

da Confirmação não traz nenhuma modificação relativa a uma eventual alteração na idade da Primeira Eucaristia, é evidente – mesmo que não seja explicitada – que a Confirmação deva ser obrigatoriamente colocada depois da Primeira Eucaristia.

2. Desenvolvimentos da reflexão teológica

Após uma sintética apresentação da forma como Batismo e Crisma são tratados nos manuais de teologia da primeira metade do século XX (§ 2.1), consideramos três temas salientes, com relação aos quais a reflexão fez significativos avanços: a introdução da noção de "iniciação cristã" (§ 2.2.), o debate sobre a identidade da Crisma (§ 2.3.) e o que envolve a legitimidade teológica e a oportunidade pastoral do Batismo das crianças (§ 2.4.).

2.1. A abordagem manualística do Batismo e da Confirmação

Como texto sintomático, referimo-nos aos tratados *De baptismo* e *De confirmatione* contidos na *Synopsis theologiae dogmaticae* de A. Tanquerey na oitava edição de 1905.[13] Um rápido exame sobre outros manuais do final do século XIX e início do século XX revela neles temas e desenvolvimentos análogos. O tratado sobre o Batismo segue a sessão dedicada aos sacramentos em geral e abre a apresentação de

---

de 23 de dezembro de 1983). Cf. LAMERI, A. Il sacramento della confermazione. Evoluzione storica della prassi sacramentale dell'iniziazione cristiana e criteri teologico-pastorali circa la scelta dell'età del conferimento. *Rivista liturgica* 91 (2004) 83-105 – aqui, p. 98-100.

[13] TANQUEREY, A. *Synopsis theologiae dogmaticae specialis, ad mentem s. Thomae Aquinatis. Hodiernis moribus accomodata. Tomus secundus. De Deo sanctificante et remuneratore seu de gratia, de sacramentis et de novissimis.* 8. ed. Parisiis: Letouzey et Ané, 1905; o *Tractatus de baptismo* e o *Tractatus de confirmatione* ocupam, respectivamente, as p. 225-271 e 272-285.

OS AVANÇOS NO SÉCULO XX

cada sacramento, enquanto constitui sua "porta". À abordagem sobre o Batismo seguem os tratados *De confirmatione* e *De ss. eucharistia*, cujos liames recíprocos são feitos nestes termos: "No *Tratado sobre o Batismo* dissemos como os cristãos renascem espiritualmente; no *Tratado sobre a Confirmação*, como são fortalecidos na vida espiritual; resta, portanto, expor como são nutridos espiritualmente pelo sacramento da Eucaristia".[14]

A abordagem do Batismo estrutura-se em quatro capítulos que focalizam respectivamente a *existentia* e a *essentia* (cap. I), os efeitos (cap. II), o ministro (cap. III) e o sujeito (cap. IV). O dúplice efeito do Batismo é individuado na graça e no caráter. A graça batismal consiste na remissão dos pecados e nas penas e na regeneração, enquanto graças ao caráter a pessoa é unida a Cristo e se torna *cives Ecclesiae*, idôneo para receber os demais sacramentos e os "bens" dispensados pela Igreja. Cada argumento é tratado a partir da sua tese, que é sustentada por argumentos retirados da Escritura, da tradição e da reflexão teológica. Um único capítulo é dedicado à Confirmação. Após ter qualificado a Confirmação como "sacramentum n[ovae] Legis, quo baptizatus in gratia roboratur et ut miles Christi signatur",[15] a apresentação é estruturada em cinco artigos, relativos respectivamente à existência (art. I), à matéria e à forma (art. II), aos efeitos (art. III), ao ministro (art. IV) e ao sujeito (art. V). A resenha dos diversos nomes atribuídos ao segundo sacramento induz a observar que muitos estão ligados ao fato de a Confirmação "como que aperfeiçoa o Batismo":[16] nessa linha se compreendem as qualificações de *confirmatio, signaculum, sigillum, perfectio, consummatio, sacramentum plenitudinis*. De modo coerente

---
[14] Ibid., p. 301.
[15] Ibid., p. 273.
[16] Ibid., p. 274.

é precisado o dúplice efeito da Confirmação: a graça, acompanhada de uma "mais abundante efusão dos dons do Espírito Santo", confere ao batizado a força para praticar com fortaleza a fé com as palavras e as obras. O caráter, por seu lado, torna o batizado um "soldado de Cristo, especialmente deputado a defender a fé contra seus inimigos".[17] Tanquerey descura completamente o aspecto celebrativo ritual dos sacramentos em questão, salvo para os problemas que dizem respeito à forma e à matéria.

2.2. A introdução da noção de iniciação cristã

Um elemento importante para a renovação da reflexão sobre o Batismo e a Confirmação é constituído pela introdução da categoria de iniciação cristã. Com uma boa aproximação pode-se afirmar que o primeiro texto significativo no qual a expressão iniciação cristã é empregada em forma bem definida é a passagem com a qual o historiador L. Duchesne abre o cap. IX do seu volume *Origines du culte chrétien*, cuja primeira edição é de 1889: "A iniciação cristã, como a descrevem os documentos a partir do século II, compreende três ritos essenciais: o Batismo, a Confirmação e a Primeira Eucaristia. Ela não era jamais concedida, ao menos em casos ordinários, sem uma preparação mais ou menos longa".[18]

A expressão "iniciação cristã" é aqui usada como fórmula sintética para indicar conjuntamente os ritos do Batismo, da Confirmação e da Eucaristia que a Igreja antiga celebrava unitariamente; a fórmula não compreende, contrariamente, a preparação que precedia ordinariamente a "recepção" desses sacramentos.

---

[17] Ibid., p. 280-282.
[18] DUCHESNE, L. *Origines du culte chrétien. Étude sur la liturgie latine avant Charlemagne.* Paris: Fontemoing, 1889. p. 281 [tradução do autor].

OS AVANÇOS NO SÉCULO XX

A terminologia iniciação afunda suas raízes no mundo dos antigos cultos mistéricos. Dali, em modo diversificado, entra na linguagem de alguns Padres. Após ter desaparecido quase totalmente na Idade Média, começa a aflorar no século XIV, quando, na cultura europeia, desponta o interesse pelo mundo antigo. Um interesse que contagia progressivamente também o âmbito eclesial, encorajando mesmo as fontes litúrgicas do passado, as quais revelam, entre outra coisa, uma visão profundamente unitária do acontecimento batismal; ao seu redor, vaga e indeterminada, gira a terminologia da iniciação.

O fato de que Duchesne fale de iniciação, por si mesmo, não é uma novidade. Antes, a novidade consiste no modo como ele emprega essa linguagem. Em uma frase que tem a limpidez de uma definição, Duchesne libera a terminologia da iniciação da nebulosidade, precisando os contornos daquela que ele qualifica como iniciação cristã. A partir dele a categoria de iniciação cristã afirma-se progressivamente na linguagem eclesiástica como figura em grau de exprimir sinteticamente os diversos componentes do evento batismal. Se a fragmentação e a polivalência do uso eclesiástico dessa noção tornam quase que impossível uma reconstrução rigorosa e unívoca, contudo se pode ao menos individuar duas linhas de desenvolvimento nem sempre rigorosamente distintas. A primeira é representada pelo que podemos definir como *uso histórico-litúrgico* da categoria de iniciação (§ 2.2.1.), enquanto a segunda é constituída pelo *uso pastoral* de tal categoria (§ 2.2.2.); ambas desembocam nos textos do Vaticano II (§ 2.2.3.).

2.2.1. O uso histórico-litúrgico

O que chamamos "uso histórico-litúrgico" da noção de iniciação cristã encontra a própria fonte remota na linguagem patrística que, mediante a categoria de iniciação, designava o "rito sacramental de passagem" através da qual os catecúmenos se tornavam fiéis.[19] Em

---

[19] GY, P.-M.La notion chrétienne d'initiation. In: *La liturgie dans l'histoire*. Paris: Cerf-Saint Paul,

substancial continuidade com essa perspectiva, coloca-se a forma como Casel usa a linguagem iniciática.[20] Na mesma linha, coloca-se uma série de autores franceses que, na segunda etapa após a guerra, enquanto retomam criticamente as posições caselianas, fundam-se amplamente nos testemunhos dos Padres.[21] O ganho fundamental que emerge de sua reflexão é a redescoberta da centralidade do mistério pascal, cujo sentido é lido à luz do testemunho patrístico. Nessa perspectiva, a Páscoa não se reduz à simples justaposição de paixão e ressurreição: o sentido autêntico desta festa é colhido, com efeito, justamente na passagem de um ao outro momento, na unidade dinâmica dos dois lados de um único e indivisível mistério. Assim compreendido, o mistério pascal coloca-se no centro da economia salvífica e consente superar uma visão puramente negativa da redenção, como liberação do pecado, para configurá-la, ao contrário, como o ingresso das pessoas salvas na vida trinitária e como início de um mundo novo, cuja plena atuação acontecerá na *parusia*. Entrementes, a categoria de mistério pascal evoca a modalidade através da qual as pessoas são habilitadas a participar deste mistério. Prioritariamente, a referência é aos sacramentos, colocados, porém, no quadro mais amplo, constituído pelas celebrações litúrgicas da Igreja. Graças a elas, realiza-se uma presença *sui generis* da páscoa de Cristo, na qual aquele que celebra é vitalmente coenvolvido.

1990. p. 39. O mesmo Gy observa que a terminologia iniciática é aplicada aos ritos sacramentais cristãos somente a partir do século IV; nem se pode falar de um seu uso generalizado e universalmente condividido. Além disso, a articulada celebração batismal que alguns Padres designam com a linguagem de iniciação não pode ser, *tout court*, identificada com a trilogia Batismo-Confirmação-Eucaristia: com efeito, seria anacrônico atribuir aos Padres a consciência clara de uma distinção sacramental entre os diversos ritos realizados durante a vigília pascal.

[20] Cf. CASPANI, P. L'iniziazione cristiana nell'opera di Odo Casel. *La Scuola cattolica* 134/3 (2006) 437-459.

[21] Recordamos, particularmente, de P. Duployé, L. Beauduin, L. Bouyer, P.-T. Camelot, J. Daniélou e J. Lécuyer. Para uma síntese deste filão da reflexão, cf.: CASPANI, P. Lo sviluppo dei trattati da *De sacramento baptismi* all1'"iniziazione cristiana". In: ALIOTTA, M. (a cura di). *Il sacramento della fede. Riflessione teologica sul battesimo in Italia*. Cinisello Balsamo: San Paolo, 2003. p. 98-105. (ATI Library 6.)

OS AVANÇOS NO SÉCULO XX

Justamente na noite de Páscoa acontecia, na Antiguidade, a articulada celebração batismal. Para indicar tal celebração é utilizada, correntemente, a categoria de "iniciação" ou "iniciação cristã", ela também tomada dos textos patrísticos. Uma retomada que, ainda que sem excessivas preocupações de caráter filológico, consente, em todo caso, relevar uma sintonia de fundo entre as contribuições em questão e quanto a sensibilidade patrística exprimia, empregando a linguagem da iniciação em relação ao evento batismal. Nesse contexto, a categoria de iniciação se perfila como instrumento em grau de exprimir de forma adequada a introdução do crente no mistério pascal, centro/síntese do mistério cristão. O procedimento iniciático, com efeito, enquanto ritualmente estruturado, é considerado homogêneo com relação ao mistério ao qual ele introduz; mistério que – irredutível a um sistema de verdades doutrinais ou a um código de normas éticas – configura-se antes como uma ação, um fato: o acontecimento pelo qual Deus, na páscoa de Cristo, reconcilia a humanidade consigo. Enquanto correlativa ao mistério como evento, a fé não se esgota em um procedimento de tipo intelectual, mas se estrutura como relação global, ao mesmo tempo teoria e prática, com o mistério. Como tal, a fé se atua graças à ação litúrgico-sacramental que, por força do seu caráter simbólico-ritual, envolve a pessoa na sua inteireza. Igualmente teórico e prático é também o fruto do ato ritual da iniciação, graças ao qual o ser humano é habilitado a aceder à mesa eucarística e, ao mesmo tempo, é colocado em grau de penetrar o seu sentido profundo.

Nesse quadro, a linguagem da iniciação esclarece a função do gesto ritual nos confrontos da fé: é iniciação – entendida como celebração litúrgico-sacramental – que abre os olhos da fé, permitindo "ver a luz divina". Em outras palavras: só se pode ser iniciado na fé como relação completa ao mistério cristão, e isto acontece através da celebração sacramental. Ultimamente, a noção de iniciação evoca o fato que é o mesmo mistério que, graças à iniciação, predispõe e coloca em ato as condições mediante as quais as pessoas podem chegar a ele. Isto evidencia a transcendência do mistério e a sua indisponibilidade com relação às condições de partida do ser humano chamado a tomar parte nele. Emerge, assim, o caráter absolutamente gratuito e incondicionado da iniciativa com a qual o mistério de Deus em Jesus Cristo se oferece à comunhão com os seres humanos.

No âmbito dos gestos rituais que constituem sua tessitura, a celebração da noite pascal tem os seus polos constitutivos naqueles gestos aos quais a fé da Igreja reconhece um caráter sacramental em sentido próprio: o Batismo, a Confirmação e a Eucaristia, coerentemente designados como "sacramentos da iniciação cristã". A sequência ritual evocada pela categoria de iniciação cristã não é simplesmente assumida como dado histórico emergente da praxe antiga, mas é julgada significativa por determinar a natureza dos sacramentos em questão. Eles ficam incompreensíveis se se prescinde da conexão existente entre eles. E uma vez que a Eucaristia é o "lugar" eminente da atualização sacramental do mistério de Cristo, a iniciação cristã se resolve, fundamentalmente, na iniciação à Eucaristia.

Em muitos casos, pois, a noção de iniciação cristã se estende a compreender a preparação quaresmal ao Batismo ou, também, o itinerário catecumenal. A coisa se justifica, provavelmente, pelo fato de, na praxe patrística à qual nos referimos, as fases preparatórias à verdadeira e própria celebração batismal faziam corpo com tal celebração; também elas, com efeito, eram de forma consistente através de uma dimensão ritual, o que aclarava a continuidade com o momento sacramental em sentido próprio; de outro lado, é conhecido que a distinção entre sacramentos e sacramentais era conhecida pela Igreja dos Padres.

OS AVANÇOS NO SÉCULO XX

Os autores do nosso século, portanto, sentem-se quase naturalmente autorizados a estender a categoria de iniciação também à preparação quaresmal e ao catecumenato.

2.2.2. O uso pastoral

Uma extensão ainda mais ampla do uso da categoria de iniciação cristã registra-se no âmbito da literatura pastoral, sobretudo no círculo francófono.[22] A partir da década de 1950, ela se encontra diante dos problemas postos pela descristianização da sociedade. Nesse quadro, os sacramentos são muitas vezes pedidos, sem que tal petição seja sustentada por adequadas motivações de fé. Tal acontece, sobretudo, com os sacramentos que, de fato, coincidem com etapas fundamentais da existência humana: o nascimento, ao qual corresponde o Batismo; a passagem à adolescência, com a comunhão solene; o matrimônio, com o relativo sacramento. Com esse pano de fundo, a categoria de iniciação cristã – corrente sobretudo nos debates sobre a comunhão solene (ou profissão de fé) dos adolescentes – é assumida para indicar o processo de se tornar cristão, que compreende quer os atos sacramentais (Batismo, Confirmação, Eucaristia), quer o momento catequético ou, mais globalmente, pedagógico, caracterizado não somente pelo ensinamento doutrinal, pela formação moral e aquela litúrgica. Nesse processo ressalta-se, antes de tudo, o perfil pedagógico-formativo. Nele a categoria iniciação acentua seja o aspecto de progressividade, seja o caráter global, compreendido de multíplices dimensões reciprocamente conexas. Justamente por essas suas características específicas (progressividade, concretude, atividade etc.), o procedimento pedagógico exigido pela categoria de iniciação propõe-se como particularmente eficaz.

---

[22] Cf. CASPANI, P. La nuova figura sintetica: l'iniziazione cristiana. La vicenda della sua affermazione. In: ANGELINI, G. *Il battesimo dei bambini. Questioni teologiche e strategie pastorali.* Milano: Glossa, 1999. p. 71-105 – aqui, p. 75-79. (Disputatio 11.)

O uso da categoria iniciação para indicar o itinerário compreensivo do tornar-se cristão vem de encontro a uma exigência fortemente sentida nesse período: acentuar que se torna cristão através de um processo de formação da fé e não somente através de alguns gestos rituais, isolados do complexo da existência de quem os recebe. Todavia, justamente a consideração prevalentemente associada às problemáticas pedagógicas acaba por colocar na penumbra a função própria do momento sacramental no itinerário de iniciação. Se, portanto, o uso amplo da categoria de iniciação cristã, por si, inclui seja o momento sacramental, seja o processo formativo, o desequilíbrio sobre este último aspecto revela que a precisão da relação entre os dois componentes fica fundamentalmente prejudicada.

2.2.3. A categoria de "iniciação cristã" nos textos do Vaticano II

Nos textos do Vaticano II, o uso da terminologia de iniciação, aliás bastante contido, é bastante variado e flutuante.[23] No parágrafo quarto de *Ad Gentes*, n. 14, por exemplo, a categoria de iniciação cristã tende a identificar-se com o caminho catecumenal.[24] Nesse caso, portanto, estamos na lógica daquilo que chamamos de "uso pastoral" da linguagem da iniciação. De outro lado, porém, já a partir da fase preparatória da *Sacrosanctum Concilium*, emerge uma linha prevalente, que se move em uma direção diversa. Assim, sempre em *Ad Gentes*, n.14, a iniciação cristã é identificada com a introdução no mistério pascal, sacramentalmente atuada mediante o Batismo, a Confirmação e a

---

[23] A análise detalhada dos textos encontra-se em P. CASPANI, *La pertinenza teologica della nozione di iniziazione cristiana* (Milano: Glossa, 1999. p. 711-856. [Dissertatio – Series Mediolanensis 7.]).

[24] "Tal iniciação cristã durante o catecumenato (*initiatio autem illa christiana in catechumenatu*) não deve ser somente obra dos catequistas e dos sacerdotes, mas de toda a comunidade dos fiéis" (*AG*, n. 14,4: *EV* 1/1124).

Eucaristia, unitariamente considerados.[25] Essa perspectiva é retomada nos primeiros dois parágrafos dos *Praenotanda generalia de initiatione christiana* (*Observações preliminares gerais*) e pelo *Ordo initiationis christianae adultorum* (*RICA*), que define, incisivamente, a iniciação cristã como "a primeira participação sacramental na morte e ressurreição de Cristo".[26] Contudo, nem mesmo aqui a linguagem é unívoca. Com efeito, o sintagma *initiatio christiana*, assim como aparece no mesmo título do *Ordo*, inclui todo o processo que começa com o pré-catecumenato e se conclui com o tempo da mistagogia. Portanto, assim compreendida, a noção de iniciação engloba também o catecumenato, ou melhor, substancialmente coincide com ele. Todavia, a análise dos diversos esquemas preparatórios do *Ritual* mostra que reduzir a iniciação a um caminho de tipo catecumenal significa "sobrepor duas linhas essenciais" – o da iniciação sacramental e o do *iter* catecumenal – que, no início do trabalho de revisão do *Ordo*, eram bem distintos.[27] A preocupação pela estruturação do percurso catecumenal acabou por polarizar a atenção dos redatores, a ponto de fazer prevalecer a segunda "linha" sobre a primeira.

2.3. O debate sobre a Confirmação até o Vaticano II

Após um aceno à atenção nos confrontos da crítica histórica, que caracteriza alguns autores católicos dos primeiros decênios do século

---

[25] "Em seguida, liberados do poder das trevas graças aos sacramentos da iniciação cristã (*deinde per initiationis christianae sacramenta liberati a potestate tenebrarum*), mortos e sepultados e ressuscitados com Cristo, recebem o Espírito de adoção de filhos e celebram o memorial da morte e ressurreição do Senhor com todo o Povo de Deus" (*AG*, n. 14,2: *EV* 1/1122)).

[26] "Como a iniciação cristã é a primeira participação sacramental na morte e ressurreição de Cristo, [...] toda a iniciação deve revelar claramente o seu caráter pascal" (*RICA* 8).

[27] LEBRUN, D. Initiation et catéchumenat: deux réalités à distinguer. *La Maison-Dieu* 185 (1991) 47-60 – aqui, p. 67.

XX (§ 2.3.1.), examinaremos o debate surgido no ambiente anglicano das décadas de 1930-1940 (§ 2.3.2.), verificando depois a sua repercussão no campo católico (§ 2.3.3.). A análise se conclui com a definição de algumas questões de forte peso teórico, levantadas por Karl Rahner na vigília do Vaticano II (§ 2.3.4.).[28]

2.3.1. A atenção à crítica histórica

Nos primeiros decênios do século XX, ao lado da abordagem manualística, delineia-se em âmbito católico uma orientação teológica mais atenta às exigências da crítica histórica. Diante da negação da origem revelada de vários aspectos da doutrina católica, os teólogos percebem a exigência de responder com demonstrações históricas, conduzidas cientificamente. Essa preocupação apologética transparece também de algumas contribuições relativas a Confirmação.[29] Eles procuram, com efeito, demonstrar que o dado que emerge das pesquisas históricas – a unitariedade da celebração batismal antiga – não contradiz o dado dogmático, segundo o qual, já em nível da praxe cristã primitiva, não se pode negar a "formal distinção" entre Batismo e Confirmação.[30]

2.3.2. O ambiente anglicano

A força mais significativa para a renovação da reflexão sobre a Confirmação veio, porém, do debate que surgiu no ambiente anglicano nas décadas de 1930-1940, cujas temáticas repercutiram também no

---

[28] Cf. CASPANI, P. La teologia della confermazione nel XX secolo. In: CARR, E. (a cura di). *La cresima*. Atti del VII Congresso internazionale di liturgia, Roma, Pontificio Istituto Liturgico, 6-8 maggio 2004. Roma: Pontificio ateneo S. Anselmo, Roma 2007. p. 177-203 – aqui, p. 177-186. (Analecta liturgica 144.)

[29] Recordamos os nomes de autores como J. Coppens, F. Dölger, C. Ruch, J. de Guibert e P. Pourrat.

[30] A referência é à proposição 44, anatematizada pelo decreto *Lamentabili* (3 de julho de 1907): "Nada prova que o rito do sacramento da Confirmação foi usado pelos Apóstolos; ora, a distinção formal dos dois sacramentos, a saber, Batismo e Confirmação, nada tem a ver com a história do Cristianismo primitivo" (*Denz* 3444).

ambiente católico. No ambiente anglicano, a Confirmação não é enumerada entre os "sacramentos do Evangelho", mas a determinação em positivo da sua identidade permanece não bem definida. Essa incerteza explica por que, no seio das várias tendências presentes no anglicanismo, tenham podido conviver tendências diversas. Em particular, a partir de 1890, registra-se um complexo movimento de revalorização da Confirmação, que recebe um impulso decisivo das intervenções de Gregory Dix.[31]

Referindo-se diretamente à *Traditio apostolica*, Dix revela que, até o século III, a iniciação cristã é um rito unitário cujo ministro é o bispo e no qual a ablução parece configurar-se como uma simples preliminar ao dom do Espírito, que a maior parte dos Padres liga ao rito da unção, ou uma subordem da imposição das mãos. Essa estrutura ritual, substancialmente idêntica em toda a Igreja, é determinante para a individualização do sentido da Confirmação. Um sentido que Dix exprime nestes termos: o Batismo atua a regeneração e o perdão dos pecados e incorpora à Igreja, mas não esgota o rito da iniciação cristã, o qual, de norma, compreende também a Confirmação e a Primeira Eucaristia. A Confirmação é, portanto, parte necessária da iniciação cristã, enquanto confere sacramentalmente o dom do Espírito, princípio positivo da vida cristã. O Batismo de água, portanto, necessário "para a remissão dos pecados", é em si mesmo radicalmente incompleto sem o "cumprimento positivo" da Confirmação. A evolução histórica sucessiva conduz à separação da Confirmação do Batismo. O fenômeno, que se introduziu inicialmente para fazer frente a circunstâncias excepcionais, progressivamente foi se configurando como uso litúrgico estavelmente aceito.

---

[31] Cf. DIX, G. *The Theology of Confirmation in Relation to Baptism*. 3rd ed. Westminster: Dacre Press, 1953 (1st 1946). O "arquétipo" da posição de Dix pode ser considerado A. I. MASON, *The Relation of Confirmation to Baptism. As Taught in Holy Scripture and the Fathers* (London: Longmans, Grenn & Co., 1891).

Liga-se a essa separação a progressiva perda do sentido da Confirmação, reduzida a simples reforço da graça batismal.

O patrólogo G. W. H. Lampe contrapõe-se às posições de Dix. Lampe é intérprete da corrente "evangélica" do Anglicanismo, mais próxima das orientações da Reforma. Na sua opinião, o "selo do Espírito" já é dado com o Batismo. Para quem foi batizado em criança, a Confirmação é o momento no qual o sujeito, às portas da adolescência, entra em uma mais profunda percepção do selo que já possui e assume pessoal e conscientemente as obrigações ligadas ao Batismo.[32]

2.3.3. O ambiente católico

Em ambiente católico, a posição de Dix ecoou nos escritos de L. Bouyer.[33] Na sua opinião, Dix contradiz-se quando, após ter aclarado a unidade celebrativa da antiga iniciação, distingue de modo muito rígido os efeitos do Batismo e da Confirmação. Justamente a estrutura ritual unitária da iniciação aclarada pelo estudioso anglicano representa um ponto de não retorno para a reflexão. Tal estrutura unitária indica na Eucaristia o cume de um processo de iniciação ao Cristianismo que é, ao mesmo tempo, iniciação à vida na Igreja e, portanto, à mesma celebração eucarística. Dessa única iniciação à Eucaristia, o Batismo e a Eucaristia são as duas fases sucessivas, mas inseparáveis: o Batismo está ligado especialmente à morte e ressurreição de Cristo, enquanto a Confirmação está unida à participação na sua unção sacerdotal através do Espírito. Ela se configura, portanto, como o selo final colocado na iniciação e tem a finalidade de comunicar a plenitude da vida no Espírito. A separação da Confirmação do Batismo, que se determinou

---

[32] Cf. LAMPE, G. W. H. *The Seal of the Spirit. A Doctrine of Baptism and Confirmation in the New Testament and the Fathers*. London-New York-Toronto: Longmans, Green and Co., 1951.

[33] Cf. BOUYER, L. Que signifie la confirmation? *Paroisse et litugie* 34 (1952) 3-12.

no Ocidente, torna menos transparente a percepção do seu significado próprio.

Reagindo à desvalorização da teologia medieval da Confirmação, a obra de Dix e Bouyer, diversos autores católicos tendem a encontrar uma continuidade de fundo entre a visão escolástica da Confirmação e as perspectivas patrísticas.[34] De um lado, na estrada da tradição antiga, esses estudiosos aceitam a colocação da Confirmação no âmbito da iniciação cristã e reconhecem nela o "aperfeiçoamento", a "conclusão", a "consumação" do Batismo.[35] De outro lado, recolhendo a herança escolástica, eles julgam necessário encontrar os efeitos específicos da Confirmação; efeitos que, distinguindo-a do Batismo, assegurem sua qualidade sacramental. Enquanto reconhecem os limites objetivos do pensamento medieval, os autores em questão procuram ir além da apresentação que dele se faz convencionalmente, para recuperar, mais em profundidade, o substancial enraizamento na tradição patrística.[36] Nessa perspectiva, há quem individue no tema do testemunho o que exprime em forma sintética a graça específica da Confirmação, explicitando o sentido do aperfeiçoamento por ela operado. Em função do testemunho, rele-se também o tema da *robur*: a força dada pela Confirmação é propriamente *aquela* que habilita o cristão para ser arauto do Evangelho. Não falta, porém, quem, embora sem esquecer o tema do testemunho, evidencia maiormente o aspecto do aperfeiçoamento individual do sujeito, que atinge a plenitude da vida divina. A recuperação das

---

[34] Ainda que com acentuações diversas, esta orientação associa Daniélou, Martimort, Anciaux, Camelot e Lécuyer.

[35] O princípio segundo o qual *confirmatione baptismus perficitur* é partilhado também por autores da área alemã, como P. Rupprecht e D. Koster.

[36] Este tipo de pesquisa é feito principalmente nos confrontos do pensamento de Tomás de Aquino. Cf., em particular: LATREILLE, J. L'adulte chrétien, ou l'effet de la confirmation chez s. Thomas. *Revue thomiste* 57 (1957), 5-28; 58 (1958), 214-243. ADAM, A. *Das Sakrament der Firmung nach Thomas von Aquin*. Freiburg i. B.: Herder, 1958.

fontes patrísticas faz com que, além dos termos conceituais, a duplicidade de Batismo e Confirmação seja evocada através de duas analogias, retomadas dos escritos dos Padres: a primeira aproxima o Batismo e a Confirmação à dúplice ação do Espírito Santo na encarnação de Jesus e no Batismo do Jordão; a segunda coloca em paralelo Batismo e Confirmação de um lado, Páscoa e Pentecostes do outro.

2.3.4. Os questionamentos feitos por K. Rahner

No início da década de 1960, assumindo com rigor os liames entre Batismo e Confirmação no quadro da iniciação cristã, K. Rahner individua com lucidez as questões teóricas que emergem no caso de esse quadro ser considerado determinante para definir a identidade da Confirmação. Em primeiro lugar, o nexo entre Batismo e Confirmação é esclarecido partindo da convicção que a graça sacramental específica, que caracteriza e diversifica cada sacramento, não se acrescenta do exterior à graça sacramental comum, mas representa uma determinação específica, uma "direção" particular que essa graça comum assume. Consequentemente, a diversidade de efeitos, que caracteriza cada sacramento,

> não é uma diversidade entre coisas propriamente diferentes, mas é a diversidade que o único e idêntico dom, ou seja, a graça, tem e pode ter com relação ao desdobrar-se da sua própria dinâmica, de tal modo que, ainda que seja dada em uma determinada direção de exagero, virtualmente são comunicadas também as possibilidades das restantes direções de toda a dinâmica vital da única graça.[37]

---

[37] RAHNER, K. *Kirche und Sakramente*. Freiburg i. B.: Herder, 1960. p. 47. (Quaestiones disputatae 10.) [tradução do autor].

Referida à iniciação, essa perspectiva conduz a não delimitar rigidamente os efeitos de Batismo e Confirmação, reconhecendo, ao contrário, que cada um dos dois sacramentos pode dar, ainda que de forma implícita e virtual, aquilo que o outro confere "explicitamente, mais atualmente e em medida maior". É possível, portanto, que "mediante o Batismo [...] já se seja incorporado à Igreja, se possua o Espírito, e que, todavia, a efusão do Espírito [...] possa ser representada e operada através de um outro rito" (o da Confirmação).[38] O discurso desemboca, pois, na consideração do modo como se chegou à bipartição no interior do único e articulado evento batismal. Tal bipartição deve ser reconduzida à ação da Igreja apostólica e, portanto, não foi expressamente estabelecida por Cristo. Todavia, pode-se dizer que a instituição dos dois sacramentos esteja implicada na instituição da "totalidade da única iniciação". A Igreja, por sua parte, seria diretamente responsável de ter explicitado a bipartição, já ínsita, porém, na mesma instituição. Rahner sublinha a legitimidade dessa operação, realizada pela Igreja dos primórdios, na firme convicção de agir em conformidade com o pensamento do seu Senhor. Do ponto de vista metodológico, com efeito, é mais correto observar sem prevenções o que a Igreja efetivamente fez, para retirar dali a consciência teológica da amplitude das suas possibilidades de ação. O que foi dito é também conciliável com uma interpretação do septenário sacramental que supere uma perspectiva rigidamente "aritmética":

> O essencial na definição do número septenário não é o número, mas a afirmação de que os ritos da Igreja entendidos neste número são realmente de eficácia sacramental, todos estes e somente estes. Se, pois, na numeração geral desses ritos assim assinalados se chegue a este ou aquele número, é em si indiferente.

---

[38] Ibid.

No nosso caso, pressupõe o reconhecimento do caráter sacramental da Confirmação, não é necessariamente errado afirmar "que são seis os sacramentos, por que Batismo e Confirmação estão incluídos sob o conceito de sacramento da iniciação na sua gradualidade".[39]

2.4. O debate sobre o Batismo das crianças

Na metade do século XIX, o problema do Batismo das crianças é colocado em termos radicais por Karl Barth, suscitando um vasto debate, antes de tudo no Protestantismo de língua alemã (§ 2.4.1.). Também a reflexão da teologia católica alemã produz-se no sulco da discussão protestante, com uma significativa atenção aos aspectos teóricos da questão, mas sem grandes recaídas no plano das experiências pastorais (§ 2.4.2.). No ambiente francês, ao contrário, a partir da década de 1960, as propostas nascem no terreno operativo e têm como finalidade a imediata atuação prática, mas a pobreza da argumentação teórica as torna muitas vezes aproximativas nas suas afirmações (§ 2.4.3.).[40] A partir da década de 1980, o interesse pelo tema parece ter diminuído e os tons estiveram mais brandos (§ 2.4.4.).

2.4.1. O ambiente alemão. O debate protestante
A posição de K. Barth

Sob o perfil teológico-dogmático, Barth coloca as suas objeções radicais primeiro em 1943, em uma conferência com o título *A doutrina eclesiástica do Batismo*, depois no último volume da *Dogmática eclesiástica* dedicado ao *Batismo como fundamento da vida cristã* (1967),[41]

---

[39] Ibid., p. 51.
[40] Cf. ANGELINI, G. I problemi teorici dell'iniziazione cristiana in prospettiva teologico-pratica. In: *Iniziazione cristiana e immagine di Chiesa*. Leumann (TO): LDC, 1982. p. 21-80 – aqui, p. 34-74. (Collana di teologia pratica 2.)
[41] BARTH, K. *Die Kirchliche Lehre von der Taufe*. Zürich, 1943. Id. *Die Kirchliche Dogmatik, 4: Fragment: die Taufe als Begründung des christlichen Lebens*. Zürich, 1967.

OS AVANÇOS NO SÉCULO XX

A tese fundamental é a mesma: a recusa do Batismo das crianças como praxe profundamente "desordenada", "desregulada", e convida a voltar ao Batismo dos adultos. Em ambos os textos, Barth faz substancialmente referência a duas ordens de razões: uma primeira série de razões está ligada a seu modo de conceber o sacramento, enquanto a segunda é de caráter mais propriamente eclesiológico.

Num primeiro momento, na conferência de 1943, Barth qualifica o Batismo como sacramento, precisando que a sua essência de ser imagem (*Abbild*) que atesta, faz conhecer, notifica a renovação do ser humano, imagem da ordem do homem, à aliança da graça realizada nele, à comunhão da sua Igreja. Nesse quadro, o Batismo das crianças é considerado um "sacramento pelo meio", que se torna completo somente com a profissão de fé que conclui a instrução. Na segunda intervenção, a posição de Barth se torna mais radical: não somente que o Batismo seja um sacramento, mas nega que se dê qualquer sacramento, no sentido teológico tradicional de sinal eficaz da graça, isto é, gesto humano que é ao menos causa instrumental da salvação. O único "mistério", o único "sacramento" é a morte de Jesus Cristo, com sua ressurreição e efusão do seu Espírito. Esta iniciativa de graça de Deus é qualificada por Barth como Batismo do Espírito Santo. A este "sacramento" responde o Batismo de água, que é a resposta humana que confirma e reconhece a graça de Deus que justifica e santifica. É óbvio que um Batismo assim entendido não possa ser aplicado às crianças. Entre 1943 e 1967, o que mudou em Barth é fundamentalmente o modo de usar o termo "sacramento"; a forma de entender o Batismo, porém, permanece substancialmente a mesma: ele é um gesto através do qual o crente professa a sua fé e empenha a própria vida no sentido da conversão e da pertença à Igreja. É evidente que, nessa perspectiva, não há espaço para o Batismo das crianças.

Renascer da água e do Espírito

No aspecto eclesiológico, na conferência de 1943, Barth sugere que o apego ao Batismo das crianças seja sintoma de apego à forma errônea da *Volkskirche*, uma estrutura de Igreja caracterizada pela sustentação política do Estado e pelo consenso da mesma. Na *Dogmática eclesiástica*, Barth, ainda que de forma dubitativa, adianta a hipótese de que o Batismo das crianças tenha constituído a garantia da comunidade de uma Igreja "tornada ontologicamente uma com o povo, a sociedade, o Estado, o Império Romano". O fim daquela Igreja não é uma desgraça, mas uma renovação evangélica obrigatória. O abandono do Batismo é, portanto, invocado como meio de reforma eclesial. Barth não entra no mérito de uma reflexão teológico-prática, mas a sua intervenção sobre o Batismo das crianças corresponde a preocupações muito concretas. A condenação do Batismo das crianças é uma das expressões do protesto da "Igreja confessante" contra a "Igreja do povo" que se comprometeu com o nazismo. Interessante também é a conexão que Barth estabelece entre concepção e praxe batismal e imagem de Igreja: a uma determinada praxe batismal corresponde certa figura de Igreja.

A reação de H. Schlier

De confissão evangélica, Schlier foi companheiro de Barth na Igreja confessante, fazendo-se católico em 1953. Ele responde pontualmente às posições de Barth na conferência de 1943.[42] No aspecto sacramental, Schlier afirma que a ideia de sacramento como causa instrumental da salvação é encontrável no Novo Testamento, em particular nos escritos paulinos. Isso vale, antes de tudo, para o Batismo, que, agindo como causa instrumental da salvação, é necessário em vista da mesma. A fé como ato pessoal é disposição necessária e condição para o Batismo somente para o adulto que provenha de um estado pessoal e

---

[42] SCHLIER, H. *Il tempo della Chiesa.* 4. ed. Bologna: EDB, 1981. p. 170-205 (1. ed. 1947).

atual de não crença. Na criança recém-nascida, ao contrário, enquanto filha de cristãos, pode-se supor uma predisposição positiva, uma espécie de predestinação ao Batismo. Se com isso se mostra a possibilidade de batizar as crianças, a necessidade de tal praxe, por si mesma, está implicada na afirmação da necessidade do Batismo para a salvação: o seu uso é, portanto, ordenado pela Igreja como o uso de tudo aquilo que é ordenado para a salvação. Além disso, as crianças são ligadas ao pecado original, que somente o Batismo pode extinguir: ninguém nos autoriza a retardar a sua liberação da corrupção do gênero humano. Quanto à ideia da Igreja como povo, Schlier a julga profundamente bíblica: a salvação de Deus, com efeito, visa não somente o surgimento do homem novo, mas a construção de um povo novo. Portanto, é perfeitamente legítima a tendência da Igreja que quer se constituir como povo, sem por isto identificar-se com a Igreja de Estado ou de massa. Além disso, diante da prepotência do Estado, uma Igreja de povo tem mais garantia de resistência que um indivíduo singularmente considerado. Nessa linha, "um Estado que queira assujeitar a Igreja ao próprio domínio não poderá senão desejar o Batismo de adultos [...]. Se as crianças não são batizadas, tanto mais ele tem, antes possui por natureza, um direito sobre as crianças".[43] No ambiente protestante, a sucessiva discussão teológica dirige-se prevalentemente à argumentação exegética, relativa ao Novo Testamento, ou histórica, relativa ao pensamento dos Padres da Reforma.

---

[43] Ibid., p. 204.

2.4.2. O ambiente alemão. O debate católico

A obra que mais contribuiu para revitalizar o debate católico alemão da década de 1970 foi o volume em colaboração *Christsein ohne Entscheidung*, sob a responsabilidade de W. Kasper.[44] A orientação de fundo pode ser sintetizada pela frase impressa na quarta capa: "Um caso limite (*Grenzfall*) dogmaticamente sustentável não deveria ser a norma da ação da Igreja". As contribuições que polarizaram a atenção foram, sobretudo, as de W. Kasper[45] e P. Schoonenberg,[46] ao qual nos aproximamos a partir de uma intervenção de K. Lehmann.[47]

W. Kasper

Tendo como ponto de partida o debate no ambiente protestante, W. Kasper propõe-se justificar não somente a necessidade do Batismo, mas, de forma mais radical, a necessidade da fé cristã explícita, encontrando neste quadro a recíproca conexão entre fé e Batismo. A fé, como "fé genericamente humana", representa a resposta à pergunta sobre o sentido da existência e se configura como um projeto total do ser humano, que tem repercussões em todas as situações decisivas da vida. A fé assim entendida, embora seja ato altamente pessoal, inclui, sempre constitutivamente, um elemento institucional e não pode ser produzida senão através da referência a uma tradição e a um contexto social. Não só se exprime em formas externas, mas se torna possível e sustentada pelas formas externas. A "específica fé bíblica", por seu lado, configura-se como "aquele projeto total do ser humano no qual este suporta a

---

[44] KASPER, W. (Hrsg.). *Christsein ohne Entscheidung, oder soll die Kirche Kinder taufen?* Mains: Grünenwald, 1970.

[45] KASPER, W. Glaube und Taufe. In: KASPER, *Christsein ohne Entscheidung...*, p. 129-159.

[46] SCHOONENBERG, P. Theologische Frage zur Kindertaufe. In: KASPER, *Christsein ohne Entscheidung...*, p. 108-128.

[47] LEHMANN, K. Il rapporto tra fede e sacramento nella teologia battesimale del cattolicesimo. Battesimo degli adulti e battesimo dei bambini. In: *Presenza della fede*. Brescia: Queriniana, 1977 (orig. 1971). p. 241-275.

impenetrabilidade da vida", porque a compreende com "o outro lado da impenetrabilidade de um amor que nos é dirigido por pura liberdade, um amor que chamamos Deus".[48] Essa é uma possibilidade de existência brotada de Jesus Cristo, determinada em seus conteúdos por ele e, portanto, da irrenunciável tradição histórica que nos liga a ele: há, pois, uma essencial forma eclesial.

Se se compreende rapidamente por que a fé deva se estruturar em modo social e exteriormente perceptível, torna-se mais difícil compreender por que isto deva acontecer justamente na forma do Batismo de água. Somente a partir do evento de Jesus Cristo se compreende que, "na medida em que o Batismo de água é o modo histórico para acolher de forma unívoca na fé a história de Cristo [...] como minha história, ele é também a forma intrinsecamente necessária, segundo a qual a fé em Cristo se deve articular".[49] Chega-se a essa fundação histórica mediante o apelo ao testemunho da Igreja primitiva que legitima a própria praxe batismal como obediência a uma ordem do Senhor ressuscitado. A necessidade do Batismo para a salvação não deve ser compreendida como uma lei abstrata, mas como um convite dirigido à nossa livre decisão. E porque a ordem de batizar é um apelo feito à liberdade do ser humano, dele não se pode deduzir a obrigação de batizar as crianças que dele não têm consciência.

> Através de um rápido sobrevoo, Kasper mostra que a consciência da fundamental "copertença" entre fé e Batismo, não obstante algumas fases críticas, atravessa toda a tradição. Conforme o testemunho do Novo Testamento, a relação fé-Batismo estrutura-se segundo uma tríplice modalidade: a fé introduz o Batismo (At 8,12; 18,8); o Batismo já recebido constitui o fundamento de uma existência que se constrói progressivamente na fé (Rm 6,3; 1Cor 10,1 etc.); o Batismo dá a fé, como evoca a temática da "iluminação" (Hb

---

[48] KASPER, Glaube und Taufe, p. 137 (tradução do autor).
[49] Ibid., p. 141.

6,4; 10,32; 2Cor 4,6 etc.). A relação entre fé e Batismo não deve, portanto, ser entendida de forma unívoca, como se ela exigisse a sequência temporal fé-Batismo. Consequentemente, do ponto de vista teológico, o Batismo daqueles que não têm consciência é fundamentalmente possível. Contudo, isso não quer dizer que a praxe concreta do Batismo das crianças, atualmente em vigor, seja justificada teologicamente.

Nesse ponto, como "encaminhamento à compreensão",[50] Kasper procura aclarar de forma reflexa o sentido da relação Batismo-fé à luz da relação entre espírito e corpo e entre indivíduo e sociedade. O ponto de partida é a consideração da relação de correspondência que existe no ser humano entre interioridade e ato corpóreo: este último não é somente a expressão de uma interioridade que preexiste como realidade já em si mesma constituída prescindindo do mesmo ato. Na realidade, somente através da expressão constituída pelo ato corpóreo e social a pessoa é si própria. Tal correspondência entre interioridade e corporeidade, aplicada de forma análoga à relação fé-Batismo, permite intuir sua dinâmica. A execução sacramental não é somente sinal que exprime a fé, mas tem também a função de intensificar e incrementar a fé. Mais radicalmente: "É somente no cumprimento do sacramento que o ato de fé chega plenamente a si mesmo".[51] No que diz respeito à relação indivíduo-sociedade, Kasper sublinha que a sociedade, longe de ser simplesmente o campo da expressão da ação humana, contribui de maneira determinante para fixar, determinar, estabelecer o ser humano naquilo que ele é. Em referência à existência cristã, essas considerações dão razão do peso que a Igreja assume como comunidade "nos determina naquilo que somos, isto é, crentes".[52] Nesse quadro, a fé "suplente" dos pais, dos padrinhos e da Igreja mesma aparece não

---

[50] Ibid., p. 175.
[51] Ibid., p. 153.
[52] Ibid., p. 156.

tanto como uma solução excepcional de necessidade, e sim como algo que conduz a expressar de modo evidente uma estrutura fundamental comum à ordem humana e cristã. A integração entre os diversos polos da nossa existência (interior/exterior; indivíduo/sociedade; liberdade/ necessidade) não é plenamente completa; ela é dada de formas antecipatórias que reenviam ao cumprimento escatológico. A unidade de fé e Batismo pode ser um indício antecipador desse cumprimento escatológico. A esse propósito,

> não se pode silenciar que para o Batismo de crianças [...] falta algo da plenitude do sinal. Nele a unidade da fé pessoal e comunitária, da realização interna e externa, que é indício do cumprimento escatológico, não é ainda "conseguida" no modo que seria adequado à realização do sacramento. O Batismo das crianças é, por isso, de modo particular, expressão do caráter viatório do ser cristão e da Igreja.[53]

Essa consideração não representa, porém, uma objeção ao Batismo das crianças. Refazendo-se à antropologia da criança, Kasper afirma que a infância é uma forma singular da atuação da humanidade, chamada a evolver-se, uma forma que a graça de Deus pode encontrar de um modo adequado. Analogamente, o Batismo das crianças representa um início, que tende a uma plena maturidade através de um crescimento na fé. Deriva daí que a decisão pró ou contra o Batismo das crianças não pode ser tomada uma vez por todas. É preciso avaliar vez por vez com atenção ao complexo da situação. Em todo caso, "a teologia sistemática tem certa preferência" para uma das praxes possíveis, "o deixar o Batismo para uma idade na qual seja possível um ato de fé conforme a condição da criança".[54] Essa escolha prática em favor da pro-

---

[53] Ibid.
[54] Ibid., p. 157.

telação do Batismo é apenas acenada, enquanto dever-se-ia explicitar mais amplamente os critérios teológicos-pastorais que a motivam.

P. Schoonenberg

Ao menos nas intenções, o interesse de Schoonenberg é dirigido a questões de caráter pastoral. Com efeito, trata-se de avaliar duas praxes que podem, ambas, ser consideradas ideais: a do Batismo das crianças seguido de uma educação cristã e a do Batismo de um adulto após um itinerário de formação. De fato, porém, na reflexão entram em jogo argumentos de tipo dogmático. O primeiro entre todos afirma que a Igreja Católica sustentou, desde sempre, o Batismo das crianças. Não se pode deixar as crianças no estado de pecado original, sem a graça santificante conferida pelo Batismo. A esse propósito, Schoonenberg baseia-se no fato de o pecado original não ser "um estado de pecado comparável àquele no qual a pessoa se encontra após os pecados pessoais, mas é o estado no qual a pessoa é submetida ao influxo de pecados de outras pessoas, do passado, no presente e para o futuro".[55] O remédio de tal estado não é somente o Batismo, mas a acolhida mais ampla na Igreja. O Batismo das crianças não está, portanto, concluído em si mesmo, mas se liga ao processo mais amplo de acolhida na Igreja, que não pode se cumprir sem a livre adesão do interessado. No ambiente protestante, contrariamente, diversos autores viram no Batismo das crianças o sinal mais explícito da graça preveniente de Deus. Essa perspectiva, porém, é inadequada, pois coloca em concorrência o agir de Deus e o agir da criatura humana. Na realidade, a iniciativa de Deus não substitui nem elimina a iniciativa humana, antes a favorece e promove.

A perspectiva que oferece os critérios de avaliação em grau de resolver a questão pastoral é a da relação entre Igreja e batizando. A

---

[55] SCHOONENBERG, Theologische Fragen zur Kindertaufe, p. 118 (tradução do autor).

fé da Igreja não substitui a fé da criança nem a representa. De alguma forma ela institui a fé na criança, visando criar as condições para que, em tempo oportuno, a criança possa dar a sua adesão de fé. Em todo caso, o Batismo das crianças é um "sacramento pelo meio" e permanece incompleto sem a educação cristã, a catequese e os outros sacramentos, especialmente a Confirmação. Quando isso tudo não é garantido, o Batismo das crianças constitui um abuso e não um sentido. A forma própria do Batismo é o Batismo dos adultos e não o das crianças. Não há uma resposta universalmente válida para a questão se a Igreja deve preferir o Batismo de adultos e abandonar o das crianças. É preciso observar que as duas formas batismais estão ligadas a duas situações sociais distintas. O Batismo das crianças está ligado a uma situação sociocultural na qual, normalmente, o pai decide pela criança. Ao contrário, o Batismo dos adultos se enquadra no contexto no qual a pessoa – a partir de quando é criança – pode decidir por si própria. Não somente a sociedade está evoluindo para a segunda forma, mas esse progresso é um produto e está evoluindo graças à contribuição da Igreja. Ela o deve favorecer ulteriormente mediante a escolha preferencial do Batismo dos adultos. Sobre a pertinência desta análise histórico-sociológica, é lícito adiantar alguma perplexidade.

K. Lehmann

Recusando a dissociação barthiana entre fé e Batismo de água, Lehmann afirma que ela depende da difusão generalizada do Batismo das crianças. Com efeito, a ideia de Batismo e, mais em geral, a ideia de sacramento foram plasmadas a partir da forma batismal destinada aos infantes, o que comportou uma relevância não adequada dada à fé como ato pessoal de decisão. Lehmann propõe-se, portanto, explicitar a unidade entre fé e sacramento, antes de tudo no caso do Batismo dos adultos, depois o Batismo das crianças. O discurso relativo aos adultos desenvolve-se de forma relativamente rápida e tem como ponto de partida a afirmação de que a salvação cristã, querendo "atingir a pessoa desde sua existência histórico-corpórea", exige "uma mediação capaz de conduzi-la ao mundo que a circunda e às coisas que a interessam".[56] A essa historicidade liga-se o fato de os acontecimentos definitivos que se verificam nos sacramentos terem caráter de ação, a qual, diversamente do puro pensamento, está em condição de fixar, revigorar, sustentar, confirmar uma promessa ou uma decisão. Essa característica da ação encontra-se no evento batismal, que "supera a dialética de uma vida vivida na indecisão [e] quebra o liame que a une à velha criatura".[57] A aplicação dessa consideração ao Batismo das crianças exige uma reflexão antropológica preliminar sobre a humanidade da criança: a infância, com efeito, deve ser considerada como uma forma histórica da existência humana, que possui uma forma própria de se relacionar com a fé cristã. Buscando na literatura mais significativa sobre a "metafísica da infância", Lehmann conclui que "cada eu humano, desde o primeiro dia de vida, existe somente na contínua troca com o seu mundo e no constante confronto com o seu próximo".[58] Essa relação da criança com o mundo é mediada, em particular, pela mãe (mais em geral, pela família), que suscita nela uma atitude fundamental de abertura, de positividade, de esperança nos confrontos da vida. Essa reflexão antropológica geral encontra, assim, uma aplicação cristã:

> Uma criança que viva de fato na esfera de uma fé cristã concretamente testemunhada, que faça experiência de uma fidelidade recolhida das fontes inexauríveis do amor cristão, começa a agir e entrever o sentido

---

[56] LEHMANN, Il rapporto tra fede e sacramento..., p. 254.
[57] Ibid., p. 255.
[58] Ibid., p. 259.

da vida e, portanto, já pode ser qualificada, *de certa forma*, como um "crente", pois vive no raio de proteção desta fé.[59]

Portanto, quando uma criança vive "na esfera de uma fé cristã testemunhada concretamente", não existem motivos que possam ser aduzidos quanto à celebração do seu Batismo. Contrariamente, no caso de a fé de seus pais ter se enfraquecido, é preciso que eles se tornem conscientes do sentido encerrado no gesto sacramental e sejam ajudados a redescobrir o sentido da existência cristã. "O que se deve exigir hoje", sustenta Lehmann, "não é a supressão do Batismo das crianças, e sim uma reforma orgânica do modo tradicional de administrá-lo."[60]

No seu complexo, o debate católico alemão supera a objeção dogmática suscitada por K. Barth a respeito do Batismo das crianças, embora reconhecendo o caráter de alguma forma "excepcional" desta forma batismal. Tal debate fez também emergir significativas observações, que mostram a plausibilidade do Batismo das crianças, mesmo do ponto de vista antropológico. O que falta é uma reflexão articulada que tematize a oportunidade sob o perfil teológico-pastoral. As posições em mérito são geralmente introduzidas de modo um tanto apressado, sem uma suficiente argumentação de caráter teórico-prático.

2.4.3. *Experiências e debates no ambiente francês*

No ambiente francês, as intervenções colocam-se prevalentemente no campo mais imediatamente prático-operativo.[61] No Diretório Episcopal de 1951 está presente, embora de forma muito discreta, a

---

[59] Ibid., p. 261-262.
[60] Ibid., p. 270.
[61] Cf. BROVELLI, F. Per una valutazione del dibattito delle esperienze di iniziazione cristiana. In: *Iniziazione cristiana: problema della Chiesa di oggi*. Atti della IV settima di studio dell'Associazione professori di Liturgia, Paestum, 1-5 settembre 1975. 2. ed. Bologna: EDB, 1979. p. 167-219 – aqui, p. 192-203. (Studi di liturgia 4.)

exigência de condições nos confrontos dos pais que pedem o Batismo para os seus filhos.[62] Mais preciso ainda é um documento episcopal de 1965, no qual se aclara a necessidade de uma verdadeira ação pastoral nos confrontos dos pais que pedem o Batismo para o próprio filho.[63] Praticamente se propõe certa dilação entre a inscrição da criança, que pode preceder o nascimento, e a celebração do Batismo. Esse período intermédio torna-se a ocasião para vários encontros de catequese com os pais, com a finalidade de verificar, e eventualmente, suscitar, motivações sérias para o pedido do Batismo.

A partir da segunda metade da década de 1960, inicia-se uma nova fase, estimulada também pela experiência pastoral tentada, sobretudo, na Diocese de Arras, em três paróquias operárias e fortemente descristianizadas. A experiência consiste em dispor o Batismo em três "etapas": acolhida e inscrição no rol dos catecúmenos imediatamente após o nascimento, catequese com a duração de um tempo exigido, Batismo no momento em que o(a) menino(a) dele fizesse o pedido consciente, após ter expresso a própria adesão de fé pessoal. Ainda na trilha dessa experiência, diversas propostas convidam a considerar a oportunidade de protelar o Batismo para uma idade ulterior com relação à primeiríssima infância. Lembramos, em síntese, três contribuições.

J. P. Bonnard

A proposta prevê um Batismo dividido em três etapas, que aprofundam as que foram experimentadas na Diocese de Arras. Com efeito, a contribuição coloca-se como justificação teórica dessa tentativa prática.[64] O fundamento teórico é constituído pela ideia de um Batismo não

---

[62] Cf. *Directoire pour la pastorale des sacraments*. Paris: Fleurus, 1951.
[63] Cf. La pastorale du baptême des petits enfants. *Documentation catholique* 48 (1966) 457-466.
[64] Cf. BONNARD, J. P. Les temps du baptême. Vers un catéchuménat des enfants. *Études* 333 (1970) 431-442. Tradução italiana: Il tempo del battesimo. *Rivista di pastorale liturgica* (1971) 391-406.

concluído pontualmente no rito da água, mas distinto no tempo, através de etapas que têm um valor sacramental. A reflexão é desenvolvida, contudo, em termos muito aproximativos.

D. Boureau

A tese de fundo é a negação da oportunidade ou até da liceidade do Batismo dado a crianças que ainda não têm consciência.[65] Substancialmente, são dois os argumentos que sustentam essa negação. A primeira parte da consideração de que, em uma sociedade cristã como a tradicional, a pressão exercida pelo ambiente tornava moralmente certa a futura decisão da criança a favor da fé; por isso a criança podia, legitimamente, ser batizada. Hoje, ao contrário, tendo caído por terra esse tipo de contexto social, a decisão de batizar as crianças antes da sua escolha constitui um atentado à sua liberdade. O segundo argumento, no entanto, faz referência ao sentido do Batismo como profissão de fé, sinal de uma relação ativa e deliberada com a Igreja; consequentemente, ele não deve ser administrado a crianças sem consciência. À luz dessa argumentação, de clara inspiração barthiana, o Batismo não deveria ser administrado nem mesmo no interior de uma sociedade cristã. Portanto, é evidente a contradição com o argumento precedente. Em todo caso, sobre a base da recusa do Batismo às crianças, Boureau propõe algumas linhas práticas. Por ocasião do nascimento de um filho, os pais sejam ajudados a recuperar a consciência do próprio Batismo, com a finalidade de criar um ambiente que consinta ao filho uma primeira experiência real de Igreja. Com o surgimento de uma consciência na criança, inicia-se a fase de evangelização: a proposta de fé chega à criança sobretudo pelo ambiente familiar e pela vida dos seus pais. Quando o anúncio é acolhido, o(a) menino(a), com uma decisão livre e

---

[65] BOUREAU, D. *L'avenir du baptême*. Lyon: Chalet, 1970. Trad. italiana: *Il battesimo. Mediazione o scelta?* Roma: Coines, 1972.

pessoal, pede para entrar no catecumenato. Após um lapso de tempo mais ou menos longo de preparação e de catequese, o convertido é admitido na Igreja mediante os sacramento da iniciação.

J. Moingt

A proposta mais articulada é feita por J. Moingt, o qual considera não somente o Batismo, mas também os demais sacramentos de iniciação, aos quais acrescenta a penitência.[66] Tais sacramentos marcam o curso da formação cristã, em um processo contínuo, cujos diversos momentos rituais correspondem às diversas etapas pedagógicas. Em concreto, a proposta prevê várias fases: a candidatura ao Batismo nos primeiros meses de vida; o Batismo, quando a criança começa a tomar posse da linguagem da fé e é, portanto, capaz de se tornar participante da vida da comunidade (6-12 anos); a Eucaristia, celebrada quando o(a) menino(a) passa da infância à adolescência e é realmente capaz de uma vida de sociedade (10-14 anos), favorecida justamente pela participação na Eucaristia; a penitência, pedagogia da liberdade e sacramento da conversão, ligada à adolescência, tempo de crise e de tirocínio ao combate espiritual; a Confirmação, celebrada no início da idade adulta, quando a liberdade atingiu a sua plena estatura e começam os empenhos definitivos (18-20 anos). À parte a discutível designação da Confirmação como sacramento da maturidade humana e cristã, nesta proposta é muito forte o risco de uma redução dos sacramentos em sentido psicopedagógico. Com efeito, no itinerário projetado por Moingt os momentos sacramentais tendem a se tornar simples expedientes pedagógicos para a formação cristã.

---

[66] MOINGT, J. L'initiation chrétien des jeunes, I: Pour une rénovation de la pastorale sacramentaire". *Études* (mars 1972) 437-454. II: Du baptême précoce au baptême diféré. *Études* (avril 1972) 599-613. Les seuils du devenir chrétien. *Études* (mai 1972) 745-763.

2.4.4. Desenvolvimentos do tema após a instrução Pastoralis Actio (1980)

Sobretudo as propostas feitas no ambiente francês – todas unidas pela intenção de abandonar completamente o Batismo das crianças – suscitam compreensíveis preocupações e determinam a intervenção da Congregação para a Doutrina da Fé. Ela publica, em 1980, a instrução *Pastoralis Actio*.[67] Com temor de que a discussão sobre a praxe tradicional do Batismo das crianças comprometesse a doutrina relativa à necessidade do Batismo, a Congregação entende "esclarecer os principais pontos doutrinais neste campo que justificam a praxe constante da Igreja no decurso dos séculos, e demonstram o seu valor permanente, não obstante as dificuldades levantadas hoje".[68] Nessa linha, a primeira parte do documento acentua a doutrina tradicional do Batismo das crianças:

> Mediante a sua doutrina e a sua praxe, a Igreja demonstrou que não conhece outro meio, fora do Batismo, para assegurar às crianças o acesso à beatitude eterna. Por isso cuida para não transcurar a missão recebida do Senhor de "fazer renascer da água e do Espírito Santo" todos aqueles que podem ser batizados. Quanto às crianças mortas sem Batismo, a Igreja não pode senão confiá-las à misericórdia de Deus, como faz no rito das exéquias disposto para elas.[69]

A falta de uma profissão pessoal de fé por parte das crianças não impede de conferir-lhes o sacramento. Com efeito, a Igreja as batiza na própria fé. Subordinada à afirmação da necessidade do Batismo, é lembrada a necessidade de assegurar as garantias para que o Batismo de

---

[67] SAGRADA CONGREGAÇÃO PARA A DOUTRINA DA FÉ. Instrução sobre o Batismo das crianças *Pastoralis Actio* (sigla: *PA*), 20 de outubro de 1980: *EV* 7/587-630.
[68] *PA*, n. 3: *EV* 7/589.
[69] *PA*, n. 13: *EV* 7/599.

uma criança seja seguido de uma verdadeira educação na fé e na vida cristã: "Excetuado o caso de perigo de morte, ela [a Igreja] não admite ao sacramento sem o consentimento dos pais e sem a séria garantia de que à criança batizada será dada uma educação católica".[70] As diretivas pastorais, contidas na terceira parte do documento, precisam que, "se tais garantias não são verdadeiramente sérias, poder-se-á ser induzido a diferir o sacramento, ou mesmo recusá-lo, caso sejam certamente inexistentes".[71] Com referência à necessidade do Batismo, mesmo em se tratando de crianças, "o documento retoma nesse ponto a atitude tuciorista da precedente tradição magisterial da Igreja":[72] não se pretende impedir o desenvolvimento da pesquisa teológica, mas se entende que o estado atual de tal pesquisa não esteja em grau de fundar uma praxe diversa da tradicional.

A publicação da instrução *Pastoralis Actio* coincide, de fato com o início de uma reviravolta na reflexão sobre o Batismo das crianças.[73] Após a década de 1970, com efeito, o interesse da pesquisa teológica e da literatura pastoral sobre o tema diminuiu decisivamente. As contribuições recentes dificilmente atraem a atenção às grandes alternativas (Batismo das crianças ou Batismo em idade adulta; Igreja de povo ou Igreja da decisão pessoal) e a orientação geral aparece favorável à praxe do Batismo em idade infantil, a propósito do qual é com frequência lembrada uma indicação que emerge do novo Ritual: é preciso associar explicitamente o Batismo das crianças na fé da Igreja à fé dos pais. Com efeito, na praxe pastoral precedente, como também nas formas rituais da celebração, a figura dos pais não tinha particular relevo. A decisão

---

[70] *PA*, n. 15: *EV* 7/601.

[71] *PA*, n. 28: *EV* 7/620.

[72] CAPRIOLI, A. Nota esplicativa in margine all'istruzione sul battesimo dei bambini. *Rivista liturgica* 68 (1981) 109-111 – aqui, p. 110.

[73] ANGELINI, G. Introduzione al tema. In: *Il battesimo dei bambini. Questioni teologiche...*, p. 7-30.

OS AVANÇOS NO SÉCULO XX

do Vaticano II de aprontar um ritual adaptado à específica condição das crianças conduziu a refletir em particular sobre a relação que existe entre a fé presente dos pais e da Igreja adulta em geral e a fé futura da criança. Tal reflexão tem como ponto de partida o "teorema" geral da essencial dependência da criança do contexto social em que vive: o sentido que ele poderá dar à sua vida se enraíza originariamente no sentido que, antes dele, outros dão à sua vida. A consciência da criança, com efeito, se estrutura mediante a interiorização de significados que lhe são propostos pelas pessoas que a circundam; significados propostos não única nem primariamente através da comunicação verbal, mas, antes de tudo, através das formas da relação vivida.[74]

---

[74] "A criança recém-nascida sendo capaz de participar, a seu modo e conforme seu grau de desenvolvimento, das relações a que são associados seus pais, a relação com Deus torna-se-lhe acessível na medida em que os pais não a separem de seus próprios relacionamentos religiosos e, portanto, na medida em que, concretamente, eles manifestem tais cormportamentos" (JASPARD, J.-M. Signification anthropologique du baptême des enfants et motivation psychologique à le célébrer. *Revue théologique de Louvain* 29 [1998] 307-330 – aqui, p. 329. Essa "estrutura antropológica parece considerada de modo muito formal: não é focalizado o relevo que, em relação à mesma tradição histórica, assume a precisa relação dos pais" (ANGELINI, Introduzione al tema, p. 15-16). A relação parental, com efeito, tem uma sua especificidade que mereceria ser valorizada também na reflexão sobre o Batismo das crianças. Cf. ANGELINI, G. Ripresa sintética. In: *Il battesimo dei bambini. Questioni teologiche...*, p. 221-226.

CAPÍTULO VI
A PROPOSTA RITUAL HOJE

Após a promulgação da *Sacrosanctum Concilium*, o grupo de trabalho encarregado de preparar os novos rituais tinha decidido pontuar as linhas estruturais do *Ordo* para a iniciação dos adultos, antes de preparar o [*Ordo*] para o Batismo das crianças. De fato, o *Ordo baptismi parvulorum* fica pronto antes, em 1969;[1] a publicação do *Ordo initiationis christiane adultorum*, ao contrário, vai para 1972,[2] após a elaboração do *Ordo confirmationis* renovado, promulgado em 1971.[3] Para indicar a iniciação cristã como quadro abrangente dentro do qual colocar os rituais em questão, o primeiro dos *ordines* publicados – o do Batismo das crianças – é precedido de uma série de *Praenotanda generalia de initiatione christiana*.[4] Nesta tradução, para os textos

---

[1] *Ordo baptismo parvulorum. Editio typica*. Romae: Typis Polyglottis Vaticanis, 1969. Para os acontecimentos ligados à elaboração das novas *ordines*, cf.: BUGNINI, A. *La riforma liturgica (1948-1975)*. Roma: CLV-Edizioni liturgiche, 1983. p. 570-608. (Bibliotheca Ephemerides liturgicae – Subsidia 30.) [Edição bras.: *Ritual do Batismo de Crianças*. Tradução portuguesa para o Brasil da segunda edição típica com adaptação à índole do povo brasileiro. São Paulo: Paulinas, 1999.]

[2] *Ordo initiationis christianae adultorum. Editio typica*. Romae: Typis Polyglottis Vaticanis, 1972. (sigla: *OICA*.) [Edição bras.: *Ritual da iniciação cristã de adultos*. Tradução portuguesa para o Brasil da edição típica. 2. ed. São Paulo: Paulinas, 2009. (sigla: *RICA*.)

[3] *Ordo confirmationis. Editio typica*. Romae: Typis Polyglottis Vaticanis, 1971.

[4] *Praenotanda generalia de initiatione christiana*. In: *Ordo baptismi parvulorum. Editio typica*. Ro-

seguimos o *Ritual do Batismo de Crianças* e o *Ritual da Iniciação Cristã de Adultos*, publicados por Paulinas Editora. O primeiro estudo será sobre os *Praenotanda generalia* (§ 1.). O segundo momento será de estudo do *Ritual da Iniciação Cristã de Adultos*, buscando conhecer o seu caráter exemplar (§ 2.);[5] passamos depois ao exame do *Ritual do Batismo de Crianças* (§ 3.)[6] e do *Ritual da Confirmação* (§ 4.).[7]

1. Os *Praenotanda generalia* (Observações preliminares gerais)

Os *Praenotanda generalia* (Observações preliminares gerais) dividem-se, claramente, em duas partes não homogêneas. A primeira desenvolve o tema anunciado pelo título (a iniciação cristã),[8] enquanto a segunda concentra a própria atenção exclusivamente sobre o Batismo, sem mais aceno algum à Confirmação ou à Eucaristia.[9] A reflexão sobre o complexo sacramental da iniciação cristão permanece, ainda, como um esboço. Todavia, ainda que de modo incompleto, o documento sanciona de modo oficial a recuperação daquela perspectiva no interior dos livros litúrgicos. Retomando literalmente *Ad Gentes*, n. 14.2, a categoria de iniciação cristã é empregada para qualificar a unidade

---

mae: Typis Polyglottis Vaticanis, 1969. 7-13; a ele envia um asterisco que se encontra no início dos Praenotanda de initiatione christiana adultorum, que introduzem o *OICA* 7. A tradução brasileira encontra-se no *RICA* e no *Ritual do Batismo de Crianças*, 19-35. A tradução brasileira é Observações preliminares gerais. Citaremos somente Observações, seguindo-se o número referente.

[5] *Ritual da Iniciação Cristã de Adultos*. Tradução portuguesa para o Brasil da edição típica. 2. ed. São Paulo: Paulinas, 2009. (sigla: *RICA*.) A exemplaridade do *RICA*, não somente no plano estritamente litúrgico, foi acentuada pela Conferência Episcopal Italiana (CEI) ao apresentar a edição italiana: "O itinerário gradual e progressivo, de evangelização, iniciação, catequese e mistagogia, é apresentado pelo *Ritual* com valor de forma típica para a formação cristã".

[6] *Ritual do Batismo de Crianças* (sigla: *RBC* – Paulinas).

[7] *Ritual da Confirmação*.

[8] Observações, n. 1-2.

[9] Ibid., n. 3-35.

estrutural de Batismo, Confirmação e Eucaristia, cujos efeitos complexivos são individuados na libertação do poder das trevas, na participação no mistério pascal de Cristo, na efusão do dom do Espírito Santo e na habilitação para celebrar o mistério eucarístico junto com todo o Povo de Deus.[10] O relevo dado à perspectiva unitária, antecedentemente à análise de cada sacramento, indica que uma adequada compreensão de cada um deles não pode prescindir da consideração dos nexos que os ligam um ao outro. Com efeito, é na sua recíproca inter-relação que os três sacramentos são decisivos em vista da constituição de uma identidade cristã completamente delineada.[11] Nesse quadro, o texto se ocupa da identidade própria de cada sacramento, apresentando-os na ordem que vai do Batismo à Confirmação, à Eucaristia, buscando determinar com mais precisão os efeitos específicos de cada um deles.[12]

Os parágrafos seguintes – dedicados ao Batismo, quer dos adultos, quer das crianças – deixam emergir a preocupação de que as afirmações doutrinais encontrem efetiva atuação no plano litúrgico ritual. Nessa linha, as indicações sobre o que é necessário para a celebração do Batismo (a água, a fonte batismal, o batistério, o rito essencial, a fórmula sacramental etc.) apresentam algumas anotações rituais capazes

---

[10] "Os seres humanos, libertos do poder das trevas, graças aos sacramentos da iniciação cristã, mortos com Cristo, com ele sepultados e ressuscitados, recebem o Espírito de filhos adotivos e celebram com todo o Povo de Deus o memorial da morte e ressurreição do Senhor" (Observações, n. 1).

[11] "De tal modo se completam os três sacramentos da iniciação cristã, que proporcionam aos fiéis atingirem a plenitude de sua estatura no exercício de sua missão de povo cristão no mundo e na Igreja" (Observações, n. 2).

[12] "O Batismo os incorpora a Cristo, tornando-os membros do Povo de Deus, perdoa-lhes todos os pecados e os faz passar, *livres do poder das trevas*, à condição de filhos adotivos, transformando-os em novas criaturas pela água e pelo Espírito Santo, por isso são chamados filhos de Deus, e realmente o são. Assinalados na Crisma pela doação do mesmo Espírito, são configurados ao Senhor e cheios do Espírito Santo, a fim de levarem o Corpo de Cristo quanto antes à plenitude. Finalmente, participando do sacrifício eucarístico, comem da carne e bebem do sangue do Filho do homem, e assim recebem a vida eterna e exprimem a unidade do Povo de Deus, oferecendo-se com Cristo, tomam parte no sacrifício universal, no qual toda a cidade redimida é oferecida a Deus pelo sumo sacerdote; e ainda suplicam que, pela abundante efusão do Espírito Santo, possa todo o gênero humano atingir a unidade dos filhos de Deus" (Observações, n. 2).

de tornar mais expressivos os sinais litúrgicos.[13] Os ofícios e ministérios que concorrem à celebração ganham amplo espaço. A "preparação ao Batismo e a preparação cristã da pessoa já batizada" são indicadas como tarefas fundamentais de toda a Igreja. Daqui a importância que, "já na preparação ao Batismo, catequistas e outros leigos colaborem com os sacerdotes e os diáconos". Pelo mesmo motivo, é desejável que "o Povo de Deus participe ativamente no rito, não somente os pais e padrinhos, mas amigos, parentes, vizinhos de casa e membros da comunidade local".[14] A intenção de requalificar a figura do padrinho[15] brota, sobretudo, na exigência de que conduzam "uma vida de fé de acordo com a missão que assumiram".[16] Como ministros ordinários do Batismo, são indicados os bispos, os presbíteros e os diáconos.[17] Nos casos mais urgentes, porém, caracterizados pelo perigo de morte iminente ou da chegada da morte, "qualquer fiel, e mesmo qualquer pessoa movida de reta intenção, pode, e por vezes até deve, administrar o Batismo".[18]

---

[13] Observem-se, por exemplo, as duas indicações seguintes: "A não ser quando necessário, o sacerdote ou o diácono não batize senão com água benta para esse fim. Se a consagração da água foi feita na vigília pascal, seja conservada, se possível, para todo o tempo pascal e usada para afirmar mais fortemente a necessária relação com o mistério pascal. É de se desejar que fora do tempo pascal se benza a água para cada batizado, para que pelas palavras da consagração se manifeste, de cada vez, com toda clareza, o mistério de salvação, que a Igreja relembra e proclama" (Observações, n. 21). "Estão devidamente autorizados tanto o rito de imersão, que demonstra mais claramente a participação na morte e ressurreição de Cristo, como o rito de infusão" (Observações, n. 22).

[14] Observações, n. 7.

[15] "Conforme uso muito antigo na Igreja, o adulto não é admitido ao Batismo sem um padrinho, escolhido dentre os membros da comunidade cristã para que o ajude ao menos na última preparação ao sacramento e, após o Batismo, zele por sua perseverança na fé e na vida cristã. Também no Batismo de crianças haja um padrinho que represente, seja a própria família dos batizandos espiritualmente ampliada, seja a Santa Mãe Igreja, e, quando necessário, ajude os pais, para que a criança venha a professar a fé, manifestando-a em sua vida" (Observações, n. 8).

[16] Observações, n. 10. É esta a variação mais significativa entre as que foram introduzidas no n. 10, seguindo o Código de Direito Canônico de 1983.

[17] Ibid., n. 11-15.

[18] Ibid., n. 16. Para tal finalidade, é importante observar o que diz o parágrafo seguinte: "Todos os leigos, uma vez que são considerados membros de um povo sacerdotal, em primeiro lugar os pais, e em razão de 'ofício', os catequistas, as parteiras, as senhoras que se ocupam de obras assistenciais, sociais e familiares, como também médicos e cirurgiões, procurem aprender, conforme sua possibilidade, a maneira correta de batizar em caso de necessidade. Os párocos, os diáconos e os catequistas procu-

A PROPOSTA RITUAL HOJE

As Observações preliminares gerais concluem-se com algumas orientações sobre adaptações rituais que cada conferência episcopal pode fazer sempre em união com a Santa Sé. A tarefa mais fascinante, e ao mesmo tempo mais delicada, confiada às conferências episcopais dos países de missão é a de "julgar se aqueles elementos da iniciação, que cada povo conserva em uso, poderão ser adaptados ao rito do Batismo cristão e determinar se poderão ser nele incluídos".[19] Porque o livro litúrgico não é um prontuário inerte a ser repetido mecanicamente, cada ministro tem a possibilidade de introduzir uma série de "acomodações" previstas pelo mesmo Ritual.[20]

2. O Ritual da Iniciação Cristã de Adultos

Para dar atuação prática às indicações de *Sacrosanctum Concilium*[21] e *Ad Gentes*,[22] sobre a retomada do instituto catecumenal, uma comissão especial de peritos (o *Coetus XXII*) elabora um primeiro

---

rem informá-los, e que os bispos em suas dioceses providenciem meios adequados para sua instrução" (Observações, n. 17).

[19] Observações, n. 31.

[20] Ibid., n. 33-34.

[21] "Seja restabelecido o catecumenato dos adultos, dividido em vários graus para ser atuado conforme julgamento do ordinário do lugar, de modo que o tempo do catecumenato, destinado a uma conveniente instrução, possa ser santificado com ritos sagrados a ser celebrados em tempos sucessivos" (*SC*, n. 64: *EV* 1/115),

[22] "Aqueles que receberam de Deus a fé de Cristo, por meio da Igreja, sejam admitidos com cerimônia litúrgica ao catecumenato. Este não é uma simples exposição de dogmas e de preceitos, mas uma formação a toda a vida cristã e um tirocínio devidamente estendido no tempo, mediante o qual os discípulos venham a contato com Cristo, seu mestre. Por isso os catecúmenos sejam convenientemente iniciados ao mistério da salvação e à prática das normas evangélicas, e mediante ritos sagrados a serem celebrados em tempos sucessivos sejam introduzidos na vida da fé, da liturgia e da caridade do Povo de Deus [...]. É desejável a renovação da liturgia do Tempo da Quaresma e da Páscoa. Destarte se preparará o ânimo dos catecúmenos para a celebração do mistério pascal, durante cujas solenidades eles serão regenerados por meio do Batismo" (*AG*, n. 14: *EV* 1/1121-1125). Os textos conciliares que promovem a reintrodução do catecumenato são analisados em P. CASPANI, "Il ripristino del catecumenato nei documenti del Vaticano II" (*La Scuola cattolica* 133/4 (2005) 589-630.

esquema de Ritual para ser submetido ao *Consilium ad exsequendam constitutionem de sacra liturgia*, o organismo encarregado de dar execução ao ditado da constituição litúrgica. O *iter* redacional do ritual batismal para os adultos dura de 1965 a 1971 e pode se valer, além dos numerosos estudos de caráter histórico, também da experiência dos centros de catecumenatos em ação nos países de missão e em algum país europeu (por exemplo, na França). A atenta consideração da mais antiga tradição litúrgico-pastoral e a escuta direta dos operadores missionários permitem que o *Ritual da Iniciação Cristã de Adultos*, promulgado no dia 6 de janeiro de 1972, se configure como livro litúrgico atento não somente às coordenadas teológicas e litúrgicas, mas também às problemáticas pastorais.

Globalmente considerado, o *Ordo* destinado aos adultos apresenta quatro características fundamentais: é um itinerário destinado a uma específica categoria de pessoas, os adultos, que, tendo ouvido o anúncio do Evangelho, movidos pelo Espírito, empreendem um caminho de fé e de conversão. É um itinerário completo: o livro litúrgico não apresenta somente os gestos sacramentais, mas oferece uma proposta ritual multíplice e cronologicamente estendida, que acompanha a pessoa que vai ser batizada até aos sacramentos da iniciação. É um itinerário decididamente inserido em um contexto eclesial: a comunidade cristã é chamada a acompanhar o percurso dos catecúmenos, encontrando nele ocasião para meditar sobre a importância do mistério pascal e para renovar a própria conversão. Os diversos ministérios envolvidos exprimem o cuidado de toda a comunidade dos fiéis e são um instrumento para a progressiva inserção do candidato no grupo eclesial. Por fim, um itinerário que, em explícito acordo com os tempos do ano litúrgico, gira ao redor da Páscoa. Sua estrutura está organizada ao redor de três momentos celebrativos, denominados "graus" (o rito de admissão ao catecumenato, o rito da eleição ou inscrição do nome, a celebração dos sacramentos de iniciação cristã), que marcam o caminho em quatro tempos: o pré-catecumenato, o catecumenato, a preparação quaresmal, a mistagogia.

2.1. O pré-catecumenato

É o tempo do primeiro anúncio, orientado a fazer amadurecer uma vontade de conversão e a decisão de seguir o Senhor Jesus. Nesta fase, a intervenção da Igreja se conota como anúncio fundamental da salvação operada por Cristo e como primeiro convite a entrar em contato com a comunidade cristã no seu conjunto e com alguma família cristã. A conclusão do pré-catecumenato é descrito nos termos de uma "fé inicial em Cristo salvador"[23] e em um "concreto início de conversão e de experiência cristã".[24] A passagem ao catecumenato acontece mediante o primeiro grau, o rito de admissão, que reveste uma importância notável: "Em tal ocasião, apresentando-se pela primeira vez publicamente, os candidatos manifestam à Igreja a sua vontade, e a Igreja, no exercício da sua missão apostólica, admite aqueles que querem se tornar seus membros".[25] Enquanto a primeira parte do rito (pergunta pelo nome, conhecimento da intenção do candidato, sinal da cruz) acontece no exterior da Igreja, a segunda se desenvolve no interior e prevê que novos catecúmenos participem em uma liturgia da Palavra, durante a qual se atua a entrega dos Evangelhos e, *ad libitum*, a entrega do crucifixo.

---

[23] *RICA* 68.
[24] *RICA* 15.
[25] *RICA* 14.

2.2. O catecumenato

Estendido em um lapso temporal de meses e até de anos, o catecumenato tem a finalidade de fazer amadurecer a disposição de ânimo manifestada no rito de admissão. Por isso a Igreja coloca em ato uma tríplice ação de sustento: uma oportuna catequese, que compreende não somente a apresentação das verdades e dos preceitos cristãos, mas também a introdução ao conhecimento do mistério da salvação; um sério adestramento à vida cristã; ritos litúrgicos próprios que ajudem o caminho de purificação (orações de exorcismo) e sejam fonte de aperfeiçoamento espiritual (liturgia da Palavra, entregas, invocações comunitárias). O catecumenato se conclui com o rito da eleição ou inscrição do nome. Para aceder a ele exige-se uma "firme vontade de receber os sacramentos da Igreja".[26] Normalmente colocado durante a celebração eucarística do primeiro domingo da Quaresma, ele prevê uma série de momentos, que acontecem após a homilia: a apresentação dos candidatos, seguida pela interrogação dirigida aos padrinhos e, eventualmente, à inteira comunidade; a interrogação dos mesmos candidatos, para que confirmem a sua vontade de ser admitidos aos sacramentos e a inscrição do nome; a solene declaração de eleição e a recomendação aos padrinhos a fim de que assistam os eleitos; a oração litúrgica, concluída por uma oração do celebrante.

2.3. A preparação quaresmal

O rito da eleição inaugura o tempo da preparação quaresmal, que possui um dúplice objetivo: a purificação dos candidatos, mediante a execução da penitência, e a sua iluminação, através de um mais profundo conhecimento espiritual de Cristo salvador. Do ponto de vista

---

[26] *RICA* 134.

litúrgico, torna-se a falar aqui do antigo instituto dos escrutínios e da entrega. Os escrutínios se configuram como celebrações nas quais a Igreja se dirige a Deus para que "perscrute" os corações dos eleitos, purificando-os dos pecados e estimulando neles o desejo da salvação. Explica-se, assim, a função preponderante que, no âmbito dos escrutínios, tem as orações de exorcismo. Elas se dirigem a Deus para que livre os candidatos do mal e, no seguimento da antiga catequese da Igreja de Roma, contêm uma clara referência aos Evangelhos do ano A do Lecionário romano: Jo 4 (a samaritana), no terceiro domingo da Quaresma;[27] Jo 9 (o cego de nascença),[28] no quarto domingo; Jo 11 (Lázaro), no quinto domingo.[29] As entregas (em latim: *traditiones*) são programadas nas férias que seguem os escrutínios dominicais: a entrega do Creio, na semana sucessiva ao primeiro escrutínio; a do Pai-Nosso, na semana sucessiva ao terceiro escrutínio. Através das entregas, torna-se evidente que a fé é possível somente como acolhimento daquela fé que a Igreja transmite, justamente "entrega".

O tempo da preparação quaresmal conclui-se na vigília pascal (ou em um domingo do tempo pascal) com a celebração dos sacramentos da iniciação cristã: Batismo, Confirmação e Eucaristia. Este é o vértice do itinerário, a passagem decisiva, através da qual o catecúmeno se torna um "fiel" definitivamente introduzido no mistério de Cristo e da Igreja, seu Corpo. Do ponto de vista celebrativo a estrutura ritual é a do *Ritual do Batismo das Crianças*, do *Ritual da Confirmação* para a Crisma e do *Ordo missae* para a Eucaristia. Algumas variantes de relevo são previstas somente no rito batismal.[30] Não obstante o explícito

---

[27] *RICA* 164.
[28] *RICA* 171.
[29] *RICA* 178.
[30] O canto da ladainha dos santos e santas é mais estendido e é colocado imediatamente antes da bênção da água; para a renúncia está prevista como primeira possibilidade uma única pergunta, que reassu-

pedido de alguns membros da comissão preparatória, não foi retomada a antiga fórmula da tríplice profissão de fé que acompanhava a tríplice imersão, em desuso após a generalização do Batismo das crianças.

2.4. A mistagogia

Antes de assimilar-se definitivamente à vida dos outros fiéis, o tempo da mistagogia oferece ao neobatizado ulteriores oportunidades de consolidação da nova condição de pertença eclesial. A mistagogia coincide com os cinquenta dias do tempo pascal, mas pode durar algumas semanas a mais, se a situação da pessoa o exige. O *Ordo* pede que se reserve uma atenção específica aos neófitos nas missas dos domingos de Páscoa. Propõe, por volta de Pentecostes, uma celebração particularmente solene para assinalar o encerramento deste tempo, que é também o mais adaptado para a recepção do sacramento da Penitência.

3. O *Ritual do Batismo das Crianças* (1969)

Diferentemente de quanto aconteceu no caso dos adultos, as indicações do Vaticano II sobre a reforma do rito batismal das crianças e do rito da Confirmação permanecem fundamentalmente separadas e se colocam, quase exclusivamente, no aspecto celebrativo, sem procurar explicitamente um acordo entre o rito sacramental e a mais ampla ação pastoral de introdução de crianças e meninos(as) na vida cristã.[31] Consequentemente, os rituais que dão atuação às orientações conciliares

---

me as três das outras duas fórmulas; a unção com o óleo dos catecúmenos pode ser deixada, mesmo se não tivesse sido feita nos ritos preparatórios do Sábado Santo pela manhã; se a Confirmação segue imediatamente, a unção pós-batismal é deixada; também a entrega da veste branca pode ser deixada de lado.

[31] Cf. *SC*, n. 67-71: *EV* 1/118-124.

A PROPOSTA RITUAL HOJE

ressentem-se dessa carência e, embora tentando algum tímido passo adiante,[32] não acedem à lógica unitária que foi encontrada para a iniciação cristã dos adultos. Assim, a um único *Ritual de Iniciação Cristã dos Adultos* correspondem dois distintos rituais: o *Ritual de Batismo das Crianças* e o *Ritual da Confirmação*. Do primeiro desses dois rituais consideramos, agora, o *iter* redacional (§ 3.1.), as premissas específicas (§ 3.2.) e a estrutura celebrativa (§ 3.3.).

3.1. O *iter* redacional

As linhas guias para a reforma do *Ordo* batismal destinado às crianças são claramente indicadas pela *Sacrosanctum Concilium*: o rito deve ser adaptado à situação real das crianças, dando maior relevo às figuras de acompanhamento, a partir dos pais.[33] No trabalho de revisão, desenvolvido entre 1965 e 1968, emerge também a preocupação de fazer com que as celebrações litúrgicas deixem transparecer com mais evidência o sentido teológico do sacramento. Daqui derivam quatro ulteriores critérios de revisão: evidenciar a intrínseca referência do sacramento do Batismo ao mistério pascal; explicitar a noção de Batismo como *sacramentum fidei*; remarcar o nexo teológico do Batismo com a Confirmação e a Eucaristia; dar novo vigor à dimensão eclesiológica do sacramento do Batismo, seja no aspecto dos efeitos sacramentais, seja no da celebração litúrgica. A exigência de algumas premissas específicas

---

[32] Veja-se nesta direção a presença das Observações preliminares gerais também no *Ritual do Batismo de Crianças*, a recuperação da figura dos pais como garantia de continuidade na educação à fé, a renovação das promessas do Batismo no *Ritual da Confirmação*.

[33] "Deve ser revisto o rito de Batismo das crianças e seja adaptado à sua real condição. No rito sejam colocados maiormente em relevo também o lugar e o dever dos pais e dos padrinhos" (*SC*, n. 67: *EV* 1/118). "O critério da adaptação à situação objetiva das crianças, de criaturas incapazes de um ato livre e responsável, exigiu que se abandonasse a série de exorcismos que pressupunham pecados pessoais e às interrogações respondidas, de fato, pelos pais [...]. O relevo dos pais, querido pelo concílio, corresponde à sua efetiva tarefa na educação dos filhos" (FALSINI, R. *Battezzati per diventare cristiani*. Roma: Paoline, 1984. p. 26).

ao *Ritual* predisposto para as crianças leva a inserir, além das Observações preliminares gerais, também a série *Batismo das Crianças* – Observações preliminares. O *Ordo* completo, com as duas séries de Observações e os diversos capítulos para a celebração foi promulgado no dia 15 de maio de 1969.

3.2. As Observações específicas

Em primeiro lugar, as Observações esclarecem que as "crianças" para as quais é destinado o *Ritual* são "todos aqueles que ainda não atingiram a idade da razão e não são capazes de professar a própria fé".[34] Portanto, estamos diante de infantes, isto é, aqueles que não estão ainda em grau de falar. Três motivos garantem o fato de administrar o Batismo também a eles: a praxe em ato na Igreja desde os primórdios, o apelo ao dado bíblico (Jo 3,5) e a referência à "fé da Igreja, professada pelos pais, pelos padrinhos e por outras pessoas presentes ao rito". Retomando a intuição de Agostinho, o *Ritual* recorda que "neles está representada a Igreja local e toda a assembleia dos santos e dos fiéis, a mãe Igreja, que gera todos e cada um".[35] Reconhecer a liceidade e a importância do Batismo dos infantes não significa desatender a exigência que aquela fé, professada pela Igreja em nome das crianças no momento sacramental, se torne patrimônio vivo e pessoal dos batizados, enquanto vai crescendo neles a capacidade de entender e de querer. Nessa linha,

> para completar a conscientização do sacramento, é necessário que as crianças sejam depois instruídas na fé em que foram batizadas; fundamento disso será o próprio sacramento, antes recebido. A instrução cris-

---

[34] *Ritual do Batismo de Crianças*. Observações preliminares gerais. Daqui para frente, Observações preliminares, seguidas do número. Aqui, n. 1.

[35] Observações preliminares, n. 2.

A PROPOSTA RITUAL HOJE

tã, que por direito lhes é devida, nada mais visa senão levá-las paulatinamente a aprender que elas finalmente tomem consciência da fé em que foram batizadas e a abracem pessoalmente.[36]

O primeiro sujeito ministerial envolvido nas celebrações batismais é toda a comunidade cristã.[37] Aos pais é reconhecida uma tarefa preeminente com relação à dos padrinhos: uma tarefa que os envolve antes da celebração, mediante uma adequada preparação; durante a celebração, que os vê exercitar "um verdadeiro ofício litúrgico", através de gestos que lhe são próprios. Após a celebração, "compete ainda aos pais, [...] levarem a criança ao reconhecimento de Deus, de quem se tornou filho adotivo, bem como cuidarem para que receba a Crisma e participe da Eucaristia. No desempenho dessa obrigação serão novamente auxiliados pelo pároco, mediante métodos adequados".[38] O ritual pressupõe, portanto, que se institua uma relação mais orgânica entre a comunidade cristã e as famílias das crianças a serem batizadas. Quanto ao tempo apropriado para administrar o Batismo às crianças, nos casos ordinários, o *Ritual* sugere que isto aconteça "no decorrer das primeiras semanas após o Batismo da criança". Quando, então, vier a faltar a garantia de educação mínima na fé, abre-se a perspectiva de uma prudente espera.[39] Os tempos litúrgicos recomendados são a vigília pascal ou o domingo, "para se evidenciar melhor o caráter pascal do Batismo".[40]

---

[36] Ibid., n. 3.

[37] "Antes e depois da celebração do sacramento, a criança faz jus ao amor e ao auxílio da comunidade. Durante o rito, porém, além das atribuições citadas no n. 7 das *Observações preliminares gerais*, a comunidade intervém quando se une à aprovação do celebrante depois que os pais e padrinhos fazem sua profissão de fé, em que são batizadas as crianças, não é somente da família, mas constitui um verdadeiro tesouro de toda a Igreja de Cristo" (Observações preliminares, n. 4).

[38] Observações preliminares, n. 5/4.

[39] Ibid., n. 8.

[40] Ibid., n. 9.

3.3. A estrutura ritual

O *Ritual do Batismo de Crianças* estrutura-se em quatro tempos, dos quais o primeiro e o último (os ritos de acolhida e os ritos finais) fazem de coroa ao segundo e ao terceiro (a liturgia da Palavra e a liturgia do Sacramento). É evidente a analogia com a estrutura celebrativa da missa. O ritual sugere que cada um dos quatro tempos seja celebrado em um lugar específico, que contribui para iluminar o caráter próprio de cada um.

3.3.1. Ritos de acolhida

Normalmente, são realizados no ingresso da Igreja. Após o canto introdutório e a saudação do celebrante, ele pergunta aos pais o nome da criança e lembra aos pais a missão de educação na fé que eles assumem ao pedir o Batismo para seus filhos e filhas. Aos padrinhos e madrinhas o celebrante pergunta se estão dispostos a auxiliar os pais nessa missão. Por fim, o sacerdote, depois dele os pais e, eventualmente, os padrinhos, traçam o sinal da cruz na fronte do batizando. Tal gesto exprime, conjuntamente, a acolhida por parte da comunidade cristã e a decisão dos pais e padrinhos de se empenharem para educar as crianças na fé da Igreja, que tem a sua origem e o seu vértice no mistério da cruz.

3.3.2. Liturgia da Palavra

É bom que a passagem dos ritos de acolhida à liturgia da Palavra seja sublinhada de um deslocamento processional em direção ao lugar determinado para a proclamação e a escuta das leituras bíblicas. A estrutura desse momento é muito flexível: pode-se ler um ou dois trechos, intercalados por um salmo e/ou uma aclamação. Após uma breve homilia, procede-se à prece dos fiéis e uma invocação dos santos e santas, entre os quais os patronos dos batizados e da Igreja local que os gera para a vida cristã. Como conclusão da Liturgia da Palavra, o novo *Ritual* conservou duas sequências muito antigas: a oração do exorcismo e a unção pré-batismal. O *Ordo* pós-tridentino previa três orações de exorcismo em forma de esconjuro, isto é, de ordem dirigida a Satanás para que saísse do corpo do batizando. O novo *Ritual* prevê, ao contrário, um só exorcismo em forma deprecativa: o sacerdote não afugenta mais o demônio do corpo da criança, considerado à revelia de um endemoninhado, mas, recordando a obra salvífica que Deus-Pai realizou no seu Filho para libertar o ser humano do mal, pede a sua intervenção em favor das crianças que estão para ser batizadas. A unção com o óleo dos catecúmenos é feita no peito das crianças e retoma a unção que antigamente era feita no corpo dos candidatos e lembrava a do esportista na competição. Na sua configuração atual, o gesto perdeu muito de sua carga simbólico-expressiva, somente em parte suprida pelas palavras que o acompanham: "O Cristo Salvador vos dê a sua força. Que ele penetre em suas vidas, como este óleo no seu peito".

3.3.3. Liturgia do sacramento

Pode ser desenvolvida no batistério (lugar estavelmente dedicado à celebração batismal) ou junto a uma mais simples fonte batismal fixa ou móvel, disposta no lugar mais adaptado para que todos possam vê-lo. A primeira sequência ritual é a bênção da água, prevista em toda celebração fora do tempo pascal. Durante o tempo pascal, contrariamente, deve-se usar a água abençoada na vigília pascal. Atestada a partir da *Traditio apostolica* e desaparecida no corpo da Idade Média, a bênção da água foi retomada, sobretudo, pelo seu valor catequético e pedagógico. As diversas orações utilizadas perseguem, com efeito, um dúplice objetivo: introduzir à compreensão do sinal sacramental da água à luz da revelação bíblica e indicar na efusão do Espírito Santo a razão da sua eficácia sacramental. Em concreto, o ritual promove três diversas modalidades de bênção: a antiga fórmula gelasiana, revista e simplificada, a ser usada somente fora do tempo pascal, à qual se acrescentam duas fórmulas de nova composição: a estrutura litânica, a ser usada obrigatoriamente no tempo pascal e facultativamente em todos os outros tempos do ano.

À bênção da água seguem a renúncia a Satanás e a profissão de fé. Elas constituem o necessário complemento ao gesto batismal verdadeiro e próprio, e consideradas juntamente manifestam o liame entre fé e ato sacramental, evidenciam a necessária conexão entre escolha contra o pecado e escolha por Deus e sublinham a dimensão comunitária da fé, que, através dos pais e da Igreja à qual eles pertencem, é "consignada" aos batizandos. À antiga fórmula de renúncia, sóbria e essencial, foi acrescido *ad libitum* um formulário mais articulado, que ilumina o sentido positivo da mesma renúncia. A profissão de fé, em forma de diálogo entre sacerdote, pais e padrinhos, conserva o texto que acompanhava articuladamente a tríplice imersão batismal, que hoje somente dispõe ao rito sacramental essencial. Chega-se a tal rito após uma ulterior verificação da vontade dos pais e padrinhos para batizar a criança "na fé da Igreja". A fórmula batismal é a indicativa ("Eu te batizo..."), em uso ao menos a partir do século VIII. Quanto à modalidade do gesto batismal, "realiza-se pela ablução da água, que pode ser por imersão ou infusão, conforme os costumes locais, e a invocação da Santíssima Trindade".[41]

O sentido de quanto foi realizado é "ilustrado" por quatro ritos explicativos: a unção com o sagrado crisma, a entrega da veste branca,

---

[41] Ibid., n. 18/2.

a entrega da vela acesa e o Rito do Efatá. A unção com o crisma, atestada desde o século III na liturgia romana, exprime a ideia da consagração-conformação a Cristo, o ungido de Deus. A oração que acompanha foi retocada, para exprimir mais claramente o seu significado: "Deus Pai as libertou do pecado e vocês renascem pela água e pelo Espírito Santo. Agora vocês fazem parte do Povo de Deus. Que ele as consagre pelo óleo santo para que, inseridas em Cristo, sacerdote, profeta e rei, continuem no seu povo até a vida eterna".[42] Torna-se difícil delinear com precisão a relação dessa unção com o sacramento da Crisma, de que parece ser uma espécie de antecipação.[43] A entrega da veste branca recupera o uso antigo de revestir os neófitos, na saída da piscina batismal, com as vestes brancas com que se vestiam, durante toda a semana pascal, na assembleia litúrgica. Tal semana, por essa razão, era chamada de *hebdomada in albis*. A veste branca contém, antes de tudo, uma alusão à novidade batismal, que Paulo chamou de "revestir-se de Cristo" (Gl 3,27), mas recupera também outras sugestões bíblicas.[44] A entrega da vela acesa é de origem mais recente (séculos XI-XII), que revela uma notável riqueza simbólica, bem sintetizada pelas palavras que a acompanham:[45] a vela acesa lembra antes de tudo a luz que jorra da Páscoa de Cristo (a "fonte" da sua luz é o círio pascal); relembra o dom da fé, transmitida ao recém-batizado pelos familiares e por toda a Igreja; ela contém um forte chamado à vigilância esperando a vinda do Senhor (Mt 25,1-13). O Rito do Efatá retoma os gestos e as palavras

---

[42] *RBC* 79.

[43] Com efeito, no caso do Batismo de um adulto, no caso de a Confirmação seguir imediatamente, omite-se a unção pós-batismal com o Crisma. Cf. *RICA* 223.

[44] Pode-se pensar nas vestes "cândidas como a luz" da Transfiguração (Mt 17,2) e da ressurreição de Cristo (Mt 28,3), no hábito nupcial para o banquete do esposo celeste (Mt 28,12) e nas vestes cândidas daqueles que "estavam em pé diante do trono e do Cordeiro" (Ap 7,9). Uma atuação mais essencial deste gesto, que esconde de fato a ação do "revestir", corre o risco de torná-lo insignificante.

[45] "Queridas crianças, vocês foram iluminadas por Cristo para se tornarem luz do mundo. Com a ajuda de seus pais e padrinhos, caminhem como filhos e filhas da luz" (*RBC* 84).

com as quais Jesus curou o surdo-mudo (Mc 7,32-35). Atestado desde os tempos de Ambrósio, foi mantido em toda a tradição sucessiva, com uma variante de difícil decifração, pela qual, em vez da boca, tocava-se o nariz. A reforma litúrgica atual quis harmonizar o gesto ritual com o texto marciano e explicitou o sentido da palavra "efatá": "O Senhor Jesus, que fez os surdos ouvir e os mudos falar, lhe conceda que possa logo ouvir sua Palavra e professar a fé para louvor e glória de Deus Pai".[46]

3.3.4. Ritos de conclusão

Desenvolvem-se na região do presbitério para lembrar o fato de a celebração batismal tender para a mesa da Eucaristia. A intenção para a Eucaristia é colocada em luz também pela monição que introduz a récita do Pai-Nosso, onde encontramos a afirmação mais explícita sobre o Batismo como primeiro grau sacramental da iniciação cristã. A ele seguem a Confirmação, como etapa intermediária, e, como etapa final, a participação sacramental na mesa eucarística.[47] A sucessiva bênção às mães liga-se à tradição da *benedictio puerperae post partum* do ritual pós-tridentino,[48] introduzindo-a na liturgia batismal e reelaborando o seu texto. A bênção aos pais é uma novidade, coerente com a maior atenção que o ritual pós-conciliar reserva à função dos pais. A ação litúrgica pode oportunamente terminar com um canto da assembleia

---

[46] *RBC* 87.

[47] "Estas crianças que foram batizadas são chamadas, em Cristo, a viver plenamente como filhos e filhas de Deus Pai. Para isso elas precisam também ser fortalecidas pelo Espírito Santo no sacramento da Confirmação e alimentados na Ceia do Senhor" (*RBC* 90).

[48] Apenas se fosse possível, a puérpera se dirigia à Igreja para agradecer a Deus pelo dom da maternidade e para receber a bênção divina, com uma fórmula cujo teor não pode, de forma alguma, ser interpretada como purificação.

que expressa alegria pascal e ação de graças ou também com o canto do *Magnificat*.⁴⁹

4. O Ritual da Confirmação (1971)

Pelo que diz respeito ao *Ritual da Confirmação*, antes de tudo é dada alguma informação sobre o *iter* redacional (§ 4.1.); retoma-se também a constituição *Divinae Consortium Naturae* (§ 4.2.) e os *Praenotanda particularia de confirmatione* (§ 4.3.) para passar, por fim, à apresentação da sua estrutura celebrativa (§ 4.4).

4.1. O *iter* redacional

O novo ritual da Confirmação dá atuação às indicações formuladas pela *Sacrosanctum Concilium* sobre a necessidade de fazer aparecer mais claramente a "íntima conexão deste sacramento com toda a iniciação cristã". Para tal finalidade, de um lado "a renovação das promessas batismais precederá convenientemente a recepção deste sacramento"; de outro, "quando considerar oportuno, a Confirmação poderá ser conferida durante a missa".⁵⁰ Na base dessas orientações, parte um *iter* de reforma longa e sofrida, devido a numerosas problemáticas em jogo: a conexão da Confirmação com o Batismo, o ministro, a matéria, a forma, a idade mais conveniente para a sua administração; ultimamente, porém, é o significado mesmo deste sacramento que não

---

⁴⁹ O *RBC* 94, na sua edição portuguesa para o Brasil, conserva a tradição muito louvável de confiar a criança neobatizada à proteção da Virgem Maria. O texto é muito rico e significativo: "[...] nesse dia em que estas crianças entram na Igreja pelo santo Batismo, vimos confiá-las à especial proteção de Maria, Mãe de Deus e dos discípulos de Jesus". E quem preside a celebração diz: "Maria, Mãe de Jesus, companheira de nossa caminhada, sempre fiel ao projeto do Pai, a vós confiamos estas crianças. Conduzidas pelo Espírito, sejam fiéis ao Evangelho, cresçam em sabedoria, idade e graça na Igreja e diante de Deus".

⁵⁰ *SC*, n. 71: *EV* 1/124.

parece suficientemente claro. Uma vez que o trabalho de revisão chega a retocar o mesmo rito sacramental essencial, o novo *Ordo*, publicado no dia 22 de agosto de 1971, é acompanhado pela constituição apostólica *Divinae Consortium Naturae*, que se empenha numa justificação pontual das escolhas feitas.

4.2. A constituição apostólica *Divinae Consortium Naturae*

O texto abre relembrando a tradicional analogia entre a vida divina comunicada pelos sacramentos e a vida natural: ao nascimento, ao crescimento e à alimentação, que escandem a vida física, correspondem, no organismo sacramental, o Batismo, a Confirmação e a Eucaristia.[51] A "unidade da iniciação cristã" é, portanto, explicitamente indicada como o critério guia que orientou a revisão do ritual da Confirmação, conforme indicação de *SC*, n. 71. A conexão da Confirmação com o Batismo e a Eucaristia é lembrada também lá onde se evidencia a especial importância da Crisma "em vista da iniciação sacramental", através da qual os fiéis são incorporados a Cristo.[52] No âmbito de tal iniciação sacramental, a especificidade da Confirmação é encontrada refazendo-se, sobretudo, a *LG*, n. 11 (*EV* 1/313ss), que apresenta totalmente os efeitos desse sacramento na linha do crescimento e do reforço daquilo que já foi realizado pelo Batismo. A afirmação central, relativa ao efeito da Confirmação, parece dever ser encontrada onde se diz que, através da Confirmação, as pessoas que renasceram pelo Batismo

---

[51] "A participação à natureza divina, que as pessoas recebem em dom mediante a graça de Cristo, revela uma certa analogia com a origem, o desenvolvimento e o crescimento da vida natural. Com efeito, os fiéis, renascidos no santo Batismo, são corroborados pelo sacramento da Confirmação e, portanto, são nutridos com o alimento da vida eterna na Eucaristia" (PAULO VI. Constituição apostólica *Divinae Consortium Naturae* sobre o sacramento da Confirmação, n. 1: *EV* 4/1067).

[52] PAULO VI, *Divinae Consortium Naturae: EV* 4/1073.

recebem o "dom inefável do mesmo Espírito Santo". Depois, chamamos *PO*, n. 5 (*EV* 1/1252ss), que permite evidenciar a orientação da Confirmação para a Eucaristia, cuja participação permite que a pessoa seja plenamente inserida no corpo de Cristo.[53]

Na base dessas premissas, o discurso se concentra no problema da revisão do sinal sacramental essencial, "no qual os fiéis recebem como dom o Espírito Santo".[54] Para essa finalidade, após ter brevemente relembrado os dados neotestamentários relativos à presença e ação do Espírito, o documento abre a pesquisa sobre a praxe das Igrejas do Oriente e do Ocidente, observando que desde a Antiguidade, o conferimento do Espírito Santo "acontecia na Igreja seguindo ritos diversos [...], mas capazes de manter o significado de comunicação do Espírito Santo".[55] A pesquisa conduzida no interior da tradição latina consente que se recolham os testemunhos magisteriais favoráveis à unção crismal, recordando também a oposição de muitos teólogos nesse sentido. Na argumentação da constituição, nota-se uma certa tensão entre o dado bíblico originário, que faz referência a uma imposição das mãos pós-batismal, no qual a tradição católica reconhece "a primeira origem do sacramento da Confirmação",[56] e o testemunho da tradição litúrgica e dogmática sucessiva, onde prevalece a crismação, sem que isto conote o desaparecimento da imposição das mãos.

O resultado da pesquisa é sintetizado, afirmando que na administração da Confirmação, quer no Oriente, quer no Ocidente, ainda

---

[53] "Com o sacramento da Confirmação as pessoas que renasceram no Batismo recebem o dom inefável, o mesmo Espírito Santo, pelo qual são enriquecidos de uma forma especial, e assinalados pelo caráter do mesmo sacramento, são unidas perfeitamente à Igreja" (PAULO VI, *Divinae Consortium Naturae*: *EV* 4/1073).
[54] PAULO VI, *Divinae Consortium Naturae*: *EV* 4/1070.
[55] Ibid., *EV* 4/1074.
[56] Ibid.

que de modo diverso, deram o primeiro lugar à crismação, "que de alguma forma representa a imposição das mãos usada pelos apóstolos".[57] Existiria, pois, continuidade entre a tradição apostólica da imposição das mãos e a *signatio* com o crisma, no sentido que esse segundo gesto teria tomado o lugar do primeiro e seria, ele próprio, uma imposição das mãos.[58] Quanto às palavras que acompanham, a escolha feita é decididamente inovadora: à embora "veneranda fórmula", em uso na Igreja latina, é preferida "a antiquíssima fórmula própria do rito bizantino, com a qual se exprime o dom do Espírito Santo e se recorda a efusão do Espírito Santo acontecida no dia de Pentecostes".[59] A constituição conclui-se com esta solene declaração: "O sacramento da Confirmação confere-se mediante a unção com o crisma sobre a fronte, que se faz com a imposição da mão e mediante as palavras: 'Accipe signaculum doni Spiritus Sancti'".[60] Uma vez precisada nesses termos a "essência mesma do rito sacramental", dá-se grande relevo à imposição geral das mãos, que precede a crismação, e à oração que a acompanha. Tal imposição das mãos, com efeito, bem distinta daquela com a qual é feita

---

[57] Ibid., *EV* 4/1078.
[58] Ao pedido de esclarecimento sobre a expressão "unção sobre a fronte que se faz com a imposição da mão", a constituição para a interpretação dos decretos do Vaticano II respondeu que não é necessário que o ministro da Confirmação, enquanto realiza a crismação, imponha as mãos sobre a cabeça do confirmando. A crismação feita com o dedo polegar manifesta de forma suficiente a imposição das mãos. Cf. PONTIFICIA COMMISSIO DECRETIS CONCILII VATICANI II INTERPRETANDIS. Responsum ad propositum dubium. *Notitiae* 8 (1972) 281.
[59] PAULO VI, *Divinae Consortium Naturae: EV* 4/1079.
[60] Ibid., *EV* 4/1080. "Com a palavra 'dom', que se encontra na fórmula sacramental, não se entendem, em primeiro lugar, os *dons* que provêm do Espírito Santo, mas o Espírito Santo, que é, ele próprio, o dom (*Spiritus Sanctus, qui ipse est donum*), do qual provêm os outros dons particulares" (PONTIFICIA COMMISSIO DECRETIS CONCILII VATICANI II INTERPRETANDIS. Commentarium. *Notitiae* 8 [1972] 285 [tradução do autor]). Segundo alguns intérpretes, o pronunciamento da constituição apostólica não seria uma posição doutrinal irreformável, mas uma determinação prática relativa à administração válida de um sacramento no âmbito da Igreja latina. Cf. LIGIER, L. *La Confirmation. Sens et conjoncture oecuménique hier et aujourd'hui*. Paris: Beauchesne, 1973. p. 28. (Théologie historique 23.)

a crismação, "serve para integrar maiormente o mesmo rito e favorecer uma maior compreensão do sacramento".[61]

4.3. Os *Praenotanda* ao ritual

Chamando a atenção para a dignidade da Confirmação, os primeiros dois parágrafos dos *Praenotanda* a configuram, antes de tudo, como continuação do "caminho de iniciação cristã", através da qual a pessoa batizada "recebe o Espírito Santo, que no dia de Pentecostes foi derramado pelo Senhor sobre os Apóstolos".[62] Os frutos desse dom do Espírito são individuados na mais perfeita conformação a Cristo e na comunicação da força necessária para o testemunho em vista da edificação da Igreja. Acena-se também ao caráter que, enquanto indelével, tem como consequência a irrepetibilidade do sacramento.[63] Nos parágrafos seguintes são apresentados os ofícios e os ministérios que entram em jogo na Confirmação, o seu desenvolvimento ritual, as adaptações que nele podem ser introduzidas e as coisas que devem ser preparadas em vista da sua celebração. Haveremos de tratar somente de questões que tenham particular relevo.

Apresentando os ofícios e os ministérios envolvidos na celebração da Confirmação, os *Praenotanda* acentuam a conveniência da figura do padrinho e precisam as suas tarefas, introduzindo uma anotação de caráter pastoral, que tinha sido apresentadas já na fase preparatória do concílio. "Dada a atual situação pastoral, é bom que o padrinho da Confirmação seja o mesmo do Batismo. Dessa forma, acentua-se de modo melhor o nexo entre Confirmação e Batismo, bem como o ofício e

---

[61] PAULO VI, *Divinae Consortium Naturae: EV* 4/1081.
[62] *RC* 1.
[63] *RC* 2.

a tarefa do padrinho têm mais eficaz relevo".[64] Particular atenção merece, pois, a figura do ministro. O *Ritual da Confirmação*, promulgado em 1971, falava do bispo como ministro "originário" deste sacramento. Tal forma de expressar-se retomava o ditado de *LG*, n. 26, que modificava a afirmação do Concílio de Trento, segundo a qual *somente* o bispo é ministro "ordinário" da Confirmação.[65] Fundamentalmente, a mudança introduzida vem ao encontro da praxe das Igrejas orientais e sugere a ideia do bispo como aquele que está na "origem" da Confirmação, porque a ele compete a consagração do crisma. Debaixo desse perfil, seja no Oriente, seja no Ocidente, a intervenção do bispo sempre foi considerada insubstituível e não delegável. Ao contrário, no que diz respeito ao conferimento da Crisma, a expressão ministro "originário", referida ao bispo, deixa aberta a possibilidade de considerar o presbítero ministro "ordinário" da Confirmação, também na Igreja latina. O *Código de Direito Canônico* de 1983, porém, voltou à formulação "ministro ordinário", considerando-a "mais jurídica e teológica", e também "mais respondente à tradição da Igreja latina, para a qual o Código foi promulgado".[66] Embora tal escolha tenha sido interpretada de forma variada, ela não parece querer colocar em discussão quanto foi adquirido com a formulação introduzida pela *Lumen Gentium*. Com efeito, com relação ao Código de 1917, o Código de 1983, embora tornando a falar do bispo como ministro "ordinário" da Confirmação, apresenta duas significativas novidades. Não diz mais que só o bispo é ministro

---

[64] *RC* 5. É cancelado o inciso: "fica, pois, ab-rogado o cânon 796,1", enquanto o *Código de Direito Canônico* de 1983, no cânon 893,2 acolheu a nova linha de conduta.

[65] *Denz* 1630. A formulação é retomada do cânon 781,1 do *Codex iuris canonici* de 1917. A forma de se expressar "ministro ordinário" designa aquele que habitualmente, em força do próprio encargo pastoral (não por direito divino) administra a Confirmação. Sobre as razões da novidade introduzida por *Lumen Gentium*, cf. P. CASPANI, "Il ministro della confermazione nei testi del Vaticano II" (*La Scuola cattolica* 126 (1998) 635-654).

[66] *Communicationes* 15 (1983) 186, ao cânon 836. A formulação "ministro ordinário" deve ser reintroduzida também nos *Praenotanda* do *Ritual da Confirmação*.

A PROPOSTA RITUAL HOJE

"ordinário" nem qualifica mais o presbítero delegado como ministro "extraordinário". Com base nesses dois dados, parece que "também o presbítero possa ser considerado ministro ordinário da Crisma".[67] A "reserva" do conferimento da Crisma ao bispo teria, portanto, valor disciplinar, mas não dogmático.[68]

O tema controvertido da idade da Confirmação é afrontado conforme uma casuística que leva em conta as diversas situações do candidato à Confirmação:[69] "normalmente", os catecúmenos, adultos ou crianças em idade de catecismo, recebem a Crisma na mesma celebração na qual são batizados e admitidos à Primeira Eucaristia. Analogicamente, pessoas adultas que já foram batizadas quando pequenas completam a sua iniciação cristã com a Confirmação e a Primeira Eucaristia, no âmbito de uma única celebração comunitária. No caso de crianças batizadas quando crianças, ao contrário, a praxe da Igreja latina "geralmente" difere a Confirmação "até mais ou menos sete anos". Por razão de natureza pastoral, porém, "as conferências episcopais podem estabelecer uma idade mais madura, caso acreditem ser mais madura para fazer preceder a recepção do sacramento de uma adequada preparação".[70] Com relação ao que foi estabelecido para os adultos e as crianças ainda não batizados, o texto revela uma colocação diversa. Naqueles casos, com efeito, a atenção é dirigida a salvaguardar a lógica interna dos sacramentos da iniciação cristã. Aqui, contrariamente, a questão da idade

---

[67] FABRIS, C. *Il presbitero, ministro della cresima? Studio giuridico teologico pastorale*. Padova: Messaggero-Abbazia S. Giustina, 1997. p. 322. ("Caro Salutis Cardo" – Studi 11.)

[68] De outro lado, as motivações com as quais os *Praenotanda* justificam o caráter "extraordinário" do ministério do bispo com relação à Confirmação (significar mais claramente a origem apostólica do gesto que comunica o Espírito e exprime "o mais estrito liame que une a pessoa confirmada na Igreja e o mandato de dar testemunho de Cristo"), embora falem da sensatez da referência direta da Crisma ao bispo, não nos parecem impor esta referência de modo absoluto.

[69] Cf. *RC* 11.

[70] *RC* 11.

da Confirmação é afrontada de forma autônoma, de todo desligada do quadro da iniciação cristã. Com efeito, essa concessão arrisca tornar vãs as afirmadas unidade e progressão lógica dos três sacramentos da iniciação. Unidade e progressão reafirmadas, lá onde se indica como normal o conferimento da Crisma durante a missa, "porque ressalta melhor o nexo íntimo deste sacramento com toda a iniciação cristã, que atinge o seu vértice na comunhão do corpo e do sangue de Cristo".[71]

4.4. O projeto ritual

A proposta ritual, atuável quer no âmbito da celebração eucarística, quer fora dela, desenvolve-se em quatro sequências: a renovação das promessas do Batismo, a imposição das mãos, a crismação e a oração dos fiéis. O primeiro momento tem a finalidade de criar uma explícita ligação com o Batismo, mas a denominação com a qual é indicada – "renovação das promessas batismais" – é bastante infeliz: aquilo que acontece no Batismo e é renovado na Confirmação não é tanto uma promessa quanto, antes, uma profissão de fé, embora mais radical.[72]

A *imposição das mãos* é um gesto que na Bíblia retorna várias vezes com significados diversos. No nosso caso, o seu sentido é esclarecido pela oração epiclética que a acompanha; após ter recordado a ação regenerativa do Espírito no Batismo, a oração invoca a efusão do Paráclito, com a plenitude dos seus dons, explicitados na linha do clássico septenário, inspirado em Is 11,2:

---

[71] *RC* 13.
[72] Para a renúncia, é colocada a primeira fórmula indicada pelo *RICA* (n. 217), enquanto para a profissão de fé, além das três perguntas da fórmula batismal, é previsto um desenvolvimento autônomo da pergunta sobre a fé no Espírito Santo: "Crede no Espírito Santo, que é Senhor e dá a vida, e que hoje, por meio do sacramento da Confirmação, vos é conferido de modo especial, como foi aos Apóstolos no dia de Pentecostes?" (*RC* 26).

A PROPOSTA RITUAL HOJE

Deus onipotente, Pai de Nosso Senhor Jesus Cristo, que regeneraste os teus filhos pela água e pelo Espírito Santo liberando-os do pecado, infunde neles o teu Santo Espírito paráclito, espírito de sabedoria e de inteligência, espírito de conselho e de fortaleza, espírito de ciência e de piedade, e enche-os do espírito do teu santo temor.[73]

Com a *crismação* estamos no momento especificamente sacramental da celebração. O bispo mergulha o polegar no crisma (óleo misturado com perfume) e traça um sinal sobre a fronte do candidato, dizendo: "Recebe o selo do Espírito Santo, que te é dado como dom". A expressão original latina, que retoma a fórmula em uso no rito bizantino do século V, traduzida literalmente, soa: "Recebe o selo do dom do [que é] o Espírito Santo". Na Confirmação, portanto, recebe-se o dom *que é* o Espírito Santo. Quanto à palavra "selo" [*sfhragìs*], ela se presta a uma dúplice leitura: segundo alguns, trata-se de um vocábulo técnico para indicar a *consignatio frontis* (o gesto que realiza a unção crismal); para outros, ao contrário, indica o efeito espiritual permanente da unção. Por si, as duas interpretações, longe de se excluírem, interpenetram-se reciprocamente: enquanto sacramental, com efeito, o gesto exterior da *consignatio* revela e atua a unção interior do Espírito Santo. Também o gesto da unção evoca eficazmente os efeitos do sacramento: o óleo que impregna de si o que ele unge, deixando uma mancha dificilmente cancelável, evoca o caráter indelevelmente impresso pelo sacramento, enquanto o perfume do crisma recorda a habilitação do crismando para difundir ao seu redor o bom odor de Cristo.[74] A crismação se conclui

---

[73] RC 29. A oração retoma, de forma deprecativa, os conceitos teológicos contidos na monição que a introduz: "Irmãs e irmãos caríssimos, rezemos a Deus Onipotente para estes seus filhos e filhas, que por seu amor regeneraste à vida eterna mediante o Batismo e chamaste a fazer parte da tua família. Infunde agora o Espírito Santo, que os confirme com a riqueza dos seus dons, e com a unção crismal os torne plenamente conformes a Cristo, teu único Filho" (RC 28).

[74] É o que recordam também os *Praenotanda*: "A unção com o Crisma e as palavras que a acompanham significam muito bem os efeitos do Espírito Santo. A pessoa batizada, sobre a qual o bispo estende a

com a saudação que o bispo dirige ao crismado: "A paz esteja contigo". É a saudação do Senhor Ressuscitado, acompanhada por um sinal de paz.[75] A *oração dos fiéis*, por fim, relembra os efeitos principais do sacramento, invocando a plena correspondência a ele por parte das pessoas que o receberam.

---

mão para traçar-lhe na fronte o sinal da cruz com o óleo perfumado, recebe um caráter indelével, selo do Senhor e, ao mesmo tempo, o dom do Espírito, que o configura mais perfeitamente a Cristo e lhe dá a graça de expandir entre as pessoas o 'bom odor'" (*RC* 9).

[75] Nenhum aceno é feito ao célebre "tapa", introduzido na Idade Média e completamente deixado de fora no rito atual.

CAPÍTULO VII
LINHAS DE REFLEXÃO
SISTEMÁTICA

Em sintonia com boa parte da reflexão teológica pós-conciliar,[1] acreditamos que a categoria de iniciação cristã esteja em grau de oferecer o quadro adequado, no interior do qual colocar o estudo do Batismo e da Confirmação. Em concreto, a figura de iniciação da qual fazemos referência é a que emerge do *Ritual de Iniciação Cristã de Adultos* e que inclui seja os sacramentos (Batismo, Confirmação e Eucaristia), seja o catecumenato. A partir de tal figura, a iniciação cristã pode ser sinteticamente delineada como a celebração unitária do Batismo, da Confirmação e da Eucaristia, cujo sujeito é um adulto responsável, que percorreu o itinerário catecumenal. Dessa figura buscaremos antes de tudo o sentido global (§ 1.); em um segundo momento, evidenciamos a articulação entre os elementos constitutivos da iniciação cristã (sacramentos, catecumenato e mistagogia) (§ 2.), para interrogar-nos depois

---

[1] Cf. CASPANI, P. Lo sviluppo dei trattati dal *De sacramento baptismi* all'"iniziazione cristiana". In: ALIOTTA, M. (org.). *Il sacramento della fede. Riflessione teologica sul battesimo in Italia*. Cinisello Balsamo: San Paolo, 2003. p. 94-122 – aqui, p. 107-114. (ATTI Library 6.) Id. Il battesimo e la cresima nella riflessione teologica attuale (1996-2006). *La Scuolla cattolica* 135 (2007) 29-58.

sobre a específica identidade do Batismo e da Confirmação, lida à luz da relação que liga os dois sacramentos entre si e com a Eucaristia (§ 3.).

1. O sentido global da iniciação

Após ter esclarecido o sentido global da iniciação cristã, relevando, antes de tudo, a dimensão eclesiológica (§ 1.1.), examinaremos as problemáticas ligadas a um enquadramento deste gênero: as exigências no plano ecumênico (§ 1.2.) e o tema da necessidade da pertença à Igreja em vista da salvação (§ 1.3.).

1.1. A iniciação cristã, acolhida de um crente na Igreja

Quando se trata de precisar o sentido global da iniciação cristã e qual realidade ela introduz, os tratados recentes geralmente sublinham a dimensão cristológico-pascal (a iniciação como incorporação ao mistério pascal de Cristo) e a eclesiológica (a iniciação como inserção na Igreja). Contudo, a relação entre essas duas dimensões é articulada conforme sensibilidades diversas. Alguns autores priorizam o tema da integração a Cristo, a qual segue a inserção na Igreja;[2] outros, ao contrário, partem da dimensão eclesial.[3] De nosso lado, partilhamos da

---

[2] "No Batismo não é possível separar a incorporação ao Cristo da incorporação à Igreja. Em um único e indivisível movimento, o crente é feito membro de Cristo e membro do corpo de Cristo, isto é, da única Igreja de Deus" (TILLARD, J.-M. R. I sacramenti della Chiesa. In: *Iniziazione alla pratica della teologia, 3: Dogmatica II*. 2. ed. Brescia: Queriniana, 1992. p. 397-482 – aqui, p. 435). "A única pertença a Cristo, fruto da regeneração batismal, determina a incorporação dos batizados na Igreja e é chamada a se exprimir nela" (GIRARDI, L. Battesimo e confermazione. In: GRILLO, A.; PERRONI, M.; TRAGAN, P.-R. (orgs.). *Corso di teologia sacramentaria, 2: I sacramenti della salvezza*. Brescia: Queriniana, 2000. p. 95-187 – aqui, p. 167.

[3] "O Batismo e a Confirmação introduzem na história da salvação, enquanto fazem de um crente um agregado à Igreja [...]; sendo, porém, a Igreja o corpo de Cristo, o batizado, através da Igreja, torna-se membro de Cristo; nessa perspectiva, o aspecto eclesial vem antes do cristológico, no sentido de que o

LINHAS DE REFLEXÃO SISTEMÁTICA

segunda colocação, que parte daquilo que aparece de imediato no plano histórico do fato, isto é, que a iniciação cristã representa o primeiro e fundamental encontro do crente com a Igreja, aquele encontro através do qual o crente é acolhido pela Igreja de forma fundamental, decisiva e definitiva. Tal encontro representa a "raiz" sobre a qual se inserem todas as relações sacramentais, hierárquicas e jurídicas que estruturam a identidade cristã no interior do grupo eclesial. Em particular, a iniciação cristã é "tipo" e modelo de todo sucessivo encontro sacramental com a Igreja: ela poderá e saberá acolher o cristão que pecou, o cristão doente, o amor humano de dois crentes, o serviço ministerial dos cristãos ordenados, enquanto, mediante a iniciação, acolheu, de forma fundamental e definitiva, como próprio membro que se dirigiu a ela.

Mediante a iniciação cristã, o crente, mais que "entrar" na Igreja, por ela "é acolhido". O uso da forma passiva para descrever aquilo que acontece na iniciação chama a atenção para a originalidade desse evento que não é assimilável a um fato puramente sociológico: ser admitido na Igreja não é a mesma coisa que se inscrever numa associação ou dar a própria adesão a um movimento. Isso depende da identidade da Igreja. Embora ela apresente vários aspectos que a associam a outros grupos sociais, não é adequadamente compreendida se for considerada apenas um agregado social entre outros. Com efeito, na sua profundidade constitutiva a Igreja é "a realização da relação ente Jesus Cristo e os

---

crente é antes unido à Igreja e, consequentemente, sendo a Igreja o corpo de Cristo, é unido a Cristo" (CAPRIOLI, A. L'iniziazione cristiana: aspetti generali. In: ASSOCIAZIONE PROFESSORI DI LITURGIA (org.). *Celebrare il mistero di Cristo. Manuale di liturgia, 2: La celebrazione dei sacramenti*. Roma: CLV-Edizioni Liturgiche, 1996. p. 53-124 – aqui, p. 96. [Bibliotheca Ephemerides liturgicae – Subsidia 88.]). Nessa linha, F. Courth coloca a posição de K. Rahner como expressão de uma orientação amplamente condividida a partir do Vaticano II: "Deus, com o Batismo, concede a graça ao ser humano e o salva na sua individualidade justamente porque o incorpora na Igreja. A pertença à Igreja é o primeiro e imediato efeito deste sacramento da iniciação que todo cristão recebe" (COURTH, F. *I sacramenti. Un trattato per lo studio e per la prassi*. Brescia: Queriniana, 1999. p. 142. [Biblioteca di teologia contemporanea 106.]).

seres humanos que creram nele";[4] é a comunhão dos crentes com Cristo, que se corporiza em uma comunidade histórica, visível, concreta, na qual se dão, de forma objetivamente perceptível, as condições históricas para entrar em relação com Cristo e com a sua páscoa. Enquanto iniciação à Igreja, portanto, a iniciação cristã introduz definitivamente o crente na relação com Cristo e com a sua páscoa. Nessa relação consiste a salvação da pessoa.

O discurso até aqui desenvolvido recupera integralmente a dimensão cristológico-pascoal da iniciação cristã, ou seja, o fato de que a iniciação cristã insere o crente na relação salvífica com Cristo e com a sua páscoa. Todavia, ter colocado em primeiro plano a dimensão eclesial evidencia o fato de a relação com Cristo, colocada em ato mediante a iniciação, não prescindir da referência à Igreja, mas se realiza justamente mediante a pertença a ela. Esse enquadramento exige que sejam aclaradas duas questões que historicamente surgiram, sobretudo com referência ao Batismo, que teve sempre função determinante em vista da pertença à Igreja. Em primeiro lugar, diante da situação de Igrejas divididas entre elas, mister se faz precisar em qual Igreja o Batismo insere (§ 1.2.). Em segundo lugar, se a pertença à Igreja implica a inserção na relação salvífica com Cristo, interroga-se sobre a condição na qual se encontram as pessoas que não pertencem visivelmente à Igreja (§ 1.3.).

1.2. Batismo e pertença à única Igreja de Cristo

Precisar em qual Igreja a pessoa batizada será inserida é exigência derivada do fato de historicamente existirem diversas Igrejas cristãs e comunidades eclesiais ainda divididas. Quem recebe o Batismo

---

[4] COLOMBO, G. Il mistero della Chiesa e la missione. *Rivista del Clero italiano* 75/3 (1994) 166-177.

LINHAS DE REFLEXÃO SISTEMÁTICA

necessariamente o recebe no seio de uma dessas comunidades. A esse propósito, deve-se recordar, antes de tudo, que a "complexa" identidade eclesial, "composta de um elemento humano e um elemento divino",[5] não permite enfraquecer a visibilidade e a historicidade da Igreja, fazendo dela uma identidade evanescente, presente ao mesmo tempo em todos e em nenhum lugar. A única Igreja de Cristo "subsiste na Igreja Católica",[6] isto é, "continua a existir, a estar presente, a ser encontrada perfeitamente em todas as suas dimensões constitutivas na Igreja Católica, que é a sua plena realização institucional".[7] Na Igreja Católica encontram-se todos os elementos que estruturam completamente a fisionomia histórica da Igreja de Cristo. Contemporaneamente, "a Igreja de Cristo está presente e operante nas Igrejas e comunidades eclesiais que não estão ainda em plena comunhão com a Igreja Católica, graças aos elementos de santificação e de verdade que nelas estão presentes".[8] A identidade entre a Igreja de Cristo e a Igreja Católica não é tal que exclua, fora da Igreja Católica, outros grupos eclesiais que são realizações verdadeiras, ainda que imperfeitas, do único mistério da Igreja. E é neste único mistério que cada Batismo validamente celebrado incor-

---

[5] *LG*, n. 8: *EV* 1/304.
[6] *LG, n.* 8: *EV* 1/305.
[7] CORONELLI, R. *Incorporazione alla Chiesa e comunione. Aspetti teologici e canonici dell'appartenenza alla Chiesa.* Roma: PUG, 1999. p. 114-115. (Tesi gregoriana – Serie Diritto canonico 37.) Cf. também: CANOBBIO, G. Battesimo: appartenenza alla Chiesa. *Rivista di pastorale liturgica* 199 (1996) 6, 3-10.
[8] CONGREGAZIONE PER LA DOTTRINA DELLA FEDE. Risposte a quesiti circa la dottrina sulla Chiesa. *Il Regno-Documenti* 52/15 (2007) 468-470 – aqui, p. 469 (segunda questão). "A substituição de *est* por *subsistit in* [...] não significa que a Igreja Católica desista da convicção de ser a verdadeira Igreja de Cristo, mas simplesmente significa uma sua maior abertura à particular exigência do ecumenismo de reconhecer caráter e dimensão realmente *eclesiais* às comunidades cristãs não plenamente em comunhão com a Igreja Católica" (CONGREGAZIONE PER LA DOTTRINA DELLA FEDE. Articolo di complemento. *Il Regno-Documenti* 52/15 [2007] 471-473 – aqui, p. 472). Antes do Vaticano II, "ensinava-se que a graça de Deus opera fora da Igreja Católica para trazer salvação, mas não se falava das Igrejas e comunidades nas quais os meios da graça, os 'elementos', têm a sua influência salvífica unindo os crentes a Cristo" (WICKS, J. *De Ecclesia*: le risposte e le domande. *Il Regno-Documenti* 52/15 [2007] 474-481 – aqui 475).

pora de forma "radical e inicial" a pessoa que o recebe.[9] Resulta daí que a pessoa cristã batizada em uma Igreja ou comunidade eclesial não católica está incorporado radical e integralmente.[10] Portanto, também o Batismo não católico faz parte de modo fundamental e irrevogável da única Igreja de Cristo. Portanto, "a recepção do válido Batismo cristão determina uma comunhão fundamental" entre quantos, por meio dele, são unidos a Cristo e à Igreja "de forma irreversível e irrevogável".[11] A condição de incorporação radical e inicial à única Igreja, enquanto associa todos os batizados, revela o caráter contraditório das divisões que ainda os separam e representa um elemento que exige e sustenta o empenho comum para que essas feridas sejam sanadas.[12]

1.3. Necessidade do Batismo e necessidade da Igreja

O enquadramento eclesiológico que escolhemos para encontrar o sentido da iniciação cristã representa o quadro adequado dentro do qual colocar a questão sobre a necessidade do Batismo para a salvação. Com efeito, esclarecendo o sentido da necessidade da Igreja para a salvação, torna-se possível precisar também o sentido da necessidade do

---

[9] Fala-se de "incorporação radical e inicial à Igreja, enquanto o Batismo está na base de cada ulterior nível e forma de pertença e está ordenado à integral profissão de fé, à integral incorporação no instituto de salvação e à integral inserção na comunhão eucarística (*UR*, n. 22b). Se o termo *incorporação à Igreja* pode causar problemas [...], pode-se mais simplesmente falar de uma *pertença fundamental* à Igreja, em virtude da recepção do batismo cristão válido" (CORONELLI, *Incorporazione alla Chiesa e comunione...*, p. 400).

[10] *Presbyterorum Ordinis* precisa que é graças à Eucaristia que os fiéis católicos, batizados e crismados, "são plenamente inseridos no corpo de Cristo" (*PO*, n. 5: *EV* 1/1253).

[11] CORONELLI, *Incorporazione alla chiesa e comunione...*, p. 400.

[12] Não obstante o consenso que se registra entre as Igrejas em tema de Batismo, ao menos três questões permanecem ainda em aberto: o reconhecimento do Batismo das crianças por parte das Igrejas de orientação batista; o reconhecimento por parte da ortodoxia do Batismo das outras Igrejas; o fato de a Igreja Católica reconhecer o Batismo das outras, mas que tal fato traz consequências insatisfatórias para as Igrejas da Reforma. Cf. FERRARIO, S. Il battesimo nelle Chiese cristiane. *Daimon. Annuario di Diritto comparato delle religioni* 1 (2001) 125-138 – aqui, p. 138.

LINHAS DE REFLEXÃO SISTEMÁTICA

Batismo que introduz na salvação. O pressuposto de tal reflexão é o reconhecimento de Jesus Cristo como único Salvador; nessa perspectiva, a Igreja se revela necessária para anunciar Jesus Cristo e para oferecer às pessoas as condições históricas para entrar em comunhão com ele.[13] Ao longo dos séculos, os termos reais dessa necessidade foram precisados e se delineou a consciência de que os modos pelos quais se realiza o liame das pessoas com a Igreja podem ser vários. Seguimos os passos fundamentais dessa evolução, da elaboração da doutrina do *votum baptismi* (§ 1.3.1) à contribuição do Vaticano II (§ 1.3.2), para concluir com um aceno a duas questões abertas (§ 1.3.3.).

1.3.1. Voto explícito e voto implícito do Batismo

Sobre o pressuposto de que o Batismo é a forma plena e normal para ser incorporado à Igreja, a Antiguidade elabora a doutrina do "voto explícito" do Batismo, ligado à condição do catecúmeno, que explicitamente deseja receber este sacramento e, assim, ser acolhido na Igreja. Caso o catecúmeno morra antes do Batismo, ele consegue a graça batismal, justamente em virtude do seu desejo de receber o sacramento. Sobre esse tema, as descobertas geográficas dos séculos XV e XVI abrem problemáticas novas para o pensamento teológico. A principal é sobre a salvação de um número incomensurável de pessoas que não puderam aceder ao conhecimento da mensagem cristã. Com efeito, até então se acreditava que o Evangelho tivesse sido anunciado em todo o mundo, "para quem pagãos, hebreus, hereges e cismáticos eram considerados voluntariamente culpáveis pelo sua não adesão à Igreja

---

[13] "O santo Concílio [...] apoiando-se sobre a Escritura e sobre a Tradição, ensina que esta Igreja peregrina é necessária para a salvação. Com efeito, só Cristo, presente para nós no seu Corpo, que é a Igreja, é o mediador e o caminho da salvação. Ele, inculcando expressamente a necessidade da fé e do Batismo (cf. Mt 16,16; Jo 3,5), confirmou ao mesmo tempo a necessidade da Igreja, na qual as pessoas entram mediante o Batismo, como por uma porta" (*LG*, n. 14: *EV* 1/322).

e, portanto, merecedores da condenação eterna".[14] Com as descobertas de novas terras e de tantos povos absolutamente impossibilitados de conhecer o Evangelho, isso aparece dificilmente sustentável. Torna-se, portanto, necessário conciliar a universalidade da vontade salvífica de Deus com o fato de – ao menos na aparência – ele ter deixado um número enorme de pessoas sem a possibilidade de escutar o Evangelho e de receber o Batismo. Com esse escopo, é progressivamente elaborada a doutrina do "voto implícito" do Batismo, cuja formulação magisterial se encontra em uma carta do Santo Ofício ao arcebispo de Boston (1949). O texto afirma a existência de um desejo do Batismo implicitamente contido na "boa disposição da alma pela qual a pessoa quer conformar a própria vontade com a de Deus".[15] O desejo implícito do Batismo supõe, portanto, uma ideia de Deus e, manifestando disponibilidade de cumprir a sua vontade, de alguma forma compreende o auspício de uma revelação, graças à qual Deus torne conhecida positivamente esta vontade. Deve-se sublinhar que, seja a doutrina antiga do voto explícito, seja a moderna do voto implícito, exprimem – cada uma a seu modo – uma tensão mais ou menos consciente para o Batismo e a Igreja. O voto, com efeito, não é uma via de salvação alternativa ou substitutiva com relação ao Batismo. Ao contrário, ele possui uma eficácia salvífica justamente enquanto é objetivamente (o que, no caso do voto implícito, não significa que o seja também conscientemente) orientado ao Batismo e à Igreja.

---

[14] Cf. ZANCHI, G. Le figure storiche del rapporto del cristianesimo con le altre religioni. *Teologia* 28 (2002) 310-321 – aqui, p. 315. Não obstante a sua diversidade, também o Islá é percebido no interior de uma ótica cristã. Nessa linha, no século XII, o abade de Cluny, Pedro, o Venerável, julga substancialmente o islá como uma heresia cristã; o seu juízo será assumido por muitos estudiosos nos séculos a seguir.

[15] *Denz* 3870. A Carta do Santo Ofício (*Denz* 3866-3873) é endereçada contra o rigorismo de alguns membros do *St. Benedict Center* e do *Boston College*, os quais, na base de uma interpretação restritiva do princípio *extra Ecclesiam nulla salus*, consideravam excluídos da salvação eterna todos os não católicos, exceção feita para os catecúmenos, positivamente orientados para a Igreja Católica mediante um voto explícito do Batismo.

1.3.2. A contribuição do Vaticano II

O Vaticano II retoma estas perspectivas, inserindo-as em um quadro de mais amplo respiro:

> Todos os homens são chamados a esta unidade católica do Povo de Deus, [...] à qual de modo variado pertencem (*pertinent*) ou são ordenados (*ordinantur*) quer os fiéis católicos, quer os outros crentes em Cristo, quer, enfim, todos os homens, pela graça de Deus chamados à salvação.[16]

Distinguindo entre "pertença" ao Povo de Deus e "ordenamento" a ele, o texto conciliar deixa entender que as formas nas quais se realiza o liame com a Igreja podem ser vários. Com efeito, nos números sucessivos, a *Lumen Gentium* designa uma série de "círculos concêntricos" que individuam níveis diversos de "pertença" e de "ordenação" à Igreja. O nível mais intenso de pertença é o dos fiéis católicos, para os quais se fala de "plena incorporação":

> São plenamente incorporados (*plene incorporantur*) na sociedade da Igreja aqueles que, tendo o Espírito de Cristo, aceitam íntegra a sua estrutura e todos os meios de salvação nela instituídos, e no seu organismo visível são unidos com Cristo – que a dirige mediante o sumo pontífice e os bispos – pelos vínculos da profissão de fé, dos sacramentos, do governo eclesiástico e da comunhão.[17]

---

[16] *LG*, n. 13: *EV* 1/321.

[17] *LG*, n. 13: *EV* 1/323. Deve-se notar o inciso "Spiritum Christi habentes", inserido no último estádio de reelaboração do texto, para sublinhar a posição anômala e contraditória do batizado católico que se torna pecador: este, embora permanecendo católico por força da aceitação de todo o ordenamento da Igreja, não se pode considerar plenamente incorporado à mesma Igreja. Nessa linha, o texto acrescenta: "Não se salva, porém, mesmo se incorporado à Igreja, aquele que, não perseverando na caridade, permanece no seio da Igreja com o 'corpo', mas não com o 'coração'".

Portanto, o texto faz referência aos catecúmenos, "unidos" à Igreja mediante a explícita vontade de ser incorporados nela com o Batismo.[18] "Unidos" à Igreja são também os cristãos não católicos, que não professam integralmente a fé e não conservam a unidade de comunhão sob o sucessor de Pedro.[19] Contudo, a perspectiva do parágrafo não é a de evidenciar o que falta aos batizados não católicos, e sim o de aclarar os liames objetivamente existentes entre estes e a Igreja Católica. Aqueles liames que justificam a afirmação da existência de certa recíproca "conjunção". Nessa linha, mas com maior decisão, o decreto sobre o ecumenismo precisará que tal "conjunção" não é um liame genérico, mas uma *communio*, que conhece "graduações" diversas conforme os "elementos partilhados".[20]

A respeito "daqueles que ainda não receberam o Evangelho", *LG*, n. 16 afirma que eles "são ordenados, de várias formas, ao Povo de Deus". Nessa linha é valorizada, antes de tudo, a posição religiosa dos hebreus e muçulmanos. A sua fé, com efeito, refere-se com diversas modalidades ao Deus bíblico e, portanto, de modo positivo, ainda que imperfeito, eles acolhem a revelação. Recorda-se, portanto, de "que o mesmo Deus não está distante dos outros que procuram um Deus ignoto nas sombras e nas imagens"; entre esses provavelmente são enumerados quantos ainda não acolheram a revelação judaico-cristã e

---

[18] "Os catecúmenos, que por impulso do Espírito Santo, desejam com vontade explícita ser incorporados à Igreja, são a ela unidos (*coniunguntur*) por este mesmo desejo, e a Mãe Igreja, [considerando-os] como seus, cobre-os do seu amor e dos seus cuidados" (*LG*, n. 14: *EV* 1/324).

[19] "Com aqueles que, batizados, foram honrados com o nome cristão, mas não professam a fé integral ou não conservam a unidade da comunhão sob o sucessor de Pedro, a Igreja reconhece, por muitas razões, estar unida a eles (*coniunctam*)" (*LG*, n. 15: *EV* 1/325). Uma análise pontual de *LG*, n. 15 e 16 encontra-se em G. CANOBBIO, *Chiesa perché. Salvezza dell'umanità e mediazione ecclesiale* (Cinisello Balsamo: Paoline, 1994. p. 142-147).

[20] "Os que acreditam em Cristo e receberam devidamente o Batismo são constituídos em uma certa comunhão, embora imperfeita, com a Igreja Católica" (CONCÍLIO ECUMÊNICO VATICANO II. Decreto sobre o ecumenismo *Unitatis Redintegratio* [sigla: *UR*], n. 3: *EV* 1/503).

LINHAS DE REFLEXÃO SISTEMÁTICA

professam outras religiões mais ou menos qualificáveis como pagãs. A esse propósito, o texto repropõe a doutrina do voto implícito: "Aqueles que, sem culpa, ignoram o Evangelho de Cristo e a sua Igreja e, todavia, procuram sinceramente a Deus, e sob o influxo da graça procuram cumprir a vontade de Deus com as obras, conhecida através dos ditames da consciência, podem conseguir a salvação eterna".[21]

Onde, pois, não se dá um preciso reconhecimento de Deus, o concílio não sabe indicar positivamente os caminhos de uma possível salvação, mas não deixa "fechada" a porta da esperança: "A providência divina não nega os auxílios necessários para a salvação àqueles que, sem culpa, não chegaram ainda a um explícito reconhecimento de Deus e se esforçam, não sem a graça divina, para viver uma vida reta".[22]

Se *LG*, n. 16, tem uma formulação negativa ("a Providência Divina não nega os auxílios necessários para a salvação"), *Gaudium et Spes*, n. 22, afirma positivamente que o Espírito Santo dá a todos a possibilidade de chegar em contato com o mistério pascal:

> Com efeito, Cristo morreu por todos e a vocação última do ser humano é efetivamente uma só, a divina; por isso devemos acreditar que o Espírito Santo dá a todos a possibilidade de se pôr em contato com o mistério pascal, na forma que Deus conhece (*Tenere debemus Spiritum Sanctum cunctis possibilitatem offerre ut, modo Deo cognito, huic paschali mysterio consocientur*).[23]

---

[21] *LG*, n. 16: *EV* 1/326. A nota 19 faz referência à carta do Santo Ofício ao arcebispo de Boston (*Denz* 3869-3872).

[22] *LG*, n. 16: *EV* 1/326.

[23] CONCÍLIO ECUMÊNICO VATICANO II. Constituição pastoral sobre a Igreja no mundo contemporâneo *Gaudium et Spes* [sigla: *GS*], n. 22: *EV* 1/1389). A gênese e a evolução histórica do texto encontram-se em R. TONONI, "Mistero pasquale e salvezza per tutti. Analisi storico-critica di un testo della *Gaudium et Spes*" (In: *Cristianesimo e religioni in dialogo*. Brescia: Morcelliana, 1994. p. 171-202. [Quaderni teologici del seminario di Brescia 4.]).

Do texto resulta claramente que a via da salvação é uma só: "vir a contato com/ser associados ao mistério pascal". Todos os que se salvam só o fazem em força da relação com o mistério pascal, ainda que não tenham consciência dela. Todos – também as pessoas que não pertencem visivelmente à Igreja – recebem do Espírito Santo a possibilidade de entrar em contato com o mistério pascal e, portanto, de salvar-se.[24] Só Deus conhece o modo pelo qual aqueles que não pertencem visivelmente à Igreja entram em contato com o mistério pascal, graças à ação do Espírito Santo. Tal ação, contudo, permanece desconhecida. Diferentemente de *LG*, n. 16, *GS*, n. 22, não contém nenhuma referência a qualquer "ordenamento" à Igreja dessa misteriosa ação salvífica do Espírito Santo. O texto simplesmente acena ao possível encontro das pessoas com o mistério pascal, mediante o Espírito. Embora sem entrar nas questões diretamente ligadas à interpretação da passagem,[25] esta falta de referência à Igreja levanta uma questão: a ação do Espírito Santo – mesmo além dos confins visíveis da Igreja – dá a todas as pessoas a possibilidade de entrar em contato com o mistério pascal de Cristo, pode ser pensável sem qualquer relação com a Igreja, a qual, na sua realidade profunda, é precisamente a comunhão das pessoas com

---

[24] Afirmando que o Espírito Santo dá a todos a possibilidade *efetiva* de participar do mistério pascal, não somente se reconhece a ação da graça de Cristo, mas se admite que esta graça é tão eficaz que provoca de alguma forma a livre adesão da pessoa. Consequentemente, "o *modo Deo cognito* não diz respeito somente à forma com a qual o Espírito Santo 'associa' ao mistério pascal, mas, contemporaneamente, mesmo que de modo subordinado, também a forma como o ser humano 'se associa' a tal mistério" (TONONI, Mistero pasquale e salvezza per tutti..., p. 189).

[25] Se o texto de *GS*, n. 22, fosse entendido no sentido que o Espírito Santo coloca em contato com o mistério pascal *sem liame com a Igreja*, "estaria em tensão com as afirmações de *LG*, n. 16, sobre a necessária ordenação à Igreja de toda experiência de salvação. Contudo, a diferença não deve ser exagerada", dado que a compreensão dos dois textos é diversa (COZZI, A. Le religioni nel magistero postconciliare. Problemi ermeneutici. *Teologia* 28 [2002] 267-309 – aqui p. 283-284). Com efeito, não parece "que a *GS* quisesse corrigir a *LG* sobre a eclesialidade da salvação, como também sobre a diferente situação salvífica do cristão e do não cristão [...]. A *GS* está preocupada aqui com outro problema, o de anunciar a todas as pessoas o 'Evangelho' da possibilidade real de ser salvas em Cristo. Deixa, pois, de lado as precisações que, naquele contexto, poderiam soar como restrições ou limitações daquele grande dom que o Espírito Santo oferece verdadeiramente a todas as pessoas" (TONONI, Mistero pasquale e salvezza per tutti..., p. 191-192).

LINHAS DE REFLEXÃO SISTEMÁTICA

Cristo? Uma clarificação a propósito encontra-se no documento da Comissão Teológica Internacional *O Cristianismo e as religiões*:[26]

> Quando os não cristãos, justificados mediante a graça de Deus, são associados ao mistério pascal de Jesus Cristo, são também [associados] ao mistério do seu corpo que é a Igreja [...]. Mesmo que a esta união espiritual falte a expressão visível de pertença à Igreja, os não cristãos justificados são incluídos na Igreja "corpo místico de Cristo" e "comunidade espiritual" (cf. *LG*, n. 8: *EV* 1/304ss).[27]

Nessa linha, para justificar os liames dos "não cristãos justificados" com a Igreja, afirma-se a existência "de um seu vínculo com o mistério de Cristo e do seu corpo, a Igreja", superando, destarte, a linguagem do simples "ordenamento" (cf. *LG*, n. 14 e 16). Para esses, contudo, não se deveria "falar de pertença nem mesmo de gradual pertença à Igreja ou de uma comunhão imperfeita com a Igreja", porque esta terminologia é reservada aos cristãos não católicos. Com efeito, falando de "pertença à Igreja" a propósito de quem não tem nenhum liame *visível* com ela, arrisca-se esvanecer a dimensão de historicidade e visibilidade da Igreja, que é "por sua essência uma realidade complexa, constituída da união visível e da comunhão espiritual".[28]

Pode-se concluir, portanto, que na Igreja, como visível Povo de Deus, a comunhão das pessoas com Cristo assume uma visibilidade e uma realidade perceptível historicamente eficaz; isto deixa aberta a possibilidade de o Espírito operar a comunhão com Cristo por caminhos que não nos é dado conhecer, mas que, embora não coincidindo

---

[26] COMISSÃO TEOLÓGICA INTERNACIONAL. *O cristianismo e as religiões*: 30 de setembro de 1996 – publicada no Brasil por *SEDOC – Serviço de Documentação*, Petrópolis: Vozes, v. 43, n. 263, p. 44-83, jul.-ago. 1997.

[27] Ibid., n. 72.

[28] Ibid., n. 73.

com a explícita introdução na Igreja, criam, contudo, um liame entre as pessoas e a Igreja; liame que não é fácil (quiçá nem mesmo possível) determinar ulteriormente.[29]

1.3.3. Duas questões abertas

Ligadas a essas temáticas, ficam abertas duas questões, sobre as quais nos limitamos a alguns acenos sintéticos. A primeira diz respeito à possibilidade de reconhecer também às *religiões não cristãs* um valor em vista da salvação. Se o Concílio afirmou claramente a possibilidade de salvação também das pessoas que não são formalmente introduzidas na Igreja, hoje a pergunta diz respeito à possibilidade de as religiões não cristãs, *como tais*, poderem ser "caminho de salvação" para os seus aderentes.[30] A esse propósito, são significativas algumas passagens do documento da Comissão Teológica Internacional citado anteriormente. Relembrando a encíclica *Redemptoris Missio*, o texto sublinha a presença do Espírito Santo não somente nas pessoas de boa vontade, mas também na sociedade, na história, nos povos, nas culturas, nas religiões, não sem referência a Cristo.[31]

> Por causa desta explícita referência à presença do Espírito de Cristo nas religiões, não se pode excluir a possibilidade de que estas, como tais, exerçam certa função salvífica, isto é, ajudem as pessoas a conseguir o

---

[29] Já *Redemptoris Missio* ilustrava a disponibilidade universal da salvação falando de uma "misteriosa relação" com a Igreja que caracteriza toda graça, mesmo em quem não pertence à comunhão eclesial visível: para as pessoas concretamente impossibilitadas de conhecer o Evangelho, "a salvação de Cristo é acessível em virtude de uma graça, que, *embora tendo uma misteriosa relação com a Igreja*, não os introduz formalmente nela, mas os ilumina de modo adequado à sua situação interior e ambiental. Esta graça provém de Cristo, é fruto do seu sacrifício e comunicada pelo Espírito Santo. Ela permite a cada pessoa aceder à salvação com a sua livre colaboração" (JOÃO PAULO II. Carta encíclica *Redemptoris Missio*, de 7 de dezembro de 1990 [sigla: *RM*], n. 10: *EV* 12/569).

[30] Cf. COZZI, Le religioni nel magistero postconciliare... CANOBBIO, G. *Chiesa religioni salvezza. Il Vaticano II e la sua recezione*. Brescia: Morcelliana, 2007.

[31] COMISSÃO TEOLÓGICA INTERNACIONAL. *O cristianismo e as religiões*, n. 82.

LINHAS DE REFLEXÃO SISTEMÁTICA

fim último, não obstante a sua ambiguidade [...]. Seria difícil pensar que tenha valor salvífico o que o Espírito Santo obra no coração das pessoas tomadas como indivíduos e não tenha o que o mesmo Espírito opera nas religiões e nas culturas: o recente Magistério não parece autorizar tão drástica diferença.[32]

Após ter recusado a equiparação entre a "presença universal do Espírito e a sua presença particular na Igreja de Cristo",[33] como também a equiparação entre o valor salvífico das religiões e o da Igreja, o documento observa: "A afirmação de que podem existir elementos salvíficos nas religiões não implica, por si mesma, um juízo sobre a presença de tais elementos em cada uma das religiões concretas".[34] É o convite para evitar generalizações abstratas, para realizar um paciente discernimento dos sinais do Espírito através dos quais se manifesta a providência salvadora e a paternidade universal de Deus.

Uma segunda questão, ao contrário, diz respeito ao *sentido* e à *necessidade da missão evangelizadora* da Igreja, que inclui a celebração do batismo das pessoas que aderem ao Evangelho. Já a partir do período imediatamente sucessivo ao Concílio, a apresentação otimista do problema da salvação dos não cristãos contribuiu de fato para provocar momentos de crise no empenho apostólico e no ardor missionário da Igreja. No início da década de 1990, a *Redemptoris Missio* repropôs nestes termos a exigência da missão:

---

[32] Ibid., n. 84.
[33] Ibid., n. 85. "Se a universalidade da ação do Espírito não deve ser limitada de forma arbitrária, vale, porém, também, que a experiência eclesial do Espírito mantém um caráter paradigmático e nos oferece os critérios que permitem discernir a sua ação universal" (MAFFEIS, A. L'azione dello Spirito nella Chiesa e oltre la Chiesa. La sfida del dialogo. In: APARICIO VALLS, C.; DOTOLO, C.; PASQUALE, G. (orgs.). *Sapere teologico e unità della fede. Studi in onore del Prof. Jared Wicks.* Roma: Pontificia università gregoriana, 2004. p. 469-489 – aqui, p. 489).
[34] COMISSÃO TEOLÓGICA INTERNACIONAL, *O cristianismo e as religiões*, n. 87.

A novidade de vida nele [Cristo] é a "boa nova" para as pessoas de todos os tempos: a ela todas as pessoas são chamadas e destinadas. De fato, todas a buscam, mesmo que, às vezes, em forma confusa, e têm o direito de conhecer o valor de tal dom e de aceder a ele. A Igreja, e nela cada pessoa cristã, não pode esconder nem conservar para si esta novidade e riqueza, recebida da bondade divina para ser comunicada a todas as pessoas. Eis por que a missão, além do mandato formal do Senhor, deriva também da exigência profunda da vida de Deus em nós.[35]

Portanto, o escopo da missão é anunciar aos não cristãos a "boa nova" que também eles buscam, ainda que sem saber e de forma confusa. Todas as pessoas, com efeito, são destinadas à relação com Cristo e por ele, com o Pai que ele revela de forma completa. Certamente, tal relação pode ser atuada seguindo as estradas que a incomensurável fantasia de Deus sabe inventar e que a ele somente é dado conhecer. Cada pessoa que vive a tensão voltada à verdade e ao amor participa, a seu modo, desta relação, embora dela não tenha consciência. Todavia, "todo verdadeiro encontro salvífico com Cristo" traz em si "uma intrínseca orientação a se fazer plena e, portanto, a se exprimir historicamente também em forma sacramental".[36] Com efeito, para a pessoa histórica, que vive de relações visíveis e objetivamente perceptíveis, não é de modo algum irrelevante o fato de a relação com Cristo atuar de maneira consciente através da Igreja, isto é, "no lugar" no qual se dão, de maneira plena e objetivamente perceptível, as *condições históricas* de tal relação. Os sacramentos têm nessas condições um lugar de primeiro plano. Em outras palavras: conhecer de modo explícito aquele pelo qual fomos feitos – o Deus, Pai de Jesus Cristo – é exigência que não se tira do coração humano e dimensão fundamental de uma salvação que,

---

[35] *RM*, n. 11: *EV* 12/572.
[36] GIRARDI, Battesimo e confermazione, p. 175.

LINHAS DE REFLEXÃO SISTEMÁTICA

já hoje, é plenitude de sentido para a existência de toda pessoa; uma salvação, portanto, que a Igreja não pode se permitir manter "sob o alqueire". De outra parte, na vertente de quem faz o anúncio, o desejo de compartilhar com os outros o maior dos dons recebidos (o Evangelho) corresponde à dinâmica do amor autêntico.

1.3.4. Conclusão

Em síntese, a modalidade "ordinária" pela qual se realiza a configuração das pessoas com Jesus Cristo (e, portanto, a salvação) é a sacramental, colocada em ato pela Igreja, como Povo visível de Deus. Tal modalidade pode se definir "ordinária" porque representa a *forma histórica realizada* da comunhão de Jesus Cristo com as pessoas. Por um lado, deve-se reconhecer a possibilidade de o Espírito operar por caminhos que vão bem além dos confins visíveis da Igreja e dos ritos sacramentais que ela celebra. Por outro, se o Espírito sopra onde quer, a sua soberana liberdade não é "anárquica", sem um princípio e uma direção. Qualquer que seja a modalidade de ação que a sua inesgotável fantasia sabe inventar, o Espírito, fruto da páscoa de Cristo, move para aquela configuração das pessoas ao Senhor crucificado e ressuscitado, que tem nos sacramentos a própria atuação histórica completa. Consequentemente, também as modalidades não sacramentais da ação do Espírito, longe de serem sem relação com a Eucaristia e com os outros sacramentos, encontram neles a sua forma histórica completa.

2. Os elementos constitutivos da iniciação cristã

Entrando agora na análise dos elementos que constituem a iniciação cristã, relevamos antes de tudo a função determinante que deve ser reconhecida ao componente sacramental (§ 2.1.) e que permite traçar de maneira pertinente quer a fisionomia do itinerário catecumenal (§ 2.2.), quer o significado da mistagogia, que segue a celebração sacramental (§ 2.3.).

2.1. O relevo determinante da ação sacramental

A figura de iniciação cristã – da qual indicamos até aqui o sentido global – compreende no seu interior dois elementos fundamentais: os sacramentos (Batismo, Confirmação e Eucaristia) e o itinerário que conduz a eles, cuja "forma típica" é representada pelo catecumenato dos adultos. Isso exige delinear, de maneira não extrínseca, a correlação entre esses dois componentes. A tal propósito, justamente assumindo a categoria de iniciação cristã na sua acepção sacramental, é possível considerar na justa luz o sentido do catecumenato e, mais em geral, de cada itinerário pedagógico conexo aos sacramentos de iniciação. Em outras palavras: justamente reconhecendo nos sacramentos o elemento determinante do processo que conduz a se tornar cristãos, é possível recuperar o sentido do itinerário total, evitando que ele se apresente como um conjunto não organizado de elementos justapostos, privado de um fulcro ordenador. Portanto, o ponto de partida é a convicção de que são, antes de tudo, os sacramentos que operam a iniciação. São eles que introduzem uma pessoa crente no mistério da Igreja, corpo de Cristo, e, portanto, na fé-existência cristã. Esse é um dado teológico de indubitável relevo: cada ação eclesial, ainda que em níveis diversos, é mediação da ação de Cristo. Todavia, ela encontra nos sacramentos uma visibilidade e uma ação efetiva únicas, ligadas, sobretudo, a três elementos. Os primeiros dois – formulados pelo Concílio de Trento – são a instituição por parte do Senhor e a eficácia *ex opere operato*. A tese da instituição individua na intenção de Cristo a origem dos sinais sacramentais. A do *ex opere operato* afirma, ao contrário, que a eficácia objetiva dos sacramentos não depende das disposições do ministro ou do sujeito, mas deriva do fato de o mesmo Cristo ser o seu agente principal. A reflexão mais recente, por seu lado, assinala como relevante a qualidade simbólico-ritual que caracteriza o sinal sacramental com relação a outras modalidades de presença e ação do Senhor. De modo singular, portanto, os sacramentos podem ser reconhecidos como atos de Jesus Cristo através do agir ritual da Igreja. Consequentemente, salvaguardar a sua função determinante (não exclusiva) no âmbito da iniciação cristã significa reconhecer totalmente que é o mesmo Cristo que nos inicia, nos faz pessoas cristãs, nos introduz na relação consigo e com o próprio corpo eclesial. A relação com o mistério de Cristo nos é indisponível. Só podemos introduzir-nos nele porque o mesmo Cristo realiza tal introdução-iniciação. Com efeito, "não existe outro modo para entrar no 'mistério de Cristo' se não o de nos deixar aferrar por ele".[37] Tal fato se dá – de modo singular, ainda que não exclusivo – através da ação sacramental.

2.2. A fisionomia própria do catecumenato

O relevo reconhecido ao momento sacramental da iniciação, longe de comprometer a função do itinerário catecumenal que o precede, concorre para delinear de forma mais pertinente a sua fisionomia. Embora insuficiente, por si, para realizar a iniciação, o catecumenato concorre para colocá-la em ação, dispondo a pessoa crente para a celebração sacramental, que, de forma completa, introduz no mistério da Igreja, corpo de Cristo. De forma aparentemente paradoxal, isso acontece justamente impedindo temporariamente que o candidato acesse o Batismo

---

[37] CHAUVET, L.-M. La liturgia nel suo spazio simbólico. *Concilium* 31/3 (1995) 420-435 – aqui, p. 423.

e, portanto, a Eucaristia. Assim, o candidato toma consciência do fato de o gesto batismal, mediante o qual a pessoa é acolhida na Igreja e introduzida na Eucaristia, ser gesto que procede "do alto", é ação de Deus para a qual se deve dispor, mas que não se pode procurá-la por si próprio. Com efeito, o Batismo não é fruto do caminho de conversão: a pessoa crente não é regenerada no Batismo *porque* já está convertida. Ao contrário, é a celebração sacramental o ato mediante o qual acontece a regeneração e que – como tal – conduz ao caminho de conversão. Por isso, ainda que colocado cronologicamente no fim do itinerário, é justamente o sacramento que atrai o candidato, dando forma, estrutura e sentido ao seu caminho de conversão. Justamente porque no Batismo é prometida uma novidade de vida que provém de Deus, à pessoa "carnal" é possível distanciar-se do próprio passado de pecado e voltar-se para Jesus Cristo. Essa perspectiva supera radicalmente a alternativa entre graça e liberdade, ação de Deus e ação da pessoa. A justificação da pessoa pecadora – que é também dom, absolutamente gratuito – não só respeita a liberdade humana, mas a integra no processo pelo qual o dom se oferece, suscitando um caminho de conversão que envolve todas as forças da vontade livre e da inteligência humana.

O ponto de encontro entre o Batismo (ou, mais em geral, o momento sacramental) e o catecumenato é constituído pelas profissões de fé.[38] Ela, de uma parte, pressupõe o catecumenato como processo que permite não somente captá-la em seu perfil intelectual, mas também "exercitá-la" em termos existenciais. Nesse sentido, pode ser considerada como uma espécie de "ponto de concentração" de todo o itinerário catecumenal. De outra parte, a profissão de fé é um elemento essencial

---

[38] Retomamos aqui as reflexões de J. RATZINGER, "Battesimo, fede e appartenenza alla Chiesa" (*Communio* 27 [1976] 22-39). O "Batismo", do qual fala Ratzinger, pode certamente ser entendido no sentido amplo que o termo possuía na Antiguidade patrística, onde este indicava a celebração unitária daqueles que chamamos os sacramentos da iniciação cristã.

do Batismo; por meio dela, pois, "o conteúdo essencial do catecumenato entra diretamente na *forma sacramenti* (no ato nuclear da administração do sacramento)". Portanto, o catecumenato não se reduz a uma simples premissa ou preparação para o Batismo, mas "por si mesmo já é parte do sacramento", "elemento constitutivo do mesmo sacramento". Vem daí que "o sacramento não é somente execução litúrgica, mas um processo, um caminho longo que requer todas as forças da pessoa, inteligência, vontade e sentimento".[39]

Além do ensinamento e da decisão de entrar na "forma de vida" eclesial, o processo catecumenal integra o elemento ritual, constituído, sobretudo, pelos exorcismos. Nele o "mesmo Deus está agindo", porque somente ele "está em grau de romper a resistência das forças adversas" e suscitar a decisão para a fé. Colocados "ao lado do ensinamento e da decisão, os exorcismos exprimem [...] a primeira dimensão do catecumenato: a conversão como dom que somente o Senhor pode conceder, mesmo contra o nosso arbítrio e as forças que nos fazem escravos".[40] Ainda que se queira determinar a identidade dos exorcismos e dos outros ritos que marcam o *iter* do catecumenato,[41] está claro que o seu valor não é somente psicológico (um sustento para o candidato) nem somente moral (expressão da vontade de conversão do candidato), nem somente didático (transmissão de alguns conteúdos relativos à fé cristã).

---

[39] RATZINGER, Battesimo, fede e appartenenza alla Chiesa, n. 31. Em um segundo tempo, a ideia de catecumenato "como elemento constitutivo do mesmo sacramento" foi fixada "integrando os momentos essenciais do catecumenato no rito do Batismo infantil: o início com a administração do sal [...], os vários exorcismos, a *traditio* e *redditio* da profissão de fé e do Pai-Nosso" (ibid.)

[40] Ibid., n. 33.

[41] A este propósito, L.-M. Chauvet relançou a proposta, já apresentada na década de 1960, de considerá--los não apenas como etapas *para* o Batismo, mas antes de tudo como etapas *do* Batismo; não somente, portanto, simples preparação ao sacramento, e sim elementos constitutivos de um sacramento que não se resolve no momento pontual da sua celebração, mas se realiza de modo estendido no tempo. Cf. CHAUVET, L.-M. Étapes vers le baptême où étapes du baptême? *La Maison-Dieu* 185 (1991) 34-46 – republicado em *La notion d'initiation chrétienne. Sa redécouverte. Sa fécondité*. Paris: Cerf, 2007. p. 139-150.

Mais profundamente, eles fazem com que o candidato, enquanto caminha em direção aos sacramentos verdadeira e propriamente, perceba que a mesma possibilidade de percorrer esse itinerário lhe é dada por aquele que o suscitou e o acompanha continuamente. Portanto, esses ritos revelam que o conteúdo sacramental não acontece somente no final do itinerário, mas constitui a condição de possibilidade e a "nervura" estruturante.

2.3. O significado da mistagogia

O tempo da mistagogia merece um aceno. Conforme a proposta do *Ritual da Iniciação Cristã de Adultos*, ela ocupa os cinquenta dias que vão da celebração sacramental da vigília pascal até Pentecostes. No modo próprio do agir ritual, que condensa o sentido do tempo estendido, captando-o em um gesto simbólico, os sacramentos da iniciação cristã antecipam o sentido completo de toda a vida cristã: mortos e renascidos para a vida em Cristo, animados pela estável presença do Espírito Santo, somos participantes da mesa eucarística. A vida cristã, por sua parte, não é outra coisa que o desdobrar-se no tempo daquela dinâmica pascal que, pela graça, foi atuada nos sacramentos da iniciação cristã. É o viver daquela relação com Cristo e com a Igreja, que Batismo e Crisma inauguraram e que a Eucaristia alimenta continuamente. O ato litúrgico não é, pois, a celebração do vivido; é antes a vida cristã como a repetição do ato sacramental na concretude da existência, o desdobrar-se daquilo que aconteceu graças ao encontro sacramental com Cristo. Nessa perspectiva, a mistagogia é o tempo no qual a Igreja acompanha os primeiros passos do desdobrar-se do dom sacramental na vida daquele que o recebeu.

LINHAS DE REFLEXÃO SISTEMÁTICA

3. Os sacramentos da iniciação cristã

No apresentar os sacramentos da iniciação cristã, é necessário, antes de tudo, iluminar a lógica que os une. Com efeito, é possível delinear, de modo adequado, a fisionomia de cada sacramento, somente após ter esclarecido a arquitetura de conjunto que a todos compreende. Tal visão global não é certamente favorecida pela celebração distinta que se afirmou progressivamente no Ocidente; nem contribui para uma reflexão unitária o hábito de considerar os sacramentos como sete entidades autônomas, cada uma das quais plenamente realizada em si mesma. Contudo, também a esse propósito, a perspectiva a ser tomada como ponto de partida é a que foi introduzida pelo *Ritual da Iniciação Cristã de Adultos*. Ele repropõe, fundamentalmente, a figura típica da época patrística, que permaneceu imutável no Oriente cristão. Essa figura não se esgota no gesto da ablução, isoladamente considerado, mas compreende todo o complexo ritual que, após a ablução, prevê os ritos crismais e culmina na celebração eucarística. E é justamente da Eucaristia que se deve partir para colher a lógica que une entre si os sacramentos da iniciação cristã (§ 3.1.). Partindo daqui, relemos o sentido do Batismo à luz da sua função de "portal de acesso" à Eucaristia (§ 3.2.). Após um aprofundamento da forma batismal destinada às crianças (§ 3.3.), a abordagem da Confirmação lê este sacramento na perspectiva da *perfectio baptismi* e da introdução à Eucaristia (§ 3.4.).

3.1. A Eucaristia como "termo" da iniciação

A lógica que une entre si os sacramentos da iniciação cristã tem como centro não tanto um sacramento que cronologicamente "abre a série", isto é, o Batismo, e sim aquele que é o ponto de chegada da iniciação, isto é, a Eucaristia.[42] Graças à Eucaristia, com efeito, participando do corpo sacramental do Senhor, as pessoas crentes se tornam o seu corpo eclesial.[43] Portanto, é a Eucaristia que atua na plena incorporação à Igreja, para quem a incorporação batismal está orientada estruturalmente. Consequentemente, sob o ponto de vista sacramental, a finalidade da iniciação cristã – isto é, a plena e definitiva inserção na Igreja – pode-se dizer realizada quando a pessoa crente é admitida à mesa eucarística, sacramento que "edifica a Igreja na sua fase histórica e terrena".[44] Nessa perspectiva, Batismo e Crisma devem ser relidos como gestos de iniciação-introdução da pessoa crente à Eucaristia: "Somos batizados e crismados visando à Eucaristia".[45] Portanto, é evidente uma espécie de "assimetria" entre a Eucaristia, como ponto de chegada da iniciação, e os outros dois sacramentos – Batismo e Confirmação – como etapas que devem conduzir a tal meta.

> Batismo e Confirmação seriam somente sacramentos de iniciação ou agregação à comunidade eclesial, não [propriamente] de constituição da comunidade eclesial [...]. Sacramento da constituição da Igreja enquanto tal seria antes a Eucaristia [...]; Batismo e Confirmação, ao contrá-

---

[42] "O primado cronológico do Batismo deve ser medido e se conformar com o primado criteriológico da Eucaristia" (GRILLO, A. La nuova categoria di iniziazione e la riscrittura della teologia battesimale e crismale. In: *Grazia visibile, grazia vivibile. Teologia dei sacramenti* in genere ritus. Padova: Messaggero-Abbazia S. Giustina, 2008. p. 91-106 – aqui, p. 100 ["Caro Salutis Cardo" – Studi 19.]).

[43] Cf. CHAUVET, L.-M. I sacramenti dell'iniziazione cristiana. In: *Assemblea Santa. Manuale di liturgia pastorale.* Bologna: EDB, 1990. p. 207-224 – aqui, p. 208. "A Igreja pode ser considerada uma unidade mística e espiritual entre Cristo e a pessoa crente [...] somente porque existe a Eucaristia, o verdadeiro corpo eucarístico de Cristo. Com efeito, somente o corpo eucarístico [...] realiza a completa unificação da Igreja como 'corpo místico' de Cristo" (SCHEFFCZYK, L. *Il mondo della fede cattolica. Verità e forma.* Milano: Vita e Pensiero, 2007. p. 237).

[44] CAPRIOLI, A. *Vi laverò con acqua pura. Catechesi sui sacramenti di iniziazione cristiana.* Milano: Àncora, 1981. p. 29.

[45] "Se na verdade a Eucaristia é fonte e cume da vida e da missão da Igreja, resulta antes de tudo que o caminho da iniciação cristã tem como seu ponto de referência a possibilidade de aceder a tal sacramento [...]. Jamais se deve esquecer de que somos batizados e crismados para a Eucaristia" (exortação apostólica pós-sinodal *Sacramentum Caritatis* do Santo Padre Bento XVI. Cidade do Vaticano: LEV, 2007. § 17).

LINHAS DE REFLEXÃO SISTEMÁTICA

rio, agregariam novos fiéis à Igreja já constituída pela Eucaristia e como tal já celebrante da Eucaristia [...]. Nesse sentido dever-se-ia falar de Batismo e Confirmação como sacramentos de iniciação à Eucaristia.[46]

Tal assimetria baseia-se num dado de imediata evidência: a Eucaristia é repetida regularmente e marca o ritmo da existência cristã. Ao contrário, o Batismo e a Confirmação são gestos irrepetíveis, que habilitam a pessoa crente a participar da mesa eucarística, realizando uma vez por todas "aquele renascimento da água e do Espírito", pressuposto necessário de tal participação. Desse renascimento cada um dos dois sacramentos explicita um aspecto. O Batismo se apresenta, sobretudo, como momento de viragem, que assinala a passagem de uma existência de pecado à realização de uma vida nova (o que já requer a ação do Espírito). A Confirmação, por seu lado, aparece orientada para o desenvolvimento da vida nova, mediante a comunicação do dom do Espírito. Os parágrafos a seguir pretendem desenvolver tais afirmações, aqui delineadas de forma muito sintética.

3.2. O Batismo como "porta" da Eucaristia

Neste parágrafo, na perspectiva do Batismo como iniciação à Eucaristia, após ter precisado em que sentido o Batismo é o *sacramentum fidei* (§ 3.2.1.), recolhemos os dados fundamentais relativos à sua instituição (§ 3.2.2.), à sua irrepetibilidade, à qual é conexo o tema do "caráter" (§ 3.2.3.), e à sua finalidade de regenerar a pessoa, libertando-a do pecado e habilitando-a a participar da mesa eucarística (§ 3.2.4).

---

[46] CAPRIOLI, L'iniziazione cristiana: aspetti generali, p. 96. "A Eucaristia está no vértice dos sacramentos de iniciação, mas não se identifica com eles nem neles se perde a força; não pode ser equiparada a eles: a Eucaristia está no termo da iniciação, [...] como a realidade na qual deságua a iniciação" (MAZZANTI, G. *I sacramenti simbolo e teologia. 2: Eucaristia, battesimo e confermazione*. Bologna: EDB, 1998. p. 260).

3.2.1. *O Batismo como* sacramentum fidei

O nexo intrínseco entre Batismo e profissão de fé – expresso pela tradicional qualificação do Batismo como *sacramentum fidei* e limpidamente manifestado pelo antigo rito batismal[47] – não é ainda totalmente evidente para a consciência cristã. A forma de tratar dos manuais e do direito, que caracterizou grande parte da reflexão até a metade do século XX, procurava reduzir ao mínimo a função da fé pessoal do sujeito, considerada necessária em vista dos frutos do gesto sacramental, mas irrelevante debaixo do perfil da sua validade. Uma percepção desse tipo era alimentada também pelo fato de a reflexão ter, espontaneamente, como ponto de partida, a praxe generalizada do Batismo das crianças. Grande parte da produção teológica mais recente, contrariamente, tem como ponto de partida a figura adulta do Batismo, na qual a fé entra em jogo sob dúplice perfil: de um lado o Batismo é "expressão da fé já existente", a qual logicamente o precede. De outro lado, o Batismo se configura "ele próprio" como "ato de fé gerado e feito possível pela atual oferta de salvação".[48] A fé, portanto, não é somente pressuposto do Batismo, mas também fé gerada *pelo* Batismo, "*no* Batismo e *graças ao* Batismo".[49] Procuremos, portanto, esclarecer este dúplice perfil precisando, por uma parte, qual fé é necessária em vista do Batismo e, de outra parte, em que sentido se pode falar de uma fé doada pelo Batismo.

---

[47] Cf. DONDAINE, H. F. Le baptême est-il encore le "sacrement de la foi"? *La Maison-Dieu* 6 (1946) 76-87. Quanto ao antigo rito batismal, é emblemática a descrição oferecida pela *Traditio apostolica*, 21.

[48] "O sacramento do Batismo não é somente a expressão da fé já existente, mas é ele mesmo um ato de fé gerado e tornado possível pela atual oferta de salvação em Jesus Cristo, que é atestada ao sujeito pela mediação da Igreja" (GIRARDI, Battesimo e confermazione, p. 169).

[49] CANOBBIO, G. Fede per il battesimo, fede dal battesimo. In: *Iniziazione cristiana*. Brescia: Morcelliana, 2002. p. 29-59 – aqui, p. 58. (Quaderni teologici del Seminario di Brescia 12.)

LINHAS DE REFLEXÃO SISTEMÁTICA

Qual fé em vista do Batismo

No caso do catecúmeno adulto, a fé que precede o Batismo consiste no ato pessoal de cada batizado, o qual apresenta uma estrutura complexa. Se, com efeito, a fé aparece/emerge justamente na forma do ato pessoal, ela, todavia, não se esgota no dinamismo de tal ato, mas permanece irredutível a ele.[50] Com efeito, o ato pessoal da fé integra sempre um aspecto "pré-consciente",[51] constituído pela fé da Igreja que representa a condição de possibilidade do ato pessoal de fé de cada crente: cada pessoa pode crer, porque a fé da Igreja a precede, porque antes dela (não tanto em sentido cronológico quanto em sentido fundador) a Igreja guarda o Evangelho, crê e coloca o ato sacramental em obediência à intenção de Jesus Cristo. A fé necessária em vista do Batismo é, portanto, em primeiro lugar, a fé da Igreja, entendida quer em sentido objetivo de patrimônio de fé, acreditado pela Igreja, quer como condição crente da Igreja, que, no seu conjunto, professa a própria fé.[52] Ela encontra expressão visível, em particular na profissão de fé trinitária, parte indispensável da celebração batismal. Trata-se, portanto, de um elemento estrutural objetivo, inerente ao rito e presente quer quando o candidato é adulto, quer quando é batizado um infante. Também a profissão de fé, pessoalmente emitida por uma pessoa adulta, não é antes de tudo a expressão da convicção pessoal de quem a formula, quanto antes adesão à fé da Igreja e expressão de tal fé,[53] e, como já vimos,

---

[50] Justamente porque a fé que precede o Batismo não se identifica pura e simplesmente com o ato pessoal do sujeito, mesmo no caso de faltar este ato, como acontece no caso de um infante, o Batismo não deixa de ser sacramento da fé, embora não se propondo em sua forma completa.

[51] Com a expressão "pré-consciente" indicamos um nível do ato, prévio com relação à consciência explícita e reflexa que o sujeito pode ter; um nível que, de qualquer forma, pertence às condições do mesmo ato.

[52] Sobre o sentido da expressão *fides ecclesiae*, cf. M.-T. NADEAU, "Le développement de l'expession *fides Ecclesiae*" (*La Maison-Dieu* 174 (1988) 136-152).

[53] Sob o perfil canônico, "os critérios *ut adultus baptizari possit* (cân. 865, § 1. Mas se trata, presumivelmente, de critérios de liceidade e não de validez) são o pedido livre, a instrução nas verdades da fé

ela se coloca como conclusão de um mais amplo processo catecumenal, da qual pode ser considerada uma espécie de "ponto de concentração".

Qual fé do Batismo

O fato de que se fale de fé doada *pelo* Batismo é coerente com a convicção que atravessa toda a tradição cristã, segundo a qual a fé é dom de Deus: somente por força da graça do Espírito Santo uma pessoa chega à fé. Trata-se, portanto, de mostrar que a ação do Espírito que suscita a fé não prescinde do Batismo, mas se exercita por ele. Com efeito, desde o início a fé está unida ao Batismo,[54] e em todo ato de fé salvífica está contido, ao menos implicitamente, o voto do Batismo.[55] Isso se compreende justamente refletindo sobre a identidade da fé. Ela não pode se reduzir nem à adesão intelectual a uma determinada verdade nem à execução de determinados mandamentos. Se ela implica uma dimensão doutrinal e um aspecto ético-existencial, na sua forma radical, a fé se configura como relação com Jesus Cristo e com a sua história, que culmina na Páscoa. Graças a essa relação, a pessoa crente – conformada a Jesus Cristo e coenvolvida em sua Páscoa – chega a confiar-se àquele que o Crucificado ressuscitado revela como seu Pai e nosso Pai. A fé assim entendida atua realizadamente no gesto sacramental através do qual a Páscoa faz-se presente e se oferece à pessoa

---

e o período de catecumenato", como tempo no qual o candidato "é provado na vida cristã" (MINGARDI, M. *L'esclusione della dignità sacramentale del consenso matrimoniale nella dottrina e nella giurisprudenza recenti*. Roma: Pontificia università gregoriana, 2001. p. 176 [Tesi gregoriana – Serie Diritto canonico 13.]).

[54] W. Kasper individua, já no Novo Testamento, um tríplice modelo de relação entre fé e Batismo: a fé introduz ao Batismo (At 8,12; 18,8); o Batismo já recebido constitui o fundamento de uma existência que progressivamente se constrói na fé (Rm 6,3; 1Cor 6,11; 10,1ss; 1Pd 3,21); o Batismo doa a fé (é a temática do Batismo como "iluminação": Hb 6,4; 10,32; 2Cor 4,6; Ef 1,18; 3,9; 2Tm 1,10) (KASPER, W. Glaube und Taufe. In: KASPER, W. (Hrsg.). *Christsein ohne Entscheidung, oder soll die Kirche Kinder taufen?* Manz: Grünewald, 1970. S. 129-159 – aqui, S. 149-151).

[55] O caráter estrutural do *votum baptismi* é mostrado por J. M. R. TILLARD, "Le *votum eucharistiae*: l'eucharistie dans la rencontre des chrétiens" (In: *Miscellanea liturgica in onore di sua eminenza il Card. Giacomo Lercaro*. Roma, 1967. II, p. 143-194 – aqui, p. 151-155).

LINHAS DE REFLEXÃO SISTEMÁTICA

crente, determinando-a a acolher este evento e a deixar-se configurar à atitude filial de Cristo. O Batismo, portanto, não se acrescenta de modo extrínseco à fé, mas permite atingir a própria identidade realizada. Se, portanto, torna-se possível uma fé sem celebração batismal, uma fé autenticamente cristã, tende ao Batismo, porque a fé da pessoa batizada tem aquela realização que falta à fé de quem não foi batizado. Nesse sentido falamos de fé *do* Batismo, porque somente através do gesto batismal a fé se torna plenamente aquilo que deve ser.

3.2.2. A instrução do Batismo

A comunidade cristã, que desde o início celebra o Batismo, tem consciência de assim agir obedecendo à vontade de Cristo. A instituição do Batismo por parte de Jesus Cristo não foi jamais colocada em discussão no decurso da tradição cristã. A referência a Mt 28,19 e Mc 16,16 é obrigatória em se tratando desse sacramento. Nesses trechos individua-se o "mandato" batismal de Cristo à Igreja. A maior parte dos exegetas acredita que os dois textos não são reproduções literais das palavras do Ressuscitado. Ao contrário, eles exprimiriam a consciência da comunidade pós-pascal sobre a conformidade da própria praxe batismal à intenção de Jesus Cristo. A comunidade cristã, que desde o início celebra o Batismo, tem a consciência de realizar tal gesto como obediência a uma ordem de Cristo. Nos dois textos indicados, essa consciência é expressa de forma particularmente nítida.

Essas considerações deixam aberto o problema histórico de esclarecer como a praxe batismal foi introduzida na comunidade cristã e como – simultaneamente – foi percebida como obediência a Jesus Cristo. A praxe do banho sagrado não é novidade exclusiva da comunidade cristã, mas se encontra também no Judaísmo, no Antigo Testamento e, mais amplamente, em muitas tradições religiosas da humanidade.

Todavia, a referência imediata do Batismo cristão parece ser o rito de João Batista. Ele apresenta significativas analogias com o Batismo cristão, a ponto de este último poder ser considerado como uma retomada e uma releitura do rito do Batista. Após os acontecimentos da Páscoa, os discípulos sentem-se investidos da missão de testemunhar a salvação que brotou da cruz e ressurreição de Cristo, e o melhor modo para dar tal testemunho parece-lhes o Batismo de João, que, prometendo ao convertido o perdão dos pecados, podia ser percebido como meio para conferir a salvação. Relido à luz da Páscoa, o gesto batismal concede o perdão à pessoa pecadora, não tanto para subtraí-la ao juízo iminente quanto para introduzi-la nessa salvação já em ato, embora ainda aberta a se realizar plenamente com o retorno do Filho do Homem. A retomada e a cristianização do rito de João explicar-se-iam, portanto, pelo fato de aquilo que o Batista esperava e anunciava ter se realizado em Jesus (ainda que indo bem além das expectativas do Batista). Justamente a referência a Jesus, em cujo "nome" o Batismo é celebrado, constitui a originalidade do Batismo cristão, ao qual, além disso, está ligado o dom do Espírito.

3.2.3. A irrepetibilidade da celebração batismal

A unicidade do Batismo e a sua não repetição representam um dado constante que atravessa toda a tradição cristã. O Batismo cristão é único e irrepetível, porque única é a Igreja na qual o Batismo nos insere, único o Senhor Jesus ao qual ele nos une, única a Páscoa à qual ele nos introduz. A afirmação da unicidade e irrepetibilidade do Batismo constitui o ponto de partida para a elaboração da doutrina do *caráter*.

O tema emerge no âmbito da controvérsia sobre o valor do Batismo administrado no círculo da heresia. Após o desencontro entre Cipriano e o Papa Estêvão no século III, o problema é enfrentado por Agostinho, em polêmica com a posição dos donatistas. Nesse quadro, Agostinho, por primeiro, introduz o uso do termo "caráter", retomando-o do ambiente militar e empregando-o de modo metafórico para exprimir a irrepetibilidade do Batismo: como o selo impresso a fogo na carne do soldado (chamado justamente "caráter") não se pode cancelar nem repetir, assim também o Batismo, que, mesmo se for recebido de um herege, não se pode cancelar nem repetir. Agostinho, porém, distingue entre o fato de ter o Batismo e de tê-lo em modo "útil" e "salutar". Uma distinção que coloca as bases da sucessiva distinção entre caráter e graça como efeitos distintos do Batismo. A reflexão que assume a categoria do caráter como noção teológica começa no século XII. Nesse contexto, o caráter começa a ser considerado como sinal impresso de forma permanente e indelével na alma. Mediante esse sinal o batizado se distingue do não batizado. Em conexão com o afirmar-se da clássica tripartição do sacramento, o caráter é progressivamente identificado como a *res et sacramentum*, o elemento intermediário entre o sinal visível (*sacramentum tantum*) e a graça (*res tantum*). O aprofundamento teológico da doutrina do caráter conduz a elaborar teorias diversas para explicar a natureza. A teoria de Tomás assume particular relevo, pois o apresenta como poder de ordem cultual. A partir dos séculos XII--XIII, o Magistério intervém no tema, ainda que com muita sobriedade. A referência fundamental é constituída pelos pronunciamentos do Concílio de Florença (1439, *Denz* 1313) e do Concílio de Trento (1547, *Denz* 1609): eles definem como artigo de fé a existência do caráter em três sacramentos, mas evitam toda determinação à sua natureza e, embora reconhecendo que o caráter está em relação com a irrepetibilidade dos sacramentos que o imprimem, não o identificam como *a* razão de tal irrepetibilidade (*Denz* 1609). O Vaticano II retoma o tema do caráter batismal, ligando-o ao sacerdócio comum dos fiéis: na linha da visão tomista, *LG*, n. 11 afirma que "os fiéis, incorporados na Igreja com o Batismo, são destinados ao culto da religião cristã".[56]

A reflexão sacramentária contemporânea parece privilegiar a dimensão mais diretamente eclesiológica do caráter, visto como relação real e irreversível com a Igreja. Esta interpretação resulta, de outro lado, coerente com a entoação que, sobre a base da clássica estrutura tripartida, identifica o caráter com a *res et sacramentum*: a relação visível

---

[56] *LG*, n. 11: *EV* 1/313.

e definitiva do batizado com a Igreja, expressa pelo caráter batismal, constituiria o efeito imediato (*res*) da celebração sacramental e ao mesmo tempo o sinal visível (*sacramentum*) do efeito último.[57] De qualquer modo que se determine a identidade do caráter, permanece firme que o Batismo coloca a pessoa que o recebe em uma situação irreversível de pertença à Igreja. A pessoa que recebeu o Batismo pertence à Igreja uma vez para sempre. Portanto, é evidente que a relação que se instaura entre a pessoa batizada e a Igreja não é totalmente assimilável a outras formas de relações entre sociedade e indivíduo. As relações sociais são fundadas sobre um contrato bilateral, que uma das partes pode sempre rescindir. A relação entre a pessoa batizada e a Igreja, ao contrário, é incancelável, porque no Batismo que o funda está em jogo não somente a decisão livre do sujeito, mas, antes ainda, a ação da Igreja. Portanto, se o gesto batismal pode ser objeto de infidelidade por parte da pessoa humana, não o pode ser por parte de Jesus Cristo. Consequentemente, com o seu comportamento a pessoa batizada poderia mentir o Batismo recebido (perder a "graça", conforme a linguagem da escolástica). Isso não significa que ela retorne à condição de não batizada: "Uma identidade cristã traída permanece para sempre uma identidade cristã",[58] exigência e apelo para uma vida cristã efetiva.

3.2.4. *A finalidade do Batismo*

A finalidade do Batismo é individuada na regeneração da pessoa pecadora, preparando-a para ser introduzida na Eucaristia. A tese compõe-se de duas afirmações estritamente correlacionadas uma com a outra. A primeira, que individua a graça batismal na regeneração da

---

[57] Cf. GÄDE, G. *Battesimo e confermazione. Teologia dell'iniziazione cristiana*. Palermo-Caltanissetta: Facoltà Teologica di Sicilia-Edizioni Lussografica, 2002. Nessa linha, cf.: RUFFINI, E. Il caraterre come visibilità concreta del sacramento in relazione alla Chiesa. *Concilium* 1 (1968) 116-128.

[58] TILLARD, I sacramenti della Chiesa, p. 437.

LINHAS DE REFLEXÃO SISTEMÁTICA

pessoa pecadora, é patrimônio de toda a tradição cristã e é claramente explicitada pela tradição dos manuais (A). A segunda, ao contrário (que afirma que a finalização última de tal regeneração é a admissão da pessoa crente na Eucaristia), embora tendo sólidas raízes na tradição cristã, só recentemente foi revalorizada. Ela enquadra o Batismo no mais amplo contexto da iniciação cristã (B).

A) A regeneração da pessoa pecadora

O dado neotestamentário. Para exprimir a radical transformação operada pelo Batismo, o Novo Testamento fala de regeneração (Jo 3,5.8), de filiação divina (Rm 8,14-17.23; Gl 3,26-28; 4,5-7), de *re*-criação da pessoa (2Cor 5,17), de liberdade do domínio do pecado e possibilidade de "caminhar em uma vida nova" (Rm 6,1-11). Em particular, é Rm 6,1-11 que esclarece que a nova condição da pessoa batizada deriva do fato de o Batismo fazer participar da morte e ressurreição de Cristo. Nessa lógica é a referência à novidade de vida em Cristo, que, por contraste, ilumina o mistério da iniquidade da qual a pessoa é libertada.

O dado dogmático tridentino. A afirmação da novidade de vida inaugurada pelo Batismo encontrou sua formulação dogmática no Concílio de Trento, que, neste caso, utiliza a categoria "justificação", definindo-a nestes termos: "A passagem do estado no qual a pessoa nasce filha do primeiro Adão ao estado de graça e de adoção de filhas de Deus", por meio de Jesus Cristo. Tal passagem, "após a promulgação do Evangelho, não se dá sem o banho de regeneração ou sem o desejo dele".[59] Na perspectiva tridentina, a justificação operada por

---

[59] "Com estas palavras se esboça uma descrição da justificação do ímpio: é a passagem do estado no qual o homem nasce filho do primeiro Adão ao estado de graça e 'de adoção dos filhos de Deus' [*Rm 8,15*], por meio do segundo Adão, Jesus Cristo nosso Salvador; esta passagem, depois do anúncio do Evangelho, não pode acontecer sem o banho da regeneração ou sem o desejo dele" (*Decretum De iustificatione, Denz* 1524). Sucessivamente, servindo-se de uma construção conceitural de tipo escolástico, o decreto precisa que o Batismo é causa instrumental da justificação (cf. *Denz* 1529).

Deus mediante o Batismo constitui uma real e essencial transformação da pessoa, que é não somente declarada justa, mas é verdadeiramente tornada tal. De um lado, a justificação é absolutamente gratuita, uma vez que somente as forças humanas não estariam em condições de realizar o salto incomensurável entre a nativa condição do pecado e aquela na qual a pessoa é justificada. De outro lado, os efeitos da justificação realmente incidem sobre a identidade da pessoa batizada, que é ontologicamente transformada e feita participante da obra da própria salvação, cooperando realmente no processo de renovação que lhe diz respeito.

A justificação implica, portanto, um radical afastamento em confronto com o passado e com a condição de pecado, anterior ao Batismo. Nessa linha, enquanto afirma a consistência do pecado original, reconhecendo os seus efeitos reais, Trento sublinha a radical transformação operada pelo Batismo que tira todos os pecados: seja o pecado original (no qual todas as pessoas são solidárias), seja os pecados pessoais cometidos antes do Batismo. Pelo Batismo, além disso, são perdoadas todas as penas. Por isso, às pessoas batizadas jamais é imposta uma penitência para os pecados cometidos antes do Batismo. O discurso com relação às consequências do pecado original é mais articulado. Particular atenção merece o tema da concupiscência. Ela permanece mesmo depois do Batismo, e, embora provenha do pecado e induza ao pecado, na *pessoa batizada* não é pecado em sentido verdadeiro e próprio. Com efeito, pode-se falar propriamente de pecado somente quando, livremente, a pessoa cede à inclinação ao mal.[60]

---

[60] Estas afirmações encontram-se principalmente no *Decreto sobre o pecado original* (Sessão V, 14 de junho de 1546; *Denz* 1510-1546). Sem a pretensão de desenvolver uma abordagem exaustiva sobre o pecado original, quer colocar as premissas para enfrentar de modo pertinente o tema da justificação como real transformação da pessoa.

LINHAS DE REFLEXÃO SISTEMÁTICA

Como é habitual nas intervenções do Magistério, os pronunciamentos tridentinos sobre a justificação e sobre o pecado original limitam-se a focalizar algumas teses específicas, com a finalidade de salvaguardar alguns aspectos da fé católica contestados pela Reforma. No entanto, eles não se empenham em reconstruir o horizonte teológico geral da tese que afirmam – tema que ultrapassa a finalidade do Concílio. Todavia, justamente no nível de enquadramento progressivo, deve-se notar uma objetiva carência cristológica, que Trento compartilha com o pensamento de Lutero, ao qual pretende responder. Com efeito, Jesus Cristo é compreendido quase unicamente como redentor, que entra em cena em um "segundo momento", para reparar os danos que os pecados da criatura humana provocaram na criação, uma criação pensada como autônoma e concluída em si mesma sem nenhuma referência a ele. Não obstante a indiscutível centralidade de Cristo, "ele não detém o primado absoluto sobre todas as coisas, justamente porque na teologia de Lutero, mais correlativamente também na de Trento, no fundo é o pecado da criatura humana que conduz [...] a tomar consciência de Cristo".[61] Essa perspectiva prevalentemente centrada no pecado é um limite que assinala grande parte da teologia ocidental, de Agostinho até os manuais em uso antes do Vaticano II: manuais que desenvolvem a própria reflexão sobre a graça batismal, partindo do Batismo dado *quamprimum* aos recém-nascidos e acentuando de forma unilateral o tema da libertação do pecado original, em vista da beatitude eterna.

Na direção de uma perspectiva cristocêntrica. A teologia do século XX, seja no âmbito católico (M. J. Scheeben, K. Rahner, H. U. von Balthasar), seja no protestante (K. Barth, W. Pannenberg), repropôs,

---

[61] BUZZI, F. Lo scisma de XVI secolo: un bilancio delle reciproche perdite. Cattolici e riformati si interrogano (I). In: *Alle radici delle divisione. Una rilettura dei grandi scismi storici.* Milano: Àncora, 2000. p. 27-47 – p. aqui 45.

com vigor, a convicção de que a referência a Jesus Cristo não pode ser introduzida somente "num segundo momento". Com efeito, Jesus Cristo tem a prioridade sobre tudo o que existe.[62] Nele foram criadas todas as coisas e ele é "o princípio da criação".[63] Justamente por sua qualidade de "criador", reconhecida a Jesus Cristo, "institui-se o seu senhorio sobre o mundo e, contextualmente, a sua relação originária e inalienável com as criaturas humanas".[64] Cada pessoa foi criada por ele e chamada a viver a existência humana com ele e como ele. Em outros termos: cada pessoa é pensada por Deus como filha no filho Jesus e chamada a viver, mediante o Espírito, a conformação a Jesus Cristo e à sua condição filial.[65] Exigência dessa chamada é a sua acolhida na liberdade do assentimento crente, mediante o qual, deixando-se conformar a Jesus Cristo, a pessoa "tem acesso à verdade sobre si própria, atuando na fé a própria liberdade".[66]

Contudo, o fato histórico da liberdade revela que ela, contradizendo a própria vocação originária, determinou-se pela recusa da conformação a Cristo, ratificando a própria cumplicidade com uma história de pecado que, na sua pretensão de autossuficiência, caminha na direção da própria ruína. A doutrina do pecado original evidencia justamente a condição partida da liberdade humana, a qual, destinada à comunhão com Cristo, experimenta-se quotidianamente tentada de fechar-se em si

---

[62] No âmbito da tradição teológica, a tese segundo a qual Jesus Cristo é o primeiro pensado e querido por Deus Pai, enraizada em textos bíblicos relativos à preexistência de Cristo e relançada, por exemplo, por Irineu de Lião, está tematizada especialmente no âmbito da escola franciscana (Alexandre de Hales, Boaventura, Raimundo Lullo e, sobretudo, Duns Scoto). Embora não colocando o tema com tanto rigor, a teologia grega no seu conjunto, no fundo, jamais se distanciou desta perspectiva. Cf. BUZZI, Lo scisma di XVI secolo:..., p. 46-47.

[63] COLOMBO, G. L'ordine cristiano. Milano: Glossa, 1993. p. 13.

[64] Ibid., p. 14.

[65] Ibid., p. 21.

[66] BRAMBILLA, F. G. Antropologia teologica. Chi è l'uomo perchè te ne curi? Brescia: Queriniana, 2005. p. 126-127. (Nuovo corso di teologia sistematica 12.)

LINHAS DE REFLEXÃO SISTEMÁTICA

mesma, escolhendo a alternativa a Cristo, em vez de se conformar a ele. O ser humano não pode ter a presunção de sair de tal condição somente com as próprias forças. Todavia, a perda da conformidade a Jesus Cristo não muda a chamada a viver nele a condição filial. Diante dessa condição de pecado (portanto, de desconformidade com Jesus Cristo), tal chamada atua-se como "remissão dos pecados", "justificação", retomada da vida filial. Tudo isso advém da páscoa de Jesus Cristo: "Permanecendo fiel até o fim ao seu ser-filial, [...] Jesus conduz e transforma, partindo de dentro, todas as figuras da desobediência"[67] e da recusa por parte dos seres humanos. Consequentemente, só a relação com o Filho crucificado e ressuscitado restitui à pessoa a possibilidade de viver a própria vocação filial originária. O Batismo é a forma sacramental – portanto histórica, completa, objetivamente perceptível – através da qual se instaura esta relação: mediante o Batismo Jesus Cristo, colocando a pessoa em relação consigo, libera-a da sujeição ao pecado, oferecendo-lhe a possibilidade de realizar a própria vocação de filha.

> O que acontece de forma plena no Batismo através do gesto sacramental (portanto histórico, concreto, objetivamente perceptível) realizado pela Igreja o Espírito Santo pode operar no modo que Deus conhece também nas pessoas que não chegaram explicitamente à fé.[68]

Nessa perspectiva, portanto, vem em primeiro plano o tema da vida nova tornada possível pelo Batismo, enquanto a remissão dos pecados é relida como o aspecto negativo da regeneração batismal. Uma regeneração, contudo, que não elimina todas as consequências do pecado: particularmente na pessoa batizada, permanece a concupiscência, que, em termos muito gerais, pode ser identificada com o fato

---

[67] Ibid., p. 154.
[68] Cf. *GS*, n. 22: *EV* 1/1389.

de despertar em nós a tentação, isto é, a propensão para fazer o mal. Além dos diversos modos de entender a concupiscência, o discurso sobre as consequências do pecado, que permanecem também depois do Batismo, diz respeito ao fato de a pessoa batizada não ser subtraída da tentação e, mesmo depois da regeneração batismal, poder fazer a dramática experiência da própria fragilidade, até recair no pecado. O Batismo, portanto, não exime quem o recebe do empenho de conversão, ao contrário, a regeneração operada pelo Batismo constitui um "início fundante" com relação ao caminho de conversão que acompanha toda a existência cristã. Em outros termos: o Batismo constitui a condição de possibilidade de exercício da liberdade cristã. A pessoa batizada não é subtraída das condições concretas da existência e, consequentemente, permanece sujeita à sedução do mal. Nela existe, porém, o princípio real de uma novidade de vida que lhe vem "do alto". A pessoa crente que recebe o Batismo – no mesmo gesto com o qual é batizada – confessa Jesus Cristo como aquele que, associando-a à sua páscoa, a habilita a "caminhar em uma vida nova", sepultando o seu passado de culpa nas águas do Batismo.[69]

B) A introdução à Eucaristia

A conexão entre Batismo e Eucaristia – ou, mais simplesmente, a finalização do Batismo à Eucaristia – é um dado que encontra confirmação na tradição cristã. Pense-se, antes de tudo, na praxe litúrgica e no ensinamento catequético dos Padres, que falam da iniciação cristã

---

[69] "A profissão de fé batismal na salvação operada por Cristo [...] liberta do pecado a liberdade da pessoa batizada, para que possa atuar precisamente como liberdade realizada pela graça de Deus doada em Jesus Cristo. Debaixo deste perfil compreende-se que o Batismo não é um momento entre outros da vida cristã, mas o seu fundamento permanente. [...] A libertação do pecado operada pelo Batismo não coloca a liberdade da pessoa batizada em estado de indeterminação positiva. Coerentemente coloca em realce o fato de a liberdade da pessoa batizada já ser sempre precedida, em sentido ontológico, pela ação absolutamente gratuita de Deus, que coloca a liberdade da pessoa batizada em condição de superar cada vez a sua essencial ambiguidade" (COLOMBO, G. La figura del ministro. Riflessioni teologiche. In: *Teologia sacramentaria*. Milano: Glossa, 1997. p. 355-373 – aqui, p. 364. [Quaestio 6.])

LINHAS DE REFLEXÃO SISTEMÁTICA

como de um único complexo ritual fortemente unitário, que encontra a própria realização na participação do neófito na mesa eucarística. A consciência do liame entre Batismo e Eucaristia permanece viva mesmo quando, no período escolástico, os dois sacramentos são, então, administrados distintamente. A esse propósito, é significativa a tese de Tomás de Aquino segundo a qual o Batismo comunica a graça somente por força do *votum eucharistiae*, a ele intrinsecamente unido. Uma tese que pode ser reformulada afirmando que o Batismo realiza o próprio efeito de regeneração não independentemente da Eucaristia, mas enquanto está orientado para a Eucaristia, no sentido que a ela habilita/ dispõe e que constitui a "porta de acesso" para ela.[70] Uma "porta de acesso" da qual trata a tradição cristã reconhece a necessidade: desde sempre, com efeito, a Igreja acolhe à mesa eucarística (e, por si, à mesma celebração eucarística) somente aquelas pessoas que foram batizadas. A Eucaristia, portanto, não absorve em si o Batismo, ao contrário, fá-lo surgir como passagem obrigatória através da qual introduzir em si a pessoa crente.

A necessidade do Batismo em vista da Eucaristia justifica-se, antes de tudo, sob o perfil eclesiológico. Para poder celebrar a Eucaristia – e, com maior razão, para poder dela participar na forma mais plena graças à comunhão sacramentária –, é preciso estar agregado "à Igreja já constituída pela Eucaristia e, como tal, já celebrante da

---

[70] "Na sacramentalidade cristã, o Batismo e a Eucaristia não se colocam em justaposição e, portanto, não sugerem dois simbolismos diversos; mas, colocando-se segundo a relação da finalidade respectiva, no sentido de que o Batismo é finalizado na Eucaristia, exprimem objetivamente um único simbolismo, precisamente aquele definido pela Eucaristia, que coerentemente exercita sobre o Batismo uma ação de apropriação, especificando o seu sentido" (COLOMBO, G. Problematica della celebrazione dell'Eucaristia. In: *Celebrare l'eucaristia. Significato e problemi della dimensione rituale.* Leumann [TO]: LDC, 1983. p. 7-26 – aqui, p. 24 [Collana di teologia pratica 3.]). Esta perspectiva parece encontrar um certo consenso na literatura teológica da década de 1990. Cf., por exemplo: MAZZANTI, *I sacramenti simbolo e teologia*, p. 174-179.

Eucaristia".[71] A agregação à Igreja, iniciada com o Batismo, tem um inefável conteúdo cristológico. A Igreja, com efeito, é a comunidade das pessoas crentes, na qual se dão as condições históricas para entrar em relação com Cristo e com a sua páscoa, sacramentalmente representada na Eucaristia. O Batismo introduz de modo definitivo nessa relação. A sua necessária precedência com relação à Eucaristia revela, pois, que a pessoa não pode aceder ao evento no qual se dá sacramentalmente a páscoa de Cristo se não for porque o mesmo Cristo permite-lhe nele participar. Não pode se aproximar da mesa eucarística sem ser iniciado mediante o ato no qual – através da ação ritual da Igreja – é o mesmo Cristo que o introduz nele. Portanto, a pessoa aparece como aquela que – por si mesma – não pode dispor do acontecimento no qual está o sentido de sua existência. A relação a tal acontecimento – a páscoa de Cristo, sacramentalmente presente na Eucaristia – é possível somente em razão de um ato de Cristo, uma vez por todas e em forma irreversível, habilita a pessoa a esta relação: este ato é o Batismo, ponto de partida para a "plena inserção no corpo de Cristo", que se atua participando da mesa eucarística.[72]

3.3. O Batismo das crianças

O relevo que o Batismo das crianças teve e continua a ter na praxe pastoral e na reflexão teológica justifica a coleta de algumas observações que se referem especificamente a ele. A propósito, recolhemos alguns pontos de reflexão, concentrando-as ao redor de três questões: Como e por que a Igreja começou a batizar as crianças (§ 3.3.1.)? Quais são as especificidades do Batismo das crianças e como se pode falar,

---

[71] CAPRIOLI, L'iniziazione cristiana, p. 96.
[72] *PO*, n. 5: *EV* 1/1253.

também neste caso, de "sacramento da fé" (§ 3.3.2.)? Que dizer da questão das crianças mortas sem Batismo (§ 3.3.3.)?

3.3.1. Como e por que a Igreja começou a batizar as crianças?

A praxe do Batismo das crianças introduziu-se de modo espontâneo e natural na Igreja. Justamente por isso fica difícil reconstruir positivamente as motivações do fenômeno. A propósito, K. Lehmann releva a distância existente entre a praxe e a sua legitimação crítica. A convicção da "correção fundamental" do pedobatismo "permaneceu bem sólida não obstante as notáveis hesitações tidas para justificá-lo no plano da teoria e da reflexão". Em outros termos: "[...] introduzindo o uso de batizar as crianças, a Igreja estava convicta de não contrariar em nada a sua fé".[73] De outro lado, a justificação criticamente argumentada de tal convicção por parte da reflexão teológica é sucessiva e não totalmente adequada.

Do ponto de vista histórico-sociológico, a compreensão dos motivos que levaram a introduzir o Batismo das crianças poderia ser favorecida por uma mais atenta consideração do estatuto da criança na sociedade antiga, na qual o Batismo das crianças começou a ser praticado. Também o fato de, nela, a criança não ter nenhuma autonomia pode explicar por que os pais – e mais globalmente a família – advertissem como natural associar o infante à própria fé. Hoje essa consideração poderia suscitar a objeção segundo a qual o Batismo de uma criança inconsciente constituiria uma violação de sua liberdade. Tal objeção – feita efetivamente principalmente a partir da década de 1970 – revela

---

[73] LEHMANN, K. Il rapporto tra fede e sacramento nelle teologia battesimale del cattolicesimo. Battesimo degli adulti e battesimo dei bambini. In: *Presenza della fede*. Brescia: Queriniana, 1977. (orig. 1971). p. 241-275 – aqui, p. 269-270.

uma compreensão abstrata da liberdade com uma espécie de "começo" absoluto, livre de qualquer determinação ou condicionamento. A esse propósito, um simples aceno à função da educação na estrutura da liberdade pode favorecer uma visão mais realista. A educação plasma a nossa vida muito antes de termos consciência dela. Ela antecipa a nossa liberdade, mas isto não significa que seja dela uma violação. Ao contrário, a educação é absolutamente necessária para que o sujeito possa chegar a perceber o sentido da vida: foi justamente isso que os outros fizeram por nós que nos permite chegar à consciência de nós próprios e à capacidade de fazer escolhas livres. O que se disse da educação em geral vale também para a educação à fé, a qual, de outro lado, não se sobrepõe à educação *simpliciter*, mas dela representa uma determinação com referência a um sentido da vida, claramente identificado.

Nessa ordem de ideia, intui-se a lógica subentendida ao Batismo de uma criança: parece que se possa reconduzi-la à percepção (mesmo pré-reflexa) do fato que é profundamente sensato associar a criança àquilo que, para os seus pais, constitui a razão da existência. Com efeito, o gesto de dar a vida não pode ser desligado da comunicação daquilo que os pais creem e acolhem como sentido da vida. Essa comunicação, longe de se reduzir a uma operação intelectualista ("explico-te o sentido da vida..."), assume a figura do ato de fé da pessoa que quer que a criança, desde cedo, seja sacramentalmente associada à história de Jesus, que iluminou a sua existência.

3.3.2. Especificidade do Batismo das crianças

O Batismo de uma criança não é forma "típica" da celebração do Batismo. Do ponto de vista da estrutura teológica do sacramento, "o Batismo das crianças deve [...] ser compreendido de forma analógica com

LINHAS DE REFLEXÃO SISTEMÁTICA

relação ao Batismo, litúrgica e teologicamente exemplar, dos adultos".[74] A afirmação da exemplaridade – e, portanto, da normatividade – do Batismo dos adultos coloca-se em nível teológico e exprime o fato de esta forma corresponder aos dados do Novo Testamento e às condições de um sacramento, no qual o sujeito é consciente daquilo que realiza.[75] Tal reconhecimento, todavia, não conduz à conclusão de que o Batismo de uma criança deva ser celebrado conforme as mesmas modalidades do batismo de um adulto. Essa conclusão representa uma "escorregão sub-reptício" do plano teológico ao litúrgico. Para evitar tal queda, é preciso ter presente que, seja no caso dos adultos, seja no dos infantes, estamos diante de um só e único Batismo, inscrito, porém, em circunstâncias diversas e, portanto, determinado por duas lógicas diversas. O Batismo de um adulto responde a uma lógica de "conversão", de passagem de um mundo a outro. Nesse caso, o candidato chega à Igreja *do exterior* e tem necessidade de um itinerário bem definido de acesso à fé que encontra o próprio sentido no instituto do catecumenato. O Batismo de um infante, ao contrário, coloca-se em uma lógica de "educação", de "frequentação" do contexto da fé no âmbito do qual a criança veio ao mundo. Nesse caso, de certa forma, o candidato provém *do interior* da comunidade eclesial. Presume-se, pois, que a pedagogia familiar e o influxo do ambiente estarão em grau de propiciar a educação à fé e à vida cristã. A eficácia dessa pedagogia está ligada à profunda inter-relação que existe entre a criança (e ainda antes, entre o feto) e o ambiente que a circunda, pelo que também o infante pode – a seu modo – tornar-se participante da fé dos pais e do ambiente eclesial circunstante.

---

[74] CHAUVET, L.-M. Baptême des petits enfants et foi des parents. *La Maison-Dieu* 207 (1996) 9-28 – aqui, p. 14. A tradução é do autor.

[75] Cf. DE CLERCK, P. Un seul baptême? Le baptême des adults et celui des petits enfants. *La Maison--Dieu* 185 (1971) 7-33. De Clerck entra em diálogo crítico com a posição de A. KAVANAGH, *Rito da iniciaçao cristã, tradição, reformas, perspectivas* (São Paulo: Paulus, 1987).

Também nesse caso, portanto, o Batismo é *sacramentum fidei*: com efeito, embora falte o ato de fé pessoal da criança, ele vem de alguma forma celebrado na "fé da Igreja". Como vimos, a fé da Igreja está inscrita em cada celebração sacramental, mesmo quando o sujeito é um adulto. No caso do Batismo de uma criança, a fé da Igreja exercita, além do mais, uma função de suplência com relação ao ato de fé pessoal, do qual o sujeito é incapaz, no momento da celebração. Tal incapacidade, se não compromete o sentido do Batismo celebrado naquela condição, mostra de alguma forma a sua realidade incompleta. Com efeito, a dinâmica própria da fé pede que o aspecto "pré-consciente" (a fé da Igreja) seja "ratificado" mediante o ato de fé pessoal e voluntário que a criança fará quando começar a estar em condição de realizar atos responsáveis. A fé da Igreja, portanto, não substitui a fé pessoal do batizado. Ela a supre enquanto o sujeito for criança. Contudo, pelo seu dinamismo, exige que o sujeito pronuncie o próprio ato de fé. De fato, quando a criança vive "na esfera de uma fé cristã concretamente testemunhada", isso acontece de forma totalmente natural. Nessa condição, portanto, o Batismo das crianças é justificado, sensato e conveniente.

3.3.3. *A sorte das crianças mortas sem Batismo*

A solução proposta por Agostinho, segundo a qual as crianças mortas sem Batismo estão sujeitas a uma pena muito mitigada, foi unanimemente seguida pelos teólogos medievais até o século XII.[76] Nesse período, para mitigar o rigor da posição agostiniana, surge a tese do limbo: as crianças mortas sem o Batismo, embora privadas da visão

---

[76] Antes de Agostinho, a exclusão destas crianças da visão de Deus foi afirmada por Cipriano (*Carta* 64: *PL* 3,1051). Sobre este tema, a posição dos Padres gregos é feita com reserva, característica da sua sensibilidade apofática. Para enquadrar historicamente a problemática, cf. J. GALOT, "La salvezza dei bambini morti senza battesimo" (*La Civiltà cattolica* 122/2 (1971) 228-240 e 336-346. CAPRIOLI, *Vi laverò con acqua pura*, p. 117-129, tese n. 19. SCANZIANI, F. *Solidarietà in Cristo e complicità in Adamo. Il peccato originale nel recente dibattito in area francese*. Milano: Glossa, 2001. p. 311-318.

LINHAS DE REFLEXÃO SISTEMÁTICA

beatífica de Deus, se encontrariam, de alguma forma, em uma condição de felicidade natural.[77]

> Se o termo "limbo" (*limbus inferni*) aparece pela primeira vez com Alexandre de Hales († 1245), é Abelardo († 1142) que, pensando repropor Agostinho, na realidade modificou o seu pensamento. Com efeito, para Abelardo, a "pena brandíssima" de que fala Agostinho é a privação da visão de Deus, à qual não se acrescenta nenhuma outra pena.[78] Nessa linha, Pedro de Poitiers († 1205) acredita que as crianças mortas sem Batismo sejam privadas da visão beatífica (e nisso consiste a chamada "pena do sentido". Boaventura vai mais além. Ele atribui a essas crianças um estado de felicidade. O ponto de partida é tomado de Tomás de Aquino, cujo pensamento a propósito conhece certa evolução.[79] No *Comentário sobre as sentenças* (1253-1255), ele sustenta que as crianças mortas sem Batismo "não estão jamais em condição de conseguir a vida eterna, pois esta não lhes era devida, superando qualquer capacidade da natureza"; consequentemente, "não sofrerão nenhuma dor pela falta da visão de Deus; antes gozarão pelo fato de participar de muitas coisas da bondade divina e das perfeições naturais".[80] No *De malo* (1269-1272), ao contrário, Tomás afirma que as crianças no limbo ignoram ser privadas da visão beatífica e por isso não sofrem; além disso, embora sejam "separadas para sempre de Deus quanto à perda da glória que ignoram", não o são, porém, "quanto à participação dos bens naturais que conhecem".[81] Embora jamais tenha gozado do consenso de todos os teólogos nem jamais tenha sido definida pelo Magistério,[82] a tese do limbo foi largamente difundida até o período que precedeu o Vaticano II.

---

[77] Cf. CARPIN, A. *Il limbo nella teologia medievale*. Bologna: Edizioni Studio Domenicano, 2006.
[78] P. ABELARDO. *Commentaria in Epistolam Pauli ad Romanos* II,5,19: *CCCM* 11,169-170.
[79] Cf. BONINO, S.-T. La théorie des limbes et le mystère du surnaturel chez saint Thomas d'Aquin. *Revue thomiste* 101 (2001) 131-166. CARPIN, *Il limbo nella teologia medievale*, p. 118-157. BOISSARD, E. *Réflexion sur le sort des enfants morts sans baptême*. Paris: Éditions de la Source, 1974. p. 13-24.
[80] TOMÁS DE AQUINO. *Commentum in II librum Sententiarum*, dist. 33, q. 2, art. 2.
[81] Id. *De malo*, q. 5, a. 3.
[82] A única intervenção em propósito é a bula *Auctorem fidei* (1794), com a qual Pio VI defende a teoria do limbo da acusação dos jansenistas, que a consideravam uma "fábula pelagiana" (*Denz* 2626).

Renascer da Água e do Espírito

A partir da década de 1960, o problema do destino final das crianças mortas sem Batismo é objeto de uma série de publicações que repropõem soluções assim chamadas "liberais", isto é, favoráveis a admitir alguma possibilidade de salvação eterna também para essas crianças.[83] Nesse quadro, diversos estudiosos, embora reconhecendo a tradição constante que não admite uma possibilidade de salvação em tal caso, acreditam que não se possa afirmar com absoluta certeza o valor dogmático definitivo de tal ensinamento. A questão, portanto, não pode ser considerada definitivamente fechada.[84] De outro lado, o exame da literatura desses anos "dá o sentido de um ponto morto e de um problema não resolvido no estado atual das coisas".[85] A incerteza da reflexão teológica reflete-se também no fato de o concílio não acenar à questão, deixando de lado as diversas propostas que foram feitas nesse sentido.[86] Após o Concílio, o debate teve desenvolvimento particularmente significativo. A orientação mais difusa é a de que, referindo-se à vontade salvífica universal de Deus e à eficácia da redenção operada

---

[83] Um quadro crítico das diversas posições em jogo encontra-se em G. COLOMBO, "Riflessioni sul problema dei bambini che muoiono senza battesimo" (In: *Scritti teologici*. Venegono Inferiore: La Scuola cattolica, 1966. p. 409-437 – aqui, p. 418-428. [Hildephonsiana 7.]).

[84] Nessa linha, G. Colombo acredita ser necessário "perguntar-se o que, na doutrina tradicional, pertence certamente à fé, e que coisa, ao contrário, constitui talvez uma espécie de 'suposição implícita' não derivante da revelação" (COLOMBO, Riflessioni sul problema dei bambini che muoiono senza battesimo, p. 417).

[85] Ibid., p. 409.

[86] Por ocasião do Concílio, a Comissão teológica preparatória inseriu um capítulo relativo – "De sorte infantium absque baptismo decedentium" – no *Schema constitutionis De deposito fidei pure custodiendo*. Reafirmando a necessidade do Batismo de água, o texto afirmava: "O concílio declara vãs e privadas de fundamento todas as sentenças segundo as quais se admite para as crianças um meio [para conseguir a vida eterna] diverso do Batismo recebido de fato. Contudo, não faltam motivos para reter que elas conseguirão eternamente uma qual certa felicidade consoante ao seu estado". A esse texto, porém, foram acrescentadas outras duas redações, devidas respectivamente a E. Dhanis e C. Colombo, com uma diversa acentuação. Quando o esquema foi examinado pela Comissão central (janeiro de 1962), nenhuma das três redações foi aprovada e a Subcomissão para as emendas decidiu colocar de lado a questão (7 de maio de 1962). Cf. GALOT, La salvezza dei bambini morti senza battesimo, p. 228, nota 1. Cf. também: CASTELLANO CERVERA, J. La esperanza de salvación para los niños muertos sin bautismo. *Phase* 218 (1997) 157-166 – aqui, p. 158-164.

LINHAS DE REFLEXÃO SISTEMÁTICA

por Jesus Cristo, convida a esperar a salvação também para as crianças mortas sem Batismo.[87]

Esta orientação encontrou confirmação no documento da Comissão Teológica Internacional com o título *A esperança da salvação para as crianças que morrem sem Batismo* (19 de janeiro de 2007).[88] A tese fundamental do texto é formulada nestes termos: "Há razões teológicas e litúrgicas para motivar a esperança de que as crianças mortas sem Batismo possam ser salvas e introduzidas na beatitude eterna, embora sobre este problema não haja um ensinamento explícito da revelação",[89] o que impede de se pronunciar, a propósito, uma certeza de fé. Pressuposto indispensável de tal afirmação é o esclarecimento da efetiva dimensão da doutrina segundo a qual as crianças mortas sem Batismo são privadas da visão beatífica. A pesquisa histórico-hermenêutica, enquanto reconhece que a tese "foi por longo tempo 'doutrina comum' da Igreja", precisa que "ela era fundada sobre certo modo de reconciliar os princípios recebidos da revelação, mas não possuía a certeza de uma afirmação de fé".[90] A explicação é de capital importância: a afirmação segundo a qual as crianças mortas sem Batismo são privadas da visão beatífica não faz parte do patrimônio da fé da Igreja.[91] Doutro lado, porém, as razões que motivam a salvação

---

[87] Nessa linha se colocam as afirmações do *Catecismo da Igreja Católica*: "Quanto às crianças mortas sem Batismo, a Igreja os confia à misericórdia de Deus, como justamente faz no rito dos funerais para eles. Com efeito, a grande misericórdia de Deus, que quer salvar todas as pessoas, e a ternura de Jesus para com as crianças [...] nos consentem esperar que exista uma via de salvação para as crianças mortas sem Batismo. Tanto mais pressante é o convite da Igreja a não impedir que as crianças se acheguem a Cristo mediante o dom do santo Batismo" (*CIC* 1261).

[88] COMISSÃO TEOLÓGICA INTERNACIONAL. *A esperança da salvação para as crianças que morrem sem batismo*. São Paulo: Paulinas, 2008. Cf. CASPANI, P. La speranza della salvezza per i bambini che muoiono senza battesimo. Note sul documento della Commissione teologica Internazionale. *Rassegna di teologia* 48/6 (2007) 849-867.

[89] COMISSÃO TEOLÓGICA INTERNACIONAL, *A esperança da salvação para as crianças que morrem sem batismo*, n. 251.

[90] Ibid., n. 34. O n. 40, sempre em referência a esta tese, clarifica que uma doutrina comum da Igreja "é coisa distinta da fé da Igreja".

[91] A essa clarificação seguem como corolário duas ulteriores precisações: a teoria segundo a qual "a privação da visão beatífica é a única pena dessas crianças, a exclusão de qualquer outro sofrimento" é qualificada como "opinião teológica"; análoga qualificação é reconhecida à tese "concernente a uma 'felicidade natural' então atribuída a essas crianças" (COMISSÃO TEOLÓGICA INTERNACIONAL, *A esperança da salvação para as crianças que morrem sem batismo*, n. 240). É claro que a referência à teoria do limbo, sobre cuja identidade a comissão deixa transparecer alguma incerteza, provavelmente devida à dificuldade de sintetizar de modo coerente o que emergiu sobretudo na tradição medieval. Alguma oscilação se registra também na avaliação de tal teoria: se de um lado é

para as crianças mortas sem Batismo são apresentadas pelo documento com um desenvolvimento argumentador nem sempre límpido.

Os motivos que encorajam a esperar na salvação das crianças mortas sem Batismo podem ser substancialmente reconduzidos a duas ordens de reflexões. Em primeiro lugar, superando o enquadramento amartiocêntrico, deve-se reconhecer que a afirmação da solidariedade das pessoas em Adão pecador não constitui o ponto de partida do discurso, mas deve ser lida no quadro da mais fundamental solidariedade em Cristo. Se a Escritura recorda que o pecado foi abundante, é antes de tudo para mostrar a superabundância da graça em Cristo (Rm 5,20), uma graça que vem somente para reparar os justos provocados pelo pecado da pessoa, mas que tem a prioridade sobre tudo o que existe. Também pelo que diz respeito às crianças mortas sem Batismo, portanto, se a sua solidariedade em Adão pecador é real, ainda mais real é a sua solidariedade com Cristo, ainda que, neste caso, seja árduo determinar por quais caminhos tal solidariedade encontre efetiva expressão.

A segunda ordem de reflexão gira ao redor do caráter analógico do pecado original,[92] que realiza plenamente a própria natureza pecaminosa quando é ratificado pelo pecado pessoal, como acontece no caso de um adulto responsável.[93]

> A consideração do ato pecaminoso só pode partir do ato pecaminoso pessoal. Se o pecado aparece/emerge sempre e somente no ato pessoal, ele, contudo, não se esgota em tal ato. Com efeito, o ato pecaminoso pessoal tem uma

---

considerada ainda "possível" como "opinião teológica", de outro lado afirma-se que, à luz de uma maior esperança, ela pode "ser considerada superada" (ibid., n. 95).

[92] "O pecado original é chamado 'pecado' de modo analógico" (*CIC* 404).

[93] "O pecado original se manifesta e se realiza em toda a sua mortalidade na indefinida sequência dos pecados com os quais a liberdade individual ratifica, no desenvolver da existência, a condição divergente que lhe é consignada em herança junto com a vida da carne" (LIA, P. *Lo splendore di Dio. Saggio sulla forma Cristiana*. Milano: Vita e Pensiero, 2001. p. 90).

dimensão pré-consciente, que não aparece senão no ato pessoal e permanece a ele irredutível. A noção de "pecado original" refere-se justamente a essa dimensão que fala da solidariedade humana assinalada por uma história de pecado. Portanto, o pecado original não é uma culpa pessoal, mas uma condição que coenvolve pessoalmente. Não se trata simplesmente de um "mal do mundo" que permanece exterior à pessoa, e sim de um elemento que faz parte das condições que determinam o agir humano. Trata-se, todavia, de uma condição não escolhida, mas sofrida, de "um pecado 'contraído' e não 'cometido'".[94]

Com este significado analógico do pecado original, que não permite assimilá-lo em tudo e por tudo ao pecado pessoal, é lícito interrogar se ele pode ter as mesmas consequências do pecado pessoal, até o ponto de comprometer a salvação eterna da criança que morre sem tê-lo pessoalmente ratificado com as próprias escolhas pecaminosas. "A doutrina do pecado original deve dizer respeito à vida terrena, não julgar *a priori* da vida eterna."[95] Com efeito, para incorrer na condenação eterna é necessária uma recusa livre e consciente do dom da graça de Cristo, como acontece no pecado pessoal, do qual cada pessoa é diretamente responsável. No caso dos infantes, ao contrário, não se dá uma semelhante recusa. Portanto, não se vê como se pode concluir pela sua condenação eterna. Os efeitos negativos do pecado original, assim, permanecem no plano histórico, uma vez que nenhuma pessoa pode evitar o pecado sem a graça de Cristo. Contrariamente, a sua incidência sobre o destino eterno das crianças mortas sem Batismo deve ser redimensionada. Aquela condição de pecado que, pessoalmente ratificada, conduz a pessoa à perdição não determina a perdição da criança que morre sem tê-la pessoalmente confirmado com as próprias escolhas pecaminosas.[96] Isso não implica que a criança se salve pres-

---

[94] *CIC* 404.
[95] DUBARLE, A.-M. *Il peccato originale. Prospettive teologiche.* Bologna: EDB, 1984. p. 99.
[96] "O pecado original se encontra no estado perfeito nos adultos culpados de pecado pessoal; ao contrário, nas crianças se encontra em estado imperfeito, 'incompleto'. Nessa dimensão incompleta, o que

cindindo da redenção realizada pela páscoa de Cristo: com efeito, na ordem concreta da realidade existente, a graça de Cristo – aquela graça que o infante não pode recusar de nenhum modo –, originariamente, já é pascal, portanto redentora.

Certo, os argumentos expostos não valem como pretexto para minimizar a necessidade do Batismo. Antes, convidam a repensá-la, partindo de uma perspectiva que não é, antes de tudo, a da libertação do pecado original, quanto antes a da inserção na Igreja como oportunidade oferecida a todos (compreendidas as crianças) para entrar em modo historicamente pleno e completo na comunhão com Cristo. Nessa lógica, a pergunta de fundo que motiva a exigência do Batismo para uma criança recém-nascida não é: "E se morresse?", mas antes: "E se vivesse?".[97]

3.4. A Confirmação, *perfectio baptismi* em vista da Eucaristia

Entre os sacramentos da iniciação cristã, a Confirmação é o que possui os traços menos definidos. A mesma reflexão teológica, muitas vezes, é incerta e não concorde em precisar o seu significado.

> Na língua portuguesa, há oscilação no que diz respeito à denominação deste sacramento. Usamos normalmente duas terminologias: "Confirmação" e "Crisma". O primeiro é o nome oficial, usado pelo *Ritual*. Traduz o latim

---

existe basta para constituir pecador em certo sentido. É isso que a teologia entende sublinarmente, afirmando que a presença somente do pecado original não basta para enviar ao inferno [...]; porém basta para fazer necessária a redenção de Cristo para a salvação" (COLOMBO, G. *Antropologia teologica, dispense escolastiche*. Venegono Inferiore, a.a. 1983-1984. p. 462-463). "A criança que morre somente com o pecado original não pode merecer a condenação eterna, escatológica; enquanto a criança que morre somente com o Batismo pode merecer a vida. Com efeito, enquanto a condenação eterna do inferno existe somente como recompensa de uma obra humana responsável, a vida eterna existe somente como pura graça divina" (SANNA, I. *Chiamati per nome. Antropologia teológica*. Milano: Ed. Paoline, 1984. p. 201).

[97] Cf. GRILLO, La nuova categoria di iniziazione..., p. 93.

confirmatio e o encontramos em várias línguas europeias. É o nome mais antigo utilizado para indicar os gestos rituais após o Batismo e para afirmar simplesmente que eles confirmavam o Batismo, completavam-no, levavam--no a termo. O termo "Crisma", ao contrário, relembra seja o gesto da unção (crismação), seja o crisma (óleo misturado com perfumes) com o qual se faz a unção. Este nos aproxima das Igrejas do Oriente, que deram sempre muita importância ao gesto da unção e o chamavam com o nome do óleo com o qual é realizado o *myron*, muito semelhante ao nosso crisma, porém mais rico de perfumes. Usamos indistintamente ambas as denominações.

Em um primeiro momento, discutimos criticamente algumas definições correntemente atribuídas à Confirmação (§ 3.4.1.); depois afrontamos a questão da sua sacramentalidade (§ 3.4.2.), para indicar, por fim, algumas linhas de compreensão de seu significado (§ 3.4.3.).

3.4.1. Definições inadequadas da Confirmação

O nosso ponto de partida é o exame de algumas "fórmulas" encontradas no discurso catequístico corrente sobre a Confirmação e que acabam por se tornar "definições" deste sacramento. Cada uma delas tem algum aspecto pertinente, mas, se são absolutizadas, revelam-se unilaterais e insuficientes.

A Confirmação faz-nos perfeitos cristãos e soldados de Cristo

Trata-se de uma simplificação da definição proposta pelo catecismo de Pio X: "A Crisma é um sacramento que nos dá o Espírito Santo, imprime na alma o caráter de soldado de Jesus Cristo, e nos torna perfeitos cristãos".[98] A imagem da pessoa crismada como soldado equipado para a batalha se encontra na homilia de Pentecostes do Bispo Fausto de Riez (séc. V); o seu sucesso está ligado ao fato de o texto em questão, erroneamente atribuído ao Papa Melquíades (que nunca existiu) e

---

[98] *Compendio della dottrina cristiana prescritto da sua santità Pio X alle diocesi della provincia di Roma*. Roma: Tipografia Vaticana, 1905. n. 577.

acolhido no *Decretum Gratiani*, ter tido na Idade Média uma difusão muito ampla. No século XIII, a introdução do "leve tapa" no ritual da Confirmação concorre, em parte, para favorecer essa interpretação.[99] A ideia é a da Confirmação como "especial auxílio divino" que sustenta uma vida cristã "militante" destinada a medir-se com situações difíceis. Hoje, quiçá pela linguagem um tanto distante de nossa sensibilidade, a imagem da pessoa crismada como soldado é quase totalmente ultrapassada. Na definição de Pio X, associada à imagem de soldado de Cristo, encontra-se a afirmação de que a Crisma "nos faz perfeitos cristãos". Essa ideia afunda suas raízes na assertiva segundo a qual *confirmatione baptisma perficitur*, característica da época patrística. Com relação ao significado patrístico da asserção, porém, a definição catequística opera uma sensível deslocação de acento nos Padres. A frase *confirmatione baptisma perficitur* significava simples e genericamente que a Confirmação (então ainda não distinta do Batismo) é complemento do Batismo. Ao contrário, na definição catequística é a pessoa batizada que deve ser levada à perfeição, como emerge do texto de Pio X: "A Crisma faz-nos perfeitos cristãos porque nos confirma na fé e aperfeiçoa as outras virtudes e dons que recebemos no santo Batismo".[100] Se temos presente o modelo típico da iniciação cristã, no qual a Eucaristia é o vértice, vem-nos espontaneamente perguntar como se pode falar de "perfeição" para a pessoa que não foi ainda completamente iniciada através da participação na mesa eucarística.

A confirmação faz-nos testemunhas de Cristo

Nesses termos, a formulação é bastante recente, mas adquiriu forte relevo, pois foi assumida como título pelo catecismo da Conferência

---

[99] Veja-se a interpretação do gesto, dada pelo catecismo de Pio X: "Dá-se um leve tapa na pessoa crismada para que saiba que deve estar pronta para sofrer qualquer afronta e qualquer pena pela fé em Jesus Cristo" (*Compendio della dottrina cristiana*, n. 587).

[100] *Compendio della dottrina cristiana*, n. 578.

LINHAS DE REFLEXÃO SISTEMÁTICA

Episcopal Italiana (CEI), tornando-se, assim, uma espécie de *slogan* sintético para exprimir o conteúdo da catequese destinada a adolescentes que se preparavam para a Crisma. A impressão é que com a linguagem do testemunho se queira substancialmente exprimir, com tons menos militarescos, o que tradicionalmente era dito com a imagem de soldado de Cristo. A pessoa confirmada é feita capaz (portanto tem a obrigação) de professar aberta e corajosamente a própria fé. Com efeito, a ideia do testemunho como fruto da ação do Espírito Santo, além de ser mais lembrada no novo *Ritual*, está presente na tradição patrística e pode encontrar algum gancho no Novo Testamento: em particular na narração de Pentecostes, a redação dos Atos faz depender a capacidade de testemunhar a fé do dom do Espírito. Interroga-se, porém: por que reduzir a esse único aspecto os frutos do dom do Espírito? A concentração sobre o testemunho como único efeito do dom do Espírito não corre o risco de ser um empobrecimento? A menos que o testemunho não seja entendido como um fruto entre os outros do Espírito, mas antes como "irradiação" para fora da superabundância do dom do Espírito que enriqueceu a pessoa confirmada.

A Crisma é o sacramento da maturidade,
que nos faz pessoas cristãs adultas

Esta apresentação dos efeitos da Confirmação inspira-se no pensamento de Santo Tomás, que, porém, não fala propriamente de "maturidade", mas de "idade perfeita da vida espiritual", e explicitamente recusa a identificação entre essa "idade" e a maturidade em sentido físico e psicológico. Isso significa que não se pode apelar a Tomás para sustentar que a Confirmação exige por parte de quem a recebe uma condição de particular maturidade psicossocial e deve, portanto, ser celebrada em uma idade que faça presumir tal maturidade por parte do candidato. Além da posição de Tomás, um olhar global à tradição eclesial não mostra razões suficientes para urgir uma particular maturidade do candidato à Confirmação. Por si, quem recebe o Batismo pode imediatamente receber a Confirmação e a Eucaristia. No caso dos infantes, como podem ser batizados na fé da Igreja, também na fé da Igreja podem ser confirmados e ser admitidos à Eucaristia. Assim se fez em toda a Igreja até aos séculos XII e XIII. Esta é, ainda hoje, a praxe da Igreja oriental. A praxe da Igreja ocidental de protelar, para quem foi batizado em criança, a recepção da Confirmação e da Eucaristia para a idade da razão tem uma razão de sensatez, sobretudo debaixo do ponto de vista pedagógico. Contudo, não desmente o que se disse acima. Antes, é preciso vigiar, porque de uma ação pastoral que pode ter as suas razões (é oportuno que a pessoa que recebe a Confirmação tenha uma certa maturidade psicológica) não se passe à formulação de teses teológicas insustentáveis (a Confirmação é o sacramento da maturidade, ou da adolescência, ou da idade adulta etc.).[101]

A Crisma é a Confirmação pessoal da fé batismal

Esta formulação individua o sentido da Confirmação como uma Confirmação pessoal do Batismo por parte de uma pessoa então em grau de professar pessoalmente aquela fé na qual foi batizada em criança. O ganho desta colocação – que presumivelmente se inspira na visão característica das Igrejas da Reforma – parece ligado, sobretudo, ao fato de, nessa perspectiva, a celebração da Confirmação consentir recuperar o aspecto de adesão pessoal à fé, que falta no caso do Batismo das crianças. O fato de sublinhar a adesão pessoal à fé batismal evidentemente sugere celebrar a Confirmação quando o candidato está efetivamente em grau de fazer conscientemente a própria profissão de fé. Tal discurso, porém, não tem nenhum valor no caso de um adulto,

---

[101] Cf. BRESCIANI, C. Maturità umana, maturità nella fede e recezione del sacramento della cresima. In: *Iniziazione cristiana*, p. 177-198.

cuja Confirmação segue imediatamente o Batismo. Estaremos, assim, diante de um sentido da Confirmação que vale somente para aqueles que foram batizados quando crianças, mas não para os adultos que recebem a Crisma logo após o Batismo. No caso de um jovem batizado como recém-nascido, a Confirmação recebida no curso da pré-adolescência (ou também mais tarde), de fato, pode constituir *também* a ocasião para uma assunção pessoal e pública da fé batismal.[102] No entanto, não se pode identificar nesse aspecto o elemento próprio e determinante do sacramento. E se há necessidade de momentos fortes, nos quais adolescentes e jovens possam exprimir de forma consciente uma fé que se tornou patrimônio pessoal, é preciso que se pergunte se é a Confirmação que deve servir a essa finalidade e, mais profundamente, se ela foi feita para tal escopo.

A Confirmação é o sacramento da comunhão eclesial ao redor do bispo

Certamente, o ritual da Confirmação tem um forte "respiro" eclesial. Ele é acentuado pelo fato de a tradição ocidental reconhecer no bispo o ministro ordinário deste sacramento. Contudo, é excessivo encontrar na dimensão eclesial o elemento específico da Crisma. Com efeito, já o Batismo insere na Igreja de modo definitivo. Essa inserção está estruturalmente orientada para a Eucaristia, através da qual a pessoa batizada e crismada "está plenamente inserida no corpo de Cristo".[103] Com efeito, a Eucaristia é o sacramento eclesial por excelência, aquele que propriamente "faz a Igreja". Quanto à referência da Crisma ao bispo, o que dissemos precedentemente, comentando o n. 7 dos *Praenotanda* do *Ritual da Confirmação*, convida-nos a não entendê-lo em termos muito rígidos.

---

[102] O atual rito, introduzindo a renovação das promessas batismais, oferece esta oportunidade.
[103] *PO*, n. 5: *EV* 1/1253.

3.4.2. A sacramentalidade da Confirmação

A contestação mais séria à sacramentalidade da Confirmação e à sua instituição por parte de Jesus Cristo foi colocada pelos reformadores. Eles relevam que o Novo Testamento não fala jamais explicitamente de uma instituição da Confirmação por parte de Cristo. Segundo eles, essa é uma condição indispensável para qualificar este rito como "sacramento". Portanto, segundo eles, a Confirmação, como rito separado e independente do Batismo, é uma celebração introduzida pela Igreja medieval.[104] Contudo, tal posição não comporta o abandono da Confirmação por parte das Igrejas da Reforma. Elas a mantém, ao contrário, como cerimônia que conclui a instrução catequética daqueles que receberam o Batismo quando crianças e, ao mesmo tempo, lhes oferece a ocasião de professar a própria fé na presença de toda a comunidade. Em explícita oposição às teses da Reforma, o Concílio de Trento elenca a Confirmação entre os *sacramenta novae Legis* instituídos por Cristo (*Denz* 1601), reafirmando contextualmente o seu caráter de *verum et proprium sacramentum*.[105] As lacônicas afirmações do Concílio de Trento definem, assim, o dado de fé (a instituição por parte de Cristo e a sacramentalidade da Confirmação), mas as dificuldades levantadas pela Reforma no plano histórico e exegético permanecem abertas.

Tais dificuldades derivam do fato de a Confirmação, como rito autônomo e distinto do Batismo, aparecer relativamente tarde e só no

---

[104] "Nós desejamos os sacramentos que Deus instituiu, mas não temos nenhum motivo para acreditar que entre estes se possa enumerar também a Crisma [...]. Não lemos em nenhuma parte que Cristo tenha prometido algo semelhante à Crisma [...]. Bastará, portanto, considerá-la como um uso da Igreja, ou uma cerimônia sacramental análoga às outras cerimônias, à consagração da água e de outras coisas" (LUTERO, M. *De captivitate babylonica*, in *WA* 6,549s).

[105] "Se alguém afirma que a Confirmação dos batizados é uma cerimônia inútil e não, ao contrário, um verdadeiro e próprio sacramento, ou que houve um tempo que não passava de uma forma de catequese, pela qual, quem se aproximava da adolescência dava razão da própria fé diante da Igreja: seja anátema" (*Denz* 1628).

Ocidente. Tal consideração pede que se afronte a questão da sacramentalidade da Confirmação com atenção e não se projetem problemáticas sucessivas na situação dos primeiros séculos. Concretamente, a questão se nos primeiros séculos do Cristianismo existia um sacramento da Confirmação autônoma, bem distinto do Batismo, é uma questão mal posta, para a qual a resposta não pode ser nem um "sim" nem um "não". Com efeito, quando a iniciação cristã era vivida com uma celebração unitária, não tinha sido ainda formalizado o conceito clássico de "sacramento". Naquela fase nem mesmo se preocupava com a enumeração de todos e cada um dos sacramentos, bem como distingui-lo rigorosamente dos outros ritos eclesiásticos e de compreendê-los na sua exata natureza e nos seus efeitos específicos.[106] O que é posto em evidência é a existência de certos ritos (imposição das mãos, unção, sinal da cruz) que constituem o núcleo ao redor do qual evoluiu a sucessiva liturgia da Confirmação. Progressivamente, ao menos no Ocidente, o complexo dos ritos "crismais" assumiu um relevo autônomo, e, da mesma forma progressiva, a Igreja reconheceu a sua qualidade sacramental. A progressividade desse desenvolvimento não diz nada contra a legitimidade da Confirmação como "verdadeiro e próprio sacramento": tal desenvolvimento, com efeito, determinou, por parte da Igreja, o reconhecimento sacramental da Confirmação, não, por certo, a invenção do sacramento da "invenção". Evidentemente, será preciso mostrar que este desenvolvimento ocorreu em substancial continuidade com a fé e a vida da comunidade apostólica. Tal fato é suficientemente garantido se se leva

---

[106] Na Igreja antiga, "a iniciação cristã é um acontecimento multíplice e mutável no qual não á fácil individuar univocamente ritos parciais que são caracterizados plenamente só mais tarde [...]. Seria falso, contudo, dizer que por isto se trata de um *só* sacramento e não existe nenhum sacramento da Crisma. Não se pode colocar a questão nesses termos. Por isso, se por um longo tempo Batismo e Crisma não se podem univocamente distinguir um do outro, então isso é um indício da unidade da iniciação cristã e não uma prova contra o sacramento da Crisma" (LEHMANN, K. La testimonianza della Scrittura per la cresima. Dialogo tra esegesi e dogmática. *Communio* 64 [1982] 13-21 – aqui, p. 14-15).

em conta o liame da Confirmação com o Batismo, liame que autoriza a encontrar na liturgia batismal da Igreja antiga as raízes do sacramento da Confirmação.

Estas observações sugerem também a perspectiva concreta com a qual se aproximar da documentação oferecida pelo Novo Testamento. Eventuais referências escriturísticas à Confirmação devem ser situadas no quadro de uma mais global relação entre o Batismo e o Espírito Santo: no Novo Testamento, "a configuração a Cristo na sua morte e ressurreição não somente acontece pela ação renovadora do Espírito, mas comporta também o dom pleno do Espírito que compenetra a pessoa cristã e a conduz a viver como Cristo".[107] A instituição da Crisma por parte de Jesus Cristo deve ser reconduzida ao modo como Cristo está na origem deste "Batismo no Espírito", que lentamente desdobra a própria riqueza em ritos distintos. Do ponto de vista do sinal sacramental, o primeiro desabrochar da Confirmação pode ser encontrado na imposição das mãos por parte dos apóstolos, a que fazem referência os textos de At 8,14-17 e 19,1-6. Sob o perfil estritamente exegético, a interpretação dessas duas passagens é ainda hoje controvertida; portanto, elas devem ser lidas não de um ponto de vista histórico-científico, mas à luz da interpretação no interior da tradição vivente da Igreja. Nesse quadro, os dois textos, valorizados sem indevidas supervalorizações, podem sugerir uma dúplice consideração: de um lado, não acontece no Novo Testamento um mandato de "Confirmação" que tenha a mesma importância atribuída ao mandato batismal; onde se possa individuar um gesto de "Confirmação" do Batismo, ele acontece sempre junto e subordinado ao mandato batismal (At 19,1-6). Por outro lado, porém, também no Novo Testamento parece que se pode individuar um gesto específico de "Confirmação" do Batismo: em At 8,14-17, a imposição das mãos aparece como um gesto com o qual Pedro e João completam um Batismo não administrado por eles. Pode-se "hipotizar" que, se os dois completam o Batismo com a imposição das mãos, isso pode acontecer, enquanto a imposição das mãos já fazia parte do mesmo ritual do Batismo, como At 19,1-6 pareceria atestar. É plausível, portanto, pensar que já na consciência de fé da comunidade primitiva o Batismo não seria visto como fechado, plenamente concluído no gesto da água; a sua instituição se configuraria, ao contrário, como fundação de um gesto complexo, que não se

---

[107] GIRARDI, Battesimo e confermazione, p. 177.

LINHAS DE REFLEXÃO SISTEMÁTICA

esgota no gesto da água, mas é aberto a ulteriores desenvolvimentos rituais, aos quais a tradição eclesial reconhece caráter sacramental.

Do que foi dito até aqui, compreende-se que o liame com o Batismo é decisivo para compreender a Confirmação. Mais precisamente, pode-se afirmar que a sacramentalidade da Confirmação não é compreendida senão na sua relação com a sacramentalidade do Batismo, com a qual ela se revela constitutivamente complementar. Essa anotação não compromete de modo algum a sacramentalidade da Confirmação. O conceito de sacramento, com efeito, é analógico e, portanto, deve ser aplicado de forma diferenciada.[108] Nessa ótica, com base nos resultados da pesquisa histórico-teológica, é de todo sensato pensar que a identidade da Confirmação possa ser adequadamente compreendida somente a partir da relação de "complementaridade" que a liga ao Batismo e não fora dela. Com efeito, a história mostra a fragilidade da reflexão escolástica e manualística quando elabora uma doutrina da Confirmação, prescindindo de sua "raiz" batismal. De outro lado, muita literatura contemporânea sobre a Confirmação, absorvida por exigências de caráter imediatamente prático, projeta para este sacramento um significado teórico e uma função prática que não são de modo algum retirados dos dados da Escritura e da tradição. Nesse quadro, justamente o esquecimento do contexto batismal, dentro do qual pensar a Confirmação, nos parece um fator que contribui para explicar como se possa chegar a visões multíplices e, às vezes, contraditórias.

---

[108] *Denz* 1603.

3.4.3. Perspectiva de compreensão teológica do sentido da Confirmação

O que foi dito leva a crer que o caminho mais próprio para colher o sentido da Confirmação seja o que a considera na sua relação com o Batismo e – mais globalmente – a coloca no quadro da iniciação cristã. Esta é a perspectiva sugerida pelo *Ritual da Iniciação Cristã de Adultos*, no qual a Confirmação acontece entre o Batismo e a Eucaristia, no quadro de uma ação unitária, destinada aos adultos que realizaram o itinerário catecumenal. Sobre esta "fisionomia" da Confirmação, mais vezes reproposta por abalizados documentos pós-conciliares, registra-se atualmente uma ampla convergência de historiadores, liturgistas e teólogos.[109]

> Se, de fato, ao longo dos séculos, a Confirmação é, de fato, adiada com relação ao Batismo, uma releitura da história que procure individuar as linhas de força e as orientações de fundo vê delinear uma tradição segundo a qual, não obstante algumas fases de praxe contrária, a Eucaristia coroa toda a iniciação cristã, da qual a Crisma é a segunda etapa sacramental. No plano doutrinal, embora a reflexão escolástica e manualística sobre a Confirmação apareça indubitavelmente pobre, um dado merece não ser desvalorizado: nas listas dos sete sacramentos, fornecidas pelos escolásticos e pelos manuais de teologia, Batismo, Confirmação e Eucaristia são sempre apresentados nesta ordem. A continuidade com a qual tal sequência é proposta induz a reconhecer-lhes uma inconteste coerência teológica.[110]

Nesse fundo unitário, muitos autores buscam o significado específico da Confirmação, referindo-se ao *liame entre este sacramento e o Espírito Santo*. Essa referência, entre outras, é "autorizada" pela proposta do ritual pós-conciliar, que se presta a interpretações não unívocas. Da

---

[109] Cf. CASPANI, P. La teologia della confermazione nel XX secolo. In: CARR, E. (org.). *La cresima*. Atti del VII Congresso internazionale di liturgia, Roma, Pontificio istituto liturgico, 6-8 maio 2004. Roma: Pontificio ateneo S. Anselmo, 2007. p. 177-203. (Analecta liturgica 144.)

[110] Cf. CHAUVET, L.-M. La confermazione separata dal battesimo. In: *Assemblea santa. Manuale di liturgia pastorale*. Bologna: EDB, 1990. p. 255-264 – aqui, p. 259-261.

LINHAS DE REFLEXÃO SISTEMÁTICA

mesma forma, não unívoco aparece também o modo pelo qual a reflexão teológica determina a relação entre a Confirmação e o Espírito Santo. A tal propósito, pode-se, fundamentalmente, distinguir duas linhas.[111] Uma primeira orientação une aqueles autores que, embora reconhecendo a estreita relação entre Batismo e Confirmação, preocupam-se de algum modo em procurar na Confirmação efeitos diversos com relação aos do Batismo. Se, portanto, no Batismo o Espírito Santo faz renascer para a vida cristã, na Confirmação existiria "uma nova efusão do Espírito Santo que, aperfeiçoando os dons do Batismo e/ou trazendo-os de novo, qualifica a vida de cada pessoa cristã, fazendo-a membro ativo na Igreja",[112] corresponsável da sua missão no mundo. Em geral, é justamente o apelo à corresponsabilidade na missão da Igreja que consente especificar o efeito próprio do dom do Espírito na Confirmação.[113]

> Nesta linha podem-se colocar seja a posição que apresenta a Confirmação como "sacramento da vocação cristã", que especifica em nível pessoal a geral chamada batismal à filiação divina,[114] seja aquela que vê na Confirmação a fonte do sacerdócio real dos fiéis.[115]

---

[111] Retomamos a indicação de A. CECCHINATO, *Celebrare la confermazione. Rassegna critica dell'attuale dibattito teologico sul sacramento*. Padova: Messaggero-Abbazia di S. Giustina, 1987. p. 42-46. ("Caro Salutis Cardo" – Contributi 3.)

[112] Ibid., p. 46.

[113] SCHNEIDER, T. *Segni della vicinanza di Dio. Compendio di teologia dei sacramenti*. Brescia: Queriniana, 1979. p. 107-128. (Biblioteca di teologia contemporanea 44.) LEHMANN, La testimonianza della Scrittura. AUER, J. *I sacramenti della Chiesa*. Assisi: Cittadella, 1989. p. 111-154. VORGRIMLER, H. *Teologia dei sacramenti*. Brescia: Queriniana, 1992. p. 166-177. (Giornale di teologia 212.) COURTH, *I sacramenti*, p. 170-195. TESTA, B. *I sacramenti della Chiesa*. Milano: Jaca Book, 1995. p. 89-129. CAPRIOLI, L'iniziazione cristiana. MAZZANTI, *I sacramenti simbolo e teologia*, p. 173-290.

[114] RUFFINI, E. *Il battesimo nello Spirito: battesimo e confermazione nell'iniziazione cristiana*. Torino: Marietti, 1975. CROCE, V. *Cristo nel tempo della Chiesa. Teologia dell'azione liturgica, dei sacramenti e dei sacramentali*. Leumann (TO): LDC, 1992. p. 129-156. ROCCHETTA, C. *I sacramenti della fede; saggio di teologia biblica dei sacramenti come "evento di salvezza" nel tempo della Chiesa, 2: Sacramentaria biblica speciale*. Bologna: EDB, 1998. p. 59-88. (Nuovi Saggi Teologici 44.)

[115] NOCENT, A. La confermation. Questions posées aux théologiens et aux pasteurs. *Gregorianum* 72 (1991) 689-704. ELBERTI, A. Accipe signaculum doni Spiritus Sancti. La confirmazione: fonte del sacerdozio regale dei fedeli? Ibid., p. 491-513. Id. *La confermazione nella tradizione della Chiesa latina*. Cinisello Balsamo: San Paolo, 2003. (L'Abside 31.)

Uma segunda orientação, ao contrário, idealmente reagrupa aqueles autores que relativizam a questão do *proprium* da Confirmação para valorizar de modo rigoroso a sua relação com o Batismo.[116] Tal relação é lida na base da "estreita relação entre a missão do Filho e a efusão do Espírito Santo" (*RICA* 34) e da unidade articulada do mistério pascal-pentecostal, da qual a distinção-na-unidade entre Batismo e Crisma seria o reflexo no plano litúrgico-sacramental. Com efeito, Pentecostes "não é um acontecimento isolado e autônomo, acontecido cronologicamente depois da Páscoa, mas é exatamente o complemento da Páscoa":[117] o Senhor morto e ressuscitado é constituído e revelado como aquele por quem o Espírito Santo foi comunicado às pessoas. De outro lado, o Espírito não realiza a Confirmação por si, mas consente a cada pessoa tornar-se "cristã", isto é, configurada a Cristo. Esse duplo aspecto do mistério salvífico – Jesus Cristo se torna o mediador da comunicação do Espírito e este configura a pessoa que o recebe a Jesus Senhor –, "enquanto revela a real distinção entre o Filho-homem e o Espírito, afirma também a unidade do desígnio salvador".[118] Justamente essa unidade impede de qualificar a Confirmação, *sic et simpliciter*, como "sacramento do Espírito", sucessivo ao Batismo, "sacramento de Cristo". Antes, deve-se dizer que a participação sacramental no mistério pascal realizado em Pentecostes atua-se mediante um percurso "simultaneamente crístico e pneumático"[119] que, inaugurado pelo

---

[116] Particularmente lúcido nessa linha é GIRARDI, "Battesimo e confermazione". Posições análogas, ainda que com sublinhados e acentos diversos, encontram-se em S. REGLI, "Il sacramento della confermazione e sviluppo cristiano" (In: *Mysterium salutis*. Brescia: Queriniana, 1978. v. 1, p. 349-410. CODA, P. *Uno in Cristo Gesù. Il battesimo come evento trinitário*. Roma: Città Nuova, 1996. (Contributi di teologia 32.) FALSINI, R. Cresima e iniziazione cristiana: l'attuale dibattito nella Chiesa cattolica. *Studi ecumenici* 13 (1995) 73-90. DE CLERCK, P. L'initiation et l'ordre des sacrements. *Catéchèse* 147 (1997) 33-42. GÄDE, *Battesimo e confermazione*.

[117] GIRARDI, Battesimo e confermazione, p. 178.

[118] Ibid.

[119] "The entire ensemble of rites constituting Christian initiation is simultaneously christic and pneumatic – hence epicletic – from start to finish" (MITCHELL, N. D. Confirmation in the Second Millennium: a Sacrament in Search of a Meaning. In: *La cresima*, p. 133-175 – aqui, p. 164).

LINHAS DE REFLEXÃO SISTEMÁTICA

Batismo, não sem a ação do Espírito, realiza-se na participação na mesa eucarística e inclui a Confirmação como ato sacramental que confere

> o Espírito como dom que sela a novidade de vida inaugurada no Batismo. Tal dom não se acrescenta nem se soma ao do Batismo, mas se compõe harmoniosamente com ele. A sua distinção pode subsistir justamente porque é indissolúvel o seu envio à unica realidade batismal dentro do processo de iniciação, no final do qual [...] tem-se simplesmente "a pessoa cristã, que encontra a sua realidade ao participar da Eucaristia e da vida da Igreja".[120]

Portanto, nessa perspectiva constitui a explicitação da dimensão pneumatológica da iniciação cristã, isto é, ela mostra que o renascimento batismal não é completo sem um rito que exprima e realize explicitamente a efusão do Espírito.[121] Portanto, a referência ao Espírito não deve ser reconhecida exclusivamente à Confirmação, em detrimento do Batismo. Ao contrário, deve-se dizer que na Confirmação tal referência adquire relevo primário: como uma melodia que já ressoa na liturgia do Batismo, mas que na Confirmação é retomada e desenvolvida como "tema" dominante da sinfonia.[122] Coerentemente com essa visão, "a explicitação dos efeitos da Confirmação pode enviar, no fundo, aos do Batismo, encontrando-os, porém, do lado dos dons do Espírito".[123] O *a mais* e o *modo especial* com que muitas vezes se caracterizam tais efeitos não deveriam ser entendidos em sentido quantitativo, mas vistos

---

[120] GIRARDI, Battesimo e confermazione, p. 181.

[121] "O fato de que, no mesmo processo de iniciação [...] seja distinto um momento simbólico que o complete e sele o seu dom, o sacramento do 'selo do dom do Espírito', exprime liturgicamente a dualidade de agentes e de missões, Verbo-Filho e Espírito Santo, associados pela mesma obra" (Congar, Y. *Credo nello Spirito Santo*. Brescia: Queriniana, 1998. p. 665).

[122] O paradigma de tipo musical é tirado de: REGLI, Il sacramento della confirmazione e lo sviluppo cristiano, p. 389.

[123] GIRARDI, Battesimo e confermazione, p. 182.

como tentativas de exprimir a *perfectio* ligada à explicitação do dom do Espírito.

"Selando" a configuração batismal a Cristo, o dom sacramental do Espírito na Crisma entra a constituir o fundamento da identidade cristã enquanto tal. Essa finalidade distingue o dom do Espírito na Confirmação do dom do Espírito invocado nos outros sacramentos. Com efeito, todos os sacramentos implicam necessariamente a ação e o dom do Espírito, e a graça própria de cada sacramento deve ser referida como determinação específica do dom do Espírito Santo, em referência aos efeitos próprios do sacramento em questão.[124] Na Eucaristia, o Espírito é invocado para que opere a mudança substancial do pão e do vinho a fim de que constitua como corpo eclesial de Cristo as pessoas que comungam do seu corpo eucarístico. No caso da Penitência e da Unção dos Enfermos, o Espírito é invocado para sanar a situação da pessoa cristã pecadora ou doente; na ordenação e no matrimônio, ao contrário, o dom sacramental do Espírito, anterior com relação a qualquer ulterior especificação carismática e ministerial, torna-se princípio "da possibilidade real e radical de ser e de viver como 'pessoas cristãs' na Igreja".[125]

---

[124] É o que se retira de uma correta leitura da afirmação escolástica segundo a qual "os sacramentos são sinais eficazes da graça": indicando a graça com o Espírito (dom incriado) e com a renovação operada pelo Espírito na pessoa crente (dom criado), deve-se concluir que todos os sacramentos doam o Espírito.

[125] GIRARDI, Battesimo e confermazione, p. 179.

CAPÍTULO VIII
ANOTAÇÕES PASTORAIS

A proposta que emerge da reforma litúrgica do Concílio Vaticano II é a de dois distintos projetos litúrgico-pastorais. Embora sejam modalidades de atuação do único Batismo, são estruturados de modo diverso e são destinados a duas diversas situações socioeclesiais. Se numa primeira visão a duplicidade de itinerários propostos podia se referir à diversidade que existe entre as "Igrejas de missão" e as "Igrejas de antiga cristandade", em uma análise mais aprofundada torna evidente a possibilidade de se encontrar uma linha de demarcação menos evidente. Com efeito, também nas Igrejas de antiga cristandade há a exigência do itinerário catecumenal para que algumas categorias de pessoas possam aceder à vida cristã. De outro lado, nas jovens Igrejas não se pode excluir a possibilidade de conceder mais amplo espaço à praxe do Batismo das crianças.

As reflexões que propomos a seguir dirigem-se prioritariamente aos problemas conexos aos sacramentos em jogo e estão atentas, em particular, ao perfil litúrgico e sistemático das questões. A esse propósito, estamos conscientes do fato de não se poderem deduzir da reflexão teológica soluções pastorais unívocas. De outro lado, porém, parece-nos que a reflexão teológica está em condição de oferecer elementos capazes de abrir pistas que não se limitem simplesmente a agir sobre o *status quo*. Concretamente, após um sintético confronto entre os dois projetos de iniciação cristã (§ 1.) e uma rápida chamada ao sentido da "tipicidade" do *Ritual da Iniciação Cristã de Adultos* com relação aos outros projetos de educação cristã (§ 2.), concentramos a atenção sobre alguns problemas legais da iniciação cristã das crianças, com particular referência aos problemas ligados à celebração dos sacramentos (§ 3.).

1. Dois projetos litúrgico-pastorais em confronto

No caso de uma pessoa adulta que pede para se tornar cristã, é previsto um longo itinerário, articulado em *tempos* distintos e marcados por *graus* celebrativos, que culmina com a celebração unitária dos três sacramentos. Ao contrário, quando o sujeito da iniciação é uma criança, o percurso é organizado de forma diversa.[1] A criança é batizada dias ou semanas após seu nascimento, utilizando o *Ritual do Batismo de Crianças*. Seguindo o ritmo do seu crescimento, os pais, ajudados pelos padrinhos, se empenham em dar-lhe uma educação cristã. Na idade da razão, com o suporte da organização catequética, inicia-se a fase de preparação à "Primeira Eucaristia", cuja "recepção" é precedida pela primeira celebração da penitência sacramental. Seguirá um ulterior período de catequese, concluído pela celebração da Confirmação, lá pelos doze anos.

---

[1] O autor se refere à praxe italiana. E parece não ser muito diferente o que se realiza nas Igrejas brasileiras. Ele se baseia em: GIRARDI, L. La celebrazione della confermazione nel contesto dell'iniziazione Cristiana. In: VV. AA. *La confermazione dono dello Spirito per la vita della Chiesa*. Milano: Massimo, 1998. p. 52-94 – aqui, p. 65-69. Girardi, por sua vez, inspira-se em: DE CLERCK, P. Un seul baptême? Le baptême des adultes et celui des petits enfants. *La Maison-Dieu* 185 (1991) 7-33.

ANOTAÇÕES PASTORAIS

Deve-se relevar que

o *Ritual do Batismo de Crianças* e o *Ritual da Confirmação* apresentam os três sacramentos da iniciação cristã relembrando e deixando intuir a sequência antiga: Batismo, Confirmação e Eucaristia. A introdução ao Pai-Nosso, no final da celebração do Batismo, envia para a futura celebração da Confirmação e à participação plena na Eucaristia (*RBB* 76). A celebração da Confirmação, de outro lado, pressupõe a recepção do Batismo (*RC* 28; 29) e deste renova a profissão de fé, enquanto não faz referência a uma precedente participação na Eucaristia (tanto menos à participação no sacramento da Penitência, que não é parte da iniciação cristã); antes, diversos elementos eucológicos da "missa ritual da Confirmação" mostram como ao Batismo e à Confirmação segue como complemento a Eucaristia.[2]

O percurso da iniciação cristã delineado pelo *Ritual* para os adultos poderia ser esquematizado como segue:

BATISMO
CRISMA
evangelização / catecumenato / purificação / EUCARISTIA / mistagogia
iluminação

O itinerário para as crianças, ao contrário, pode ser figurado neste modo:

BATISMO catequese primeira PRIMEIRA catequese CRISMA
confissão EUCARISTIA

Em ambos os percursos encontramos uma alternativa (ainda que diversamente marcada) de *tempos* e *graus*, isto é, de itinerários formativos e de momentos celebrativos. Em ambos os casos, "o tornar-se uma

---

[2] GIRARDI, La celebrazione della confermazione..., p. 66.

pessoa cristã é originado de um dom gratuito do alto que suscita a livre adesão de fé".[3] Seja no caso das pessoas adultas, seja no das crianças, estamos, portanto, diante de um só e único Batismo, inscrito, porém, em circunstâncias diversas e, portanto, determinado das duas lógicas diversas, cada uma das quais merece ser adequadamente valorizada. O Batismo de uma pessoa adulta responde a uma lógica de *conversão*, de passagem de uma condição a outra. Nesse caso, a pessoa candidata atinge a Igreja *do exterior* e tem necessidade de um itinerário bem definido de acesso à fé: aqui encontra o próprio sentido o instituto do catecumenato. O Batismo de uma criança, ao contrário, coloca-se em uma lógica de *educação*, de "frequentação" do contexto de fé no âmbito do qual a criança veio ao mundo. Nesse caso, ela provém, de certa forma, *do interior* da comunidade eclesial, para a qual se presume que a pedagogia familiar e o influxo do ambiente estarão em grau de propiciar a educação à fé e à vida cristã. Diversa, pois, a forma de coordenar os sacramentos de iniciação cristã, que são celebrados separadamente, com a posposição da Crisma após a Eucaristia e a inserção da penitência sacramental no caminho de preparação à Primeira Eucaristia.

2. O sentido da "tipicidade" do *Ritual da Iniciação Cristã de Adultos*

A partir da década de 1970, na reflexão teológica é recorrente a afirmação segundo a qual a forma "normal" do Batismo é a proposta pelo *Ritual da Iniciação Cristã de Adultos*; isto é, aquela que co-envolve a pessoa adulta, batizada sob a base de uma decisão pessoal de fé após ter percorrido o itinerário catecumenal. Dessa "normatividade" do *Ritual da Iniciação Cristã de Adultos* não são marcadas

---

[3] Ibid., p. 68.

interpretações radicais, mas, ao mesmo tempo, antes rígidas e sistemáticas, que tendiam a insinuar uma espécie de "heterogeneidade" entre Batismo dos adultos e Batismo de crianças, colocando este último na "anormalidade".[4] A esse propósito se diz que a afirmação da normatividade do Batismo dos adultos se coloca em nível teológico e exprime o fato de esta forma batismal corresponder às condições "ideais" de realização de um sacramento, no qual a pessoa está ciente daquilo que faz. Tal reconhecimento, contudo, não obriga a concluir que o Batismo de uma criança deva ser celebrado segundo as mesmas modalidades com as quais é celebrado o de uma pessoa adulta. Essa conclusão representa um "escorregão subreptício" do plano teológico ao litúrgico.[5]

Mesmo prescindindo de propostas radicais, o *Ordo* para os adultos não deixou de exercer o seu influxo sobre itinerários formativos das pessoas que, após o Batismo recebido quando crianças, encaminham-se para a celebração dos demais sacramentos da iniciação cristã. Pastores, catequistas, educadores – ao menos nas intenções – tiraram inspiração do *Ritual da Iniciação Cristã de Adultos* para elaborar projetos de educação à fé das pessoas batizadas quando crianças.[6] Em uma perspectiva ainda mais ampla, o itinerário de iniciação cristã dos adultos foi recebido como "forma típica" sobre a qual verificar os diversos projetos de educação à vida cristã culminando em uma celebração

---

[4] Cf., por exemplo: KAVANAGH, A. *Rito da iniciação cristã, tradição, reformas, perspectivas*. São Paulo: Paulus, 1987.
[5] Cf. DE CLERCK, Un seul baptême? Em particular, De Clerck toma distância das posições de Kavanagh.
[6] CONGREGAÇÃO PARA O CLERO. *Diretório geral para a catequese*. São Paulo: Paulinas 2009. CNBB. *Diretório Nacional de Catequese*. São Paulo: Paulinas 2006. (Coleção Documentos da CNBB, n. 84.) Id. *Iniciação à vida cristã. Um processo com inspiração catecumenal*. São Paulo: Paulus, 2010. (Coleção Estudos da CNBB, n. 97.) CELAM. *Documento de Aparecida*. 7. ed. São Paulo: CNBB/Paulus/Paulinas, 2008. Esses documentos marcam a reflexão catequético-litúrgica da Igreja do Brasil, que retoma o catecumenato como forma paradigmática de toda a catequese de iniciação. As orientações fincam o pé nesta pedagogia, daí se fazer sentir em todo o Brasil a necessidade de as dioceses se adequarem à modalidade da catequese com estilo catecumenal.

sacramental. A interdependência profunda, testemunhada neste ritual, entre Bíblia, catequese, celebração e exercícios de vida cristã em um contexto eclesial comunitário, foi compreendida em várias partes como indicação original nos confrontos de uma praxe pastoral, muitas vezes fragmentada em setores que não se comunicavam.

É necessário, porém, um possível risco que se coloca quando a referência ao *Ritual da Iniciação Cristã de Adultos* conduza a uma assunção acrítica do conceito de iniciação. O termo "iniciação", impropriamente usado como sinônimo de "catecumenato", tende, com efeito, a ser empregado para designar qualquer caminho de fé, recebendo, assim, uma indébita ampliação, seja cronológica ("toda a vida cristã é catecumenal"), seja semântica ("toda a pastoral deve ser catecumenal"). Nessa linha se fala "de catecumenato ao matrimônio", para indicar as diversas formas de preparação dos noivos ao sacramento do matrimônio, ou de "catecumenato juvenil", para indicar os itinerários catequético-pedagógicos para conduzir à maturação na fé os adolescentes e jovens no âmbito da pastoral juvenil; ou de comunidade "neocatecumenal", com referência a comunidades de já batizados. Diante dessas assunções substancialmente incorretas da referência ao *Ritual da Iniciação Cristã de Adultos* no quadro da pastoral ordinária, é preciso acentuar com força a singularidade do itinerário que ele propõe e a necessidade de não tornar vã uma terminologia totalmente específica.

3. Os sacramentos da iniciação cristã no itinerário para as crianças

As considerações que seguem giram fundamentalmente ao redor de uma questão: o reconhecimento do caráter "normativo" da figura da iniciação cristã proposta aos adultos pode ter alguma influência

ANOTAÇÕES PASTORAIS

naquilo que a Igreja faz para a iniciação cristã das crianças e jovens? E em relação mais especificamente aos sacramentos em jogo, a redescoberta do liame existente entre Batismo, Confirmação e Eucaristia pode ter algum "peso" no modo pelo qual estes sacramentos são celebrados com as crianças, meninos(as) e jovens?

A esse propósito, o renovado liame teológico entre Batismo, Confirmação e Eucaristia deixa perceber, de maneira mais forte, uma espécie de "esquizofrenia" da pastoral corrente. De um lado, o Batismo de crianças é fundamentalmente dado a todas aquelas que o pedem, sem particulares condições; de outro lado, pois, tende-se a fazer confluir sobre a Confirmação todo o conjunto de valores ligados a uma escolha de fé livre, pessoal e consciente, enfatizando a apresentação da Crisma como sacramento da "maturidade", da "pessoa cristã adulta", da "Confirmação pessoal da fé" etc. Corre-se o risco, assim, de perder de vista o fato de o Batismo constituir o princípio da vida cristã. O modo como ele é celebrado só pode condicionar tudo o que vem em seguida. Por tal razão é preciso afrontar de modo responsável as questões ligadas ao Batismo das crianças, na convicção que "se encontrará sem saída se se quisesse suprir com a Confirmação algo que não foi feito no Batismo ou depois dele".[7] Ao redor deste ponto – a pastoral do Batismo das crianças – recolhemos uma primeira série de notas (§ 3.1.) para passar depois a algumas observações relativas aos sacramentos que completam a iniciação cristã das pessoas que foram batizadas quando crianças (§ 3.2.)[8] e concluir com o sentido da penitência neste itinerário (§ 3.3.).

---

[7] CHAUVET, L.-M. La confermazione separata dal battesimo. In: *Assemblea santa. Manuale di liturgia pastorale.* Bologna: LDB, 1990. p. 255-264 – aqui, p. 261.

[8] Sobre estes dois primeiros pontos, cf.: CASPANI, P. Condizioni di accesso ai sacramenti dell'iniziazione Cristiana. *La Scuola cattolica* 131 (2003) 327-350.

3.1. O Batismo das crianças

3.1.1. A questão

Quando uma criança vive "na esfera de uma fé cristã concretamente testemunhada",[9] O Batismo celebrado nas primeiras semanas de vida é justificável, sensato e conveniente. O problema nasce do fato de, em diversos casos, as crianças batizadas crescerem em bem outros contextos. Não é raro o caso de pais que, embora pedindo o Batismo para seus filhos, vivem fora de qualquer prática cristã. Nem hoje se pode propor, como no passado, que seja o ambiente social a propiciar a educação cristã da criança, a qual, ao contrário, cresce em ambientes (escola, sociedade esportiva, grupo de amigos etc.) muitas vezes sem nenhuma referência à fé cristã.[10] A atitude a ser assumida, nesses casos, deve levar em conta duas ordens de considerações. De um lado, deve-se lembrar de que a fé da Igreja na qual a criança é batizada não se identifica com a fé das pessoas que a "apresentam", mas é inserida na realização do ato batismal. Por si, a fé carente (ou até ausente) dos pais e padrinhos não compromete a validez do gesto batismal. Essa consideração não consente drásticas recusas, baseadas sobre a falta de fé dos pais. De outro lado, porém, é preciso perguntar se tem sentido satisfazer-se "com uma fé reduzida aos mínimos termos, expressa somente pelo tanto que emerge da correta posição durante o rito".[11] Nesse caso, com efeito, a referência à fé da Igreja – em si formalmente imperceptível – tem o risco de soar puramente nominalista. Nessas situações

---

[9] LEHMANN, K. Il rapporto tra fede e sacramento nella teologia battesimale del cattolicesimo. Battesimo degli adulti e battesimo dei bambini. In: Id. *Presenza della fede.* Brescia: Queriniana, 1977 (orig. 1971). p. 241-275 – aqui, p. 261.

[10] Cf. CHAUVET, L.-M. *Della motivazione. Quattro studi di teologia sacramentaria fondamentale.* Assisi: Cittadella, 2006. p. 187-205.

[11] CITRINI, T. La Chiesa e i sacramenti. In: RUGGIERI, G. (org.). *Enciclopedia di teologia fondamentale.* Genova: Marietti, 1987. v. I, p. 555-561 – aqui, p. 644.

compete à comunidade cristã evitar tal risco, fazendo de forma "a dar corpo" à fé da Igreja. Trata-se, concretamente, de projetar uma praxe pastoral na qual os pais sejam ajudados a refletir sobre o sentido do seu pedido e, eventualmente, acompanhados em uma tarefa de educação à fé. Com efeito, sozinhos eles não teriam condição de realizar tal missão. Ao projetar tal praxe, mister se faz levar em conta o que estabelece a atual normativa eclesial.

3.1.2. As indicações do Magistério

Os textos aos quais nos referimos são substancialmente dois: a terceira parte da instrução *Pastoralis Actio*[12] e alguns parágrafos da nota da CEI sobre situações matrimoniais irregulares.[13] Os casos configurados pelo Magistério se reconduzem a quatro: 1) pais crentes e regularmente praticantes; 2) pais pouco crentes e somente ocasionalmente praticantes ou também não cristãos; 3) pais que convivem ou casados apenas civilmente; 4) pais divorciados e recasados civilmente.

1) *Pais crentes e praticantes.* Neste caso, acentua-se o que está escrito nos *Praenotanda* ao *Ritual do Batismo de Crianças*,[14] isto é, que a criança receba o Batismo nas primeiras semanas de vida e, em perigo de morte, ainda antes. O texto acentua, antes, a importância de pais e padrinhos se prepararem espiritualmente.[15]

---

[12] SAGRADA CONGREGAÇÃO PARA A DOUTRINA DA FÉ. Instrução sobre o Batismo das crianças *Pastoralis Actio* (sigla: *PA*). Aqui, n. 27-33. Disponível em: <http://www.vatican.va/roman_curia/congregations/cfaith/documents/rc_con_cfaith_doc_19801020_pastoralis_actio_po.html>.

[13] COMMISSIONE EPISCOPALE PER LA DOTTRINA DELLA FEDE, LA CATECHESI E LA CULTURA – COMMISSIONE EPISCOPALE PER LA FAMIGLIA, nota pastorale "La pastorale dei divorziati risposati e di quanti vivono situazioni matrimoniali irregulari o difficili", Roma, 26 aprile 1979, n. 52-54. In: *Enchiridion della Conferenza Episcopale Italiana*. Bologna: EDB, 1985. 2, n. 3459-3461. (sigla: *ECEI*.)

[14] *RBC* 8.

[15] "Deve-se atribuir grande importância à preparação do Batismo. Os pais devem se preocupar com isto, avisar o seu pastor de almas do nascimento da criança, preparar-se espiritualmente. Por seu lado, os pastores d'alma visitarão as famílias, antes, procurarão reunir diversas famílias juntas e as prepa-

2) *Pais pouco crentes e somente ocasionalmente praticantes*. Neste caso (*PA*, n. 30-31: *EV* 7/623ss) é previsto, antes de tudo, um colóquio orientado a suscitar nos pais "interesse pelo sacramento que pedem" e a "chamar-lhes a atenção para a responsabilidade que assumem". A Igreja, com efeito, "não pode anuir ao desejo destes pais, se eles não derem a garantia de educar cristamente os filhos após o sacramento". O problema consiste nas "garantias suficientes" para fundar a esperança que o Batismo dará os seus frutos.

> Se as garantias oferecidas – por exemplo: a escolha dos padrinhos e madrinhas que assumirão sério cuidado da criança, ou o auxílio da comunidade dos fiéis – são suficientes, o sacerdote não poderá recusar a administração do Batismo, como no caso da família cristã. Mas se as garantias não são suficientes, será prudente diferir o Batismo; contudo, os párocos deverão manter-se em contato com os pais, de modo a obter deles, se possível, as condições exigidas de sua parte para a celebração do sacramento. Contudo, se nem esta solução é possível, poder-se-ia propor como última tentativa a inscrição da criança em vista de um catecumenato na época da escolaridade.[16]

Deve-se esclarecer, em todo caso, que "a recusa do Batismo não é uma forma de pressão", nem de discriminação. Propriamente, não se trata nem mesmo de uma recusa, mas sim de "uma protelação de natureza pedagógica que tende, em alguns casos, a fazer a família progredir na fé e torná-la mais consciente das próprias responsabilidades". A indicação que segue, porém, parece atenuar um pouco a força do que

---

rarão catequeticamente e outras oportunas sugestões; além disso, convidarão as famílias a rezarem pelas crianças que estão para receber" (*PA*, n. 29).

[16] *PA*, n. 30. A este propósito faz-se uma precisão: "A eventual inscrição em vista de um futuro catecumenato não deve ser acompanhada de um rito apropriado, que poderia ser considerado como o equivalente do mesmo sacramento. Deve ficar claro, além disso, que tal inscrição não é verdadeiramente um ingresso no catecumenato e que as crianças assim inscritas não devem ser consideradas como catecúmenas com todas as prerrogativas próprias daquele estado" (*PA*, n. 31).

foi dito acima: "Quanto às garantias, deve-se acreditar que toda segurança que oferece uma fundada esperança sobre a educação cristã das crianças merece ser julgada suficiente".[17] A decisão sobre a celebração do Batismo ou a sua protelação depende, portanto, da esperança – fundada ou menos – de uma adequada educação cristã após a recepção do sacramento. Em todo caso, além das palavras muito medidas do texto, aparece clara a vontade de sugerir uma praxe mais atenta, na qual nem todo pedido de Batismo é imediatamente destinado a ter sempre e em todo lugar resposta positiva.[18] Deve-se notar que essas indicações valem também para os pais "não cristãos, os quais, por motivos dignos de consideração, pedem o Batismo para seus filhos".[19] O documento, ao contrário, faz completo silêncio no caso de pais batizados que são decididamente não crentes ou totalmente não praticantes: fica aberta a pergunta se a sua situação deve ser assimilada à dos pouco crentes e praticantes ocasionais, ou, então, se, neste caso, o Batismo deve ser protelado.

3) *Pais que convivem ou casados apenas civilmente.* O terceiro caso é afrontado mais diretamente pelo documento da CEI:

> Se o pedido de Batismo para o filho é apresentado por pais que convivem juntos ou são apenas casados no civil, aos quais nada impede de regularizar a sua situação ou de casar mesmo religiosamente [...], o sacerdote mostre-lhes a contradição entre o pedido do Batismo para o filho e o seu estado, que recusa viver o amor conjugal como batizados

---

[17] *PA*, n. 31.
[18] Também o cânon 868, § 1, inciso 2, do *Código de Direito Canônico* de 1983 prevê a possibilidade da protelação do Batismo.
[19] *PA*, n. 30. Indicações a propósito já estavam contidas na carta da Congregação para a Doutrina da Fé (10 de junho de 1970) em resposta à pergunta de D. Barthélemy Hanrion, bispo de Dapango (Togo). Tanto a pergunta de D. Hanrion quanto a resposta da Congregação foram publicadas em *Notitiae* 61 (1971) 64-70. As indicações da *Pastoralis Actio* retomam substancialmente as diretivas dadas naquela resposta.

e, portanto, recusa o mesmo Batismo, que funda e exige o sacramento do Matrimônio, e os convidará, o quanto possível, a regularizar a própria situação antes de proceder, com as necessárias garantias de educação cristã, ao Batismo do filho.[20]

A linha do pensamento é bastante clara: a convivência ou o matrimônio somente civil, quando podem ser sanados pelo matrimônio religioso, prejudicam gravemente a fé na qual as crianças deverão ser batizadas. O inciso "o quanto possível" embaça não pouco a limpidez da indicação episcopal e abre para a possibilidade de certa protelação para a orientação dada, sobretudo no caso no qual outros (padrinhos, parentes, comunidade cristã) garantam uma adequada educação na fé.

4) *Pais divorciados e recasados apenas civilmente.* O último caso diz respeito à situação na qual ao menos um dos dois pais seja divorciado recasado (obviamente, só no civil). A condição de divorciado recasado não é, *de per si*, no atual contexto social, índice suficiente de uma grave falta de fé. Por isso o critério decisivo será, ainda uma vez, o acertamento da garantia de que, por parte dos mesmos pais, ou ao menos de um deles, ou por parte do padrinho (da madrinha), de algum parente, ou da mesma comunidade cristã, a criança poderá ser educada na fé da Igreja.

Das orientações magisteriais emergem duas orientações de fundo. De um lado, a reconfirmação da escolha de não privar os pequenos do Batismo. Do outro, a preocupação em garantir um efetivo contexto de fé à celebração do sacramento em vista de uma sucessiva educação cristã. A atenção é dirigida, sobretudo, à função dos pais. A esse propósito, realisticamente, é preciso reconhecer que essa insistência na função da

---

[20] COMMISSIONE EPISCOPALE PER LA DOTTRINA DELLA FEDE, LA CATECHESI E LA CULTURA – COMMISSIONE EPISCOPALE PER LA FAMIGLIA, nota pastorale "La pastorale dei divorziati risposati...", n. 53, *ECEI* 2, n. 3460.

família ressoa numa situação em que a família está fortemente assinalada pelo fenômeno de desagregação.

3.1.3. Anotações para uma praxe pastoral

A. O objetivo da ação pastoral

As indicações do Magistério que consideramos preocupam-se, sobretudo, em fazer com que o Batismo de uma criança seja acompanhado por fundadas garantias de educação cristã de quem é batizado. Essa orientação fundamental representa, porém, somente um primeiro passo em direção ao objetivo último da ação pastoral ligada ao Batismo de uma criança. Tal objetivo consiste em fazer com que esse Batismo corresponda, o melhor possível, a uma verdadeira escolha de fé e de pertença eclesial por parte dos pais. O apelo a uma verdadeira escolha de fé e de pertença eclesial por parte dos pais corre o risco de ser vago e genérico. Podemos, então, buscar precisar ao menos três critérios que contribuam para torná-lo menos vago: todos os três devem interagir, pois ao menos os dois primeiros, colocados sem conexão com o terceiro, poderão ser um tanto aleatórios.

1) A participação frutuosa dos pais no caminho de preparação que lhes é proposto pela comunidade cristã: em algumas situações, pois, tal participação deveria compor-se com uma cordial acolhida por parte das famílias, de um acompanhamento mais específico e visando à concreta situação da mesma família.

2) A declaração dos pais (ou menos de um deles) de que eles aderem à fé da Igreja, em particular às verdades contidas no símbolo apostólico. Trata-se de um critério *de per si* exigido pelo mesmo *Ritual do Batismo de Crianças*, que propõe diretamente a pais e padrinhos a renúncia a Satanás e a profissão de fé.

3) Uma vida de fé dos pais que se exprima na regular participação na Eucaristia dominical e não seja contraditória com atitudes estáveis e notórias, gravemente em contraste com a moral cristã.

Em nosso contexto socioeclesial, esses critérios sejam entendidos não tanto como determinação de normas pelas quais basear-se para admitir ao Batismo ou protelar a celebração, antes como indicação dos objetivos orientativos da ação pastoral. Para tal fim, a comunidade cristã é chamada a promover uma ação de acompanhamento das famílias que pedem o Batismo para seus filhos. Tal acompanhamento deverá se estruturar em formas missionárias, porque muitas vezes justamente tais famílias constituem "o povo dos distantes" e não poucas entre elas pelo fenômeno da desagregação que a família atual conhece.

B. As fases do acompanhamento

Buscando delinear a fisionomia do acompanhamento a ser feito, podemos individuar quatro fases: acolher, favorecer um passo adiante, cuidar da celebração do sacramento e fazer de forma que tal celebração tenha um seguimento.[21]

1) *Acolher.* Os pedidos de Batismo para os filhos provêm, em geral, de pais jovens, a maioria dos quais não participa regularmente da missa dominical. Todavia, o fato de pedir o Batismo mostra que eles ainda possuem alguma ligação com a Igreja. A primeira acolhida deve ser de boas-vindas. "Estamos contentes em acolher vocês"; "o pedido que vocês fizeram é um sinal de amor pelo(a) seu(sua) filho(a)". Isto é particularmente importante para as pessoas mais pobres material ou culturalmente, pessoas que têm dificuldade para se exprimir, que não

---

[21] Cf. Points de repère en pastorale sacramentelle. Document de la Commission épiscopale de liturgie et de pastorale sacramentelle de la Conférence des évêques de France, juin 1994. In: *Pastorale sacramentelle. Points de repère. Commentaire et guide de travail, 1: Les sacrements de l'initiation chrétienne et le mariage.* Paris: Cerf, 1996. p. 11-96. (Liturgie 8.)

ANOTAÇÕES PASTORAIS

estão habituadas a encontrar o padre e, quiçá, se aproximam da Igreja com um certo temor. Portanto, é preciso estar atentos às condições concretas nas quais essas pessoas se encontram (situação familiar, presença de outros filhos, situação social e empregatícia, habitação etc.), como também informar-se sobre sua situação religiosa: Quais são os liames com a Igreja? São praticantes ou não? Pai e mãe são crentes, ou, então, um só dos dois? Estão de acordo com o Batismo do(a) filho(a), ou um dos dois é contrário? Qual é a situação religiosa dos filhos maiores? Etc.

    Sobretudo, é preciso intuir as expectativas dos pais sob os motivos que eles exprimem. Muitas vezes tais motivos não correspondem àquilo que desejamos ouvir nem àquela fé que desejamos (legitimamente, porém) que seja expressa. Muitos pais fazem apelo a motivações difíceis de explicar e avaliar; tradições de família de origem, enraizamento na história da comunidade a qual pertencem, sentido do sagrado, ritualização do nascimento, necessidade de assegurar à criança uma proteção, desejo que a criança não seja marginalizada e considerada diferente das outras etc. Não devemos desvalorizar motivos que – assim como são expressos – parecem um pouco muito "humanos": embaixo de motivações aparentemente distantes da fé existem expectativas que precisam ser intuídas; mesmo nas questões mais distantes das explícitas motivações de fé existe algum aspecto de verdade (mesmo que incerto, confuso, só inicial). É o que se deve buscar colher e fazer amadurecer para ajudar os pais a esclarecer a si próprios o sentido verdadeiro do seu pedido. Nisso é preciso estar atentos para não priorizar somente as formas verbais da comunicação, pressupondo que quem sabe exprimir-se melhor no nível verbal seja de fato aquele que melhor assimilou vitalmente o que diz. Mesmo atrás de formulações incertas pode existir um conteúdo de profundidade insuspeita.

2) *Favorecer um passo adiante.* A tal finalidade é preciso fazer perceber um apelo para ir além, sem medo de relevar uma distância entre a fé da Igreja e o ponto no qual estes pais se encontram. Justamente a distância entre o que os pais pedem e o que a Igreja propõe pode se tornar não um motivo de ruptura, mas estímulo a um progresso e a uma descoberta ulterior, apelo para nós e para os pais. Somos convidados a um ato de confiança na liberdade das pessoas que encontramos, na sua sinceridade e disponibilidade para um caminho ulterior. De outro lado, toca a nós dirigir aos pais alguns convites.

– O convite a redescobrir, antes de tudo, para si próprios a importância e a eficácia do Batismo que eles receberam por primeiro, percebendo, assim, que também o Batismo de um filho encontra completamente o seu sentido. Tal redescoberta poderia acontecer reativando o diálogo com Deus na oração (a récita do Pai-Nosso cada dia), retomando algum gesto de participação na vida da comunidade cristã (a frequência, ao menos alguma vez, à celebração eucarística dominical), manifestando a disponibilidade – quando isto seja possível – para sanar eventuais situações matrimoniais "irregulares".

– O convite para realizar o que o *Código de Direito Canônico* chama de "esperança fundada" de que a criança "irá ser educada na religião católica" (cânon 868, § 1, inciso 2). Se os pais, pessoalmente, não se sentem em condição, é preciso que ao menos acreditem que algum outro possa suprir: avós, padrinho ou madrinha, outros membros da comunidade cristã etc. Nesses casos a comunidade cristã que acolhe não pode se limitar a discernir se existe a esperança fundada de educação cristã, mas deve agir para que tal fundamento aconteça.

ANOTAÇÕES PASTORAIS

– O convite para escolher bem o padrinho e a madrinha, levando em consideração os requisitos exigidos pela Igreja.[22] A dificuldade aqui depende do fato de muitas vezes o padrinho e a madrinha serem escolhidos ainda antes do Batismo, por razões de parentesco, de amizade ou de conveniência social. Na medida do possível, far-se-á de modo que ao menos um dos dois corresponda aos critérios indicados. Se nem mesmo esse caminho for praticável, poder-se-á ajudar os pais a escolher um membro do grupo de preparação ao Batismo em grau de oferecer um testemunho de fé.

– O convite para participar da celebração ao Batismo, nas formas que a comunidade paroquial estabeleceu.

– O convite a decidir se, após tal diálogo respeitoso e benévolo, os pais acreditam poder levar até o final o seu pedido, isto é, se continuam querendo que seu filho seja batizado. Se eles mesmos chegam à conclusão de que é melhor, de imediato, renunciar ao Batismo, é preciso relevar que são eles que tomam a decisão e que o Batismo é diferido e não recusado uma vez por todas. Sobretudo, é bom insistir que a porta da Igreja continua sempre aberta para outros diálogos e encontros que lhes permitam progredir na fé. Mais delicado é o caso em que os pais se mostrem arredios a acolher um só desses convites, continuando, persistentemente, a pedir o Batismo. Nesse caso se trata de fazer entender que não é o padre que recusa o Batismo, mas é a atitude dos pais que faz impossível a celebração naquele momento. Isto não significa que o Batismo não poderá jamais

---

[22] Cf. *RBC* 10.

ser celebrado ou que a família deva simplesmente ser deixada a si mesma.

3) *Cuidar da celebração do sacramento.* Uma celebração bem preparada e bem animada pode certamente contribuir para uma frutuosa acolhida do dom de Deus. A qualidade de uma celebração não exige profusão de meios técnicos e de explicações. Basta deixar que os sinais falem a sua linguagem e liberem a sua força: a beleza dos gestos e das palavras, dos lugares, dos objetos e das músicas pode coenvolver – ainda que somente por aqueles momentos – mesmo quem, normalmente, não tem muita familiaridade com a liturgia. A preocupação fundamental permanece, porém, a de dar relevo efetivo à dimensão eclesial e comunitária do rito batismal. Para tal fim, os chamados "Batismos comunitários" não parecem totalmente adequados: mais que de "Batismos comunitários", com efeito, seria o caso de falar de uma série de Batismos individuais, mais ou menos casualmente associados. A comunidade que normalmente se reúne para a celebração eucarística dominical, ao contrário, é visivelmente ausente. Esse é um dado que faz refletir: que consciência eclesial revela uma comunidade que não se deixa minimamente incomodar para acolher aqueles que entram a fazer parte dela? Para obviar essa carência de vigor comunitário, poder-se-ia celebrar, em algum caso, o Batismo no quadro da Eucaristia dominical da comunidade cristã.[23] Uma outra pista que pode ser percorrida seria a de prever uma série limitada de datas litúrgicas para a celebração do Batismo, valorizando em particular aquelas datas que a tradição cristã

---

[23] Tal possibilidade está prevista no n. 9 do *Ritual do Batismo de Crianças*. Ele pede, porém, que a inserção do Batismo na missa dominical não seja muito frequente. A indicação se justifica presumivelmente por razões de ordem prática (excessiva duração do rito, sobretudo no caso de um número elevado de batizandos(as), distúrbios que as crianças, sobretudo se numerosas, poderiam trazer no desenvolvimento da celebração eucarística etc.).

indica como particularmente significativa quanto ao Batismo (Páscoa, Pentecostes, Epifania).[24]

4) *Fazer de forma que a celebração tenha um seguimento.* A preocupação maior é a de não deixar sem seguimento a celebração sacramental. De outro lado, o fato de o sacramento não "produzir" imediatamente o que se espera não deve ser visto como um desmentido de quanto foi feito para preparar dignamente a celebração. Certamente, os pastores devem inventar ocasiões e modalidades para que o diálogo iniciado entre a comunidade cristã e as famílias dos batizados continue também após a celebração. A essas famílias deve ser oferecida a possibilidade de ser sustentadas no acompanhamento do caminho de fé dos seus filhos na fase que vai dos primeiros meses de vida aos seis anos.[25] Nem deveria ser deixada de lado a lembrança anual dos Batismos, através de momentos celebrativos e festivos. Abre-se aqui um campo de trabalho em grande parte inesperado. Não faltam tentativas interessantes.

C. Os "agentes" da pastoral batismal

É evidente que a ação pastoral que procuramos delinear não pode estar totalmente a cargo dos sacerdotes ou, mais em geral, dos ministros ordenados (compreendendo, portanto, também os diáconos). Ao contrário, ela exige também a colaboração dos leigos. Particularmente significativa poderia ser a contribuição oferecida por casais de esposos e famílias da comunidade cristã, em grau de tecer uma rede de relações que contribuam para redimensionar estranhezas e desconfianças nos confrontos da mesma comunidade.

---

[24] O número excessivamente alto de batizandos(as) que, previsivelmente, poderia se concentrar nestes momentos pode constituir uma séria contraindicação para a atuação desta proposta.

[25] Para tal finalidade deveria ser valorizado um subsídio que acompanhasse esse período de vida. Ele poderia ser dado de presente pela paróquia no momento do Batismo e ser utilizado, sabiamente, com encontros periódicos com os pais que têm filhos nessa faixa etária.

3.2. Os sacramentos que completam a iniciação cristã

No que diz respeito à complementação da iniciação cristã através dos sacramentos da Confirmação e da Eucaristia, em nível teológico, as questões são substancialmente duas: a celebração separada dos três sacramentos (§ 3.2.1.) e a ordem na qual acontece a celebração (§ 3.2.2.).

3.2.1. A celebração separada dos sacramentos da iniciação cristã

A celebração separada dos três sacramentos resulta de uma complexa série de desenvolvimentos históricos que caracterizaram a Igreja ocidental. Atualmente, a distância cronológica dos três sacramentos oferece a oportunidade para que, na iniciação das pessoas que foram batizadas em criança, seja dado espaço a um caminho de adesão pessoal à fé. Nesse quadro, porém, a escolha de separar a celebração dos sacramentos "pode ser eficaz somente se a consciência de sua unidade for mais forte".[26] Com efeito, não é preciso perder de vista o fato de, por si, a pessoa que recebe o Batismo poder logo depois receber a Confirmação e a Eucaristia. No caso das crianças, como se pode ser batizado na fé da Igreja, assim na fé da Igreja se pode ser confirmado e admitido à comunhão eucarística. Tal é a praxe ainda em ato nas Igrejas orientais e que o Ocidente abandonou definitivamente somente nos séculos XII-XIII.[27] Sem chegar a rediscutir a celebração cronológica dos três sacramentos, é preciso, contudo, reconhecer que, sobretudo no que diz respeito ao Batismo e à Crisma, não somente a consciência do seu liame

---

[26] GIRARDI, La celebrazione della confermazione..., p. 72.

[27] Se se quisesse exprimir o fato de modo ainda mais paradoxal, poder-se-ia dizer que, do ponto de vista estritamente sacramental, a questão não é "É muito cedo administrar a Crisma a adolescente de doze anos", quanto antes "Com que direito, após ter batizado uma criança, lhe negamos o acesso à Crisma e à comunhão sacramental?".

se obscurece, "corre-se o risco de isolar os dois sacramentos e de afrontar o problema da Confirmação de forma inadequada".[28]

3.2.2. A ordem dos sacramentos da iniciação cristã

À questão da celebração separada dos três sacramentos acrescenta-se a do sistemático deslocamento da Confirmação, um tema sobre o qual o debate é aberto.

Fundamentalmente, o confronto acontece entre posição mais sensível aos princípios teológico-litúrgicos e posições mais preocupadas pelos desdobramentos pastorais, conexos, sobretudo, com o sacramento da Confirmação. Sobre o primeiro aspecto, alguns autores pensam que a unidade celebrativa dos sacramentos de iniciação cristã, proposta pelo *Ordo* para os adultos, deva ser mantida mesmo para o caso dos infantes e crianças, conferindo-lhes simultaneamente Batismo, Confirmação e Eucaristia (a proposta é difundida, sobretudo, em âmbito norte-americano, onde se fala de *Initiation Unity School*);[29] outros, sem urgir a iniciação sacramental completa das crianças, sugerem a colocação da Confirmação antes da Eucaristia (cf., por exemplo, Franquesa, Nocent, Falsini, Neunheuser, De Clerck).[30] Os sustentadores do reenvio da Confirmação, ao contrário, afirmam que o princípio teológico-litúrgico da unidade dos sacramentos de iniciação cristã não deva ser interpretado de modo tal que exclua a recepção tardia da Confirmação por parte de quem recebeu o Batismo quando criança e a Primeira Eucaristia por volta dos oito anos; tal praxe é julgada por alguns pastoralmente vantajosa

---

[28] GIRARDI, La celebrazione della confermazione..., p. 72.

[29] Uma apresentação da *Initiation Unity School* encontra-se em: COVINO, P. F. X. The Postconciliar Infant Baptism Debat in American Catholic Church. In: JOHNSON, M. E. *Living Water, Sealing Spirit. Readings on Christian Initition*. Collegeville (MN): The Liturgical Press, 1995. p. 327-349 – aqui, p. 342-345.

[30] FRANQUESA, A. El rito de la iniciación cristiana y su repercusión ecuménica. *Phase* 131 (1982) 363-383. NOCENT, A. La confirmation. *Gregorianum* 72 (1991) 689-704. FALSINI, R. Cresima e iniziazione cristiana: l'attuale dibattito nella Chiesa cattolica. *Studi ecumenici* 13 (1995) 73-90. NEUNHEUSER, B. Zur Problematik der Firmung in der kritischen Situation unserer christlichen Gegenwart. *Ecclesia orans* 14 (1997) 15-36. DE CLERCK, P. L'initiation et l'ordre des sacrements. *Catéchèse* 147 (1997) 33-42. Id. La confirmation: vers un consensus oecuménique? *La Maison-Dieu* 21 (1997) 81-98.

(Chauvet),[31] enquanto outros a julgam teologicamente bem motivada (Bourgeois, Borobio).[32]

Do nosso ponto de vista, a ordem "tradicional" dos sacramentos da iniciação cristã, com a Confirmação colocada entre o Batismo e a Primeira Eucaristia, parece o que melhor favorece seja uma mais correta compreensão teológico-pastoral da Crisma, seja uma mais eficaz apresentação da Eucaristia como *cume* da iniciação cristã.[33] Consequentemente, acreditamos que o estado atual da pastoral da iniciação cristã de crianças, e mesmo a orientação da CEI a respeito (a Crisma por volta dos doze anos de idade, prescindindo da sua relação com outros sacramentos da iniciação cristã)[34] introduzam objetivamente um elemento de confusão que torna de fato pouco perceptível a lógica interna dos sacramentos de iniciação, os quais são substancialmente re-

---

[31] CHAUVET, L.-M. Théologie et pastorale du sacrement de confirmation. *Prêtres diocésains* 179 (1998) 90-101.

[32] BOURGEOIS, H. La place de la confirmation dans l'initiation chrétienne. *Nouvelle revue théologique* 115 (1993) 516-542. Id. Dialogue sur la confirmation. À propos de l'ordre de succession des sacrements de l'initiation. *Catéchèse* 148 (1997) 110-115. À posição de Bourgeois aproxima-se, por alguns aspectos, D. BOROBIO, "La confirmación en la iniciación cristiana. Un problema teológico o un problema pastoral?" (*Salmanticensis* 44 [1998] 341-376).

[33] "Mesmo somente de um ponto de vista psicológico, colocar a comunhão no término do processo iniciático permite a cada fiel continuar a experiência do primeiro encontro com Cristo. A Crisma, porque não reiterável, dá mais o sentido da conclusão de um percurso" (MARINI, F. Il problema dell'età della cresima. In: *Iniziazione cristiana*. Brescia: Morcelliana, 2002. p. 199-220 – p. aqui 219 [Quaderni teologici del Seminario di Brescia 12.]). Cf. também: GRILLO, A. Eucaristia come "prima comunione" o come culmine dell'iniziazione cristiana? Problematiche teologico-pastorali. In: *Grazia visibile, grazia vivibile. Teologia dei sacramenti* in genere ritus. Padova: Messaggero-Abbazia S. Giustina, 2008. p. 107-123. ("Caro Salutis Cardo" – Studi 19.)

[34] A propósito, faz maravilha a desenvoltura com que as decisões concretas da autoridade eclesiástica no tema da idade da Crisma contradigam de fato quanto é pontualmente (e só retoricamente) afirmado a propósito em todos os documentos. O mais refinado nível de funambulismo é provavelmente atingido pela seguinte anotação contida no catecismo *Sereis minhas testemunhas*: "O caminho de iniciação cristã começa com o Batismo, é confirmado com o sacramento da Crisma e encontra o seu cume na Eucaristia. O fato de o sacramento da Confirmação ser celebrado após a missa de Primeira Eucaristia não deve levar a pensar que o mesmo seja desligado do ritmo dos sacramentos da iniciação cristã. É necessário que a catequese sobre a Confirmação ponha em evidência que sacramento da plena maturidade cristã permanece sempre a Eucaristia e a vida nova que dela brota" (*Catechismo della Conferenza episcopale italiana per la vita Cristiana*, 4.2.3: *Sarete miei testimoni*. Roma, 1991. 97).

duzidos a "ocasiões" de catequese. A questão da ordem dos sacramentos não é, por certo, a chave que resolve todos os problemas ligados à iniciação cristã. É, porém, significativo que, em sede de elaboração de propostas inovadoras, tenha-se presente também este tema, tentando se orientar para escolhas que melhor respondam ao sentido teológico dos sacramentos em jogo.

Evidentemente, com os problemas conexos à ordem dos sacramentos e à idade de sua celebração interage toda uma série de questões relativas à dimensão pedagógico-formativa do itinerário da iniciação: a estruturação da catequese para as crianças; a modalidade do seu envolvimento na vida litúrgica da comunidade cristã, com particular referência à celebração eucarística (participação em toda a celebração, sem comunhão? Participação só na liturgia da Palavra? Etc.).

Tendo como pano de fundo essas problemáticas e concentrando-nos sobre questões eminentemente sacramentais, apresentamos duas "hipóteses de trabalho": a primeira é decididamente inovadora, enquanto a segunda aproxima-se muito mais da praxe atual.[35]

1) Uma primeira hipótese – decididamente "otimista", ao menos no contexto italiano – prevê a celebração unitária de Batismo, Confirmação e Eucaristia, mesmo no caso de recém-nascido e, levando em conta principalmente a responsabilidade da família, em vista da sucessiva e progressiva introdução da criança ao sentido da Eucaristia que ela recebeu desde os primeiros dias de vida. Com efeito, em todos os âmbitos da existência, a criança é, inicialmente, muito ligada a seus pais. Tudo aquilo que faz, fá-lo em relação muito estreita com eles. Destarte, quando os pais comungam, ela pode comungar junto com eles. O

---

[35] O tópico é retirado de: LAPOINTE, G. Grandeurs et misères de la confirmation. In: *La confirmation: dans quel Esprit?* Actes du colloque provincial tenu à Cap-de-la-Madeleine en septembre 1994 sous la responsabilité du Comité épiscopal de l'éducation de l'Assemblée des évêques du Québec. Montréal: Éditions Fides, 1995. p. 163-182 – aqui, p. 179-181. (Débats de l'Église 5.)

sentido de tal gesto vai sendo desvelado mediante o diálogo com seus pais e a interação com a comunidade cristã. Quando adolescente ou jovem, pois, o sujeito será convidado a manifestar publicamente o que compreendeu da comunhão eucarística e da vida da comunidade cristã.

Do ponto de vista teológico – como se dizia – esta proposta é totalmente legítima. Sob o ponto de vista pastoral, a proposta de uma celebração unitária do sacramento da iniciação, também para as crianças, de forma quiçá um pouco provocatória, chama a atenção para o fato de os problemas ligados à Confirmação não poderem ser abstraídos de uma mais global reflexão sobre o tema da iniciação de quantos foram batizados quando crianças a partir da questão das condições necessárias para celebrar o Batismo de um recém-nascido. De outro lado, porém, uma proposta do gênero suscita ao menos duas perplexidades. Em primeiro lugar, a atuação de tal proposta implicaria, concretamente, o abandono da referência direta ao bispo como ministro ordinário da Confirmação. Cairia por terra, assim, um aspecto pelo qual a tradição da Igreja ocidental sempre deu particular relevo. Todavia, o fato de a referência direta ao bispo ter sido atenuada para salvaguardar a unidade da iniciação sacramental[36] torna legítimo perguntar se a mesma escolha não é possível também no caso das crianças. Não faltam estudos recentes segundo os quais também o presbítero pode ser considerado ministro ordinário da Crisma, pois "a reserva" da outorga da Crisma ao bispo teria valor disciplinar, mas não dogmático.[37]

---

[36] "O presbítero que, na ausência do Bispo, batiza um adulto ou criança em idade de catecismo, também confere a Confirmação" (*RICA* 46).

[37] FABRIS, C. *Il presbitero ministro della cresima? Studio giuridico, teologico, pastorale*. Padova: Messaggero-Abbazia S. Giustina, 1997. p. 322. ("Caro Salutis Cardo" – Studi 11.) De fato, a praxe sempre mais frequente de conceder a simples presbíteros a faculdade (estável ou menos) de administrar a Confirmação tende a tornar puramente nominal a referência ao bispo.

ANOTAÇÕES PASTORAIS

Um ulterior motivo de perplexidade advém do enraizado sentir comum dos cristãos do Ocidente segundo o qual, para se aproximar da comunhão eucarística, é preciso um nível, embora mínimo, de consciência. Não se pode negar que tal exigência tenha uma sua sensatez objetiva do ponto de vista pedagógico. Tendo em conta isso na proposta feita, poder-se-ia introduzir uma variante prevendo também, no caso de recém-nascidos, a celebração unitária de Batismo e Confirmação, deixando a Primeira Eucaristia por volta dos oito/nove anos.

2) Uma segunda hipótese – certamente mais proponível também a breve termo – poderia prever, no lapso de tempo que vai dos oito aos doze anos, a celebração da Confirmação, presidida pelo bispo ou por um seu delegado, no curso da missa durante a qual os pré-adolescentes se aproximariam, pela primeira vez, da comunhão eucarística. Esta proposta, enquanto respeita suficientemente a lógica interna dos sacramentos de iniciação cristã, não desconcerta radicalmente as estruturas catequéticas em ação; em todo caso, seria necessário, se não desejável, aqui, uma estruturação de itinerários formativos mais personalizados e menos ligados à caminhada escolar. Nos termos em que foi formulada, a proposta se torna bastante flexível e fica aberta ao menos a duas soluções operativas. Em uma primeira hipótese, a celebração unitária da Confirmação e da Eucaristia poderia ser colocada por volta dos onze/doze anos, idade em que, em geral, acontece a celebração da Crisma; nesse caso, o período dedicado à catequese seria de quatro anos e não se mexeria na estrutura do projeto catequético.[38]

---

[38] É a hipótese proposta pela nota do Conselho Permanente da CEI sobre "L'iniziazione cristiana, 2. Orientamenti per l'iniziazione cristiana dei fanciulli e dei ragazzi dai sette ai quattordici anni", *Il Regno-Documenti* 44 (1999) 437-445. Após ter afirmado que "aos pré-adolescentes e jovens catecúmenos, por quanto é possível, se confiram ao mesmo tempo os três sacramentos da iniciação cristã, fazendo principiar a celebração com a admissão dos coetâneos já batizados à Confirmação e à Primeira Eucaristia" (n. 53), o texto acrescenta: "O itinerário de iniciação cristã, com a duração de cerca de quatro anos, pode oportunamente ser atuado junto a um grupo de coetâneos já batizados, os quais,

Poder-se-ia "hipotizar" também a celebração unitária de Crisma e Eucaristia, precedida por um biênio de catequese preparatória e seguida de outro biênio de corte "mistagógico": trata-se de redescobrir, *a posteriori*, o valor e o sentido dos sacramentos recebidos, apropriando-se progressivamente da vida nova que dela deriva. Esse esquema ajudaria a perceber que a preparação aos sacramentos deve renunciar à pretensão de ser completa, quer do ponto de vista doutrinal, quer existencial: em vista da celebração sacramental, não é necessário que os jovens "saibam tudo" ou sejam "cristãos adultos em miniatura". Já seria muito que desejassem receber o sacramento. Para compreender o que foi celebrado e vivê-lo no dia a dia há toda uma vida. Além disso, propondo um biênio de catequese após a Crisma-Eucaristia, deixar-se-ia intuir que os sacramentos não são ponto de chegada, mas fonte da vida cristã. A objeção, facilmente previsível, segundo a qual, antecipando a celebração dos sacramentos, ter-se-ia como resultado uma queda significativa na catequese sucessiva, suscita, por sua vez, uma objeção: esta forma de colocar o problema corre o risco de reduzir o sacramento a "ocasião" para se ter ligados os adolescentes e jovens à catequese?

Do nosso ponto de vista acreditamos que, se existe uma lógica que liga os sacramentos de iniciação cristã, uma vez que se decide batizar uma criança, é sensato não espaçar excessivamente a Crisma e a Eucaristia.[39] Com efeito, um estável deslocamento da Confirmação a uma idade "adolescente" ou mesmo juvenil significaria reconhecer que

---

de acordo com seus pais, aceitam celebrar no termo desta o complemento da própria iniciação cristã [Crisma e Eucaristia]" (n. 54).

[39] "Se a iniciação cristã é um processo unitário e, além disso, uma vez recebido o Batismo, se dá origem ao direito de receber a Confirmação e a Eucaristia, os espaços [para a celebração da Confirmação e da Eucaristia] não podem ser inutilmente prolongados nem mesmo com o pretexto de um maior aprofundamento ou de uma maior maturidade" (MARINI, Il problema dell'età della cresima, p. 218).

o caminho de iniciação cristã, começando segundo a lógica da educação cristã progressiva [...], passa a assumir a lógica do apelo à conversão. Que isto possa acontecer é uma eventualidade a ser levada em consideração [...], mas que tal se torne uma escolha estratégica orgânica e estável parece, pelo menos, incoerente.[40]

Além disso, do ponto de vista pedagógico, deve-se perguntar se a adolescência é o momento mais propício para celebrar a Confirmação ou qualquer outro sacramento. Não se pretende, eventualmente, abandonar a si próprios adolescentes e jovens. Contudo, o fato de ter completado a iniciação sacramental consente a elaboração de itinerários educativos mais voltados para as específicas exigências desta fase de suas vidas; que adolescentes e jovens se deixem envolver mais ou menos por esses itinerários dependerá muito da qualidade da proposta que lhes for dirigida. Em conclusão: se os problemas ligados à iniciação cristã dos adolescentes não se resolvem simplesmente deslocando a Crisma para uma idade mais madura, muito menos se resolvem simplesmente recolocando-a no seu lugar, no quadro dos sacramentos da iniciação cristã. Contudo, esse já seria um passo que consentiria que tais sacramentos revelassem, de forma mais transparente, a sua lógica interna.

Em todo caso, o que aparece decisivo – quando se fala de iniciação – é interrogar-se sobre a concreta situação das nossas comunidades eclesiais, sobre a sua efetiva capacidade de anunciar o Evangelho e sobre sua atitude de acolher as pessoas que batem à sua porta. Isso determina também o modo como nos colocamos quando falamos de sacramentos e nos interrogamos sobre as "condições de acesso" a eles. Nesses casos, facilmente nos colocamos na condição daqueles que "possuem" os sacramentos e devem estabelecer o que exigir de quem os

---

[40] GIRARDI, La celebrazione della confermazione..., p. 73, nota 25.

pede para avaliar se é o caso de celebrá-los. Colocando as coisas nesses termos, partimos com o pé errado. Se os sacramentos da iniciação são gestos através dos quais uma pessoa é acolhida na Igreja, a pergunta não é, antes, "O que exigir de quem os pede?", mas "Como criar as condições para que a Igreja seja capaz de acolher os pedidos que lhe são feitos?". Evidentemente, uma perspectiva desse gênero pede a paciência para evitar os atalhos representados por escolhas que pretendam resolver em breve tempo. Pede-se, antes de tudo, que se propicie às pessoas que se movem nas nossas comunidades encontrarem nelas uma rede de relações humanas e sociais assinalada pela novidade da fé cristã e, portanto, em grau de se mostrar efetivamente nos confrontos das pessoas novas que chegam.

3.3. A colocação da Penitência

Uma última série de reflexões diz respeito ao sacramento da Penitência, que, propriamente, não é um sacramento da iniciação cristã, mas na praxe atual é colocado no interior de um itinerário de iniciação de adolescentes e é celebrado antes da primeira eucaristia sacramental. No período sucessivo ao Concílio Vaticano II, em algumas dioceses europeias, estadunidenses e canadenses difunde-se a praxe de acolher na mesa eucarística crianças de sete/oito anos, protelando por algum tempo a preparação e a celebração da penitência sacramental.[41] Em favor dessa inovação jogam, sobretudo, motivações de caráter psicopedagógico: no âmbito da evolução pessoal do pré-adolescente, as condições para viver de modo autêntico a experiência do perdão sacramental

---

[41] Cf. BLANCHETTE, C. *Pénitence et eucharistie. Dossié d'une question controversée*. Montréal/Paris: Bellarmin/Cerf, 1989. p. 71-120. CASPANI, P. La riconciliazione nel quadro dell'iniziazione Cristiana. *Ambrosius* 76 (2000) 221-233. Decisivamente crítico nos confrontos da praxe atual é R. TONONI, "L'iniziazione cristiana e il sacramento della riconciliazione. Una collocazione problemática (In: *Iniziazione cristiana*, p. 147-173).

amadureceriam somente por volta dos nove/dez anos. A participação na mesa eucarística, ao contrário, seria de todo em harmonia com o estádio evolutivo de uma criança de sete anos. Nessa idade, além disso, uma criança dificilmente poderia encontrar-se naquela condição de pecado que torna estritamente obrigatório o recurso da confissão antes da comunhão: a consciência moral necessária para pecar gravemente, com efeito, começa a existir a partir dos doze-quatorze anos.

Em 1973, a Santa Sé pede que se encerrem as experiências aviadas, algumas das quais tinham ido adiante com o consenso da mesma Sé apostólica; em 1977, pois, esclarece que não é lícito admitir as crianças à comunhão sem que se tenham previamente aproximado do sacramento da Penitência. Em novembro do mesmo ano, o Cardeal Ratzinger, então arcebispo de Munique, publica uma carta na qual pede que em toda a diocese seja retomada a sequência primeira confissão-primeira Eucaristia. Ele motiva a exigência recordando que "a preparação à comunhão inclui, por sua natureza, a preparação à confissão (já na sua plena forma sacramental) e, em todo caso, sem ela se perderia uma sua dimensão essencial".[42] Nessa linha, a confissão pessoal sacramental contribui para dar verdade às invocações do perdão propostas pela mesma liturgia eucarística. Do ponto de vista pedagógico, Ratzinger acredita que uma preparação adequada para a confissão possa contribuir positivamente para a maturação orgânica e serena do(a) menino(a).[43] Em nível teológico, resta ainda aberta uma

---

[42] RATZINGER, J. *Prima comunione e prima confessione dei fanciulli*. Leumann (TO): LDC, 1978. p. 6.

[43] "Ora, sabemos que é na primeira idade infantil que são colocadas as bases essenciais da vida humana. A essas bases pertence também a questão da relação com o pecado, que se apresenta muito cedo. Se mais tarde a confissão se torna um apavoramento ou um lugar de esperança depende, em máxima parte, da forma como ela foi experimentada quando criança. Aqui está a nossa grande responsabilidade, que não nos permite renunciar à formação para a confissão o mais cedo possível [...]. Naturalmente, na formação para a confissão existe uma responsabilidade pedagógica particularmente grande para não produzir feridas ou angústias, mas, ao contrário, para que possa crescer a alegria de ser cris-

pergunta: como pode ser sacramentalmente acolhida na Igreja com a penitência a pessoa que, não tendo recebido a Eucaristia, não foi ainda plenamente acolhida na Igreja?[44]

No plano do *agir concreto* das comunidades cristãs, as indicações da Santa Sé, porquanto não imutáveis, são de algum modo, atualmente, vinculantes. De outro lado, a disciplina que elas repropõem – visto que não seja em absoluto a única possível – não deixa de ter, de algum modo, uma sua sensatez. É verdade, com efeito, que a penitência sacramental antes da comunhão é indispensável para quem tenha consciência de ter cometido um pecado grave; por isso a criança, na medida em que é considerada normalmente incapaz de pecado grave, por si não seria estritamente obrigada a confessar antes de se aproximar da comunhão eucarística. Ao menos a partir do século XIII, porém, o sacramento da Penitência não foi mais ligado unicamente ao perdão do pecado grave: os cristãos recorriam a ele também para os pecados mais leves, para as faltas "quotidianas". Essa forma de "utilizar" o sacramento da Penitência representa uma "extensão" com relação ao sentido originário da Penitência, inicialmente destinada ao perdão dos pecados graves. Todavia, se trata de uma "extensão" que a Igreja considerou e continua a considerar legítima: não subverte o sentido da penitência o fato de considerá-la além dos casos estritamente necessários, que são os determinados pelos pecados graves. Ao sacramento da Penitência podem-se propor também as dificuldades, as incertezas e a diminuição do próprio caminho de fé. Também essas realidades, com efeito, embora não

---

tãos e se faça a confissão em uma atmosfera de confiança e de bondade sem temor" (RATZINGER, *Prima comunione e prima confessione dei fanciulli*, p. 11).

[44] Cf. BROVELLI, F. Per una valutazione del dibattito e delle esperienze di iniziazione Cristiana. In: *Iniziazione cristiana: problema della Chiesa di oggi*. Atti della IV settimana di studio dell'Associazione professori di liturgia, Paestum, 1-5 settembre 1975. 2. ed. Bologna: EDB, 1979. p. 187-188. (Studi di liturgia 4.)

comprometam radicalmente a aliança com Deus na Igreja, de alguma forma são elementos de "desarmonia" na relação com Deus na Igreja. Nesses casos, o sacramento da Penitência não opera para reconstruir a pertença a Deus na Igreja, mas a torna mais forte. Em outras palavras: aprofunda, renova, afina a vida nova recebida no Batismo, enfraquecida e ofuscada pelas faltas leves.

Nessa ordem de ideias, tem sentido também a reconciliação sacramental das crianças antes do acesso à Eucaristia, reconciliação que pode ser oportunamente apresentada como uma "retomada" do Batismo. Nessa linha, parecem ainda útil algumas indicações que o Cardeal G. Colombo dava no já longínquo ano pastoral 1972-1973:

> As crianças advertem que certos comportamentos seus agradam ao Senhor, certos outros agradam menos e ofuscam a amizade com ele: é preciso apresentar-lhes a confissão como um meio eficaz instituído pelo Senhor Jesus para atingir uma amizade mais íntima, mais segura, mais alegre com ele, para dele receber força e coragem para querê-lo bem, mesmo nas ocasiões nas quais custa sacrifício.[45]

A celebração sacramental das crianças antes da admissão à Eucaristia revela, pois, uma sua sensatez. Todavia, não se trata de uma praxe absolutamente imutável. O fato de o recurso ao sacramento da Penitência antes da comunhão ser sensato, mas não, por si, absolutamente exigido pela lógica da iniciação cristã, deixa a possibilidade para se fazerem algumas perguntas. A principal poderia ser formulada nos seguintes termos: se estamos, de fato, de acordo com a necessidade de formar a consciência das crianças ao sentido do pecado e do perdão, é mesmo necessário que, com tal finalidade, se recorra ao sacramento

---

[45] Citado por: CAPRIOLI, A. *Vi laverò con acqua pura. Catechesi sui sacramenti di iniziazione cristiana.* Milano: Àncora, 1981. p. 134.

da Penitência? Parece que uma reflexão teológica sobre a Penitência deixe aberta a possibilidade de interrogar-se a propósito, sem perder as riquezas que a Igreja realizou por séculos, mas sem recusar, de partida, possibilidades novas. Hoje, a estrada mais percorrível é a que busca integrar a preparação aos sacramentos com uma mais ampla formação das crianças ao sentido da conversão e do perdão. Desse modo, além de tudo, o momento propriamente sacramental deve ser celebrado de maneira mais autêntica.

BIBLIOGRAFIA

ALIOTTA, M. (org.). *Il sacramento della fede. Riflessione teologica sul battesimo in Italia.* Cinisello Balsamo: San Paolo, 2003. (ATI Library 6.)

ALMEIDA, Antonio José de. *ABC da iniciação.* São Paulo: Paulinas, 2010.

AUGÉ, M. *L'iniziazione cristiana. Battessimo e confermazione.* Roma: LAS, 2004. (SOPHIA – Manuali e sussidi per lo Studio della teologia – Lex orandi-Sacramentum 1.)

BOURGEOIS, H. *L'iniziazione cristiana e i suoi sacramenti.* Leumann (TO): LDC, 1987.

CABIÉ, R. L'iniziazione cristiana. In: *La Chiesa in preghiera. Introduzione alla liturgia, 3: I sacramenti.* Brescia: Queriniana, 1984.

_____. *A Igreja em oração, 1-4.* Petrópolis: Vozes, 1992.

CAPRIOLI, A. L'iniziazione cristiana: aspetti generali, battesimo e confermazione. In: ASSOCIAZIONE PROFESSORI DI LITURGIA (org.). *Celebrare il mistero di Cristo. Manuale di liturgia, 2: La celebrazione dei sacramenti.* Roma: CLV--Edizioni liturgiche, 1996. (Bibliotheca Ephemerides liturgicae – Subsidia 88.)

CASPANI, P. *La pertinenza teologica della nozione di iniziazione cristiana.* Milano: Glossa, 1999. (Dissertatio – Series Mediolanensis 7.)

CODA, P. *Uno in Cristo Gesù. Il battesimo come evento trinitario.* Roma: Città Nuova, 1996. (Contributi di teologia 22.)

COLOMBO, G. *Iniziare a Cristo. Il cammino di fede nella Chiesa. Battesimo e confermazione*. Leumann (TO): LDC, 1987. (I santi segni 2.)

DANIÉLOU, Jean. *Bíblia e liturgia*. A teologia bíblica dos sacramentos e das festas nos Padres da Igreja. São Paulo: Paulinas, 2012.

FALSINI, R. *L'iniziazione cristiana e i suoi sacramenti*. Milano: Opera della Regalità, 1986. (Collana di teologia e di spiritualità 2.)

FLORIO, M.; ROCCHETTA, C. *Sacramentaria speciale, 1: Battesimo, confermazione, eucaristia*. Bologna: EDB, 2004. (Corso di teologia sistematica 8a.)

GÄDE, G. *Battesimo e confermazione. Teologia dell'iniziazione cristiana*. Palermo-Caltanissetta: Facoltà teologica de Sicilia-Edizioni Lussografica, 2002.

GIRARDI, L. Battesimo e confermazione. In: GRILLO, A.; PERRONI, M.; TRAGAN, P. R. (orgs.). *Corso di teologia sacramentaria, 2: I sacramenti della salvezza*. Brescia: Queriniana, 2000.

Iniziazione cristiana. Brescia: Morcelliana, 2002. (Quaderni teologici del Seminario di Brescia 12.)

Iniziazione cristiana. Problema della Chiesa oggi. Bologna: EDB, 1979. (Studi di liturgia 4.)

Iniziazione cristiana degli adulti oggi. Atti della XXVI Settimana di studio dell'Associazione professori di liturgia, Seiano di Vico Equense (NA), 31 agosto-5 settembre 1997. Roma: CLV-Edizioni liturgiche, 1998. (Bibliotheca Ephemerides liturgicae – Subsidia 99, Studi di liturgia – Nuova serie 36.)

Iniziazione cristiana e immagine di Chiesa. Leumann (TO): LDC, 1982. (Collana di teologia pratica 2.)

La nuova proposta di iniziazione alla vita cristiana. Rito dell'iniziazione cristiana degli adulti. Teologia-liturgia-pastorale. Leumann (TO): LDC, 1985. (Quaderni di Rivista liturgica – Nuova serie 8.)

LELO, Antonio Francisco. *A iniciação cristã;* catecumenato, dinâmica sacramental e testemunho. São Paulo: Paulinas, 2005.

_____. *Catequese com estilo catecumenal*. São Paulo: Paulinas, 2008.

BIBLIOGRAFIA

MARSILI, Salvatore. *Sinais do mistério de Cristo.* Teologia litúrgica dos sacramentos, espiritualidade e ano litúrgico. São Paulo: Paulinas, 2009.

NOCENT, A. *Anamnesis, 1-6.* São Paulo: Paulus, 1986-1993.

_____. I tre sacramenti dell'iniziazione cristiana. In: *Anamnesis, 3/1: La liturgia, i sacramenti: teologia e storia della celebrazione.* Casale Monferrato: Marietti, 1986.

OÑATIBIA, Ignacio. *Batismo e confirmação;* sacramentos de iniciação. São Paulo: Paulinas, 2007.

PADOIN, G. *"Battezatti in un solo Spirito per formare un solo corpo". Teologia del battesimo e della confermazione.* Bologna: EDB, 2008.

Rinnovati in Cristo e nello Spirito: l'iniziazione cristiana. Bari: Ecumenica, 1981.

TENA, P.; BOROBIO, D. *A celebração na Igreja.* São Paulo: Loyola, 1993. 3v.

_____; _____. I sacramenti dell'iniziazione cristiana: battesimo e confermazione. In: *La celebrazione nella Chiesa, 2: I sacramenti.* Leumann (TO): LDC, 1994.

TESTA, B. *L'iniziazione cristiana. Una riflessione teologica.* Lugano: Eupress FTL, 2006.

Paulinas

Rua Dona Inácia Uchoa, 62
04110-020 – São Paulo – SP (Brasil)
Tel.: (11) 2125-3500
paulinas.com.br – editora@paulinas.com.br
Telemarketing e SAC: 0800-7010081